ULLSTEIN

Das Buch

Als am 16. August 1972 General Oufkirs Putschversuch gegen Hassan II. mißlang, nahm der marokkanische König grausame Rache an Oufkirs Familie und sperrte sie ins Gefängnis. Ein zwanzig Jahre währender Kampf ums Überleben begann. Die Verbannten litten unter elementaren Entbehrungen wie Hunger, Kälte und mangelnde Hygiene und teilten ihr Matratzenlager mit Ratten und Skorpionen. Als Älteste übernahm Malika die Verantwortung für ihre Geschwister, und nur ihr eiserner Wille bewahrte die Familie vor der Selbstaufgabe.

Heute endlich kann Malika Oufkir ihr eigenes Leben führen – wenn auch mit der bitteren Erkenntnis, um die schönsten Jahre ihres Lebens betrogen worden zu sein.

Die Autorinnen

Malika Oufkir, geboren 1953, ist mit einem französischen Architekten verheiratet und lebt seit 1996 in Paris.

Michèle Fitoussi ist Starjournalistin der Zeitschrift *Elle*. Ihre Romane *Ein schreckliches Glück* und *Zur Hölle mit den Supermännern* sind auch in Deutschland erschienen.

MALIKA OUFKIR
MICHÈLE FITOUSSI

Die Gefangene

Ein Leben in Marokko

Aus dem Französischen
von Christiane Filius-Jehne

Ullstein

Besuchen Sie uns im Internet:
www.ullstein-taschenbuch.de

Umwelthinweis:
Dieses Buch wurde auf chlor- und säurefreiem Papier gedruckt.

Jubiläumsausgabe Januar 2003
Ullstein Verlag
Ullstein ist ein Verlag des Verlagshauses Ullstein Heyne List GmbH & Co. KG

Titel der französischen Originalausgabe: *La Prisonnière*
(Éditions Grasset & Fasquelle, Paris)
Übersetzung: Christiane Filius-Jehne
Umschlagkonzept: Sabine Wimmer, München
Umschlaggestaltung: Thomas Jarzina, Köln
Titelabbildung: Claude Gassian
Gesetzt aus der Sabon
Satz: Franzis print & media GmbH, München
Druck und Bindearbeiten: Ebner & Spiegel, Ulm
Printed in Germany
ISBN 3-548-36408-X

Ich widme dieses Buch den »Bibern«.

»Picsou«, meiner teuren Mutter, der wunderbarsten aller Frauen. Ich verdanke ihr mein Überleben.

Dem »kleinen Eisbär«, meiner inniggeliebten Schwester Myriam, vor deren Mut ich meinen Hut ziehe.

»Mounch«, meinem Bruder, Freund und Helfer Raouf, der für mich ein Vorbild an Würde ist.

»Negus«, meiner Schwester Maria, die es mir ermöglicht hat, ein neues Leben in einem demokratischen Land zu beginnen. Danke.

»Charlie«, meiner so begabten Schwester Soukaïna, auf die ich vertraue.

»Géo Trouvetout«, meinem kleinen Bruder Abdellatif, der mir die Kraft zu kämpfen und zu hoffen verliehen hat.

»Barnabas«-Achoura und »Dingo«-Halima für ihre eiserne Treue.

»Méchant loup«, meinem geliebten Vater, der hoffentlich stolz auf uns ist.

Meinem Onkel Azzedine und meinem Cousin Hamza, die zu früh von uns gegangen sind.

Den Kindern der »Biber«, Michael, Tania und Nawel, meinem Neffen und meinen Nichten. Auf daß das hier Erzählte sie nicht daran hindere, ihr Land zu lieben, Marokko.

M. O.

Für meine Tochter Lea, an die ich das ganze Buch über gedacht habe.

M. F.

Vorwort

Warum dieses Buch? Die Gründe liegen auf der Hand. Wenn wir uns nicht durch Zufall über den Weg gelaufen wären, hätte Malika Oufkir diesen Bericht eines Tages allein verfaßt. Seit sie das Gefängnis verlassen hatte, wollte sie ihre Geschichte erzählen, diese schmerzliche Vergangenheit bannen, die sie noch immer quält. Das Projekt nahm in ihrem Geist Gestalt an, ohne daß sie es jedoch damit eilig hatte. Sie war noch nicht soweit.

Warum gemeinsam? Auch das liegt auf der Hand, wobei das Schicksal nachgeholfen hat. Eine zufällige Begegnung genügte, Freundschaft auf den ersten Blick, damit sie endlich den Mut fand, sich zu öffnen, und ich meine Pläne über den Haufen warf und mich bereit erklärte, ihr zuzuhören und ihren Bericht niederzuschreiben.

Wir haben uns zum ersten Mal im Februar 1997 bei einer Abendgesellschaft getroffen, zu der wir beide anläßlich des iranischen Neujahrsfestes eingeladen waren. Eine gemeinsame Freundin zeigt mir irgendwo mitten in der Menge eine junge, hübsche, schlanke, dunkelhaarige Frau.

»Das ist Malika, die älteste Tochter von General Oufkir.«

Der Name läßt mich zusammenzucken. Ich verbinde mit ihm Ungerechtigkeit, Schrecken, namenloses Entsetzen.

Die Oufkirs. Sechs Kinder und ihre Mutter, zwanzig Jahre eingesperrt in den furchtbaren marokkanischen Kerkern. Bruchstücke der Geschichte, die ich in der Zeitung gelesen habe, fallen mir wieder ein. Ich bin zutiefst aufgewühlt.

Wie kann man nach all dem Leiden nach außen hin so normal wirken? Wie kann man leben, lachen, lieben, wie kann man weitermachen, wenn man ungerechterweise die besten Jahre seines Lebens verloren hat?

Ich beobachte sie. Sie sieht mich noch nicht. Ihre Haltung ist die einer Frau, die an Menschen gewöhnt ist, aber in ihren Augen spiegelt sich eine Verlorenheit, die schwer zu übersehen ist. Sie ist zusammen mit uns in dem Raum und dennoch auf seltsame Weise anderswo.

Ich starre sie mit einer Beharrlichkeit an, die sie für unhöflich halten könnte, wenn sie mir Beachtung schenken würde. Aber sie hat nur Augen für ihren Begleiter und klammert sich an ihn wie an einen Rettungsring. Endlich stellt man uns einander vor. Wir tauschen höfliche Banalitäten über unsere Geburtsländer aus: Marokko, woher sie stammt, und Tunesien, wo ich geboren bin. Jede von uns versucht, die andere abzuschätzen, zu taxieren.

Den ganzen Abend behalte ich sie heimlich im Auge. Ich sehe ihr beim Tanzen zu, bemerke die Anmut ihrer Bewegungen, ihre Art, sich geradezuhalten, ihre Einsamkeit inmitten all dieser Leute, die sich amüsieren oder jedenfalls so tun als ob. Manchmal kreuzen sich unsere Blicke, und wir lächeln uns zu. Diese Frau berührt mich. Gleichzeitig schüchtert sie mich ein. Ich weiß nicht, was ich ihr sagen soll. Alles erscheint abgedroschen und lächerlich. Sie auszufragen wäre schamlos. Und trotzdem brenne ich bereits darauf, etwas von ihr zu erfahren.

Beim Abschied tauschen wir unsere Telefonnummern aus. Ich sitze gerade an der Fertigstellung eines Erzählbandes, der im Mai erscheinen soll. Ich habe noch ein paar Arbeitswochen vor mir und schlage ihr deshalb für die Zeit unmittelbar nach der Manuskriptabgabe ein Treffen vor. Malika erklärt sich einverstanden, ohne jedoch ihre Zurückhaltung aufzugeben.

An den Folgetagen denke ich ständig an sie, habe unablässig ihr trauriges Gesicht vor Augen. Ich versuche mich an ihre Stelle zu versetzen oder mir das Unvorstellbare wenigstens vorzustellen. Dutzende Fragen verfolgen mich: Was hat sie mitgemacht? Wie ist ihr heutzutage zumute? Wie entsteigt man seinem eigenen Grab?

Ich bin erschüttert von diesem höchst ungewöhnlichen Schicksal, den Leiden, die sie hinnehmen mußte. Malika und ich sind ungefähr gleich alt, nur ein Jahr sind wir auseinander. Sie kam mit achtzehneinhalb Jahren ins Gefängnis, im Dezember 1972, dem Jahr, in dem ich, mein Abitur in der Tasche, mit den Vorbereitungskursen für mein Politologiestudium begann. Ich machte mein Diplom, verwirklichte mir meinen Kindheitstraum, indem ich Journalistin wurde und dann Schriftstellerin. Ich arbeitete, lebte, liebte, wie alle Welt. Ich bekam zwei wundervolle Kinder, lebte ein großartiges, inhaltsreiches Leben mit dem entsprechenden Anteil an Kummer, Erfahrungen und Glücksmomenten.

Während all dieser Zeit war sie mit ihrer Familie eingesperrt, abseits der Welt, unter furchtbaren Bedingungen, mit nur den vier Wänden ihrer Zelle um sich.

Je mehr ich an sie denke, desto mehr quält mich ein einziger Wunsch, in dem sich die Neugier der Journalistin mit der Erregung der Schriftstellerin und dem allgemein menschlichen Interesse für dieses ungewöhnliche Frauenschicksal vereinigt: Ich will, daß sie mir ihre Geschichte erzählt, und ich will sie mit ihr zusammen aufschreiben. Diese Idee drängt sich mir mit Gewalt auf. Genauer gesagt bin ich geradezu von ihr besessen.

Als Zeichen meiner Freundschaft schicke ich ihr in der Woche nach unserem Treffen meine Bücher, in der Hoffnung, sie könne ihnen den in mir wohnenden Wunsch ablesen. Als ich endlich mein Manuskript fertiggestellt habe, rufe ich sie an und lade sie zum Mittagessen ein.

Am Telefon klingt ihre Stimme kraftlos. Sie hat Mühe, sich in Paris zu akklimatisieren. Sie wohnt seit kaum acht Monaten bei Eric, ihrem Lebensgefährten. Fünf Jahre nach Verlassen des Gefängnisses 1991 hatte die Familie Oufkir die Bewilligung erlangt, Marokko zu verlassen, und dies nur, weil es Maria, einer der jüngeren Schwestern, gelungen war zu fliehen und in Frankreich um politisches Asyl zu bitten.

Die Sache hat viel Aufsehen verursacht. Man sah erst Marias kleines, angespanntes Gesicht allein im Fernsehen und dann wenig später, bei deren Ankunft auf französischem Boden, zusammen mit einem Teil der Familie: Malika, ihrer Schwester Soukaïna und ihrem Bruder Raouf. Myriam, die andere Schwester, stieß wenig später zu ihnen. Abdellatif, der kleine Nachzügler, und Fatima Oufkir, ihre Mutter, sind zu dem Zeitpunkt noch immer in Marokko, erfahre ich von Malika während dieses Mittagessens, das sich bis spät in den Nachmittag hineinzieht.

Fasziniert höre ich ihr zu. Malika ist eine unvergleichliche Erzählerin. Eine Scheherazade. Sie hat eine sehr orientalische Art zu erzählen, langsam zu sprechen, sparsam mit Effekten umzugehen, mit den Bewegungen ihrer langen Händen das Gesagte hervorzuheben. Ihre Augen sind unglaublich ausdrucksstark; sie geht ohne Übergang von tiefer Niedergeschlagenheit zum Lachen über. In der gleichen Sekunde ist sie erst Kind, dann junges Mädchen und reife Frau. Sie verkörpert jedes Alter, obwohl sie doch keines wirklich gelebt hat.

Ich weiß wenig über Marokko und die Gründe ihrer Inhaftierung. Ich weiß nur, daß sie zusammen mit ihren fünf Geschwistern und ihrer Mutter zwanzig Jahre lang eingesperrt war, als Strafe für den Putschversuch ihres Vaters. General Mohammed Oufkir, der zweite Mann im Königreich, verübt am 16. August 1972 ein Attentat auf König Hassan II. Das Komplott scheitert, und General Oufkir stirbt, exekutiert von fünf Gewehrkugeln. Der König schickt daraufhin die Familie ins

Gefängnis, in furchtbare Todeszellen, aus denen man gewöhnlich nie mehr wiederkehrt. Abdellatif, der Jüngste, ist noch keine drei Jahre alt.

Aber Malikas Kindheit weist noch weitere Besonderheiten auf. Sie wurde im Alter von fünf Jahren von König Mohammed V. adoptiert, um gemeinsam mit seiner Tochter erzogen zu werden, Prinzessin Amina, die im gleichen Alter ist wie sie. Nach dem Tod des Monarchen kümmert sich dessen Sohn, Hassan II., um die Erziehung der beiden Mädchen und sorgt für sie wie für eigene Töchter. Malika verbringt elf Jahre am Hof, im Innersten des Serails, fast ohne dieses jemals zu verlassen. Sie ist bereits in diesem prunkvollen Palast eine Gefangene. Als sie ihm endlich entrinnt, ist es nur für zwei Jahre, in denen sie bei ihren Eltern eine goldene Jugendzeit erlebt.

Nach dem Putschversuch hat das junge Mädchen zwei Väter verloren, die ihr lieb und wert waren. Die Tragödie von Malika liegt hier, in dieser doppelten Trauer, die sie heimlich über Jahre hin empfinden wird. Wen soll man lieben, wen hassen, wenn der eigene Vater den Adoptivvater hat töten wollen? Und wenn dieser mit einemmal zum Henker für die ganze Familie wird? Es ist furchtbar, herzzerreißend. Und wie ein Roman.

Nach und nach wird mir deutlich, daß wir die gleiche Idee im Kopf haben. Malika verspürt den Wunsch zu erzählen, was sie noch nie jemandem offenbart hat. Bei diesem iranischen Abend war die Zuneigung beidseitig, unmittelbar und spontan.

Obgleich uns so vieles trennt: unsere Erziehung, unser Milieu, die Ausbildung, die Kinder, der Beruf, unser Charakter bis hin zu unserer Religion – sie ist Mohammedanerin, ich bin Jüdin –, gehören wir doch derselben Generation an, empfinden dieselbe Sympathie, dieselbe Liebe gegenüber unserer Heimat, dem Orient, haben denselben Humor, denselben Blick auf die Menschen. Die Freundschaft, die wir einander entgegenbringen und die weiterhin wächst, bestätigt die Intuition, die wir bei unserem ersten Zusammentreffen hatten.

Wir wollen das Buch also gemeinsam machen, aber es braucht noch etwas Zeit, bis aus Malikas Wunsch ein fester Wille wird. Wir unterschreiben den Vertrag bei Grasset im Mai 1997, aber erst im Januar 1998 können wir nach einer langen Reihe unvorhergesehener Ereignisse in größter Heimlichkeit mit der Arbeit beginnen. Denn Malika hat Angst, überwacht und abgehört zu werden. Während der fünf Jahre, die die Familie Oufkir nach ihrer Freilassung in Marokko verbracht hat, war sie täglichen Polizeischikanen ausgeliefert, und ebenso erging es den wenigen Freunden, die sie besuchen kamen. Malika hat die Angewohnheit beibehalten, niemals irgendwelche wichtigen Dinge am Telefon zu sagen und immer über die Schulter zu sehen, wenn sie eine Straße entlanggeht. Das Entsetzen, das seit fünfundzwanzig Jahren in ihr wohnt, hat sie in Paris noch immer nicht verlassen. Sie möchte, daß man »da unten« so spät wie möglich erfährt, daß sie ihre Geschichte zu Papier bringt.

Auch ich muß mich an die Regeln der Verschwiegenheit halten. Nur ein paar meiner engsten Vertrauten sind über unsere Arbeit auf dem laufenden. Ein Jahr, oder jedenfalls fast ein Jahr, führe ich ein Doppelleben. Ich rede mit niemandem über Malika. Dennoch arbeiten wir nahezu dreimal die Woche zusammen und telefonieren täglich miteinander.

Und dann ist da noch die Chronik einer Freundschaft, die sich in dem Maße, wie das Buch fortschritt, von Tag zu Tag gefestigt hat. Von Januar bis Juni trafen wir uns bei mir oder bei ihr. Wir hatten unsere kleinen Rituale, die zwei Tonbandgeräte, um die Kassetten zweimal zu haben, für den Fall, daß »man« uns eine stehlen würde, den Tee, die Kekse, meine Kinder, die hereinstürmten, um mit uns zu reden, die liebevoll besorgten Anrufe Erics. Dann machte ich mich ans Schreiben, und Malika las das von mir Geschriebene, was nicht immer leicht war. Schon das Erzählen ist nicht leicht. Sie brauchte mehrere Anläufe, um mir schmerzliche Episoden zu schildern. Ihren Alptraum schwarz auf weiß vor sich zu haben, ging manchmal über ihre Kräfte. Ich befürchtete manchmal, sie würde aufgeben, überwältigt von ihren Ängsten oder den Phantomen, die sie jagten. Aber sie hat bis zum Schluß durchgehalten.

Stets faszinierend und fesselnd, war Malikas Bericht doch gleichzeitig erschütternd, schockierend und grauenerregend. Ich zitterte, schauderte, litt, hungerte und fror mit ihr. Aber oft mußten wir auch furchtbar lachen, denn Malika bedient sich geschickt dieses Humors, der es der Familie Oufkir möglich gemacht hatte zu überleben, indem sie sich nämlich über alles und sich selbst lustig macht.

Durch ihre Erzählungen hat sie mir die Ihren nahegebracht, ihre Brüder und Schwestern, die sie bemuttert, beschützt, erzogen hat während all der schwarzen Jahre, und ihre Mutter, Fatima, die, noch immer so schön, ihre ältere Schwester zu sein scheint. Zunächst waren sie für mich von Malika geformte Romanfiguren, bis ich sie einen nach dem anderen kennenlernte. Sie hatte nicht gelogen. Sie sind allesamt, ohne Ausnahme, achtunggebietende, lustige, großzügige, bewegende und unvergeßliche Persönlichkeiten, ganz wie Malika.

Malika ist eine Überlebende. Sie hat die aus einer solchen Erfahrung resultierende Härte und Kraft. Obwohl sie dem Tod so nahe war, hängt sie so wenig am Leben, daß es mich oft verblüfft. Sie hat keine Vorstellung von Zeit noch von Raum. Eine Stunde, ein Tag, zeitliche Zwänge bedeuten nichts für sie. Ihre versäumten Verabredungen, ihre Verspätungen, ihr völliger Mangel an Ortssinn, ihre Angst in der Métro, in der Menschenmenge, vor der Technik erstaunen und amüsieren mich noch immer.

Trotz ihres modernen Äußeren und ihres unvermeidlichen Handys scheint sie mir manchmal wie eine Marsbewohnerin, die sich auf den Planet Erde verirrt hat. Sie erschreckt sich wegen nichts und wieder nichts, versteht vieles nicht und hat keine Orientierung. In anderen Momenten überraschen mich ihr Urteil, ihre Intuition, ihre Analysefähigkeit. Sie ist anrührend, zerbrechlich, häufig schwach, gezeichnet von den Krankheiten, den Entbehrungen, der Isolation, und gleichzeitig ist sie doch so robust. Wenn die zwanzig Jahre Gefangenschaft und Leiden auch irreparable Schäden angerichtet haben, so haben sie doch auch eine edle Seele geschmiedet, einen wunderbaren Menschen. Ich weiß am Ende nicht, wer von uns beiden weniger gelebt hat.

Ich habe mit ihr das ganze Jahr über gelacht, geweint, habe ihr als Kindermädchen gedient, als Ratgeberin, habe sie gebettet, getröstet, ihr zugehört, sie bedauert, aufgerichtet, auch hart angefaßt, manchmal bis zur Erschöpfung. Aber diese Beziehung war nie eine Einbahnstraße. Was Malika mir gegeben hat, und zwar für immer, ist unermeßlich. Wahrscheinlich ist sie sich selbst darüber nicht im klaren. Sie hat mir beigebracht, daß Mut, Kraft, Wille, die Würde des Menschen selbst unter extremsten und furchtbarsten Bedingungen überleben können. Sie hat mich gelehrt, daß die Hoffnung und der Glaube an das Leben Berge versetzen können (mit bloßen Händen Berge von Erde für einen Tunnel ...). Sie hat mich oft gezwungen, tief in mich zu gehen und meine Lebensanschauungen in Frage zu stellen. Sie hat sogar in mir die Lust erweckt, dieses Marokko kennenzulernen, über das sie mit so viel Wärme und Leidenschaft spricht, ohne Groll gegenüber einem Volk, von dem sie doch im Stich gelassen wurde. Ich werde gewiß einmal mit ihr dorthin fahren ... irgendwann einmal.

Für mich war die Niederschrift dieses Berichts ein Weg, die Willkür anzuprangern, den Kreuzweg einer Mutter und ihrer sechs Kinder. Ich werde nie aufhören, mich darüber zu empören, was diese Familie durchmachen mußte, wie mich überall auf dieser Erde die Verletzungen der Menschenrechte empören. Vielleicht liegt auch dies auf der Hand, aber durch das ständige Verschließen der Augen vor den Schrecken dieser Welt vergißt man am Ende, daß jeder, der ungerechtes Leid erfährt, jemand ist wie wir, daß man selbst an seiner Stelle sein könnte, und daß er eines Tag unser Freund hätte sein können.

Dennoch ist dieses Buch keine Anklageschrift. Es wird der Geschichte überlassen bleiben, über die Verbrechen zu urteilen, unsere Absicht ist es nicht. Dies ist auch keine Ermittlung und Befragung. Ich habe nur niedergeschrieben, was ich im Laufe der Tage gehört habe: Das brutale Zeugnis, das Malika ablegte, zaudernd, unsicher, manchmal mit schwarzen Löchern, aber auch, und das zumeist, mit unbarmherziger Präzision.

Was ich erzählen wollte, was wir nun zusammen erzählen, mit ihren und meinen Worten, ihren Gefühlen und gemeinsamer Erschütterung, ist allem voran der unglaubliche Lebensweg einer Frau meiner Generation, die seit frühester Kindheit in Gefängnissen eingesperrt war und heute versucht zu leben. Indem ich sie, soweit ich konnte, dabei begleitet habe, hoffe ich, wie alle in ihrer Umgebung, die sie lieben, dazu beigetragen zu haben, ihr auch ein wenig Lebenslust zurückzugeben.

Michèle Fitoussi

TEIL 1

Allée des Princesses

Geliebte Mama

Aus dem Salon dringen Mambo- und Cha-Cha-Cha-Klänge; Schlaginstrumente und Gitarren begleiten mit ihrem Rhythmus die Ankunft der Gäste, Gelächter und Geplauder erfüllen die Räume, dringen in das Zimmer, in dem ich nicht einzuschlafen vermag.

Im Türspalt kauernd, den Daumen im Mund, mustere ich die in Schönheit und Eleganz wetteifernden Frauen in den Abendroben der großen Couturiers. Ich bewundere die glänzenden Hochfrisuren, den glitzernden Schmuck, das perfekte Make-up. Sie sehen wie die Prinzessinnen aus meinen Lieblingsmärchen aus, denen ich so gerne ähneln würde, wenn ich groß bin. Ach, wäre es doch schon soweit ...

Plötzlich erscheint sie, die Schönste in meinen Augen, in einem weißen Kleid, dessen Dekolleté ihre runden Brüste unterstreicht. Mit klopfendem Herzen sehe ich sie die Gäste begrüßen und lachen, ihre Freunde umarmen, ihren grazilen Nacken vor irgendwelchen Unbekannten im Smoking beugen. Bald wird sie tanzen und singen, in die Hände klatschen, sich vergnügen, bis der Morgen graut, wie jedesmal, wenn meine Eltern zu Hause einen Empfang geben.

Sie wird mich für ein paar Stunden vergessen, während ich in meinem kleinen Bett gegen den Schlaf kämpfe, weiterhin unablässig an sie denkend, an den Glanz ihrer Haut, an ihr weiches Haar, in das ich so gern mein Gesicht vergrabe, an ihren Duft, ihre Wärme. Mama.

Geliebte Mama. Nie käme ich in meinem kindlichen Paradies auf die Idee, daß man mich eines Tages von ihr trennen könnte.

Meine Mutter und mich verbindet ein ähnliches Schicksal, geprägt von Verlassenheit und Einsamkeit. Als sie gerade vier Jahre alt war, verlor sie ihre Mutter im Wochenbett. Ich wurde mit fünf Jahren aus ihren weichen Armen gerissen, um von König Mohammed V.[1] adoptiert zu werden. Waren es unsere der mütterlichen Zärtlichkeit beraubten Kinderjahre, unser geringer Altersunterschied – sie war bei meiner Geburt siebzehn Jahre alt –, unsere unglaubliche äußere Ähnlichkeit oder unser Leben als auf brutale Weise gebrochene Frauen, die dieses starke Band zwischen uns geknüpft haben? Wie ich hatte Mama immer den schwermütigen Blick einer vom Schicksal Geschlagenen.

Als ihre Mutter zu Beginn des Zweiten Weltkriegs starb, erhielt ihr Vater, Abdelkader Chenna, Offizier in der französischen Armee, den Befehl, zu seinem Regiment in Syrien zurückzukehren. Seine Tochter und seinen jüngeren Sohn konnte er nicht dorthin mitnehmen. Damit sie eine gute Erziehung genossen, brachte er die beiden Halbwaisen in einem von französischen Nonnen geführten Kloster in Meknès unter, wo er damals wohnte. Der kleine Junge starb an Diphtherie. Meine Mutter, die ihren Bruder sehr liebte, erholte sich nur schwer von diesem Verlust, der sie allein inmitten von Fremden zurückließ. Aber ihr Leben sollte noch von weit mehr Kummer verdunkelt werden.

---

[1] 1909–1961, Nachkomme des Propheten, aus der Dynastie der Alaouiten; 1927 wird er Sultan unter dem französischen Protektorat und folgt damit seinem Vater Youssouf Ben Youssouf. 1957 wird er, unmittelbar nachdem sein Land die Unabhängigkeit erlangt hat, König von Marokko, das er bis zu seinem Tod 1961 regiert.

Die Schwestern setzten es sich zum Ziel, eine perfekte Christin aus dieser hübschen Fatima zu machen, die ihnen der Himmel gesandt hatte. Als mein Vater sie nach Hause holen kam, machte sie das Kreuzzeichen und verehrte die Jungfrau Maria, Jesus und alle Heiligen. Vor Zorn hätte dieser praktizierende Moslem, der schon nach Mekka gepilgert war, fast seine Orden verschluckt...

Es war nicht gut, wenn ein Berufssoldat allein ein so junges Mädchen aufzog. Seine Freunde drängten ihn, sich wieder zu verheiraten. Er wählte eine sehr junge Frau aus der vornehmen Gesellschaft, für die ihn in erster Linie ihre Kochkünste einnahmen. Niemand verstand es so gut wie Khadija, Pastillas zuzubereiten, die mein Großvater für sein Leben gern aß. Meine Mutter ertrug es nicht, ihren angebeteten Vater mit einer Fremden zu teilen, die nur wenige Jahre älter war als sie. Die Geburt einer Schwester, Fawzia, und dann eines Bruders, Azzedine, gaben ihrer Eifersucht neue Nahrung.

Sie verspürte bald große Sehnsucht danach, diesem Zuhause zu entkommen, in dem sie sich unglücklich fühlte und in das sie ihr Vater einsperrte, wie es Töchtern gegenüber Tradition war. Es gab während dieser Zeit kaum einen Ort für sie, an dem sie die Wärme fand, die sie so vermißte. Die Familie ihrer Mutter, reiche Berber aus dem Mittleren Atlas, war fast ausgestorben. Meine Urgroßeltern hatten vier Töchter, deren Schönheit im Umkreis von Kilometern gerühmt wurde. Drei starben noch im Mädchenalter. Die vierte, Yamna, meine Großmutter, heiratete ihren Nachbarn, den gutaussehenden Abdelkader Chenna, dessen Ländereien an die ihren angrenzten.

Er mußte sie entführen, um sie zur Frau zu bekommen, wie in der besten Märchentradition. Von dieser Großmutter, die mit neunzehn Jahren starb, weiß ich nur, daß sie eine energische, aufgeweckte und moderne Frau war, die Spaß an hübscher Kleidung, am Reisen und am Autofahren hatte. Mit fünfzehn war sie bereits Mutter. Mit achtzehn unterhielt sie einen literarischen Salon in Syrien, wohin mein Großvater seinem Regiment gefolgt war.

Meine Mutter und ihr junger Onkel, die Frucht einer späten Verbindung meines Urgroßvaters mit einer schwarzen Sklavin, waren bald die einzigen Überlebenden der ganzen Familie. Die Getreidefelder und die über Generationen hinweg angesammelten Goldschätze machten eine reiche Erbin aus ihr, auch wenn sie natürlich weniger bekam als ihr Onkel, dem entsprechend der marokkanischen Sitten ein größerer Anteil am Vermögen zustand. Sie besaß Häuser, Villen, ja ein ganzes Viertel in der Altstadt von Salé[2]. Bis sie darüber verfügen durfte, oblag meinem Großvater die Verwaltung ihres Vermögens. Leider war er ein schlechter Geschäftsmann und verschleuderte mehr, als daß er vermehrte, aber dennoch fiel meiner Mutter bei ihrer Volljährigkeit noch immer ein beträchtliches Vermögen zu.

Sie war schon mit zwölf Jahren sehr schön. Ihre großen dunklen Augen, ihr feines Gesicht, ihre samtige Haut, ihr kleiner, wohlgeformter Körper ließen die befreundeten Offiziere ihres Vaters nicht gleichgültig, die bei ihnen zu Hause ein und aus gingen. Sie hatte nichts dagegen, wollte sie doch heiraten, eine Familie gründen. Häufiger Gast war ein junger, aus Indochina zurückgekehrter und mit Verdienstmedaillen überhäufter Offizier. Mein Großvater, der ihn bereits kannte, hatte ihn im Kasino wiedergetroffen. Beeindruckt von seiner Intelligenz und seiner Reputation als Frontsoldat, freundete er sich mit ihm an und lud ihn zu sich nach Hause ein. Hinter dem Vorhang versteckt, beobachtete meine Mutter ihn während des ganzen Abendessens. Der Soldat bemerkte sie, und ihre Blicke trafen sich. Er war frappiert von der Intensität, mit der sie ihn ansah. Sie bewunderte sein gewandtes Auftreten in der schönen weißen Uniform.

---

[2] Alte Hafenstadt, Schwesterstadt von Rabat, von der sie durch den Fluß Bou Regreg getrennt ist.

Mein Großvater versuchte seinen neuen Freund davon abzuhalten, nach Indochina zurückzukehren. Dieser ließ sich von seinen Argumenten überzeugen, sicherlich jedoch auch von der Schönheit seiner Tochter. Wenige Tage später kam mein Vater, denn um diesen handelte es sich, und hielt um ihre Hand an. Mein Großvater war überrascht, genauer gesagt geradezu irritiert.

»Fatima ist noch ein Kind«, protestierte er. »Denkt man mit fünfzehn ans Heiraten?«

Abdelkader litt noch immer unter dem Verlust seiner ersten, zärtlich geliebten Frau, für deren Tod er die zu frühen und zu häufigen Schwangerschaften verantwortlich machte. Aber er ließ sich schließlich erweichen, um so mehr als meine Mutter begeistert den Heiratsantrag angenommen hatte. Sie kannte ihn nicht, zumindest noch nicht, aber er würde sie von zu Hause wegbringen.

Er machte ihr eifrig den Hof, und es dauerte nicht lange, bis sie in ihn verliebt war.

Der Altersunterschied meiner Eltern betrug zwanzig Jahre. Mohammed Oufkir, mein Vater, wurde am 29. September 1920 in Aïn Chaïr geboren, in der Region des Tafifalet, dem Gebiet der Berber aus dem Hohen Atlas. Sein Name, Oufkir, bedeutete »der Verarmte«. In seiner Familie fanden die Armen und Notleidenden stets Schutz und Unterschlupf, und es gab davon nicht wenige in dieser rauhen Wüstengegend. Mit sieben Jahren verlor er seinen Vater, Ahmed Oufkir, der Oberhaupt seines Dorfes war und später von Lyautey[3] zum

[3] Das französische Protektorat wurde 1912 mit dem Vertrag von Fès offiziell, der das nördliche Küstenband den Spaniern überließ. Der Sultan behielt sein Ansehen und seine geistliche Autorität und überließ dem Residenten die legislative und exekutive Gewalt. Letzterer wurde in Frankreich vom Ministerrat nominiert. Er vertrat Marokko auf internationalem Boden, befehligte die Armee, stand der Administration vor, verkündete Dekrete, erließ Gesetze. Er war für die Französische Gemeinde in Marokko verantwortlich. Lyautey war von 1912–1925 Resident.

Provinzvorsteher von Bou-Denib ernannt wurde. Seine Kindheit war einsam und mit Sicherheit ziemlich traurig. In Azrou, in der Nähe von Meknès, besuchte er die Berberschule. Dann nahm für ihn die Armee die Stelle der Familie ein. Mit neunzehn trat er in die Militärschule von Dar Beïda ein, und mit einundzwanzig verpflichtete er sich als Leutnant der Reserve in der französischen Armee. Er wurde in Italien verwundet, verbrachte die Zeit seiner Rekonvaleszenz in Frankreich und verdiente sich seine Hauptmannstressen in Indochina. Als er meine Mutter kennenlernte, war er Adjutant von General Duval, dem Kommandanten der französischen Truppen in Marokko. Das Garnisonsleben fing an ihn zu bedrücken. Er, der Berufssoldat, der Bordelle und Spielsalons besuchte, war gerührt von der kindlichen Unschuld seiner Verlobten und zeigte sich von Anbeginn an zärtlich und aufmerksam.

Mohammed Oufkir und Fatima Chenna heirateten am 29. Juni 1952. Sie richteten sich entsprechend dem bescheidenen Sold von Hauptmann Oufkir in einem sehr einfachen kleinen Haus ein. Mein Vater spielte Pygmalion für meine Mutter: Er brachte ihr bei, sich zu kleiden und wie man sich bei Tisch und in der Gesellschaft benahm. Mit ihren sechzehn Jahren nahm sie die Rolle der Offiziersgattin sehr ernst. Sie waren glücklich und bis über beide Ohren verliebt. Meine Mutter, die davon träumte, acht Kinder zu haben, wurde unverzüglich schwanger.

Ich kam am 2. April 1953 zur Welt, in einem von Nonnen geleiteten Entbindungsheim. Mein Vater war außer sich vor Glück. Es war ihm egal, daß ich ein Mädchen war, ich war sein Augapfel, seine kleine Königin (Malika bedeutet »Königin« auf arabisch). Wie meine Mutter wünschte er sich mehr als alles eine Familie. Über die Anzahl der gewünschten Kinder waren sie sich nicht ganz einig. Mein Vater wollte sich mit dreien begnügen. Zwei Jahre später, am 20. Januar 1955, wurde meine Schwester Myriam geboren und drei Jahre nach ihr, am

30. Januar 1958, mein Bruder Raouf, der erste Junge, für den ein großartiges Fest gegeben wurde.

An meine frühe Kindheit habe ich nur glückliche Erinnerungen. Meine Eltern umgaben mich mit Liebe, und ich hatte ein friedliches Zuhause. Meinen Vater sah ich wenig. Er kam spät heim, war häufig unterwegs, seine Karriere machte schnelle Fortschritte[4]. Aber ich hatte keinerlei Zweifel hinsichtlich der Zuneigung, die er mir entgegenbrachte. Wenn er zu Hause war, verstand er es mir zu zeigen, wie sehr er mich liebte. Seine Abwesenheit bedrückte mich nicht.

Das Zentrum der Welt war Mama. Ich liebte und bewunderte sie. Sie war schön, feinsinnig, die Weiblichkeit in Person. Ihren Duft zu riechen, ihre Haut zu streicheln war alles, was ich zu meinem Glück brauchte. Ich folgte ihr wie ein Schatten. Sie liebte das Kino und ging fast jeden Tag dorthin, manchmal sogar in zwei oder drei Vorstellungen. Seit ich sechs Monate alt war, begleitete ich sie in meiner Tragetasche. Sicher verdanke ich dieser cinephilen Frühprägung meine Leidenschaft für die Filmkunst. Sie nahm mich mit zum Friseur und bat ihn, mir Dauerwellen zu machen. Sie hätte gern ein kleines Mädchen mit Korkenzieherlocken gehabt, wie Scarlett O'Hara. Aber leider fiel meine hübsche Frisur bereits beim ersten Windstoß wieder zusammen.

Ich begleitete sie zu ihren Freundinnen, bei ihren Einkäufen, beim Reiten, ins maurische Bad, in dem ich wahre Folterqualen erlitt, als ich mich vor aller Welt ausziehen mußte. Ich sah ihr zu, wie sie sich ankleidete, frisierte, sich die Augen mit Ka-

---

[4] Mohammed Oufkir wurde im April 1953 Protokollchef der französischen Generalresidenz. Im August desselben Jahres wurde Sultan Mohammed V. vom französischen Residenten abgesetzt und mit seiner Familie ins Exil geschickt, erst nach Korsika und dann nach Madagaskar. Sein Nachfolger wurde Ben Arafa. Oufkir spielte eine aktive Rolle bei dessen Amtsenthebung und der Rückkehr Mohammeds V. 1955. Er verließ die französische Armee mit dem Dienstgrad eines Bataillonskommandeurs und wurde zum Chefadjutanten des Sultans ernannt. Beim Tod Mohammeds V. (der 1957 den Titel »König« angenommen hatte) war er seit sechs Monaten Polizeichef.

jalstift schminkte. Ich tanzte mit ihr zu den wilden Rockmelodien unseres gemeinsamen Idols Elvis Presley. In solchen Momenten gab es kaum einen Altersunterschied zwischen uns.

Das Leben drehte sich um mich. Ich wurde verwöhnt, wie eine kleine Prinzessin in den elegantesten Boutiquen eingekleidet, bei »Le Bon Génie« in Genf und »La Châtelaine« in Paris. Mama war auf ihr Äußeres bedacht und verschwenderisch, im Gegensatz zu meinem Vater, den finanzielle Dinge langweilten. Das Geld zerrann ihr zwischen den Fingern. Sie konnte eine Immobilie veräußern, um sich die gesamte Kollektion von Dior oder Saint Laurent, ihren Lieblingsmodeschöpfern, zu kaufen, und zwanzig-, dreißigtausend Francs an einem Nachmittag für ihre kleinen Vergnügungen ausgeben.

Wir waren 1957 aus dem kleinen Haus des Hauptmanns nach Souissi, dem Residenzviertel von Rabat, gezogen, in die Allée des Princesses. Die Villa ging auf einen wilden Garten hinaus, in dem Orangen- , Zitronen- und Mandarinenbäume wuchsen. Meine Spielgefährtin war Leila, eine Cousine, die meine Mutter adoptiert hatte und die etwas älter war als ich.

Ein paar Jahre später, als ich schon nicht mehr bei den Meinen wohnte, ließ mein Vater, damals Innenminister Hassans II., eine andere Villa bauen, auch in der Allée des Princesses. Meine Eltern hatten mittlerweile zwei weitere Kinder, Mouna-Inan, geboren am 17. Februar 1962, aus der im Gefängnis Maria werden würde, und Soukaïna, die ein Jahr später, am 22. Juli 1963, zur Welt kam.

Meine Familie hatte eine enge Verbindung zum Königshaus. Meine Eltern waren die einzigen Fremden, die den Palast betreten und sich dort überall bewegen durften. Mein Vater, Chefadjutant des Königs, genoß das Vertrauen von Mohammed V. Mama kannte den König seit ihrer Kindheit. Vor der Wiederverheiratung ihres Vaters hatte sie eine Zeitlang in Meknès gelebt, bei einer Schwester des Königs, die dieser häufig besuchte. Mohammed V. war die Schönheit des damals achtjährigen kleinen Mädchens aufgefallen. Er brachte ihr von Anbeginn an Zuneigung entgegen, die auch im Laufe der Zeit nicht nachließ.

Er sah sie anläßlich seines fünfundzwanzigjährigen Regierungsjubiläums am 18. November 1952 wieder, einer Feier, zu der seine Adjutanten mit ihren Ehefrauen eingeladen waren. Von da an hatte meine Mutter wie mein Vater privilegierten Zugang zum Palast. Der König vertraute ihr. Er schätzte ihre Gesellschaft, aber er erlaubte sich nie irgendwelche Zweideutigkeiten in ihrer Beziehung, dafür war der gestrenge Mann viel zu prinzipientreu.

Meine Mutter wurde die Freundin der beiden Ehefrauen des Königs, die sie täglich zu sehen wünschten. Sie zählte zu ihren engsten Vertrauten. Die beiden Königinnen lebten abgekapselt im Harem. Mama kaufte ihnen Kleider und Kosmetika und erzählte ihnen haarklein, was draußen vor sich ging. Die eine von ihnen, Lalla Aabla, die man Königinmutter oder Oum Sidi, Mutter des Gebieters, nannte, hatte dem Erbprinzen, Moulay Hassan, das Leben geschenkt.[5] Die andere, Lalla Bahia, ein wildes Wesen von unglaublicher Schönheit, war die Mutter von Mohammeds Lieblingskind, der kleinen Prinzessin Amina, die am 14. April 1954 im Exil auf Madagaskar geboren wurde.

War Lalla Aabla, die sich sehr gut auf die Serailintrigen verstand, virtuos in der Ausübung diplomatischer Kunst, so hatte Lalla Bahia wenig übrig für die Extravaganzen und Heim-

[5] Lalla Aabla schenkte König Mohammed vier weitere Kinder. Lalla Aïcha, Lalla Malika, Moulay Abdallah und Lalla Nehza. Mohammed hatte auch eine Tochter mit einer Sklavenkonkubine, Lalla Fatima-Zohra. Er erkannte sie nicht sofort an, aber nachdem ihm die Mutter des Mädchens aus freien Stücken ins Exil gefolgt war, obwohl er seinen Konkubinen die Freiheit gegeben hatte, faßte er Zuneigung zu dem kleinen Mädchen und ließ sie nach seiner Rückkehr wie eine Prinzessin aufwachsen. Die Titel Lalla für eine Frau und Moulay für einen Mann werden den Mitgliedern der königlichen Familie verliehen, um sie als Abkömmlinge des Propheten zu kennzeichnen, im täglichen Leben dienen sie jedoch meistens als respektvolle Anrede.

lichkeiten am Hofe. Mama übte sich sehr bald als Vermittlerin zwischen den beiden, denn im Palast war Neutralität unmöglich. Man war entweder vom einen oder vom anderen Lager.

Moulay Hassan, den man auch Smiyet Sidi (den »Fast-Herrscher«) nannte, bewohnte ein Haus in der Nachbarschaft und kam häufig zu uns, ebenso wie seine Schwestern, die Prinzessinnen, und sein Bruder, Prinz Moulay Abdallah. Man verlangte von mir, sie respektvoll zu grüßen. Eines Abends während des Ramadan[6], nach Aufhebung des Fastengebots, hatte es sich meine Mutter im Kreise von ein paar Freundinnen in ihrem Salon gemütlich gemacht. Ich tobte im Haus herum. Als ich durch den Flur rannte, sah ich einen unbekannten Herrn aus der Küche kommen. Beeindruckt von seiner stattlichen Erscheinung, hielt ich im Laufen inne. Er lächelte mir zu und umarmte mich.

»Sag deiner Mutter, daß ich da bin.«

Ich ging ihr Bescheid sagen. Sie verneigte sich sofort tief vor diesem fremden Mann.

Es war König Mohammed V., der unangekündigt auf einen Besuch bei ihr hereinschaute, wie er es gelegentlich tat. Er sagte ihr, er habe sich erlaubt, in die Küche zu gehen, weil es von dort angebrannt gerochen habe. Die Köchin hatte die Teekanne vergessen, die auf der Gasflamme zu schmelzen begann. Seine Majestät hatte uns vor einer Feuersbrunst bewahrt.

Ich war fünf Jahre alt, als Mama mich das erste Mal in den Palast mitnahm. Die beiden Ehefrauen des Königs und all seine Konkubinen bestanden darauf, mich kennenzulernen. Wir kamen zur Mittagessenszeit in eines der königlichen Eßzimmer, das von anmutig dahinschreitenden Haremsdamen bevölkert

[6] Islamischer Fastenmonat, in dem zwischen Morgengrauen und Sonnenuntergang neben anderen Dingen auch Essen und Trinken verboten sind. In der Nacht werden dann oft Einladungen gegeben und Familienfeste gefeiert.

war, die die glitzernden Schleppen ihrer Kaftane hinter sich herzogen. Ein veritabler Käfig voller exotischer Vögel, sowohl was die Vielfalt der Farben betraf als auch das unaufhörliche Geschnatter.

Der Raum war riesig, ich hatte noch nie zuvor einen ähnlich großen gesehen, er hatte überall an der Längsseite Balkone und war bis zur halben Höhe der Wände mit Mosaiken verziert. An einem Ende des Saals befand sich, majestätisch erhöht, der königliche Thron. An einer Seitenwand erhob sich ein Berg noch eingewickelter Geschenke, die das Staatsoberhaupt anläßlich von Festen, Zeremonien oder offiziellen Besuchen erhalten hatte. Am anderen Ende des Raumes war in einem Alkoven auf europäische Weise der königliche Tisch gedeckt, mit Porzellantellern, Kristallgläsern, Vermeil- und Silberbesteck. Seine Konkubinen setzten sich zu seinen Füßen, direkt auf den mit braunen Teppichen bedeckten Boden, um rechteckige Tische herum, an die acht Personen paßten. Ihr Geschirr war ganz schlicht. Häufig aßen sie die von ihren Sklavinnen eigens für sie zubereiteten Speisen aus Blechnäpfen.

Die Königinmutter saß dem Tisch vor, der in nächster Nähe zu dem des Königs stand, umringt von den augenblicklichen Konkubinen, die auf arabisch *moulet nouba* heißen, »die, die an der Reihe sind«. Sie waren aufgrund dieser Tatsache stärker geschminkt und besser gekleidet als die anderen und legten eine leicht überhebliche Haltung an den Tag. Die, welche am Vortag oder dem Tag davor die Gunst des Königs genossen hatten, trugen eine herablassend glückliche Miene zur Schau und kauten geräuschvoll Gummi arabikum.

Verschüchtert klammerte ich mich an den Kaftan meiner Mutter, hatte aber gleichzeitig unbändige Lust, überallhin zu rennen. Plötzlich erfüllte fröhliches Geschrei den Saal. Die Frauen begrüßten jemanden, den ich nicht sehen konnte. Ich schlängelte mich durch die Beine der Frauen hindurch und sah ein kleines Mädchen in einem weißen Kleid, das am Rücken mit einer großen Schleife zusammengebunden war. Ich fand sie wundervoll mit ihren schwarzen Korkenzieherlocken, ihrem milchigen Teint und den winzigen Sommersprossen, die ihr schelmisches Gesicht übersäten. Im Vergleich dazu erschienen mir meine glanzlose Haut und meine glatten Haare herzlich gewöhnlich.

Ich war erleichtert, endlich ein Kind in meinem Alter zu sehen, blieb aber verlegen stehen. Warum hatte sie ein Anrecht auf soviel Ehrbezeugung? Wir wurden einander vorgestellt und umarmten uns schüchtern. Ich erfuhr jetzt, daß dieses hübsche kleine Mädchen Prinzessin Amina war, genannt Lalla Mina, das geliebte Kind von König Mohammed und Lalla Bahia.

Dann wurde es erneut unruhig. König Mohammed betrat das Eßzimmer, der Sitte gemäß von links. Als meine Mutter an der Reihe war, ihn zu begrüßen, küßte sie seine Hand und stellte mich ihm vor. Er nahm mich einfach in den Arm und sagte ein paar nette Worte. Danach nahmen alle um die Tische herum Platz, und der König setzte sich allein an den seinen. Die Sklavinnen servierten das Essen, und die erlesensten Speisen wurden vorbeigetragen.

Sobald ich ein paar Bissen verspeist hatte, verdrückte ich mich, um mit Lalla Mina zu spielen. Einen kurzen Moment lang verstanden wir uns prächtig. Aber schon bald trübte Geschrei unsere Harmonie. Die Prinzessin hatte mich brutal in den Unterarm gebissen. Ich drehte mich schluchzend um und suchte den Blick meiner Mutter. Verlegen bedeutete sie mir unauffällig, ich möge mich beruhigen. Empört über die mangelnde Beachtung stürzte ich mich auf Lalla Mina und biß ihr in die Wange.

Nun weinte auch die Prinzessin so laut, daß der ganze Hof sich erhob. Ich spürte eine Gefahr in der Luft liegen, als wollten gleich sämtliche Versammelten auf mich losstürzen und mich verprügeln. Die Kleine suchte ihren Vater mit den Augen, doch vergeblich, worauf sie sich auf den Boden warf und noch heftiger schrie. Beschämt flüchtete ich mich in die Arme meiner Mutter.

Endlich schritt der König ein. Er nahm mich in seine Arme und bat mich, ihm den Vorfall zu erzählen.

»Sie hat meinen Vater beleidigt«, sagte ich weinend, »und ich habe ihren Vater beleidigt und ihr in die Wange gebissen.«

Der Hof war entsetzt über meine Worte, aber der König amüsierte sich sehr. Er ließ mich mehrmals die frevelhaften Beschuldigungen wiederholen. Dann trennte er uns, aber die Prinzessin und ich warfen uns weiter herausfordernde Blicke zu.

Als das Essen beendet war, ging Mohammed V. auf meine Mutter zu.

»Fatima, ich möchte dich um etwas bitten, das du mir nicht abschlagen kannst«, sagte er zu ihr. »Ich kann für Lalla Mina keine bessere Kameradin und Schwester finden als deine Tochter. Ich möchte Malika adoptieren. Aber ich verspreche dir, daß du sie sehen kannst, wann du willst.«

Adoption war im Palast etwas weit Verbreitetes. Konkubinen ohne Kinder adoptierten Waisen, kleine arme Mädchen, Opfer von Erdbeben. Andere Mädchen kamen erst als Jugendliche, um Gesellschafterinnen zu werden. Aber es war selten, daß ein vom König adoptiertes Kind fast den Rang einer Prinzessin einnahm, wie es bei mir der Fall war.

Ich verdanke die besonders engen, fast töchterlichen Bande, die mich mit Mohammed V. und dann mit Hassan II. verbanden, sicher meinem Willen und meinem Charakter. Während all der im Palast verbrachten Jahre gelang es mir stets, ihre Zuneigung zu gewinnen, einen Platz in ihrem Leben einzunehmen, mich unentbehrlich zu machen. Ich wollte auf keinen Fall unbeachtet bleiben.

An das, was folgte, habe ich nur noch konfuse Erinnerungen, so als sei ich das Opfer einer Entführung gewesen. Ich weiß noch, daß Mama überstürzt aufbrach, daß man mich ergriff und in ein Auto zwängte, das mich zur Villa Yasmina fuhr, wo Lalla Mina mit ihrer Gouvernante Jeanne Rieffel lebte.

Mich von meiner Mutter wegzunehmen bedeutete, mich dem Leben zu entreißen. Ich weinte, schrie, stampfte mit den Füßen. Die Gouvernante sperrte mich mit Gewalt ins Gästezimmer und schloß zweimal hinter mir ab. Ich schluchzte die ganze Nacht.

Meine Eltern haben mit mir nie über diese Zeit gesprochen. Falls es Erklärungen gab, habe ich sie vergessen. Weinte meine Mutter wie ich bis zum Morgengrauen? Ich habe es nie gewagt, sie danach zu fragen.

Mit der Zeit war diese Trennung eine Tatsache, die ich trotz meines Kummers akzeptierte. Ich liebte meine Mutter so sehr, ich litt so sehr fern von ihr, daß jeder ihrer Besuche eine furchtbare Marter war. Die seltenen Male, die sie mich besuchen kam, erschien sie mittags und ging wieder um zwei Uhr nachmittags. Wenn die Gouvernante mir ihr Kommen ankündigte, empfand ich eine Freude, der nichts an Heftigkeit gleichkam außer dem sofortigen Schmerz, der mit ihr einherging.

Die Nacht vor ihrem Besuch schlief ich nicht; morgens war ich in der Schule unaufmerksam. Die Stunden schienen endlos. Um halb eins verließ ich die Schule, und das ewig gleiche Zeremoniell begann. Mama war da. Ich rannte über die Treppen in Richtung Salon und blieb stehen, weil ich ihr Parfum roch, *Je reviens* von Worth. Dieser erste Moment gehörte mir. An der Garderobe vergrub ich mein Gesicht in ihrer Jacke.

Meine Mutter saß auf einem Sofa. Warum empfing sie mich mit soviel Zurückhaltung? Mußte unser Wiedersehen nicht herzzerreißend und tränenreich sein? Ich bremste mich und umarmte sie kühl. Aber dann, während der wenigen von der Gouvernante bewilligten Minuten unter vier Augen, küßte ich verstohlen ihre Hand, streichelte ihren Unterarm, überschüttete sie mit tausend Liebkosungen und Zärtlichkeiten, die mir fremd geworden waren und nach denen ich noch immer hungerte.

Bei Tisch belegte die Gouvernante meine Mutter mit Beschlag und hinderte mich daran, mit ihr zu sprechen. Ich aß nicht, ich sah sie nur an, ich saugte ihre Worte auf, folgte der Bewegung ihrer Lippen. Ich nahm so viele Details auf wie möglich und ließ sie nachts vor dem Einschlafen, in der Einsamkeit meines Zimmers, wieder vor meinem geistigen Auge vorüberziehen. Ich war so stolz auf ihre Schönheit, ihre Eleganz, ihre Jugend. Lalla Mina bewunderte sie auch, was mich glücklich machte.

Aber die Uhr blieb nicht stehen, und ich mußte zurück in die Schule. Die Abstände zwischen ihren Besuchen wurden immer größer, und ich fühlte mich mehr und mehr von ihr getrennt. Mein Zuhause befand sich nicht mehr in der Allée des Princesses, sondern im Palast von Rabat. Ich lebte dort die ganze Zeit fast wie hinter Klostermauern, ohne einen anderen Horizont als dessen Umfriedung oder die der anderen königlichen Paläste, in die man uns während der Ferien brachte.

Ich sah das Leben der anderen, das wahre Leben durch die Fensterscheiben der prächtigen Autos, die uns von einem Ort zum anderen fuhren. Ich selbst lebte im Luxus und abgeschottet von der Welt, in einem anderen Jahrhundert mit einer anderen Mentalität und anderen Sitten.

Ich brauchte elf Jahre, um diesem Leben zu entkommen.

Der Palast des Herrn

Zu Zeiten Mohammeds V.

Der König wollte nicht, daß seine Lieblingstochter in der stickigen Atmosphäre des Palasts erzogen würde. Er richtete ihr die Villa Yasmina ein, ein Paradies für artige Kinder, abgeschottet von der Brutalität der Welt, eine Märchendomäne, in der nichts anderes Zugang hatte als Luxus, Ruhe und schöne Dinge. Ich lernte dort die Kunst, eine Prinzessin zu sein.

Das angenehm große weiße Haus lag zehn Minuten vom Palast entfernt an der Route des Zaers. Man fuhr mit dem Auto durchs Tor. Eine kleine Straße führte zum Hauptgebäude, in dem Lalla Mina und Jeanne Rieffel ihre Wohnung hatten. Sie bewohnten die erste Etage, mit Küche, Badezimmer, Salon – in dem ein Flügel prangte –, Eßzimmer, Fernsehraum, Gästezimmer und den aneinandergrenzenden Schlafzimmern von Lalla Mina und der Gouvernante. Alles war modern und bequem eingerichtet, mit Sofas und Vorhängen aus geblümtem Chintz, dicken Teppichen und kuscheligen Möbeln.

Im Erdgeschoß befand sich ein riesiges Spielzimmer, das bis oben hin mit den unterschiedlichsten Spielsachen gefüllt war: Fahrrädern, Billardtischen, Miniaturautos und Garagen, Plüschtieren, Puppen samt Accessoires, Kostümen zum Verkleiden und einem Kino ganz für uns allein. Ein wundervoller Garten, den tausenderlei Blumen zierten – Jasmin, Geißblatt,

Rosen, Dahlien, Stiefmütterchen, Kamelien, Bougainvillea, Wicken –, erstreckte sich rund um das Haus. Die Wege waren von Mandarinen-, Orangen-, Zitronenbäumen und Palmen gesäumt. Zum Zeitvertreib hatte man für die Prinzessin einen Spielplatz errichtet, mit Kletterstangen, Schaukeln und Rutschbahnen.

Lalla Mina, die Tiere über alles liebte, hatte ihren eigenen Zoo, ein kleines umfriedetes Terrain, in dem sich Affen und Schafe tummelten, ein von einer Italienreise mitgebrachtes Eichhörnchen, eine Ziege und Tauben, und sie besaß sogar einen eigenen Pferdestall hinter dem Haus, mit Box und Reitparcours. Noch ein Stück weiter war ein großer Obstgarten mit Hunderten von Bäumen. In der Villa Yasmina hatten wir sogar unsere eigene Grundschule. Die Direktorin hieß Madame Hugon und unsere Lehrerin Mademoiselle Capel. An letztere denke ich gerne zurück.

Die erste Zeit über schlief ich in dem Gästezimmer nahe dem Zimmer der Prinzessin. Ein Jahr vor dem Tod des Königs stießen Rachida und Fawzia zu uns, zwei kleine Mädchen von einfacher Herkunft, die aus den besten Schülerinnen des Landes ausgewählt worden waren, um zusammen mit Lalla Mina erzogen zu werden. Ich bezog mit ihnen ein kleines, im Garten gelegenes Häuschen neben dem Zoo. Zwei Zimmer führten auf einen von einem Glasdach überwölbten Innenhof. Eines davon teilte ich von nun an mit Rachida. Unser Stundenplan war und blieb stets der gleiche, und zwar sowohl während der Regentschaft von Mohammed V. wie auch während der von Hassan II. Jeden Morgen gegen sechs Uhr dreißig kam der König, um uns zu wecken. Als erstes ging er in das Zimmer von Lalla Mina, dann kam er in das meine. Er schlug die Laken zurück, ergriff meine Füße und zog mich im Scherz zu sich heraus.

Von Beginn an machte er keinen Unterschied zwischen seiner Tochter und mir und brachte uns beiden die gleiche wohlwollende Zuneigung entgegen. Der König vergötterte seine

Tochter. Er war von zurückhaltender Natur, aber an dem Blick, den er auf sie richtete, konnte man ablesen, wie sehr er sie liebte.

Er war beständig und regelmäßig in unserer Nähe. Er leistete uns beim Frühstück Gesellschaft und blieb bei uns bis zum Beginn der Schule. Gegen elf Uhr dreißig kam er wieder, wohnte unserem Arabischunterricht bei und ging dann erneut.

Die Mahlzeiten nahmen wir im Haus unter der Aufsicht von Jeanne Rieffel ein, der elsässischen Gouvernante, die dem König vom Grafen von Paris empfohlen worden war, nachdem sie schon seine Kinder großgezogen hatte. Jeanne Rieffel war eine autoritäre alte Jungfer, die einmal sehr hübsch gewesen sein mußte: Sie hatte noch immer große lebhafte blaue Augen, aschblondes Haar und eine schöne Kopfhaltung. Ich fürchtete und verachtete sie. Sie war nicht wirklich böse, verstand aber nichts von Pädagogik und genausowenig von Psychologie. Sie kommandierte uns herum und bestrafte und drangsalierte uns ständig, ihrer Meinung nach, um uns auf diese Weise besser zu erziehen.

»Der Mensch wird nach seiner Erziehung beurteilt, nicht nach seiner Bildung.«

Dieser sibyllinische Satz, den sie uns täglich mit ihrem teutonischen Akzent wiederholte, klingt mir noch heute in den Ohren. Sie lag in dieser Frage in permanentem Kampf mit unserer Direktorin, Madame Hugon, die uns zu guten Schulleistungen antrieb.

Mohammed V. war ein strenger König. Es verstand sich, daß die Sitten im Palast es ebenfalls waren. Er war sehr fromm und wurde von seinem Volk abgöttisch verehrt. Jeden Freitag ritt er am späten Nachmittag durch das große Palasttor, um sich zu der innerhalb der Stadtmauer gelegenen Moschee zu begeben. Er hatte eine weiße Djellaba an, sein Festgewand, und trug einen roten Fez auf dem Kopf. Sklaven hielten einen großen Samtbaldachin über seinen Kopf, um ihn gegen die Sonne zu schützen. Er ritt durch das Stadttor, umringt von den schönsten Zuchthengsten aus seinem Stall, die im Rhythmus der von der königlichen Garde geschlagenen Trommeln tanzten. In Massen zu beiden Seiten der Straße versammelt, jubelte die Menge ihrem Herrscher zu. Die Verehrung seiner Person ging so weit, daß sich die Leute zu Boden warfen, um den Mist seiner Pferde aufzusammeln.

Lalla Mina und ich kamen im Auto, um ihn zu bewundern, und sobald er zu sehen war, applaudierten wir ihm begeistert.

Nach dem Gebet kehrte er in einer Kutsche zum Palast zurück. Dieses Bild des Königs zu Pferde war märchenhaft. Ich konnte mich nicht satt daran sehen.

Indessen gab es unter seiner Regentschaft wenig Zerstreuungen. Wir fuhren während der Ferien in die königlichen Paläste nach Fès, Ifrane im Mittleren Atlas oder Oualidia, das am Meer lag. Die Lieblingsfreizeitbeschäftigung des Königs war Boule, das er zusammen mit seinem Chauffeur, einem Dekorateur und einem Schloßverwalter spielte, der ihm aus Madagaskar gefolgt war. Nach der Schule gingen wir ihn anfeuern.

Lalla Mina war ein verwöhntes Kind. Zu Lebzeiten ihres Vaters schickten ihr die Staatschefs der ganzen Welt tausenderlei Spielsachen, die sich im Spielzimmer häuften. An Weihnachten bekam sie so viele Geschenke, daß die Gouvernante sie konfiszierte, um sie an die Armen zu verteilen. Walt Disney hatte eigens für sie ein Auto entworfen, dessen Inneres mit den Figuren aus seinen sämtlichen Trickfilmen ausgeschmückt war. Und er hatte eine winzige Küche einbauen lassen sowie das Mobiliar eines Miniaturhauses. Wir wurden häufig gefilmt und fotografiert: Die Illustrierten der ganzen Welt interessierten sich für den Alltag der Prinzessin.

Am 26. Februar 1961 verschied Mohammed V. unerwartet im Verlauf eines banalen chirurgischen Eingriffs. Er starb auf dem Operationstisch. Ich war erst acht Jahre alt, aber ich erinnere mich ganz genau an die Trauer, die ich im Palast beobachtete, und an den Kummer der kleinen Prinzessin. An dem Morgen, an dem er gestorben war, fand ich sie schluchzend inmitten der Blumenbeete im Garten vor. Ich nahm sie liebevoll in den Arm, wagte aber nicht zu sprechen.

Ich empfand enormes Mitleid mit ihr, ihr Schmerz berührte mich, als wäre es der meine gewesen. War sie nicht fast meine Schwester? Ich hatte Mohammed V. geliebt, da er immer gut und gerecht zu mir gewesen war. Aber er war nicht mein Vater, und mein Herz verkrampfte sich bei dem Gedanken, auch ich könnte eines Tages den meinen verlieren.

Im Palast waren alle weiß gekleidet, in der Farbe der Trauer. Für mich als kleines Mädchen, das wenig vertraut war mit all den königlichen Bräuchen, passierten seltsame und widersprüchliche Dinge. In einem der Zimmer hielt sich die *aamara* auf, der Chor der Sklaven, die nach einem eigenartigen Rhythmus auf Tamburine schlugen. Andere psalmodierten: »Der König ist tot, es lebe der König ...«

Sie sahen freudig der Inthronisation von Hassan II. entgegen, dem zweiunddreißigjährigen neuen König. Ein Stück weiter, in dem Zimmer, in dem der Sarg Mohammeds V. stand, beweinten ihn seine Konkubinen mit lautem Wehgeschrei.

Nach dem Tod des Königs dachte meine Mutter natürlich daran, mich zu sich zurückzunehmen, aber die Haarspaltereien und Empfindlichkeiten am Königshof komplizierten stets die einfachsten Handlungen. Meine Heimkehr hätte bedeutet, daß meine Mutter Hassan II. weniger Ehrerbietung entgegenbrachte als seinem Vater. Und außerdem, wie hätte sie es übers Herz bringen sollen, Lalla Mina unter diesen tragischen Umständen meiner tröstlichen Gesellschaft zu berauben? Das war nicht der richtige Moment.

Aber der kam auch in den Folgejahren nicht. Über die Jahre wurde ich zu einem Tauschobjekt: Je weiter die politische Karriere meines Vaters voranschritt, desto mehr wurde ich zu einem Spielpfand zwischen dem König und ihm. Wenn mein Vater etwa die Idee äußerte, mich zu sich zu holen, hieße das dann nicht, daß er die königliche Erziehung in Frage stellte?

Lange Jahre vergingen, bis ich ganz allein meinen Willen durchsetzte, nach Hause zurückkehren.

Die Erziehung einer Prinzessin

Noch als Kronprinz hatte der junge König versprochen, Lalla Mina wie seine eigene Tochter zu behandeln. Als nun Mohammed starb, war man im Palast gespannt: Würde er sein Versprechen halten? Er tat es.

Die Prinzessin behielt ihre Stellung bei, und unser Leben veränderte sich kaum. Hassan II. kam uns morgens nicht wecken, er nahm auch nicht wie sein Vater an unserem Frühstück und unserem Unterricht teil, aber wenn am Schuljahresende die Preise verteilt wurden, war er jedesmal bei der Feier in unserer kleinen Schule anwesend.

Wir sangen, tanzten, lasen Gedichte, rezitierten die Suren aus dem Koran und spielten Theaterstücke, auf französisch und arabisch. Der König saß mit seinen Konkubinen in der ersten Reihe, umgeben von Ministern und Hofstaat. Dieser Aufwand, denn es bedeutete für ihn Aufwand, war ihm heilig. Er nahm ihn aus Respekt für seinen Vater auf sich und aus Liebe zu seiner jungen Schwester. Hassan II. hatte damals noch keine Kinder, und die Prinzessin und ich hatten keine Hemmungen, seine ganze Aufmerksamkeit zu beanspruchen.

Wir kletterten in sein Auto, sobald sich die Gelegenheit dazu ergab, ritten mit ihm aus, sahen ihm beim Golfspielen zu, feuerten ihn bei seinen Tennispartien an, fuhren mit ihm in Urlaub. Wir nahmen sogar an den Sitzungen des Ministerrats teil. Wir waren zwei ausgelassene achtjährige Mädchen, die jede Gelegenheit wahrnahmen, zu lachen und sich zu amüsieren und das steife Gepränge des Hofes zu vergessen.

Wie früher standen wir um sechs Uhr dreißig auf, wuschen uns, zogen uns an, sprachen unsere Gebet, machten unsere Betten, räumten unsere Zimmer auf, putzten unsere Schuhe. Dann kam die Gouvernante hereingerauscht und sah nach, ob alles tadellos in Ordnung war. Gegen halb acht wurde im Eßzimmer das Frühstück serviert. Ab der sechsten Klasse fuhr uns ein Wagen mit Eskorte jeden Morgen um acht Uhr zu dem Gymnasium, das sich innerhalb der Palastmauern befand. Die besten Lehrkräfte aus dem ganzen Königreich wurden für diese Schule rekrutiert. Auch ein paar königliche Minister gaben uns Unterricht.

Ein halbes Dutzend Schülerinnen, ausgewählt aus den besten jeder Provinz, waren zu unserer Características Vierergruppe, bestehend aus Lalla Mina, Rachida, Fawzia und mir, gestoßen. Der Unterricht fand auf französisch und arabisch statt und später auf englisch. Unser Lehrplan umfaßte Geschichte, Grammatik, Literatur, Mathematik, Sprachen und sogar Religion. Seit der Zeit Mohammeds V. war es Tradition, die Prinzessinnen bis zum Abitur zu unterrichten. Eine seiner Töchter, Prinzessin Lalla Aïcha, war eine so glänzende Schülerin, daß ihr Bruder Hassan II. sie zur Botschafterin in London und dann in Rom ernannte.

Ich war eine aufsässige und eher undisziplinierte Schülerin und spielte meinen Lehrern gern böse Streiche, was man meinen Noten anmerkte. Unser Koranlehrer, ein alter Herr mit stolzer Haltung, hatte auch schon Hassan II. unterrichtet. Wenn er ins Klassenzimmer kam, verlangte er, daß man zu ihm hinstürzte und ihm die Hand küßte. Ich hatte die Aufgabe, ihm seinen Burnus abzunehmen und ihn hinten im Raum aufzuhängen. Klassisches Arabisch, was er uns beibrachte, war mein Lieblingsfach; die Schrift ähnelte Zeichnungen, und in Zeichnen war ich hervorragend. Ich hörte ihn auch gern mit seiner ruhigen, sonoren Stimme die Suren singen.

Dieser fromme Mann glaubte fest an Geister. Er behauptete, daß die Teufel Tag und Nacht unter uns seien. Ich habe nie an übernatürliche Mächte geglaubt, aber da er so von ihrer Existenz überzeugt schien, beschloß ich, ihm einen Streich zu spielen.

Eines Morgens nutzte ich einen Moment aus, in dem er an der Tafel stand, um unter seine am Kleiderständer hängenden Kleider zu schlüpfen. Als er sich umdrehte, setzte der Kleiderständer sich in Bewegung. Der Lehrer fing am ganzen Körper zu zittern an. Je näher ich seinem Pult kam, desto mehr Verse psalmodierte er aus dem Koran. Ich konnte nicht mehr an mich halten und lachte laut heraus. Der Zorn erstickte ihn fast. Ich hatte es gewagt, den von allen, selbst von Seiner Majestät, verehrten alten Mann zu demütigen.

Im Palast war die Schadenfreude groß über diesen Streich. Auch der König lachte aus vollem Halse, wenn ihn auch der Zorn des alten Mannes betrübte, der mich beschuldigte, nicht an Gott zu glauben.

Unverbesserlich, wie ich war, machte ich eine Dummheit nach der anderen: Ich sägte den Stuhl des Englischlehrers an, ließ Bienen auf einen allergischen Lehrer los ... Jedesmal ging Madame Hugon zum König, um sich über mich zu beschweren. Die Bemerkungen in meinem Notenheft waren beißend: »Widerspenstige, aufsässige Schülerin, albert herum und schwatzt.«

Ich trug mein Heft zum König, während dieser aß. Stumm vor Angst, wartete ich zitternd auf meine Bestrafung.

Eines Tages wandte er sich an seine Konkubinen:

»Ich verstehe das nicht. Man sagt mir, sie sei schwatzhaft, aber ich bekomme kein einziges Wort aus ihr heraus.«

Der ganze Saal brach in schallendes Gelächter aus: Sie kannten mich gut.

Um halb eins endete der Vormittagsunterricht. Der Wagen brachte uns zum Golfplatz, damit wir dem König unsere Aufwartung machen konnten. Manchmal speisten wir im Palast, aber meistens kehrten wir in die Villa Yasmina zurück. Bis es Essen gab, gingen wir ins Spielzimmer. Ein kostbarer Moment, den ich ausnutzte, um Klavier zu spielen oder die Porträts sämtlicher Film- und Schlagerstars zu malen, von denen ich träumte.

Gegen dreizehn Uhr rief uns die Gouvernante und spulte mit ihrem scheußlichen Akzent das immer gleiche Zeremoniell ab.

»Geht zur Toilette und macht Kaka und Pipi, wascht euer Popöchen und eure Hände. Beeilt euch, meine Fräuleins ...«

Während der Mahlzeit mußte deutsch gesprochen werden. Ich ertrug diese Sprache nicht, da sie die von Mademoiselle Rieffel war, aber es war nicht allein der Sprachgebrauch, unter dem ich litt.

Ich verabscheute die geschmacklosen Speisen, die man uns in der Villa unter ernährungswissenschaftlichen Vorwänden servierte. Ich träumte von Schmorgerichten, Suppen, Fleischbällchen, marokkanischen Eierkuchen, honigfeuchten Kuchen. Die Königinmutter und Lalla Bahia, die meine kleine Schwäche kannten, ließen uns einmal in der Woche alle möglichen köstlichen Leckereien zukommen, aber die Gouvernante erlaubte uns nie, davon zu essen. Sie trieb ihren Sadismus so weit, daß sie die Sachen bei Tisch auftragen ließ und dann befahl, sie wieder abzuräumen.

Man bereitete uns statt dessen Salat aus gekochtem Fleisch zu, Spinatgratins, gekochten Fisch und Petersilienkartoffeln. Ich haßte Fleisch, Brot und Gemüse. Ich mochte nur die harten Eier, die man uns ganz gelegentlich reichte, und vor allem die marokkanische Küche. Ich aß fast nichts bei Tisch. Mademoiselle Rieffel zwang uns dazu, die Teller zu leeren. Ich erfand tausend Strategien, dies nicht tun zu müssen, wobei ich dauernd in Angst lebte, zur Strafe für meine Vergehen Kinoverbot erteilt zu bekommen.

Nach dem Mittagessen hatten wir einen kurzen Moment zur freien Verfügung, bevor wir wieder zum Gymnasium mußten. Gegen halb sieben, wenn der Unterricht zu Ende war, kehrten wir zum König in den Palast zurück. Wenn er im Ministerrat war, besuchten wir Oum Sidi, die Königinmutter, die unsere Komplizin im Kampf gegen Mademoiselle Rieffel war. Sie hielt die Gouvernante unter diversen Vorwänden fest, was wir ausnutzten, um uns zu verkrümeln.

Das Abendessen wurde um acht Uhr in der Villa serviert. Während der Prüfungszeiten lernte ich noch bis spätabends. Ansonsten gingen wir um neun Uhr abends oder später schlafen. Wir durften nicht mehr fernsehen, nicht einmal mehr lesen, sondern mußten sofort das Licht ausmachen. Ich hörte heimlich die Hörspielsendung *Les tréteaux de la nuit* mit einem kleinen Transistorradio, das ich unter meinem Kopfkissen versteckte.

Von meinem Bett aus sah man auf den Hof. Ich hatte das am Fenster gewählt, um den Himmel und die Sterne betrachten zu können, deren Anblick mich beruhigte. Meine geheime Welt, meine Insel des Friedens war die Nacht. Niemand konnte mich in meinen Gedanken stören. Ich entschwebte in ein von mir erdachtes Leben, war endlich frei.

Ich schlief nicht viel, ich weinte, dachte an meine Mutter, die mir jeden Tag ein wenig mehr fehlte.

Ich wurde von widersprüchlichen Gefühlen heimgesucht. Ich war nicht unglücklich. Lalla Mina liebte mich wie eine Schwester, und ich erwiderte ihre Liebe. Der König, die Königinmutter, Lalla Mina und die Konkubinen umgaben mich mit Zuneigung, wenn sie auch nie demonstrativer Art war. Ich erlebte eine traumhafte Kindheit, ich hatte alles, was ich wollte, ja sogar noch mehr.

Aber meine Familie fehlte mir entsetzlich. Ich hatte durch den Palast von der Geburt meiner kleinen Schwestern erfahren. Auch Myriam und Raouf waren absolute Unbekannte für mich. Ich wußte nichts von ihnen, kannte weder ihre Vorlieben noch ihre Spiele, noch ihre Freunde. Wenn mir die Gouvernante ausnahmsweise erlaubte, einen Nachmittag nach

Hause zu gehen, waren die darauffolgenden Tage schrecklich. Ich aß und schlief nicht mehr, und mein Kummer ließ erst nach tage- und nächtelangem heimlichem Weinen nach.

Zweimal verbrachte ich sogar ein paar Ferientage mit ihnen, aber man kam mich jedesmal sofort wieder unter irgendeinem Vorwand holen. Lalla Mina vermißte mich.

Manchmal sah ich meinen Vater im Palast, aber unsere Kontakte waren zu kurz. Er war ein ziemlich verschlossener Mensch, und Gefühlsausbrüche bereiteten ihm Unbehagen. Es bedurfte jedoch nur eines Blicks oder eines Händedrucks, und ich wußte, daß er mich liebte. Oft bemerkte ich sogar, daß er traurig war, mich nicht selbst erziehen zu können. Im Laufe der Zeit erfuhr ich durch das königliche Gefolge, daß mein Vater ein sehr wichtiger Mann war, aber ich mußte erst größer werden, um seine politische Rolle wirklich zu verstehen. Ich lebte so von allem abgeschieden, daß ich nichts von dem wußte, was in der Welt vor sich ging. Nicht einmal von der Affäre Ben Barka[7] bekam ich etwas mit. Kaum merkte ich, daß der Sicherheitsdienst wachsamer gegenüber meiner Person war. Im Radio hörte ich die Journalisten immer wieder den Namen meines Vaters nennen, ohne zu verstehen, um was es sich handelte.

Vor allen Dingen war ich von dem Wunsch besessen, meine Mutter anzurufen. Sobald ein Telefon in meiner Reichweite

---

[7] Am 29. Oktober 1965 wird Medhi Ben Barka, ehemaliger Mathematiklehrer Hassans II., marokkanischer Oppositionsführer (Begründer der Vereinigten Nationalen Volksfront) und Wortführer der Dritten Welt, in Paris vor der Brasserie Lipp von zwei französischen Polizisten namens Souchon und Voitot entführt und in eine Villa in Fontenay-le-Vicomte entführt. Man sieht ihn nie wieder.

General Oufkir, damals Innenminister, und Oberst Ahmed Dlimi, Chef der marokkanischen Sicherheitspolizei, werden von Frankreich angeklagt, die Drahtzieher der Entführung und Ermordung Ben Barkas zu sein. Ein internationaler Haftbefehl wird gegen die beiden erlassen. Dlimi stellt sich der französischen Justiz und wird im Juni 1967 freigesprochen. General Oufkir wird in Abwesenheit zu lebenslänglicher Haftstrafe in Frankreich verurteilt und in Marokko vom König »für die unerschütterliche Treue gegenüber seiner Person« gewürdigt.

war, mußte ich unbedingt versuchen, sie zu erreichen. An der Einfahrt zur Villa wohnten in einem kleinen Häuschen Monsieur und Madame Bringard, das Hausverwalterehepaar. Gegenüber befand sich das Büro von Monsieur Bringard, in dem sich einer der so sehr begehrten Telefonapparate befand. Manchmal schlich ich mich lautlos nachts aus meinem Zimmer in den Hof, denn Mademoiselle Rieffel überwachte uns von ihrem Fenster aus. Ich durchquerte den Garten und versuchte dabei, die zahlreichen Wachen zu umgehen, die dort postiert waren. Ich lief bis zum Büro des Hausverwalters und bemächtigte mich zitternd des Telefons.

Tagsüber wandte ich jeden Trick an, um mich abzusondern und meine Mutter anzurufen. Aber wenn ich sie mit List und Tücke endlich am Apparat hatte und wenn ich hinter ihr Stimmen und Gelächter vernahm, wußte ich nicht mehr, was ich ihr sagen sollte. Ich spürte schmerzlich, daß meine Familie ihr eigenes Leben führte, zu dem ich nicht mehr gehörte.

Die Wochenenden wichen ein wenig von unserem strikten Stundenplan ab. Samstags dauerte der Deutschunterricht den ganzen Vormittag. Die Gouvernante brachte uns ihre Sprache mit Bestrafungen und Ohrfeigen bei. Dann ging Lalla Mina, die Pferde über alles liebte, zu ihrem Stall, während ich mich ins Spielzimmer aufmachte, um zu zeichnen, Musik zu hören, Akkordeon oder Schlagzeug zu spielen. Wie alle kleinen Mädchen spielten wir auch gerne mit Puppen und Puppengeschirr. Wir empfingen unsere Gäste in einer hübsch eingerichteten Hütte und servierten ihnen Blätter von Bäumen in silbernen Schälchen.

Wenn uns in der Woche zuvor ein Film gefallen hatte, versuchte ich, ihn zu rekonstruieren. Wir griffen uns aus den Verkleidungskoffern Kostüme, um die Figuren zu spielen. Ich war stets die Regisseurin und verteilte die Rollen und Stichworte. Auf diese Weise hatten wir eine *Carmélites*-Phase, eine *Meine*

Lieder – meine Träume-, eine *Romulus und Remus*- und eine *Drei Musketiere*-Phase.

Nach dem Mittagessen fuhren wir zum Spazierengehen aufs Land, um auf Geheiß der Gouvernante »frische Luft zu tanken«. Jeden Samstag und manchmal auch während der Woche, wenn der König nicht abkömmlich war, verließen wir Rabat. Wir wurden etwa dreißig Kilometer vom Palast entfernt abgesetzt und mußten zwei oder drei Stunden nach Hause marschieren, im Schrittempo gefolgt von unserem Auto und dem der Eskorte.

Auf der Hinfahrt warf ich, sobald ich merkte, daß Mademoiselle Rieffel einnickte, dem Chauffeur einen komplizenhaften Blick zu, und er stellte das Radio an. Dann hörte ich meine Lieblingsmusik, Rock, Twist, Unterhaltungsmusik, nicht diese fürchterlichen deutschen Lieder, die uns die Gouvernante zu singen zwang. Das Vergnügen war um so köstlicher, als es uns verboten war.

Den Samstagabend mochte ich ganz besonders, da man uns dann alte Filme vorführte. Aber am liebsten war mir das Palastkino. Wir konnten uns dort sämtliche neueren Filme ansehen, ohne daß sie von Mademoiselle Rieffel zensiert wurden. Während des Ramadan bereitete die Küche uns einen köstlichen Imbiß zu, den wir zusammen mit dem König und den Konkubinen zu uns nahmen, während wir uns dazu bis zum Morgengrauen Filme anschauten. Es muß, glaube ich, nicht erwähnt werden, daß wir am Sonntag lange ausschliefen.

Noch zu Lebzeiten ihres Vaters bekam Lalla Mina einen jungen Elefanten von Pandit Nehru geschenkt. Das Tier wurde in dem herrlichen Park des in freier Natur errichteten Palastes Dar es Salam auf der Straße nach Rabat untergebracht. Als kleine Mädchen gingen wir oft während der Mittagszeit dorthin, um die Enten zu füttern, die sich auf dem See tummelten.

Der junge Elefant wurde unser Lieblingsspielzeug. Er war zahm und anhänglich und verschlang begierig die Brotkanten, die wir ihm unter den Rüssel hielten. Wir kamen ihn jeden Tag besuchen, und unser größtes Vergnügen war es, in Begleitung seines aus Indien mitgekommenen Pflegers eine Runde auf seinem Rücken durch den Park zu drehen. Doch der Inder wollte nach Hause zurück, worauf sich ein marokkanischer Stallknecht um das Tier kümmerte. Als der Elefant sich mißhandelt fühlte, griff er seinen Peiniger an. Man mußte ihn erschießen. Lalla Mina und ich waren lange untröstlich.

Unsere Leidenschaft für Tiere kannte keine Grenzen. Im Stall lebte zwischen den Pferden eine kleine weiße Kamelstute, Zazate, die der Gouverneur von Ouarzazate uns auf einer Reise in den Süden geschenkt hatte, die wir in Begleitung von Moulay Ahmed Alaoui, dem Cousin des Königs, gemacht hatten. Diesem intelligenten und von der marokkanischen Kultur begeisterten Mann war die Aufgabe übertragen worden, uns mit unserem Land vertraut zu machen.

Zwei oder drei Jahre lang fuhren wir mit ihm in den Ferien von einem Dorf zum nächsten, von der Wüste in die Berge. Vor jeder Besichtigung unterrichtete er uns in Geographie und Geschichte. Dank ihm lernte ich die Gegend meiner väterlichen Vorfahren kennen, der *chorfa*, direkten Nachfahren des Propheten. In diesen südlichen, von »blauen Männern« bevölkerten Wüstengegenden wurde ich noch mehr bejubelt als Prinzessin Lalla Mina. Uns zu Ehren organisierten sie eine Fantasia – ein Reiterspiel – auf dem Rücken von Kamelen.

Zazate kam mit uns nach Hause. Wir brachten sie in einer der Boxen im Pferdestall der Villa Yasmina unter, neben dem Hengst der Prinzessin. Samstag nachmittags gab ich manchmal dem Bitten und Betteln Lalla Minas nach und begleitete sie auf ihren Ausritten. Ich setzte mich dann mit Vorliebe auf das Kamel, und auf diese Weise amüsierten wir uns. Manchmal bat sie mich auch, ein Pferd zu nehmen, und forderte mich zum Wettreiten auf.

Diese Momente erfüllten mich mit tiefem Glück. Ich fühlte mich leicht und frei. Ich liebte es, im Wind zu galoppieren, hatte es gern, wenn die Äste mein Gesicht peitschten. Ich hatte das Gefühl, niemandem zu gehören. Ich war endlich ich selbst, ohne Zwänge und Verpflichtungen. Ich begriff jetzt besser, was das Glück auf dem Rücken der Pferde bedeutete.

Abgesehen von den Reisen mit Moulay Ahmed, hatten wir in den Ferien die Wahl zwischen zahlreichen Königspalästen im Land: Tanger oder Marrakesch im Frühling oder der Palast von Fès, den Hassan II. zu einem der schönsten im Land restaurieren ließ.

Den Ort, den ich von allen am liebsten hatte, war Ifrane im Mittleren Atlas. Man hatte dort den Eindruck, in Savoyen zu sein. Die Häuser waren aus rotem Backstein wie bei Schneewittchen; und im Winter bedeckte Schnee die Berghänge. Wir gaben uns nach Herzenslust dem Skilaufen hin. Lalla Mina und ich wohnten in einer riesigen sechsgeschossigen Villa, in der einst Mohammed V. gelebt hatte, als er noch Kronprinz war. Eine Serpentinenstraße wand sich durch Tannenwald hindurch den Berg hinauf zum Schloß des Königs, das hoch oben auf dem Gipfel lag, umgeben von einem Märchenpark. Wie seine anderen Paläste hatte Hassan II. auch diesen mit luxuriösen Möbeln ausstatten lassen.

Im Juli 1969 ließ er zu seinem Geburtstag den *Schwanensee* auf dem See von Ifrane geben. Ein unvergeßliches Spektakel wie aus Tausendundeiner Nacht. Als Nasser auf Staatsvisite kam, organisierte der König ein großes Fest anläßlich seines Besuchs. In Mischliffen, nahe Ifrane, gab es mitten im Wald einen erloschenen Vulkan mit riesigem Krater. Im Winter fuhren wir an seinen Hängen Ski. Der *raïs*[8] durfte sich dort ein unvergeßliches Reiterspiel inmitten des Kraters anschauen. Wir saßen alle bequem unter einem riesigen Stammesfürstenzelt, das extra für diesen Anlaß aufgestellt worden war.

---

[8] Eine andere Bezeichnung für »König«. Titel des ägyptischen Präsidenten Gamal Abd el-Nasser.

In Ifrane gingen wir nachts mit dem Hubschrauber auf Pantherjagd oder jagten im offenen Jeep Wildschweine und Hasen. Ich saß neben dem König, glücklich, solche außergewöhnlichen Momente zu erleben.

Das Leben im Palast

Der Palast war unsere eigentliche Welt, unser Lieblingsplatz zum Spielen. Wir rannten unentwegt durch die Gänge, erforschten die Alkoven und Innenhöfe, schlüpften hinein, wohin man uns ließ, in die Räume des Königs, des Harems, die Küche. Lalla Mina schob ihr schelmisches Puppengesicht durch eine Tür, und ich wagte mich mit spitzbübischer Miene ebenfalls hinein. Man entdeckte uns, rief uns ... und wir wurden verwöhnt, umarmt, geherzt, gefüttert, man kam all unseren Launen entgegen.

In das Palastviertel kam man durch eine Ringmauer[9], durch die eine Straße führte. Hinter dieser Mauer fand man die Moschee mit ihrem kleinen Mausoleum, das Viertel der verheirateten Sklaven, das Protokollgebäude, das der königlichen Garde und einen meiner Lieblingsplätze, die Wagenhalle, in der sich eine beeindruckende Sammlung königlicher Autos aneinanderreihte. Ein großes Tor führte zum Palast, der so groß war wie eine Stadt mit seinem Krankenhaus, seinem Golfplatz, seinem Hammam, seinem Gymnasium, seinen Suks, den Sportplätzen und dem großen Zoo, in den die Prinzessin und ich sehr oft gingen.

Der Wohntrakt gliederte sich in verschiedene riesige, üppig

[9] Die Palastmauer ist so alt wie die Stadt Rabat selbst. Ursprünglich gehörte die Mauer zu alten Ställen, an denen man die Pferde festmachte. Rabat bedeutet »festgebunden«.

ausgestattete Gebäude, die untereinander durch unendlich lange Gänge verbunden waren: Der Palast von Hassan II., der je nach Laune unablässig von einer Ecke zur andern umzog, der Mohammeds V. – für unseren Geschmack zu groß und zu düster –, der der Konkubinen, die jede eine eigene Wohnung besaßen, der von Oum Sidi und von Lalla Bahia, die der verstorbene König hatte erbauen lassen.

Das Labyrinth, das letztere miteinander verband, war zwei Kilometer lang. Wir durchquerten es immer rennend; es gab so viele Dinge zu tun und zu sehen ... Die beiden Herrscherpaläste waren mit einem Kino ausgestattet, einem Sommer- und einem Wintergarten, italienischen Salons, die mit ausgesuchten Fresken bemaltwaren und deren Fenster auf einen tausend Quadratmeter großen Innenhof und einen die ganze Esplanade einnehmenden Swimmingpool hinausgingen.

Lalla Bahia, die wir Mamaya nannten, schlief in einem imposanten Bett mit weißem Seidenbaldachin. Im privaten Kreis trug sie oft seidene Morgenmäntel und Pompon-Pantöffelchen, die ihre kleinen Füße zur Geltung brachten. Ein wahrer Hollywoodstar. Sie verbrachte Stunden in ihrem weißen Marmorbadezimmer, eine Armee von Schönheitsprodukten um sich herum.

Ich sah ihr furchtbar gern dabei zu, wie sie sich das Gesicht mit Nivea eincremte und es dann mit Stapeln extra zu diesem Zweck gefertigter Handtücher aus feiner Baumwolle wieder abwischte. »Meine Tochter«, sagte sie mit ihrer sinnlichen Stimme immer wieder zu mir, »keine Creme, nicht einmal die teuerste, ist so wirksam wie diese.« Wenn ich mir ihre perfekte Haut ansah, die weißer war als Milch, konnte ich ihr nur aufs Wort glauben ...

Lalla Mina und ich verbrachten Stunden in ihrem Salon auf dem Boden sitzend und in Fotoalben blätternd, die das Leben der königlichen Familie nachzeichneten: die Geburt der Prinzessinnen, die Reise ins Exil und die Wiederkehr von dort, die Hochzeit des Königs und seiner Schwestern, Feste und Geburtstage. Ihrer Tochter gegenüber war Mamaya weder mütterlich noch besonders überschwenglich. Oum Sidi legte gegenüber der kleinen Prinzessin weit mehr Wärme und Zuneigung an den Tag, aber sie konnte sich auch streng zeigen. Ich mochte die Königinmutter sehr, bewunderte ihre stolze Haltung, ihre besondere Persönlichkeit, voller Beherrschung und Zurückhaltung.

Häufig machten wir einen kleinen Ausflug in die Küche, um uns mit all den Dingen den Bauch vollzuschlagen, die uns Mademoiselle Rieffel in der Villa vorenthielt. Oder wir rannten die endlosen Gänge entlang, die zu den Konkubinen oder den Sklaven führten. Die, die man *aabid* nennt, leben schon seit Generationen im Palast von Rabat, sie stammen von den schwarzen Sklaven ab, die von den Sklavenhändlern aus Afrika eingekauft worden waren. Ihre Ur-Urenkel dienen dem König noch immer in all seinen marokkanischen Palästen. Sie gehören zur Königsfamilie, haben aber die Freiheit, sich außerhalb zu verheiraten und den Palast, wenn sie es wünschen, zu verlassen. In der Praxis tun sie dies selten.

Der Brauch wollte es, daß man beim Hochzeitsfest eines Prinzen am selben Tag rund vierzig Sklavenpaare verheiratete, die dann innerhalb des Mauergürtels in extra für sie errichteten kleinen Häuschen wohnten. Ihre Kinder waren ebenfalls wieder Sklaven. Nur die für die Prügelstrafen zuständigen Zuchtmeister hatten eine präzise Funktion. Der Rest bildete eine Armee von austauschbaren Dienern, niederem Personal, zu bedingungsloser Fron verpflichtet und miserabel bezahlt. Manche waren von der Ehefrau des Königs abhängig, andere vom König selbst.

Die Frauen arbeiteten in der Küche, im Haushalt, waren Kindermädchen, Schneiderinnen, Büglerinnen oder sogar Konkubinen der dritten Kategorie. Die Männer kümmerten sich um den Wagenpark, servierten bei Tisch oder wachten, steinernen Statuen gleich, in sämtlichen verborgenen Winkeln des Palasts oder in den Nischen entlang der endlosen Flure.

Die Ledigen und Verwitweten blieben im Inneren des Palastes, in einem abgetrennten Bereich. Sie wohnten allein oder zu zweit in kleinen *koubas*, mit Vorhängen abgetrennten Verschlägen, die sich an beiden Seiten einer Straße unter offenem Himmel aneinanderreihten. Sie kochten auf Gasflammen die besten Speisen des Palasts. Trotz ihrer bescheidenen Mittel waren ihre *koubas* stets blitzblank, und sie selbst sahen immer tadellos aus.

Den ganzen Tag über hörten die Sklaven laute orientalische Musik aus ihren Transistorradios. Sie hatten alle denselben Sender eingestellt, was einen erstaunlichen Stereoklang ergab, wenn man zu ihnen kam. Aus ihren *koubas* drangen die köstlichsten Speisedüfte. Um uns zu sich zu locken, packten sie uns an einer Stelle, an der wir leicht zu kriegen waren, nämlich unserer Naschhaftigkeit:

»Lalla Mina, Smiyet Lalla, kommt ... Ich habe eine *tajine*[10] gemacht, schöne Pfannkuchen ...«

Manche machten auch eine *hachischa*, eine Haschischkonfitüre, die stundenlang in kleinen Kasserollen über der Gasflamme gekocht wurde. Einmal gelang es mir, einen Topf zu stehlen, den ich heimlich mit Lalla Mina teilte. Wir haben stundenlang nur noch schallend gelacht.

Vor den Türen der Konkubinen türmten sich die Damenschuhe, denn im Palast ging man barfuß auf den Teppichen und in den *koubas* umher. Man legte sie ab, bevor man hineinging, und zog sie danach wieder an. Diese Haufen fand ich immer lustig.

Als ich in den Palast kam, war ich vom Harem Mohammeds V. adoptiert worden. Als er starb, war ich bei der Ankunft des Harems von Hassan II. zugegen. Ich kannte all diese Frauen gut, ich war in ihrem engsten Kreis zugelassen, teilte ihre Geheimnisse. Die Frauen Mohammeds V. lebten an einem be-

[10] Typisches marokkanisches Eintopfgericht

zaubernden Ort, den Hassan II. extra für sie hatte erbauen lassen, sie bewohnten ein kleines Dorf mit weißen, von Gärten umgebenen Häusern gegenüber unserem Gymnasium. Sie hatten ihre Schwimmbäder, ihre Suks, ihren Hammam, ihre Klinik, ihr eigenes Kino. Sie dienten auch dem neuen Herrscher, berieten ihn, scharten sich um ihn und spielten nach wie vor eine wichtige Rolle.

Die Konkubinen Hassans II. waren sehr junge, aufgrund ihrer Schönheit ausgewählte Mädchen, die aus allen Regionen des Landes kamen. Die ältesten waren keine siebzehn Jahre alt. Sie waren linkisch, unbeholfen, unsicher, wußten sich nicht zu benehmen. Man brachte sie in den ehemaligen Wohnungen der Konkubinen Mohammeds V. unter.

Sie wurden sofort von ihren Vorgängerinnen an die Hand genommen, die ihnen das Leben im Palast beibrachten, das Protokoll, die Sitten und Gewohnheiten. Sie bereiteten sie auf ihr Dasein als Frau vor, denn das Sexualleben einer Konkubine ist nicht das einer normalen Sterblichen. Eifersüchtig gehütete Geheimnisse werden von Harem zu Harem weitergegeben. Man änderte ihre Vornamen. Aus Fatiha und Khadija, häufig Mädchen aus dem Volk, wurden Noor Sbah, »Morgenlicht«, oder auch Shem's Ddoha, »Abendrot«. Nachdem man ihnen das Notwendige beigebracht hatte, wurden sie zu dritt oder viert mit dem König verheiratet; zu diesem Anlaß fanden prunkvolle Feierlichkeiten in seinem Palast in Fès statt, während derer ich beim Tanzen und Singen ordentlich mithielt. Der König war glücklich. Er war damals ein hoffnungsvoller Thronanwärter, den die politischen Spaltungen noch nicht verbittert hatten.

Hassan II. hatte bis zu Beginn der siebziger Jahre immer wieder neue Konkubinen, insgesamt rund vierzig, die zu der etwa gleich großen Anzahl an Frauen seines Vaters hinzukamen. Sie folgten ihm überallhin innerhalb des Palasts, wenn er sich wusch und ankleidete, ins maurische Bad ging, zum Friseur, zur Gymnastik. Sie bildeten Cliquen: Die Altgedienten taten sich zusammen, die Verschwörerischen, die Aufreizenden, die Verspielten, die Schamlosen... Ihr Ziel war es, seine Aufmerksamkeit auf sich zu lenken, um zu den momentanen Favoritinnen zu zählen. Wenn ihnen dies gelang, war es der höchste Ruhm. Bis dann eine andere Gruppierung seine Gunst gewann und die erste abgelegt wurde, als sei sie aus der Mode geraten.

Die angesehensten unter den Konkubinen besaßen den Status einer Ehefrau ohne Kinder, denn sie haben prinzipiell kein Anrecht, Kinder zu bekommen. Nur die Ehefrau des Königs schenkt diesem Erben. Dann kamen die für die inneren Belange zuständigen Frauen, deren Aufgabe es war, sich um die Palastverwaltung zu kümmern und um den Fortbestand der Traditionen, auf die der König Wert legte.

Mohammed V. hatte eine Konkubine, die ihm an Festtagen sein Prunkgewand anlegte, eine weiße Djellaba und eine Hose in derselben Farbe. Nach seinem Tod übernahm sie diese Aufgabe bei Hassan II. Diese spezielle Zeremonie fand in einem Raum des Palastes statt, der aus einem großen Innenhof aus weißem Marmor bestand, in dessen Mitte ein Springbrunnen plätscherte. Er wurde an drei Seiten von *koubas* gesäumt, die mit Mosaiken in kräftigen Farben verziert und mit Seidenteppichen, Kissen und wertvollen Stoffen, Brokat und Samt, ausstaffiert waren. Diese *koubas*[11] waren vom Innenhof durch einen Vorhang aus Taft oder Samt abgetrennt. Dieses architektonische Prinzip wiederholte sich im ganzen Palast von Rabat wie auch in den anderen Palästen des Königs.

An den Tagen, an denen er die Moschee besuchte, betrat Hassan II. seine *kouba*, gefolgt von der Konkubine, die sein Gewand trug. Wer von seinen Frauen dies wollte, durfte ihn begleiten. Wenn er angekleidet war, zündete die für den Weih-

[11] Im Palast sind die *koubas* keine kleinen Verschläge der Sklaven, sondern eine Art Kuppelnischen.

rauch verantwortliche Konkubine kleine, stark riechende Stäbchen an. Eine andere brachte auf einem smaragdgrünen Samtkissen (smaragdgrün war die Farbe des Palasts) eine herrliche, mit Intarsien verzierte Schatulle herbei. In dieser lagen aneinandergereiht kleine Flakons mit ätherischen Ölen aus Mekka, Amber, Moschus, Sandelholz oder Jasmin. Der König tröpfelte ein wenig von der gewünschten Essenz auf ein Stück Baumwolltuch und tupfte sich damit hinter die Ohren. Dann warf er es zu Boden.

Dies war das Zeichen zum Sturm. Die Konkubinen machten sich gegenseitig das Stück Baumwolle streitig und ließen es von Hand zu Hand wandern, um den mit dem Geruch ihres Herrn und Meisters vermischten kostbaren Duft einzuatmen. Ich versuchte das Tuch immer als erste aufzuheben, um mich vor ihnen an seinem Parfum zu berauschen.

Wenn der König aus der Moschee wiederkehrte, verkündeten männliche Sklaven sein Kommen, indem sie ohne Unterlaß psalmodierten:

»Gott verleihe ihm ein langes Leben ...«

Dann ließ die *aamara* sich vernehmen und schlug zu den Gesängen die Tamburine. Bevor der König sich die Hände gewaschen hatte, durfte man sich ihm nicht nähern. Wenn seine Rückkehr aus der Moschee mit dem Ende des Ramadan oder dem Fest des Fastenbrechens zusammenfiel, setzte Hassan II. sich in einem majestätischen, throngleichen Sessel vor die *kouba*. An diesem Tag hatten alle mit einer Strafe belegten oder verstoßenen Konkubinen das Recht, um Gnade zu bitten, indem sie sich ihm zu Füßen warfen.

Allabendlich vor dem Essen wusch die für das Bad zuständige Konkubine den König nach einem genau festgelegten Ritual mit Duftessenzen und Seifen. Eine andere Konkubine war für die Zeremonie mit dem Sandelholz verantwortlich, die bei allen Festen, sämtlichen religiösen Anlässen und allen Trauerfeiern und Beerdigungen zum Tragen kam. Das aus Mekka stammende Sandelholz brannte ständig in einem wertvollen silbernen ziselierten Gefäß, das mit glühender Holzkohle gefüllt war.

Die Konkubine reichte dem König kleine Stücke von dem Sandelholz, die er in dieses Behältnis warf. Man ging damit in alle Räume, um diese zu reinigen. Der Sandelholzgeruch hing im ganzen Palast. Man gab Sandelholzpulver in die Staubsauger, verbrannte Sandelholz in den *mbehhra* (Räuchergefäße), die Sklaven hin und her schwenkten. Die Wohnungen, die Autos bis hin zu den Bewohnern des Palastes selbst waren von diesem Duft durchtränkt.

Naïma, die für die Außenschlüssel zuständige Konkubine, war ein sehr lebhaftes junges Mädchen und die einzige unter den Frauen, die Kontakt mit den Menschen »draußen« hatte, vor allem mit Männern, ob diese nun Gärtner, Innenausstatter, Wachposten oder Kabinettsmitglieder waren. Sie war auch für die Zeitungen verantwortlich, die sie täglich dem König brachte.

Für den späten Nachmittag hatte Hassan II. ein Ritual eingeführt. Er ließ sich in einer winzigen *kouba*, die aus der Zeit Mohammeds V. stammte, die Hände und die Kopfhaut massieren. Wir wohnten alle, laut lachend im Schneidersitz zu seinen Füßen kauernd, diesen Sitzungen bei. Anschließend küßte ich ihm die Hände, deren Haut ganz weich war. Die Friseurin und die Maniküre waren Französinnen, wie auch die beiden Gymnastiklehrerinnen, die den Konkubinen auf der Esplanade ihres Palasts Stunden gaben.

Der König suchte stets nach neuen Dingen, mit denen er all seine Frauen unterhalten konnte, von denen manche noch Kinder waren. Er ließ aus den USA Fahrräder mit mehreren Sätteln kommen. Die riesigen Gänge des Palasts von Fès hallten wochenlang von unserem Gelächter wider: man hätte uns sehen sollen, wie wir in einer langen Reihe hintereinander in die Pedale traten ...

Während ihrer Einweisungszeit trugen die Konkubinen wie die Sklavinnen einen Kaftan aus flaschengrüner, grauer oder brauner Seide, Ton in Ton mit Posamenten verziert. Die langen Ärmel wurden mit Hilfe dicker Gummibänder bis zu den Ellbogen gerafft. Um die Taille trugen sie einen schärpenähnlichen anderen Stoff, die *tehmila*. Als bestätigte und offizielle Konkubinen durften sie dann endlich Kaftane jeglicher Farbe tragen.

Der König mischte sich in die kleinsten Details ihrer Kleidung ein. Er verfügte darüber, wie die Fest-Kaftane auszusehen hatten, bestimmte über deren Farbgebung, Material, Gürtel. Es war ein wundervolles Schauspiel, sie in ihren bunten Gewändern im Palast umhergehen zu sehen. Sämtliche Farbnuancen waren erlaubt, von den kräftigsten bis hin zu den zartesten Pastellfarben. Sie hatten eine graziöse Art, sich zu bewegen und ihre doch so schweren Kleider zu tragen, ihre Ärmel oder den Saum ihrer Gewänder anzuheben. Man hätte denken können, sie tanzten.

Die Tradition wollte es, daß sie innerhalb des Palasts stets mit Kaftanen bekleidet waren. Außerhalb, am Strand, auf dem Golf- oder Tennisplatz oder beim Reiten trugen sie europäische Kleidung der neuesten Mode. Man ließ die Stoffe aus Italien oder anderen europäischen Ländern kommen, und der König wählte auch diese aus.

Um in die Autos zu steigen, große Limousinen mit Vorhängen vor den Fensterscheiben, die sie von Palast zu Palast brachten oder auf Reisen benutzt wurden, trugen die Konkubinen spezielle schwarze oder marineblaue Djellabas, die Mänteln mit runden Kapuzen ähnelten. Ihre Gesichter waren anmutig mit dunklen Musselintüchern verschleiert.

Als wir einmal in den Ferien in Marrakesch waren, kündigte Hassan II. uns an, daß er mit uns ausgehen wolle, was uns alle in Hochstimmung versetzte; die Gelegenheiten, zusammen in der Stadt umherzuspazieren, waren so selten! Man gab traditionelle Djellabas an uns aus und ließ uns Kutschen holen.

Bekleidet mit der Djellaba eines Sklaven lenkte der König die unsere selbst. In der Medina feilschte er um Geschenke, die er uns offerierte. Niemand erkannte ihn. Ich erinnere mich noch an meine Jubelstimmung und an unser wildes Gelächter.

Es war für die Frauen außer bei ganz seltenen Gelegenheiten unmöglich, sich ohne den König irgendwohin zu bewegen. Eine offizielle Reise nach Jugoslawien, zu Beginn der sechziger Jahre, mit der Königinmutter, Oum Sidi, und ein paar befreundeten Konkubinen ist mir im Gedächtnis geblieben. Marschall Tito hatte uns ein Schloß in der Umgebung von Belgrad zur Verfügung gestellt, das der Behausung von Dracula ähnelte.

Noor Sbah, eine der am meisten zu Scherzen aufgelegten Konkubinen, hatte sich einen dunklen Strumpf übers Gesicht gezogen und spazierte, eine Kerze in der Hand, die düsteren Korridore entlang und klopfte an die Türen. Dieser Kinderstreich rief überall im Schloß entsetztes Aufheulen hervor und explosionsartiges Lachen bei Lalla Mina und mir, die wir ihr heimlich folgten.

Am Ende unseres Aufenthalts wollte die Königinmutter noch, ohne den König davon zu unterrichten, einen unauffälligen Abstecher nach Italien machen. Aber in Triest erwarteten uns bereits die Journalisten, und der Inkognito-Ausflug fiel ins Wasser.

Seit ein paar Jahren hat sich das gefängnisartige Regime für die Konkubinen etwas gelockert. Sie bewegen sich außerhalb des Palasts ohne Schleier und ohne Vorhang vor den Autofenstern. Königin Latifa kann allein reisen oder spazierengehen, sie besitzt eigene Wagen, Chauffeure und Sicherheitskräfte, was zu Zeiten ihrer Heirat mit Hassan II. nicht der Fall war.

In dem Jahr nach dem Tod Mohammeds V. wurde es notwendig, an die Verheiratung des damals dreiunddreißigjährigen Königs zu denken. Die größte Berberfamilie des Landes sandte zwei junge Schönheiten in den Palast, Cousinen ersten Grades, die fünfzehnjährige Latifa und die dreizehnjährige Fatima. Sie wurden in derselben Weise geschult wie die anderen zur gleichen Zeit aus allen Provinzen Marokkos eintreffenden Konkubinen.

Aber man wußte bereits, daß der König sich zwischen den beiden jungen Mädchen entscheiden würde. Die Wahl durfte nicht auf die leichte Schulter genommen werden. Die rechtmäßige Gemahlin des Königs war die spätere Mutter der königlichen Kinder, vor allem die des Thronfolgers. Aus politischen Gründen, um nämlich das subtile Gleichgewicht zwischen den marokkanischen Bevölkerungsgruppen aufrechtzuerhalten, mußte sie Berberin sein, wie alle königlichen Ehefrauen und wie auch die Königinmutter und Lalla Bahia.

Fatima war groß, wohlgestaltet, sie hatte eine weiße Haut, helle Augen, ein Madonnengesicht. Latifa war die kleinere, sie hatte unregelmäßigere Gesichtszüge, eine vorspringende Nase, aber große dunkelbraune Augen und eine üppige Haarpracht. Sie besaß nicht die spektakuläre Schönheit ihrer Cousine, aber sie hatte bereits eine starke Persönlichkeit.

Die beiden jungen Mädchen waren kaum älter als ich, aber ich sah sie bereits als Frauen an. Ich war an der Seite des Königs, als er ihre Familie empfing, die zu den angesehensten des Landes zählte. Er verhielt sich diesen traditionellen Berbern gegenüber, die sich nicht mit Äußerlichkeiten abgaben, respektvoll und bescheiden, mehr als Schwiegersohn denn als Monarch. Die Frauen trugen weiße Schleier, die Männer Djellabas. Ihre Bescheidenheit und Würde, die Einfachheit ihrer Tracht fielen in dieser Kulisse aus Tausendundeiner Nacht aus dem Rahmen.

Fatima verliebte sich leidenschaftlich in den König. Als die stolzere, verschlossenere von beiden wartete Latifa ab, auf wen die Wahl des Königs fallen würde. Die Schönheit und die Frische der jüngeren gefielen dem König, wie auch ihre heftige und spontane Liebe ihn nicht gleichgültig ließ. Das Charisma der älteren gefiel ihm ebenfalls. Nur die engsten Vertrauten wußten um die Rivalität zwischen den beiden Cousinen. Die älteren Konkubinen wollten den Monarchen zu der besser formbaren und leichter zu manipulierenden Fatima hinlenken. Sie versuchten, der Natur nachzuhelfen, damit sie unverzüglich schwanger würde. Die Geburt eines Thronfolgers würde die Eheschließung amtlich machen. Aber dazu kam es nicht.

Latifa ergriff eines Tages das Wort und wandte sich an den König.

»Sidi, ich werde es nie akzeptieren, eine einfache Konkubine in Eurem Harem zu sein.«

Wenn man ihr nicht die Möglichkeit böte, die Mutter seiner Kinder zu sein, fügte sie hinzu, würde sie es vorziehen, zu ihrer Familie zurückzukehren. Sie lehnte weder den Status einer Konkubine ab noch die Idee des Teilens oder der Anonymität. Latifa wollte Mutter sein. Diese Entschlossenheit gefiel dem König, der Frauen, die Charakter besaßen, den allzu schönen vorzog. Latifa hatte davon mehr als genug. Mit ihren ein Meter fünfundfünfzig flößte sie Respekt ein, ohne daß sie dazu Worte gebrauchen mußte. Er wählte sie zur Frau. Ihre Cousine Fatima blieb als Konkubine im Harem.

Diese Sitten erschienen mir normal. Sie schockierten mich nicht, da ich in dieser Weise erzogen worden war. Ich war zu jung, zu unwissend, um ihren mittelalterlichen Anstrich zu bemerken. Die Hochzeit des Königs bot mir Gelegenheit, an einer schönen Inszenierung teilzunehmen, wie ich sie so liebte. Überhaupt machte sie mich sehr glücklich. Ich nahm aufrichtigen Anteil an allem, was meinen Adoptivvater betraf.

Im darauffolgenden Jahr, und zwar am 26. August 1963, schenkte Latifa einer kleinen Tochter das Leben, Lalla Myriam. Sie wurde in Rom geboren. Die Taufe war ein prunkvolles Fest, tagelang wurde musiziert, getanzt und gefeiert, es gab raffinierte Menüs, in denen uns die ausgefallensten Speisen serviert wurden. Latifa triumphierte. Die Geburt ihrer Tochter hatte sie sichtbar als Königin bestätigt.

Latifa bekam noch vier weitere Kinder. Sidi Mohammed, der Kronprinz, kam 1964 zur Welt, Lalla Hasmma 1965, Lalla Asmaa 1967 und Moulay Rachid 1970. Bei jeder ihrer Schwangerschaften war der König unbarmherzig, was ihre Ernährung betraf. Sie mußte Diät halten, Gemüse essen, Zucker und Fett meiden. Er war unnachgiebig und sie ausgehungert.

Sie war mit Moulay Rachid schwanger, als sie mich anflehte:

»Ich habe unbändige Lust auf ein paar *rozzat el qadi* (Hüte des Caid). Und zwar jetzt sofort.«

Der Wunsch war nicht einfach zu erfüllen. Die Königin wollte nämlich eine Art Crêpes, die stundenlanger Zubereitung bedurften, um am Ende einem in Honig getauchten Turban zu ähneln (daher ihr Name). Zu der Zeit lebte ich bereits wieder bei meiner Familie, aber ich kam die Prinzessinnen und Konkubinen häufig besuchen.

Ich lief nach Hause und bat Achoura, unser Kindermädchen, die eine außergewöhnlich gute Köchin war, die Crêpes zuzubereiten. Als sie erfuhr, für wen sie bestimmt waren, wollte sie ihre Arbeit besonders sorgfältig machen und die Süßspeise auf silbernem Geschirr arrangieren. Aber ich hatte nicht viel Zeit. Latifa hatte »jetzt sofort« gesagt, und vor allem wollte ich nicht auffallen, um nicht einen der so gefürchteten Wutanfälle des Königs zu ernten.

Ich legte die Crêpes auf einen gewöhnlichen, in ein einfaches Geschirrtuch gewickelten Teller und ging zum Palast zurück. Ich nahm einen Umweg, um niemandem zu begegnen, stieß aber bald unverhofft auf die ehemaligen Konkubinen Mohammeds. Sie wollten wissen, wohin ich ging. Ich log, indem ich beteuerte, der Königinmutter einen Besuch abzustatten. Von meinem Teller ging ein so appetitanregender Duft aus, daß sie mich nach seinem Inhalt befragten. Ich gab vor, die Crêpes seien für Lalla Mina. Sie ließen sich von meiner Lüge nicht sehr beeindrucken.

»Bring diese Crêpes auf keinen Fall Latifa. Du könntest ausgenutzt werden, jemand könnte sie vergiften, ohne daß du es mitkriegst, und du könntest mächtig Schwierigkeiten bekommen.«

Ihre Worte führten mir eine reale Gefahr im Palast vor Augen, auch wenn ich sie gerne leugnete. Man hatte dort Angst vor Zaubertränken, Hexereien, Flüchen, Schwarzer Magie. Ein Jahr später klagte man eine eifersüchtige Kurtisane an, sie habe Latifa vergiften wollen.

Die Konkubinen, insbesondere die älteren, waren sehr fromme Frauen. Fünfmal am Tag knieten sie sich für ihre rituellen Gebete auf ihre kleinen Seidenteppiche, die ihnen eine Sklavin brachte, und beteten in Richtung Mekka. Auch danach hielten sie noch lange Andacht, indem sie Suren aus dem Koran lasen oder rezitierten.

Ich haßte es, mich so lange bei ihnen aufzuhalten, außer um das hübsch mit Musselin verschleierte erhabene Gesicht von Lalla Bahia zu betrachten. Ich war keine gute Muselmanin. An den religiösen Zeremonien mochte ich nur die Traditionen und das Gepränge. Aber ich hatte genügend Anlaß zur Freude: die Feste waren zahlreich im Palast. Hassan II. hatte sie wieder in Mode gebracht.

Die 27. Nacht des Ramadan, die man die heilige Nacht nennt, ist vom Beginn des Fastenbrechens an den Gebeten gewidmet. In dieser Nacht, so sagt man, erfüllt Gott unsere Wünsche. Zusammen mit dem König gingen wir alle in die Palastmoschee. Er ließ sich vorne nieder, und die Frauen knieten sich hinter ihn.

Unfähig, mich in der Stille zu sammeln, spielte ich den Hanswurst. Oum Sidi und Lalla Bahia konnten sich das Lachen nicht verkneifen. Der König hörte sie und erahnte meine Grimassen. Er versuchte sich zu konzentrieren, aber ich sah sehr wohl den Zorn in ihm aufsteigen. Immer wenn er wütend war, zog er ärgerlich an seinen Ärmeln. Natürlich versäumte er es hinterher nicht, mich zur Ordnung zu rufen, was mich aber nicht daran hinderte, es wieder zu tun.

Der »Mouloud«, das Geburtsfest des Propheten Mohammed, wurde alljährlich im Sklavenviertel gefeiert. Man füllte an diesem Tag riesige Holzschüsseln mit *zematta*, einer Speise, die sonst nur an Taufen zubereitet wurde und die auf stundenlang gebackenem und mit geschmolzener Butter, Muskatnuß, Gummi arabikum, reinem Bienenhonig, Zimt, Sesam, zerstoßenen und gerösteten Mandeln vermischtem Hartweizenmehl basierte. Die *zematta* gab es als Berg aus dunklem, mit Puderzucker bestreutem Teig. Ein reines Gedicht!

Vom frühen Morgen an hörte man die *aamara*, unterstützt von Musikern, die Laute und Geige spielten und dazu religiöse Psalmen skandierten. Wir kamen unten an der Straße an und stiegen Treppen hinauf, die zu einem das Sklavenviertel überragenden Balkon führten. Die Frauen hatten ihre bunten Kaftane angelegt. Alle Farben waren erlaubt außer schwarz und weiß.

Latifa, die Ehefrau des Königs, war die eleganteste und die am meisten geschmückte. Ihr Schmuck war prächtiger als der aller anderen. Die Schwestern des Königs und seine Schwägerin Lamia, die Frau seines Bruders Moulay Abdallah, hatten Kaftane mit demselben Muster an wie sie, jedoch in anderen Farbabstufungen. Alle trugen goldene, mit Edelsteinen verzierte Gürtel, Ohrringe, Halsketten, Diademe und Perlen in den Haarknoten.

Von unserer Plattform aus wohnten wir einem unglaublichen Schauspiel bei. Alle kranken Sklavinnen, Epileptikerinnen, Asthmatikerinnen, Rheumatikerinnen, kamen aus ihren Behausungen und fingen vor unseren Augen an im Rhythmus der *aamara* und der religiösen Gesänge zu tanzen.

Sie versetzten sich in Trance, um sich von ihren *djinns* zu befreien, den bösen Geistern, die der Grund für all ihre Leiden waren. Ein Sklave kam herbeigelaufen, der eine mit Schalen von Kaktusfeigen randvoll gefüllte Schüssel trug. Sie ergriffen die Schalen mit beiden Händen, ohne daß die Stacheln ihnen weh zu tun schienen, und rieben sich damit den Körper ab, wobei sie an den kranken Stellen besonders lang verweilten. Andere tranken kochendes Wasser, sogar direkt aus dem Wasserkessel, ohne den geringsten Schmerz zu verspüren. Sie hatten später auch niemals Wundmale.

Dieses Geburtsfest des Propheten Mohammed fand traditionellerweise im Palast von Meknès statt. Zu Zeiten Mohammeds seien noch weit unglaublichere Dinge passiert, berichtete Oum Sidi. »Man sah Verletzte, die sich den Schädel mit Beilen zertrümmert hatten«, sagte sie, während Lalla Mina und ich vor Entsetzen schauderten.

Im Palast von Rabat hatte Hassan die Situation mehr unter Kontrolle.

Latifa und ich hatten angefangen, uns zu dem rhythmischen Tanz zu bewegen, um ebenfalls in Trance zu geraten. Aber der König schalt seine Frau heftig: »Dein Rang erlaubt es dir nicht, daß du dich wie sie beträgst. Er schützt dich vor dem Dämon und der Besessenheit.«

Das war die Art und Weise, wie man im Palast die Welt erklärte. Die *djinns* bemächtigten sich der in Knechtschaft geborenen Sklavinnen und verschonten die Prinzessinnen. Jeder hatte seinen Platz und konnte diesen nicht verlassen. Alles war aufs beste eingerichtet, für alle Ewigkeit.

Noch weitere Feste erfreuten uns. Das des Khôl, das mit der Reifezeit der Trauben zusammenfiel, erlaubte es den kleinen Mädchen, sich zu schminken. Um das Stäbchen anzufeuchten, mit dem man sich einen Khôlstrich unter das Augenlid zog, tauchte man dieses zuerst in eine Weintraube. Dann wartete ein Mädchen nach dem anderen lachend und lärmend darauf, wie eine Frau geschminkt zu werden.

Am Fest des Wassers mußten wir alle besprengen, die in unserer Reichweite waren. Das war ein sehr heiterer Tag, den wir damit verbrachten, unseren Opfern, oben auf dem Balkon sitzend oder in dunklen Ecken versteckt, aufzulauern. Der König amüsierte sich sehr, und wir steckten oft mit ihm unter einer Decke. Er näherte sich, seine Frauen im Schlepptau, einem Balkon, trat im letzten Moment beiseite, und Lalla Mina und ich gossen einen Eimer Wasser auf sein Gefolge, das laut schimpfte und damit drohte, uns dasselbe Schicksal erleiden zu lassen. Wir lachten alle drei aus vollem Herzen, und am Ende fielen die anderen in unser Gelächter ein.

»Achida Ghadra« mochte ich auch sehr gern, das Fest der Kinder. In dem großen, von *koubas* gesäumten Innenhof kochten wir, unterstützt von unseren jeweiligen Kinderfräuleins. Zehn kleine Mädchen standen an winzigen Herden. Wir steckten in kleinen Hausfrauen-Kaftanen, und wie bei den Großen hielten Gummibänder unsere Ärmel am Ellenbogen hoch. Das ganze Geschirr entsprach unserer Größe. Der König kam, um das von uns Zubereitete zu kosten, und gab dazu kleine Kommentare ab, dann überreichte er die Preise und umarmte die Siegerinnen.

Der König aß nicht besonders gern, aber er liebte es, sich Rezepte auszudenken. Häufig ließ er im Eßzimmer des Palastes eine Küche einrichten und köchelte eigenhändig Speisen, die wir reihum kosteten. Wir mußten alles aufessen und mit breitem Lächeln verkünden: »Sidi, was für ein Genuß ...!«

Trotzdem duldete er nicht, daß wir zunahmen. Er hatte Lalla Mina eine Überraschung versprochen, falls sie ihre kindlichen Rundungen los würde. Während eines Aufenthaltes in Tanger hielt sie heimlich Diät und teilte ihm mit, vier Kilo abgenommen zu haben. Er hielt sein Versprechen und kündigte uns an, »Hatefa« abzuhalten.

Er nahm auf einem oberhalb eines großen Innenhofes angebrachten Balkon Platz. Zwei Konkubinensklavinnen neben ihm hatten kleine Kisten mit seltenen dicken Kupfermünzen in der Hand, die zwischen zehn und fünfzig Francs wert waren. Oum Sidi, Lalla Bahia, Latifa und die Konkubinen versammelten sich unten, und wir beide warteten in ihrer Mitte darauf, daß er die Geldstücke auf uns herabregnen lassen würde.

Er lachte Tränen, während er uns dabei beobachtete, wie wir auf allen vieren das Geld aufsammelten. Die meisten Konkubinen kasperten fürchterlich herum, um seine Aufmerksamkeit auf sich zu ziehen. Ich hingegen sagte keinen Ton. Ich sammelte auf und steckte ein.

Als er herunterkam, erkundigte er sich bei jeder, wie viele Geldstücke sie eingesammelt hatte. Die Konkubinen zeigten auf mich:

»Sie hat am meisten«, sagten sie halb lachend, halb anklagend.

Er forderte mich auf, ihm meine Beute zu zeigen. Ich entfaltete meinen Rock, dessen Saum ich hochgehoben hatte, um meinen Schatz darin zu horten. Der Münzhaufen darin war enorm.

»Du warst sehr fleißig«, sagte er zu mir. »Aber wem willst du das Geld geben?«

»Ich will es meiner Mama schenken.«

Diese Antwort ärgerte ihn ein wenig. Er vertrug es nicht, daß ich ihn bei meiner Verteilung vergaß. Aber leider konfiszierte Mademoiselle Rieffel sowieso die Geldstücke.

»Du bist zu jung«, sagte sie, »um mit so viel Geld umzugehen.«

Als wir zwölf Jahre alt waren, wurden uns in einer speziellen Zeremonie, die so wichtig war wie die Taufe und die Hochzeit, die Ohren durchstochen. Dieses Eintreten in die Welt der Frauen wurde von Gesängen, der *aamara* und den begeisterten Youyou-Rufen der Konkubinen und Sklavinnen begleitet. Lalla Mina, die Angst vor möglichen Schmerzen hatte, versteckte sich und nötigte mich, dasselbe zu tun. Aber der König geriet in Zorn. Er erwischte mich und zwang mich, als erste die Prozedur über mich ergehen zu lassen, um seiner Schwester, deren Feigheit er nicht ertrug, ein Beispiel zu geben. Dann kamen die Frauen auf uns zu, beglückwünschten uns und umarmten uns unter lauten Jubelrufen, während die Musiker heftig die Trommeln schlugen.

So sehr Mohammed seinen Palast nach außen hin verschlossen hatte, so sehr öffnete Hassan II. dessen Türen. Die religiösen Feiern fanden in der Abgeschlossenheit des Serails statt, aber der König gab oft weltliche Feste, zu denen er die vornehme Gesellschaft einlud, die Offiziere und die ausländischen Würdenträger.

Wir waren immer sehr aufgeregt, wenn es galt, mit den »Leuten draußen«, den Palastfremden, konfrontiert zu werden. Wir achteten sie gering und wollten uns auch nicht unter sie mischen. Wir blieben alle zusammen und formierten eine geschlossene Front gegen die Eindringlinge. Wenn eine Aufführung stattfand, setzte der König sich nach vorne, seine Mutter saß hinter ihm, seine Frau neben ihm, und wir alle nahmen dichtgedrängt ebenfalls hinter ihm Platz.

Während dieser Feiern und Staatsbesuche traf ich oft mit Staatschefs und anderen ausländischen Persönlichkeiten zusammen. Nasser sagte meinem Vater, daß ich ein schönes Lächeln habe, der König von Jordanien ging in Ifrane zum Forellenfischen, der Schah und seine Frau, König Baudouin und Königin Fabiola kamen zu einer offiziellen Staatsvisite. Auf die Gefahr hin, für überheblich gehalten zu werden, muß ich sagen: Sie beeindruckten mich nicht. Trotz ihres hohen Ranges gehörten sie zu den »Leuten draußen« …

Gelegentlich, ja selten, entkamen wir dem Palast, um Moulay Abdallah zu besuchen, den jüngeren Bruder des Königs, der zusammen mit seiner Frau Lamia auf einem Anwesen im Viertel von Agdal wohnte. Groß und gut gebaut, mit schwarzem Haar und Samtaugen wie Rudolph Valentino, ließ Moulay Abdallah mit seiner Schönheit und Freundlichkeit sämtliche Frauenherzen höher schlagen. Er verkehrte mit Filmstars und dem internationalen Adel. Bei jedem seiner Geburtstage war der gesamte Jet-set geladen.

Aber er war vor allem unser Freund und Vertrauter, er verstand es, uns zuzuhören, uns Ratschläge zu geben und uns auf sehr menschliche Weise zu trösten. Um uns zu unterhalten, ließ er Rhythm-and-Blues-Bands bei sich aufspielen, lud ein paar Freunde dazu ein, und wir verbrachten wilde Nachmittage mit Tanz und Gelächter. Er nahm uns zum Motorradfahren an den Strand mit, auf einen abgesteckten Parcours. Die Freiheit war relativ, denn wir waren, wie es sich gehörte, von rund einem Dutzend bewaffneter Gardisten bewacht.

Manchmal gingen wir ihn morgens wecken. Er empfing uns in seinem Bett, und wir schwatzten mit ihm über alles Erdenkliche. Er schenkte mir einen großen Teil seiner Garderobe, Anzüge, Kaschmir- und Seidenpullover, maßgeschneiderte Hemden, für meine beiden Onkel, Azzedine und Wahid, die jüngeren Brüder meiner Mutter. Er gab mir auch eine Sonnenbrille, an der er sehr hing, zum Zeichen seiner Zuneigung.

Es war eine große Ehre, die Sachen des Herrschers und seiner Familie zu tragen. Der König gab auf dieselbe Weise seine Kleider an Männer, die ihm sehr nahestanden, seine Berater, bestimmte Minister. Als ich wieder zu Hause war, war es für mich immer ein seltsames Gefühl, meinen Vater Hemden tragen zu sehen, die mit dem königlichen Wappen versehen waren.

Der König und ich

Unter den Konkubinen waren Auseinandersetzungen an der Tagesordnung. Es gab zahlreiche Gruppierungen, und alle Frauen kippten eifrig Öl ins Feuer, sobald ein Streit in der Luft lag. Eines Tages bekam ich mich wegen einer lächerlichen Geschichte mit einer von ihnen, die wegen ihrer giftigen Zunge gefürchtet war, in die Haare. Ich fragte sie wütend:

»Für wen hältst du dich?«

»Für das, was ich bin«, antwortete sie herablassend, »Sidis Konkubine.«

»Tja, und ich«, sagte ich zu ihr, »ich ... bin seine Tochter.«

Ich fühlte mich dem König sehr nahe. Ich sah ihn wie einen zweiten Vater an. Er war streng, und ich hatte Achtung vor ihm, aber er war auch zugänglich. Wenn ich seine Hand als Zeichen meiner Ergebenheit küßte, drückte ich auch sogleich meine Lippen auf deren Innenfläche, um ihm meine Zuneigung zu bekunden. Im Gegenzug preßte er die Hand gegen meinen Mund, um mir zu bedeuten, daß er meine Geste sehr wohl verstanden hatte und diese erwiderte.

Wir hatten großen Spaß miteinander, Lalla Mina, er und ich, vor allem während der ersten Jahre seiner Herrschaft, vor der Geburt seiner Kinder. Manchmal verbrachte er seine Abende mit uns in der Villa Yasmina.

Ich setzte mich ans Klavier und spielte alte Schlager, die wir dann zusammen im Chor sangen. Ich hatte Lalla Mina überredet, sich zu ihrem Geburtstag ein Schlagzeug zu wünschen. Wir hatten es ins Spielzimmer gestellt. Ich schlug die großen Trommeln, während der König mit seiner Schwester tanzte.

Ich wollte sehr gern klassisches Ballett lernen, aber die Ärzte waren dagegen. Lalla Mina war erst sieben Jahre alt, und das Risiko von Wachstumsstörungen war groß. Und die Prinzessin hatte nur eine einzige Leidenschaft, nämlich Pferde. Ihr ganzes Leben drehte sich darum.

Der König ließ uns Reitstunden geben, die ich haßte, weil sie mir aufgezwungen wurden. Er wollte, daß ich so vollendet ritt, wie mein Vater und er es taten. Jedesmal wenn ich mich einem Pferd näherte, war es eine Tortur. Jede List war mir recht, um der Marter der Reitbahn zu entgehen.

Am Vorabend gab ich Fieber oder Durchfall vor, aber der König ließ sich nicht zum Narren halten. Ich richtete es daraufhin so ein, daß ich auf spektakuläre Weise vom Pferd fiel. Ich simulierte, im Koma zu liegen, heulte, daß ich mir den Arm oder das Bein gebrochen hätte. Man transportierte mich eilig ins Palastkrankenhaus, wohin mir die Konkubinen nach der Arztvisite Süßigkeiten brachten.

Der König erfuhr von meinen neuesten Tricks und zeigte sich unerbittlich.

»Sie kann sich beim Reiten umbringen, das ist mir ganz egal. Aber wenn sie stürzt, hat sie sofort wieder aufzusteigen.«

Er verstand nicht, wie ich so ängstlich sein konnte.

Eines Freitags kündigte er uns an, daß wir das königliche Gestüt von Temera aufsuchen würden, das zwanzig Kilometer von Rabat entfernt war. Wir ritten zusammen mit Oberst Laforêt, einem Franzosen, dem die königlichen Ställe unterstanden, und einem ganzen Stab von Offizieren. Die Frauen folgten in Sportkleidung, Reithosen, Stiefeln und Reitkappe. Sie ritten wie die Männer, nur langsamer als unsere kleine Gruppe.

Man führte uns auf den Parcours. Die Pferde des Königs bildeten ein wunderbares Spalier. Am Ende der Reihe fiel mir ein winziges Eselchen ins Auge. Ich begriff sofort, daß der kleine Esel für mich bestimmt war. Nichts hätte mir größere Freude bereiten können. Der König glaubte mich zu demütigen, indem er mich auf ein so kümmerliches Reittier setzte, während der ganze Hof auf schönen Hengsten paradierte.

»Das ist für dich, du Hasenfuß«, sagte er zu mir.

Ich hatte größte Mühe, meine Erleichterung zu verbergen. Aber der Tag endete übel. Ich weiß nicht mehr warum, aber ich war gut zwei Stunden in den Verliesen des Gestüts eingesperrt, was mir fürchterliche Angst verursachte.

Die Schwefelquelle der Thermen von Fès, wohin wir oft fuhren, ist berühmt für ihre Heilerfolge bei rheumatischen Erkrankungen und Asthma. Der König machte dort oft Kuren.

Ich kasperte, nur mit einem Rock bekleidet, in einem Becken herum, als der König vorbeikam.

»Zieh ihn aus«, befahl er mir mit strenger Stimme.

Daß ich bekleidet badete, drückte aus, daß ich männliche Blicke fürchtete. Meine Haltung verletzte Seine Majestät, den einzigen Mann, der in diesem Frauenuniversum zugelassen war. Sie bedeutete, daß ich Grund zur Scham hatte.

Aber ich war elf Jahre alt, und König hin oder her, ich war sehr schamhaft. Ich weigerte mich, ihm zu gehorchen. Mein Ungehorsam trug mir eine Ohrfeige ein. Er riß mir den Rock mit eigenen Händen herunter. Tränenüberströmt blieb ich bis zum Einbruch der Nacht in dem Becken, aus Angst, nackt gesehen zu werden.

Wir besuchten nur selten Casablanca. Der König mochte den Palast dort nicht leiden, sowenig wie er die Stadt mochte, in seinen Augen ein Symbol für Tumult und Unruhe. Auch ertrug er das feuchte Klima nicht, das seine chronische Sinusitis wieder aufleben ließ. Wenn wir dort waren, stiegen wir in der Villa seines Vaters ab und badeten an dem dazugehörigen Privatstrand. Dort waren alle nackt, er wie seine Frauen. Am Ende gewöhnte ich mich daran, mich vor ihm auszuziehen.

In Casablanca hatte ich einen Raum ausfindig gemacht, in dem sich, wie in allen königlichen Palästen, ein Berg von noch eingewickelten Geschenken stapelte. Der König hatte nie Zeit, sie auszupacken. Ich brannte darauf, wenigstens eines davon zu öffnen, nicht so sehr, weil ich es haben wollte, sondern aus Neugier. Es war die Zeit der Mittagsruhe. Das ganze Haus schlief. Bei dem Versuch, meinen kleinen Diebstahl zu begehen, ließ ich ein paar Pakete fallen, die auf den Marmorboden donnerten. Das Unglück wollte es, daß sich das Zimmer, in dem sich der König ausruhte, in der Nähe des Raums mit den Geschenken befand. Er hüstelte auf diese charakteristische Weise, die ich unter Tausenden erkannte.

Ich erstarrte.

»Wo ist der Teufel?« fragte er, jetzt ganz wach.

Die Antwort kannte er im vorhinein. Der »Teufel« konnte nur ich sein.

Ich suchte überall ein geeignetes Versteck und schlüpfte schließlich in den Lastenaufzug. Aber aus ihm gab es dann kein Entkommen mehr. Zufällig postierte er sich davor und bat erst die Sklaven, dann seine Frauen, mich überall zu suchen. Daraus wurde ein richtiges Spiel.

Verborgen in meinem Kabuff, war ich wie versteinert, meine Beine versagten, und er wich nicht von der Stelle. Seine Leute kehrten unverrichteter Dinge zurück. Darauf hatte er die Idee, in mein Versteck zu schauen, und befahl mir, herauszukommen, was ich zitternd tat. Diesmal endete der Vorfall in Gelächter.

Aber der König konnte sich furchtbar streng zeigen. Als ich acht Jahre alt war, mußte ich wegen ich weiß nicht mehr welchem Blödsinn, den Lalla Mina und ich angestellt hatten, eine Spezialstrafe über mich ergehen lassen, die man *falakha* nennt. Wir wurden von zwei Sklaven über die Schulter genommen, und der König schlug uns mit dem Ochsenziemer auf die nackten Fußsohlen.

Mit fünfzehn erhielt ich meine erste Prügelstrafe. Es war der Tag, an dem die wöchentlichen Zensuren verkündet wurden, und ich legte das Heft mit den Noten auf seinen Tisch, bevor ich neben den Konkubinen Platz nahm, die mich verhöhnten. Sie wußten, daß ich mit meinen nicht gerade glänzenden Zensuren riskierte, geschlagen zu werden. Ich tat so, als lachte ich mit ihnen, aber ich hatte ganz schön Angst. Mein Herz schlug heftig. Ich zwang mich dennoch, tapfer zum König hinzublicken.

Er streckte die Hände aus, und man brachte ihm die Hefte. Er blätterte in dem von Lalla Mina, dann nahm er in tiefster Stille das meine und sah es mit einer Aufmerksamkeit durch, die mir Stunden zu dauern schien. Dann hob er den Kopf und ließ seine Zuchtmeister rufen.

Bei seinen Worten erstarrte der ganze Saal. Der Gedanke an die bevorstehende Strafe ließ alle mitleidvoll ihren Blick auf mich richten. Der König bedeutete mir näher zu treten. Er zog mich am Ohr, hielt mir eine Strafpredigt und ließ dann die Sklaven eintreten, die für die körperlichen Züchtigungen zuständig waren. Ich mußte mich vor ihn auf den Teppich legen. Drei

Männer ergriffen mich an den Händen und drei an den Füßen. Der Obersklave griff seinen Ochsenziemer und wartete auf die Anweisungen des Königs, denn es war der König, der die Anzahl der Schläge bestimmte.

Ich hatte Glück im Unglück. Der König ordnete nur dreißig an, wollte die Aufgabe, mich zu schlagen, aber niemandem übertragen. Man brachte ihm einen kleinen Schemel, damit er auf meiner Höhe war. Man hörte die Fliegen im Raum schwirren. Alle hielten den Atem an, niemand wage es, sich zu rühren oder etwas zu sagen. Der König hatte es selbst Latifa, Oum Sidi und Lalla Bahia verboten, ein gutes Wort für mich einzulegen.

Inmitten völliger Stille begann er mich zu schlagen. Ein Schlag, ein zweiter, ein dritter. Ich stieß einen leisen Schrei aus, dann noch einen ebenso schwachen. Der dritte machte ihn hellhörig. Er schlug so fest, daß ich hätte heulen müssen. Er hielt inne, beugte sich über mich und befühlte meinen Hintern. Er ertastete ein Polster aus einer dreifachen Lage Stoff ... In dem Wissen, diesmal nicht um die Prügel herumzukommen, hatte ich vorsorglich mein Hinterteil mit einem Berg aus Windeln und Wollstoff ausgestopft. Ich trug einen weiten Rock, der diese dicken Schichten verbarg.

Der König stieß einen wütenden Schrei aus. Alle im Raum fingen an zu lachen, und er ließ sich schließlich von der allgemeinen Heiterkeit mitreißen. Daraufhin warf ich mich ihm zu Füßen:

»Sidi, ich schwöre es Euch, ich werde es nicht wieder tun.«

Der ganze Palast gab Kommentare hinsichtlich meines Wagemuts ab und kicherte. Von den Konkubinen bis hin zu den Sklaven wußten alle von dem Vorfall.

In der folgenden Woche sah mein Zensurenheft wieder genauso aus. Sogar noch schlimmer, falls das überhaupt möglich war. Der König sagte zunächst nichts, bat mich aber ein wenig später, ihn nach außerhalb des Palasts zu begleiten. Sein Ansuchen hatte nichts Ungewöhnliches an sich, es kam oft vor, daß wir ihn bei seinen Gängen begleiteten, außerdem hegte ich keinen Argwohn. Das Auto brachte uns in die Allée des Princesses, zu dem Haus, das er vor seiner Thronbesteigung bewohnt hatte.

Ich liebte diese Villa sehr. Ich fühlte mich dort daheim, um so mehr als man, um dorthin zu gelangen, am Haus meiner Eltern vorbeifahren mußte. Diese Vorstellung versetzte mich in gute Laune. Ich war so wenig mißtrauisch, daß ich nicht gleich kapierte, warum der König mir den Befehl gab, mich auszuziehen.

Er ließ mich in einen kleinen Raum treten, wo mir Sklavinnen eine feine Djellaba anzogen. Ich wurde so blutig geschlagen, daß ich noch wochenlang vor Schmerz heulte. Ich habe noch heute Spuren davon auf meinem Gesäß. Meine Eltern hätten mich nie so behandelt. Ich litt sehr unter ihrer Abwesenheit.

Ein anderes Mal waren meine Noten so schlecht, daß ich dem Protokollchef leid tat und er mir versprach, beim König als Fürsprecher für mich aufzutreten. Er warf sich ihm auf dem Golfplatz zu Füßen und bat ihn, mir eine Bestrafung zu ersparen.

Der König blickte ihn eisig an:

»Wer bist du, daß du es wagst, dich für sie einzusetzen?«

Der arme Protokollchef erzitterte vor Scham. Man brachte ihn zurück, und man sah ihm an, daß er am liebsten im Erdboden versunken wäre und sich schlimmer als eine Made oder ein Wurm fühlte. Er wurde an meiner Stelle ausgepeitscht.

Niemand entging der königlichen Strafe, wenn der König der Auffassung war, sie sei verdient. Uns gegenüber gehörte das zu seiner Vaterrolle. Er war im übrigen mit Lalla Mina und mir so väterlich, daß er sich um die geringsten Kleinigkeiten unserer Erziehung kümmerte. Als er sah, daß wir zwei hübsche junge fünfzehnjährige Mädchen geworden waren, beschloß er, uns nach seinem Geschmack zu kleiden, der gut war, aber leider ein wenig zu klassisch. Er ließ einen Modeschöpfer kommen und bestellte bei ihm eine komplette Garderobe bis hin zu Strümpfen, Schlüpfern und Büstenhaltern. Er war sogar bei der Anprobe zugegen und bestimmte die Länge der Säume.

Ich bat ihn vergeblich, meine Röcke kürzer machen zu dürfen, er war unerbittlich. Der Stoff mußte unterhalb des Knies enden. Ich wählte daher Kleider aus feinem Wollstoff, um beim Verlassen des Palasts mit Hilfe eines kleinen Gürtels den Rock anheben und festmachen zu können. Ich konnte endlich ungehindert gehen. Wenn ich so durch die Gänge rannte, sahen mich alle an und lachten über meine Tollkühnheit. Seine nackten Knie zur Schau zu stellen war eine Ungehörigkeit.

Aber es waren die sechziger Jahre, der Minirock war in Mode, und trotz unserer beschränkten Kontakte zur Außenwelt waren diese Bekleidungsdetails von höchster Wichtigkeit doch zu uns durchgedrungen, dank der paar Zeitschriften, die ich durchblätterte, wenn es mir gelang, mich den Blicken der Gouvernante zu entziehen: *Salut les copains, Jours de France, Point de vue, Paris-Match*. Latifa und die Konkubinen kleideten sich nach der neuesten westlichen Mode, wenn sie die Gelegenheit dazu hatten. Ich bewunderte alles, was sie anhatten.

Als ich eines Tages einen der längsten Gänge entlanglief, den Rock auf halbe Oberschenkellänge hochgezogen, konnte ich der Versuchung nicht widerstehen, mich in einem großen Wandspiegel zu betrachten. In diesem Moment sah ich hinter mir den König herankommen.

Panisch begann ich an dem Stoff zu ziehen. Er trat auf mich zu, löste den Gürtel und zog meinen Rock nach unten:

»Du kannst daraus sogar einen Kaftan machen, wenn du willst«, sagte er zu mir.

Zwei Tage später kam unsere liebe Schneiderin. Wir waren gerade beim Abendessen. Er rief mich, befahl mir, mich auszuziehen, was ich mit höchstem Widerstreben tat. Dann reichte sie mir die Kostüme, die er bestellt hatte, zum Anprobieren.

Das erste war aus Wollstoff. Der Rock war gerade und hypereng, nach der Mode der fünfziger Jahre.

Der König kam näher, nahm der Schneiderin die Stecknadeln aus der Hand und befühlte unter Hinweisen auf seine Dicke den Stoff. Man konnte ihn nicht hochraffen wie die leichten Wollkleider. Er bedeutete mir, ich solle im Raum hin und her gehen, und betrachtete mich lange aufmerksam. Dann befahl er, daß man mir hohe Stöckelschuhe zu diesem Kostüm kaufen sollte.

Eine Konkubine mischte sich ein und wies darauf hin, daß ich schon so sehr groß sei. Die Männer würden mich nicht wollen, wenn ich sie um einen Kopf überragte. Mit einer Geste wischte er diese Bedenken beiseite.

»Hohe Absätze«, erklärte er, »tun etwas für die Beine. Sie verleihen ihnen eine perfekte Form, machen dir hübsche Waden, wie bei einer Frau.«

Eine einsame Jugend

Mademoiselle Rieffel haßte Männer.

»Sie sind Ungeheuer«, sagte sie, »die Quelle für jegliches Unglück der Frauen. Man muß sie meiden wie Pest und Cholera.«

Sie überhäufte uns mit präzisen Anweisungen: sich nicht allein mit einem Mann auf dem Flur aufhalten, niemals vertraulichen Kontakt mit dem männlichen Personal oder sonstwelchen Wesen des anderen Geschlechts haben. Im Auto durften wir uns nicht umdrehen, um aus dem Fenster zu schauen, und ich fing häufig Ohrfeigen zur Strafe für meine Neugier. Wenn wir die Gelegenheit hatten, ins Stadtzentrum zu fahren, verbot sie uns auszusteigen.

Die Schutzmaßnahmen vor dem möglichen Dämon waren

unnötig. Im Palast waren keine Männer zugelassen, mit Ausnahme von meinem Vater, der nur zu bestimmten Gelegenheiten kam, Moulay Ahmed Alaoui, dem Cousin des Königs, und einem Dutzend wegen ihrer hohen Bildung, ihrer Intelligenz, ihrer Schlagfertigkeit und ihrer Frömmigkeit auserwählter Hofnarren.

Bei Tisch polemisierten sie auf subtile Weise über Politik oder ergingen sich in Redegefechten, indem sie die größten arabischen Dichter zitierten, ganz wie am Hof von Sultan Harun al Rachid. Zusammen mit den Sklaven und den Bediensteten, die nicht zählten, waren dies die einzigen Exemplare des männlichen Geschlechts, die wir zu Gesicht bekamen. Selbstverständlich den König nicht eingerechnet.

Aber da gab es einen Mann, einen großen Mullah, der uns mittels des Koran Sexualkundeunterricht erteilte. Er brachte uns bei, daß Frau-Sein nur Verführung und Unterwerfung bedeutete, daß der weibliche Körper vor allem dazu da war, um die Wünsche des Mannes zu befriedigen. Er schilderte uns in rüden Worten den Geschlechtsverkehr, zeichnete uns mit übertriebener Genauigkeit Vaginen und Penisse an die große schwarze Tafel. Für Kinder unseres Alters war dieser Unterricht schockierend. Wir waren extrem schamhaft erzogen worden, und daß wir nun einen Mann, darüber hinaus einen Geistlichen, über Sex reden hörten, machte uns nur noch mehr verlegen.

Man konnte nicht darauf zählen, daß Mademoiselle Rieffel die Äußerungen des Mullahs abmilderte. In ihren Augen war das weibliche Geschlecht ein Tabuthema. Man durfte über nichts reden, mußte so tun, als existiere »es« nicht. Ich erinnere mich an meine erste Regel mit zwölf Jahren als einen schwierigen Moment meiner Existenz, weniger wegen der physischen Schmerzen, als wegen dieses schrecklichen Gefühls der Scham und Einsamkeit. Die marokkanischen Kindermädchen übernahmen es, uns Körperhygiene beizubringen. Wie man die Stoffbinden anlegte, wie man sie wusch und wie wir uns selber wuschen. Diese Frauen hatten jedes Recht über uns. Selbst in Anwesenheit von zehn Personen zogen sie uns in eine Ecke, ließen uns die Unterhosen herunterrollen, und wenn sie blutbefleckt waren, setzte es gewaltige Vergeltungsmaßnahmen. Die für mich zuständige drückte einen Schlüssel an den Rand meines Geschlechts und drehte ihn, bis ich schrie. Oder sie zwickte mich an den empfindlichsten Stellen, wie an den Innenseiten der Oberschenkel.

Ich hatte das Bedürfnis nach einer Mutter, einer älteren Schwester, die mir zuhörte, mir die Veränderungen meines Körpers erklärte, mich beruhigte und mir von dem Glück erzählte, das es bedeutete, eine Frau zu werden, statt dessen wurde ich in diesem für das Leben eines jungen Mädchens so entscheidenden Augenblick nur mit Brutalität und Ekel konfrontiert. Die Konkubinen halfen mir ein wenig, aber ihre Unterstützung war zweischneidig. Ganz zu Beginn feierten sie meinen Eintritt in ihre Welt. Ich konnte jetzt ihre Gespräche verstehen und mich mit einbezogen fühlen. Sie schwiegen nicht mehr in meiner Gegenwart, baten mich nicht mehr hinauszugehen, wenn sie sich spezielle Geheimnisse anzuvertrauen hatten.

Zwei Jahre später änderten sie ihre Haltung. Ich war ein junges heiratsfähiges Mädchen geworden, eine potentielle Rivalin für die jüngsten unter ihnen. Unser Verhältnis änderte sich zunächst unmerklich, dann jedoch zunehmend sichtbar. Sie musterten eingehend meinen Körper, wenn ich im Sommer im Palast von Skhirat einen Badeanzug anhatte, wenn ich westliche Kleidung trug oder mich schminkte. Sie sagten mir nichts Genaues, begnügten sich mit spitzen, herausfordernden Bemerkungen, aber ich war eine Bedrohung für sie geworden. Der König konnte mich zur Frau wählen.

Welch höheres Ziel konnte ich erstreben, da es doch das ihre war? Ich glaube nicht, daß der König jemals auf die Idee gekommen wäre, aber ihre Eifersucht war dennoch beharrlich.

Ich war sehr empfindlich. Nach außen hin war ich fröhlich und jovial, witzig und immer zu Scherzen aufgelegt. Aber es genügte ein Wort, ein Parfum, das mich an meine Mutter erinnerte, und ich zog mich in mich selbst zurück. Die Gouvernante ließ es mich jeden Tag aufs neue spüren, daß ich nicht Prinzessin Lalla Mina war. Ich durfte mich nicht kleiden wie sie und keine langen Haare tragen, da die ihren gelockt waren.

Mama brachte mir aus London oder Paris modische Kleider mit und schickte sie mir in die Villa Yasmina. Die Gouvernante ließ sie mich einen Tag lang anziehen. Am nächsten sammelte sie die Sachen ein, ließ eine Schneiderin rufen, die ein paar Modelle für die Prinzessin nachnähte, und dann waren die Geschenke verschwunden.

Im Laufe der Zeit verwandelte sich dieser stille Schmerz in eine schwer zu erklärende offene Revolte. Die Prinzessin und ich hingen aneinander. Im Palast bekundete man mir viel Zuneigung. Aber wenn man adoptiert wurde, verlor man die Vergangenheit, die eigenen Wurzeln, es wurde alles getan, um einen zu überzeugen, keine Familie mehr zu haben. Man war eine Nummer unter anderen. Das Serail war voll von Frauen ohne Identität. Ich, ich hatte einen Vater, eine Mutter, eine Familie, die ich eines Tages wiedersehen würde.

Abends im Bett träumte ich von der Freiheit. Indem ich mir noch einmal die Bilder geliebter Filme vor meinem geistigen Auge abspulte, stellte ich mir die Welt vor. Ich erfand Geschichten, die sich meine Zimmerkameradinnen im Dunkeln anhören mußten. Ich kam sicher deshalb besser mit dem Gefängnis zurecht als meine Brüder und Schwestern, weil ich bereits daran gewöhnt war, eingesperrt zu sein. Ich war seit jeher imstande, meinen Lebensraum einzuschränken, meine Zeit irgendwie auszufüllen, mich auf mich selbst zurückzuziehen.

Meine Mutter fehlte mir wahnsinnig, ich litt so sehr unter dem Alleinsein, daß ich mich zweimal umbringen wollte. Das erste Mal war ich zehn Jahre alt. Ich beschloß, auf dem großen Sonnenblumenfeld hinter dem Garten der Villa Yasmina mit dem Leben Schluß zu machen. Ich schärfte einen Bambusstab, mit dem ich mir vorne in den Daumen stach, bis das Blut hervorquoll. Dann schmierte ich Sand in die Wunde, um eine Blutvergiftung hervorzurufen, und wartete mit geschlossenen Augen und klopfendem Herzen ... Der Tod ließ auf sich warten, weshalb ich mich nach einigen Minuten wieder erhob.

Jeden Tag rieb ich die Wunde mit Erde ein, in der Hoffnung, sie würde sich verschlimmern und man würde mich in die Palastklinik einliefern, was mir das Vergnügen verschaffen würde, Mama an mein Bett eilen zu sehen. Genau so kam es. Ich habe also dennoch einen gewissen Nutzen aus diesem mißglückten Selbstmordversuch gezogen.

Beim zweiten war ich zwölf Jahre alt, ich wollte mich aus dem sechsten Stockwerk der Villa in Ifrane stürzen. Aber die Höhe war beachtlich, und die Furcht, mir weh zu tun, brachte mich von meinem Vorhaben ab. Diese Versuche waren nicht harmlos. Ich fühlte mich unwohl im Palast, häufig richtig unglücklich, und die Vorstellung, meinem Leben eine Ende zu setzen, verfolgte mich. Allein der Mut fehlte mir. Oder vielleicht hatte ich bereits den zornigen Willen zu überleben.

Ich war ständig zwischen dem Orient und dem Okzident hin- und hergerissen. Zu Hause bei meinen Eltern und in der Villa Yasmina wurde französisch gesprochen, aber im Palast war Arabisch vorgeschrieben: ein altmodischer gewählter Hofdialekt mit speziellen Ausdrücken, einer eigenwilligen Intonation und Gestik, die ich nie wieder abzulegen vermochte und die mir später die Hänseleien meiner Familie und den Respekt der Marokkaner eintrug. Wohin ich auch immer gehe in Marokko, fragt man mich stets, ob ich dem »Dar-el-Mahzran« (Haus der Macht) angehöre.

In der Villa zeigte uns die Gouvernante, wie wir uns bei Tisch und in einem Salon zu benehmen hatten, wie man servierte, Gäste empfing, kochte, einen Hofknicks machte, zu zwei jungen Mädchen der besten europäischen Gesellschaft wurde.

Im Palast kümmerte man sich, seit wir in der Pubertät waren, darum, Frauen aus uns zu machen. Man hämmerte uns das Protokoll ein; man lehrte uns, keine Schnitzer zu machen, uns bei Hof und im Harem zu benehmen, marokkanische Kleidung zu tragen, uns zu unterwerfen und den Fußfall zu machen. Man stärkte die oberflächlichste weibliche Seite und das Unterwürfigste unserer Persönlichkeit. Wir waren nichts gegenüber den älteren von uns und weniger als nichts überhaupt als Frauen. Ich lernte zu sprechen und zu schweigen, zwischen den Zeilen zu lesen, das Mißtrauen zu einer Regel und die Geheimhaltung zur Waffe werden zu lassen.

Zu Beginn des Jungmädchenalters, einer Zeit, in der der Charakter noch nicht wirklich festgelegt ist, hatte der Hof vielleicht eine gewisse Anziehungskraft auf mich: die schönen Gewänder, der Schmuck, die schillernden Konkubinen, die keine andere Sorge hatten, als sich um ihren Körper zu kümmern und ihrem Herrn und Meister zu gefallen. Aber diese Momente, in denen mir das Appetit machte, waren kurz. Ich wußte, daß ich nicht so geschaffen war und es nie sein würde. Ich fühlte mich eingeengt. Je älter ich wurde, desto stärker hatte ich das Gefühl, eine Gefangene zu sein. Ich gehörte mit Leib und Seele dem Palast, und ich erstickte.

Wenn wir, gefolgt von unserer Eskorte, die Straße entlangfuhren, versuchte ich, diesen Freiraum ein wenig zu nutzen. Ich blickte ins Innere der Wagen, die wir überholten, beobachtete ein Paar mit Kind, einen jungen Mann auf seinem Moped. Ich überraschte mich dabei, wie ich sie um ihre Freiheit beneidete, und dann öffneten und schlossen sich plötzlich wieder andere Tore, und ich war erneut auf der Innenseite, eine Frau von »drinnen«.

Es war manchmal schwer für mich, zwischen meinen beiden Welten, meinen beiden Erziehungen die Grenze zu ziehen. Ich wußte, daß ich an einem nicht weit entfernten Tag gezwungen sein würde, mich zu entscheiden. Ich stammte aus einer normalen Familie mit anderen Prinzipien und Werten als denen des Palasts. Aber mein wirkliches Leben oblag der Willkür eines absoluten Monarchen von Gottes Gnaden. Ich wurde inmitten des Serails unter Sklavinnen groß, einer ganz weiblichen Welt, die ein und demselben Mann unterworfen war. Alles, was im Palast passierte, war am Ende normal, auch wenn das Leben am Hof mit seinen Exzessen, seinem großen Reichtum, seiner Pracht, seiner Allmacht und der Furcht, die dort herrschte, von den Normen abwich.

Im Palast war ich dennoch geschützt. Diese kleine, aus unserem Jahrhundert herausgelöste Gemeinschaft bewahrte mich vor den Gefahren einer Welt, die nicht anders sein konnte als schlecht. Aber in meinem tiefsten Inneren war ich Europäerin. Und häufig war ich schockiert über das, was sich im Inneren der Palastmauer abspielte, über die Grausamkeit und die Heftigkeit der Strafurteile.

Konkubinen wurden geschlagen, verstoßen, verbannt, verschwanden für immer in den Tiefen der Palastgefängnisse wie dem von Meknès. Sie wurden all ihrer Habe beraubt und lebten da unten wie Gespenster.

Hajar und Qamar, zwei türkische Konkubinen, die dem Sultan Youssef Ben Youssef gehört hatten, dem Vater Mohammeds V., waren nach dem Tod ihres Herrn abgeschoben worden. Prinz Moulay Abdallah hatte mit ihnen Mitleid gehabt. Er hatte sie bei sich in Rabat aufgenommen, damit sie dort in Frieden alt werden konnten. Als ich diese beiden ein seltsames Arabisch sprechenden rothaarigen Großmütter mit ihrer weißen Haut und den blauen Augen traf, wurde mir klar, in welchem Maße dieses Leben mittelalterlich war und die Bräuche etwas Barbarisches an sich hatten. Ich spürte, daß ich hier auf eine unbekannte unterirdische Welt stieß, die nicht die meine war, die aber im verborgenen existierte. Ich versuchte die Gründe für die Strafen herauszufinden, wollte wissen, was aus den Schuldigen wurde.

Ich spitzte die Ohren, aber der Wind trug mir nur Gemurmel und Gemunkel zu.

Der Abschied vom Palast

Mama, die mit der wiederholten Untreue meines Vaters nicht mehr zurechtkam, hatte ihm mehrfach damit gedroht, ihn zu verlassen. Die Gelegenheit dazu ergab sich in der Person eines jungen Offiziers aus dem Norden, in den sie sich leidenschaftlich verliebte.

Sie ging von zu Hause weg, nötigte meinen Vater, ihr das Sorgerecht für die damals zweijährige Maria und die einjährige Soukaïna zu lassen, und schrieb Raouf und Myriam in einem Nobelinternat in der Schweiz ein. Sie mietete eine kleine Villa im Studentenviertel des Nobelvororts Agdal, eröffnete eine Kleiderboutique, an der die Modebewußten der Stadt bald nicht mehr vorbeikamen, und änderte ihr Leben von Grund auf. Von nun an verkehrte sie mit Intellektuellen und Künstlern.

Mama machte sich keine Gedanken, was die Leute darüber sagen mochten. Sie war glücklich, verliebt, schöner denn je. Es war ein notwendiger Lebensabschnitt für sie. Sie hatte sich zu jung verheiratet, hatte keine Jugend gehabt. Sie holte sie jetzt mit ihrem gutaussehenden Offizier nach.

Der König kümmerte sich um die Wiederverheiratung meines Vaters und teilte mir diese persönlich mit. Ich wußte nur, daß sich meine Eltern hatten scheiden lassen, wußte aber nicht, warum. Ich war zwar bereits elf Jahre alt, aber man erklärte mir nichts, so als sei ich noch nicht in der Lage zu verstehen. Am Hof begnügte man sich damit, mich mitleidig anzusehen.

Die rauschende Hochzeit wurde im Palast von Marrakesch gefeiert. Ich nahm es dem König übel, die Hochzeit organisiert zu haben und meine Mutter von seinem Hof fernzuhalten. Von einem Tag auf den anderen hatte man sie vergessen, schlossen sich die Türen für Fatima Chenna, die geschiedene Frau. Die feine Gesellschaft riß sich darum, die neue Madame Oufkir zu empfangen, und organisierte ein Fest nach dem anderen zu ihren Ehren. Sie hieß im übrigen auch Fatima mit Vornamen; ich nannte sie nur »dämliche Ziege«, so dumm war sie.

Die Art, wie hier jemand fallengelassen wurde, gab mir auf traumatisierende Weise Aufschluß über die menschliche Natur. Meine Mutter war bejubelt und vergöttert und dann wie ein lästiges Insekt weggewischt worden. Was hier mit ihr geschah, konnte mir eines Tages auch passieren ...

Nach seiner Hochzeit bemühte sich mein Vater, mich zu sehen. Er lud mich nach Hause ein, wo ich nichts wiedererkannte. Ich weigerte mich, ihn zu umarmen, und sagte ihm, ich würde ihn hassen. Er hätte nicht das Recht, eine Familie zu zerstören. Verlegen versuchte er sich zu rechtfertigen. Ich spürte, daß ich ihn verletzt hatte, und nutzte diesen Vorteil aus, um noch heftiger zu werden.

»Ich liebe deine Mutter noch immer«, vertraute er mir mit gebrochener Stimme an.

Aber mit diesen Spitzfindigkeiten der Erwachsenen konnte ich nichts anfangen. Wie konnte er eine Frau lieben und sich mit einer anderen verheiraten? Wer sollte einem das erklären? Mimi und Raouf waren in ihren Schweizer Bergen, meine kleinen Schwestern waren zu jung, Lalla Mina hätte mich nicht verstanden. Ich fühlte mich verloren, einsamer denn je. Ich hatte das Gefühl, meine Mutter zu verraten.

Mein Vater sagte die Wahrheit. Seine Gefühle meiner Mutter gegenüber hatten sich nicht geändert, und er ertrug es nicht, sie zu verlieren. Er überwachte sie, bedrohte sie, verbrachte seine Nächte im Auto gegenüber ihrem Haus. Der junge Offizier wurde in die entlegensten Ecken des Landes geschickt, mit den gefährlichsten Missionen beauftragt. Man forderte von ihm, den Dienst zu quittieren. Er lehnte ab.

Der Stabschef erklärte ihn für verrückt, daß er sich an die Frau des mächtigsten Mannes im Königreich herangemacht hatte.

»Das ist jetzt meine Frau«, antwortete dieser stolz.

Anläßlich eines offiziellen Besuchs des Königs im Süden des

Landes bat mein Vater meine Mutter, ihm in ihrer Geburtsstadt bei der Organisation eines Empfangs behilflich zu sein. Auf diese Weise kamen sie wieder zusammen.

Mein Vater ließ sich scheiden, und sie heirateten zum zweitenmal. Mama hing in ihrem tiefen Inneren sehr an ihm. Sie sagte mir oft, daß sie das, was sie war, meinem Vater verdanke. Sie liebte ihn wirklich und liebt ihn noch heute. Niemals, nicht einmal, als es uns ganz schlechtging, habe ich gehört, daß sie sich über das Schicksal beklagt hätte, das wir seinetwegen erlitten.

Mama wurde erneut schwanger. Die ganze Schwangerschaft über sagte mein Vater zu ihr:

»Das schönste Geschenk, das du mir machen kannst, ist mir einen Sohn zu schenken, der mir ähnelt.« Das Kind der Versöhnung kam am 27. Februar 1969 zur Welt, dem Tag des großen Erdbebens. Der König taufte es Abdellatif, der »Verschont-Gebliebene«. Das Beben war von außergewöhnlicher Heftigkeit gewesen, und dennoch hatte es nur wenige Opfer gegeben. Mein Vater hatte nicht die Gelegenheit, seinen Sohn richtig kennenzulernen. Als er starb, war Abdellatif drei Jahre alt.

Heute ist er tatsächlich sein Ebenbild.

Meine Eltern lebten schon eine ganze Weile wieder zusammen, aber ihre Geschichte blieb Hauptgesprächsstoff am Hof. Die Konkubinen liebten es, auf pikanten Geschichten herumzureiten. Überall im Palast wurde gemurmelt, geflüstert, gelästert. Für Mademoiselle Rieffel war meine Mutter eine gefallene Frau, eine Hure. Als eines Tages der ganze Hof in der Palastklinik war, um auf Nachricht von Oum Sidi zu warten, die eine Gallenblasenoperation über sich ergehen lassen mußte, hörte ich die Gouvernante im Gespräch mit einer Kurtisane schlecht über meine Mutter reden. Ich brüllte die beiden an. Der König, der sich am anderen Ende des Flurs befand, hörte mich und stürzte auf mich zu. Sein Blick befahl mir zu schweigen, aus Achtung vor der Ruhe seiner Mutter, aber ich schrie weiter.

Mein Nervenzusammenbruch machte Eindruck auf ihn. Er packte mich am Nacken, um mich zu beruhigen, und bat mich um eine Erklärung. Schluchzend antwortete ich, ich wolle zu mir nach Hause zurück.

»Ich habe eine Familie«, sagte ich, »es zerreißt mich, sie nicht zu sehen.«

Ich fügte hinzu, daß Lalla Mina undankbar sei, das sei mir jetzt klargeworden, und dabei hätte ich mich doch seit jeher aus tiefstem Herzen bemüht, ihr gefällig zu sein.

Zu meiner großen Überraschung stimmte mir der König bei.

»Du hast nicht unrecht«, antwortete mir der König, »Undankbarkeit ist ein charakteristisches Merkmal der Alaouiten.«

Ich spürte, daß meine Entschlossenheit ihn in seinem Stolz getroffen hatte. Er konnte mich jetzt nicht mehr bitten zu bleiben. Noch am selben Abend war ich zu Hause.

Davor hatte ich schon versucht zu fliehen. Ich hatte bei den Wirtschaftsgebäuden ein kleines Tor ausfindig gemacht, und es war mir gelungen, tagsüber, abseits der Blicke ein Loch unter das Gitter zu graben. Eines Abends schaffte ich es endlich auf die andere Seite. Aber die Freiheit schüchterte mich ein. Ich war noch nicht soweit und wußte nicht, wohin. Die Angst vor einer unbekannten Welt ließ mich wieder umkehren. Am nächsten Tag schrieb ich einen verzweifelten Brief an meinen Vater, in dem ich ihm mitteilte, daß ich fliehen wollte. Am Telefon redete er mir gut zu und schwor mir, alles zu versuchen, damit ich wieder nach Hause zurück könne.

Mich trieben auch noch andere Beweggründe. Der König wollte mich mit dem Sohn eines Generals verheiraten, der mir nicht gefiel. Wenn ich noch ein wenig bliebe, wäre es um mich geschehen. Ich würde nicht mehr das Leben führen können, das ich mir so sehr erträumte, nämlich lange Studien zu unternehmen, zu reisen, Schauspielerin zu werden oder Filmregisseurin.

Gegen Ende hin verbrachte ich meine Zeit damit, die Konkubinen um mich zu versammeln, um ihnen die Augen über ihr tristes Schicksal zu öffnen. Meine Ausführungen waren jedoch weit davon entfernt, sie zum Nachdenken zu bewegen, statt dessen lachten sie Tränen. Dabei waren diese Frauen durchaus scharfsichtig. Sie wußten genau, wie ihr Leben aussah, was sie eingebüßt und zum Ausgleich dafür gewonnen hatten.

In den sechs Monaten nach meiner Heimkehr schlief ich nachts zu Hause, verbrachte aber weiterhin den Tag im Palast, um am Unterricht im Gymnasium teilzunehmen. Ich empfand diese Situation als unangenehm. Ich war unglücklich darüber, das Leben der Konkubinen so abgewertet zu haben, und ich sah deutlich ihren Groll, insbesondere den der älteren. Sie hatten mir wiederholt zu verstehen gegeben, daß ich niemals weggehen noch Lalla Mina verlassen dürfe. Ich fühlte mich schlecht, voller Schuldgefühle. Aber auch erleichtert und glücklich.

Sobald das Schuljahr zu Ende war, wollte ich nicht mehr in den Palast. Das Protokoll rief unablässig an, um mich einzuladen, aber ich lehnte jedesmal ab. Mein Vater nötigte mich allerdings aus Höflichkeit und Respekt hinzugehen.

Ich brach in Schluchzen aus, voller Angst bei dem Gedanken, man könne mich wieder zurückholen.

Im Hause Oufkir
(1969–1972)

Die Heimkehr

Es wurde bereits Nacht, als ich nach Hause zurückkehrte. Ich erinnere mich an die Dunkelheit und das intensive Glücksgefühl, das mich in diesem Moment erfüllte. Ich würde die verlorene Zeit aufholen, meine Kindheit wiederfinden. Mein Platz war hier, in meiner Familie, in dieser friedvollen Umgebung, die von nun an auch die meine sein würde.

Mama war in London, mein Vater noch im Ministerium, die Kinder bei ihren Gouvernanten. Ich wurde von einem mir unbekannten Personal willkommen geheißen, dessen allzu große Ehrerbietung mir unangenehm war.

Ich ging durchs Haus, fuhr mit der Hand über die Mauern, streifte die Möbel. Ich verweilte vor den Bildern an der Wand, Familienfotos, auf denen ich fehlte. Ich konnte auf ihnen die Jahre an mir vorüberziehen sehen, meine Geschwister, als sie noch klein waren, mein Vater in Galauniform, meine Mutter in eleganten Kleidern, die ich nicht an ihr kannte.

Ich öffnete die Schränke in ihrem Zimmer, und ihr Parfum überwältigte mich. Wie als kleines Kind vergrub ich mein Gesicht in ihrer Jacke, um ihren Duft einzuatmen. Im Salon wagte ich mich auf den Platz meines Vaters, setzte mich auf sein Lieblingssofa, rollte mich in der Kissenmulde zusammen, auf der er sich gewöhnlich niederließ. Sein Feuerzeug streichelnd, vergoß ich gleichermaßen Tränen der Freude wie der Trauer.

Ich hatte mein Zuhause die ganze Zeit im Palast über schmerzlich vermißt. Aber erst nach meiner Heimkehr wurde mir bewußt, wie sehr es mir gefehlt hatte.

Unser Haus lag wie auch schon das vorhergehende an der Allée des Princesses. Mein Vater hatte das Grundstück mit dem Geld bezahlt, das er bei seiner Verabschiedung aus der französischen Armee erhalten hatte, und die Villa auf Kredit gebaut. Sie war geräumig, komfortabel und vor allem gemütlich. Vom Tor aus führte eine Straße zum Haus, dessen Außenmauern in rötlichem Ocker gehalten waren, wie die Villen von Marrakesch. Auf der einen Seite der Straße war der abfallende Rasen von einer Zypressenhecke umgeben, die uns vor Blicken schützte. Auf der anderen Seite hatte Mama einen japanischen Steingarten mit Bonsais anlegen lassen. Wir hatten einen Swimmingpool, einen Tennisplatz, einen Kinosaal, eine Sauna und eine Garage mit etwa einem Dutzend Autos.

Trotzdem war nichts davon hochgestochen oder übertrieben protzig. Meine Eltern liebten die Annehmlichkeiten, die einem Geld verschaffte, haßten aber Großspurigkeit. Meine Mutter, der ein guter Geschmack angeboren war, hatte alle Räume einfach und hübsch eingerichtet.

Alle, die zu uns kamen, schilderten das Haus in übertriebenen Farben. Es galt als eines der schönsten von Rabat, was nicht stimmte. Das Gemeinschaftszimmer, in dem wir uns am häufigsten aufhielten, war von seinen Ausmaßen her bescheiden und in der Mitte mit einem runden, niedrigen Tisch im marokkanischen Stil möbliert. Wir aßen dort zu Mittag und zu Abend und sahen dort fern. Im ersten Stock war mein im Stil von Laura Ashley eingerichtetes Zimmer bereit für meine Rückkehr.

Ein bißchen später setzte ich, nicht ohne Reibereien mit meinem Vater, durch, ein Stück vom Haus entfernt in ein kleines Studio zwischen Swimmingpool und Sauna ziehen zu dürfen. Das Zimmer war winzig und hatte nur ein eingebautes Bett, zwei Bücherregale und eine Toilette, aber durch seine ein wenig separate Lage war ich ein bißchen eigenständiger.

Ich brauchte lange, um mich in das ungewohnte Familienleben zu integrieren. Die ersten Monate beobachtete ich, studierte den Rhythmus der verschiedenen Familienmitglieder. Mein Bruder Abdellatif war noch ein Baby. Er beanspruchte meine ganze Zeit, wenn ich aus der Schule kam. Ich hatte Mühe, die Beziehung zu meinem Bruder Raouf und meinen drei Schwestern zu erneuern, ein geheimes Einverständnis zu schaffen, das wir nie erfahren hatten. Mit meiner Mutter war das einfacher. Wir hatten sofort unsere Gemeinsamkeiten wiedergefunden. Unser so enges Band hatte sich auf die Entfernung nicht gelockert.

Es herrschte bei uns daheim eine freundliche Atmosphäre. Es war ein wirkliches Zuhause, umtriebig und fröhlich. Je wichtiger jedoch die Position meines Vaters im Königreich wurde[12], desto weniger gemütlich wurde das Klima. Unser Familienleben wurde dadurch beeinträchtigt.

Zu Hause hofierten die Höflinge meinen Vater noch stärker als im Palast. Die Männer antichambrierten. Die Frauen kamen in der Hoffnung, die neuesten Kleider meiner Mutter kopieren zu können, die für diese kleine Welt in Sachen Eleganz tonangebend war. Wir lebten unter der Kontrolle eines Hofes, der über unser Dasein und unsere Zeit verfügte.

Manchmal hatten wir das Glück, ganz unter uns essen zu können. Aber die meiste Zeit ließen sich massenweise Höflinge mit in unserem kleinen Salon nieder, in dem mein Vater dienstlich die Minister und Offiziere empfing. Wenn ihre Frauen kamen, wechselten sie alle in den großen Salon in der ersten Etage, um etwas zu trinken und sich zu unterhalten. Die

[12] Seit fünf Jahren, also seit 1964, war Mohammed Oufkir Innenminister König Hassans II.

Erwachsenen aßen spät zu Abend. Nicht selten hatten wir rund dreißig Leute am Tisch sitzen.

Bei uns war kein Prunk spürbar, aber die Allmacht meines Vaters. Diesen Aspekt seiner Persönlichkeit kannte ich kaum. Ich hatte im Palast verschwommen mitbekommen, daß er jemand von Bedeutung war; die Königinmutter liebte ihn besonders, die Höflinge verehrten ihn, der König verbrachte viel Zeit mit ihm.

Zurück zu Hause entdeckte ich auch, daß man ihn fürchtete, daß er in dem Ruf stand, grausam zu sein. Für meine Freunde war er der Staatsfeind Nummer eins. Die simple Erwähnung seines Namens ließ sie erstarren.

Auf dem Lycée Lallo Aïcha, auf dem mich meine Eltern anmeldeten, achtete und beneidete man mich, aber man flüsterte hinter meinem Rücken und zeigte mit dem Finger auf mich. Eine Mitschülerin nannte mich eine Mörderin wegen der Affäre Ben Barka, deren Hintergrund ich noch immer nicht kannte. Ich wußte nicht, wie ich ihren Vorwurf kontern sollte. In der Naivität meines Alters verdammte ich nicht meinen Vater in unseren politischen Diskussionen, sondern Macht und Repression an sich.

Ich liebte meinen Vater leidenschaftlich. Es schien mir, daß die anderen ihn nicht kannten wie ich, sensibel, großzügig und gut. Er war ein ruhiger Mensch, diskret, nach außen hin viel maßvoller als meine Mutter, die nie ein Blatt vor den Mund nahm. In Wahrheit war er viel härter und viel bissiger als sie. Er hatte einen sehr sicheren Instinkt und vertraute nur sich selbst, auch auf das Risiko hin, sich zu täuschen oder sein Umfeld zu erbosen, denn er besaß keinen Takt.

Er war von argwöhnischer Natur und konnte sich manchmal von einer sehr zornigen Seite zeigen, trotz der Kaltblütigkeit, die er meistens an den Tag legte. Er war eher launisch. Manchmal, wenn er lustig und entspannt war, offenbarte er einen subtilen Sinn für Humor, mit dem er eine ganze Gesellschaft dazu bringen konnte, sich kugelig zu lachen. Andere

Male wieder flüchtete er sich dagegen in hartnäckiges Schweigen, das niemand zu brechen vermochte. Unzugänglich und unnahbar, ähnelte er dann einer Sphinx.

Er hatte einen einfachen Geschmack, war aber von Herzen großzügig. Selbst zu der Zeit, in der er nur seinen Hauptmannssold bezog, konnte er diesen an einem einzigen Abend ausgeben, um meine Mutter ins Restaurant auszuführen. Er war gut aussehend, stolz und hatte viel Ausstrahlung. Wenn er ein Zimmer betrat, sah man nur ihn. Er war schamhaft, ja prüde, und küßte meine Mutter niemals vor unseren Augen. Er umarmte sie liebevoll oder drückte ihr mit viel Zuneigung die Hand.

Meine Eltern hatten eine zärtliche und von Respekt geprägte Beziehung. Sie wurden nie laut oder stritten sich, was für Konflikte und Probleme sie auch immer hatten. Sie bewunderten sich gegenseitig sehr. Dennoch waren sie sehr unterschiedlich.

Mama war künstlerisch und unkonventionell, unordentlich, verschwenderisch, großzügig und bequem. Sie war eine fröhliche Frau, die gern lebte und feierte und lauthals das Repertoire klassischer orientalischer Musik schmetterte. Sie hatte eine wundervolle Stimme. Sie liebte das Kino und schnelle Autos, die sie selbst mit voller Geschwindigkeit durch die Straßen von Rabat lenkte. Sie war Autodidaktin und las sehr viel und interessierte sich für alles.

Ihr ganzer Charakter trug ihr Feinde ein. Sie war offen, direkt, ungeduldig, aufbrausend und hatte nichts Weiches an sich. Im Gegensatz zu den Höflingen um sie herum war sie weder berechnend, noch trieb sie politische Spielchen oder manipulierte gerne. Sie war geradeheraus, manchmal fast zu sehr. Uns gegenüber war sie sehr mütterlich, sie bevorzugte keines ihrer Kinder, wenn ich mich auch brüsten kann, daß ich ein besonders enges Band zu ihr besaß. Sie war trotz ihrer ausgefüllten Tage mehr bei uns als mein Vater.

Mein Vater war dennoch zugänglich, unter der Voraussetzung, daß man sich die Mühe machte, auf ihn zuzugehen. Er unterhielt zu jedem seiner Kinder eine spezielle Beziehung.

Die damals vierzehnjährige Myriam war oft krank. Sie litt an Epilepsie. Meine Eltern hatten bereits Ärzte in der ganzen Welt konsultiert, jedoch vergeblich. Ihre Anfälle waren heftig und aufsehenerregend. War diese Krankheit schuld an dem reservierten Verhältnis meines Vaters ihr gegenüber? Ich erinnere mich, daß sie einmal die Noten in ihrem Zensurenheft gefälscht hatte. Mama hatte es bemerkt und meinen Vater aufgefordert, sie dafür zu verprügeln. Aber er war unfähig, uns zu strafen oder auch nur die Hand gegen uns zu erheben. Er tat nur so, als schlage er sie, und sie heulte in regelmäßigen Abständen auf, um meine Mutter von der Echtheit ihrer Züchtigung zu überzeugen ...

Mit seinen zwölf Jahren war Raouf als ältester Sohn der Familie der Kronprinz, ein junger Gott, von den Frauen im Haus fürchterlich verwöhnt und von allen verehrt. Die Wachen schlugen die Hacken vor ihm zusammen. Er brachte meinem Vater grenzenlose Bewunderung entgegen.

Obwohl dieser ihn vergötterte, war die Beziehung zwischen den beiden doch schwierig. Als Heranwachsender war Raouf ausgesprochen schön, fast feminin, mit langen Haaren, samtiger Haut, hohen Backenknochen. Mein Vater hatte so große Angst, sein Stammhalter könne homosexuell werden, daß er ihm gegenüber doppelt streng, ja fast aggressiv war.

Diese Angst war wenig begründet. Mein Bruder hatte bereits viel Erfolg bei den jungen Mädchen und erwiderte durchaus das Interesse, das diese ihm entgegenbrachten. Nach dem Putschversuch von Skhirat folgte Raouf meinem Vater auf Schritt und Tritt. Er hatte durchgesetzt, in seine Eskorte aufgenommen zu werden. Da er bereits mit dreizehn Jahren das Autofahren beherrschte, sprang er häufig für den Fahrer ein, begleitete abends meinen Vater und wartete geduldig, manchmal bis spät in die Nacht, bis dessen Arbeitssitzungen zu Ende waren.

Maria und Soukaïna, die sieben beziehungsweise sechs Jahre alt waren, hatten sehr unterschiedliche Charaktere. Maria, die lebhafte, selbständige, bezauberte meinen Vater, war jedoch nur schwer zugänglich. Schon damals ließ sie ihre Gefühle nicht nach draußen dringen. Soukaïna hingegen war anschmiegsam und zärtlich. Sie kuschelte sich daumenlutschend an meinen Vater oder sang ihm in einem so komischen Ton Lieder, daß er Tränen lachte.

Meistens lag sie bäuchlings auf dem Fußboden und bekritzelte Papier. Mein Vater war überzeugt davon, sie würde später Malerin oder Schriftstellerin werden.

Was Abdellatif betraf, der noch in den Windeln lag, so war er die Wonne der ganzen Familie. Der Wunsch meines Vaters war erhört worden. Sein jüngster Sohn ähnelte ihm. Um ein Haar hätte er ihn vor der Zeit verloren, das Kind wäre nämlich fast von einem kleinen Löwen gefressen worden, den er ihm als Geschenk mitgebracht hatte.

Das Tier, das sich frei auf dem Rasen tummelte, griff zuerst zwei Yorkshires an, bevor es das Baby anging, das in der Nähe spielte. Er rollte es vor den Augen der machtlosen Kindermädchen wie einen Ball herum, nahm es zwischen die Pfoten und fletschte die Zähne, sobald sich jemand nähern wollte. Mein Vater mußte herbeigerufen werden, um sich selbst von der Gefahr zu überzeugen. Das Löwenkind ließ am Ende von seiner Beute ab und wurde zum Spielen mit seinen Artgenossen in den Zoo gesteckt.

Wir beide waren Freunde und Komplizen. Ich umgarnte und becircte ihn, ohne dabei bestimmte Grenzen zu überschreiten. Ich achtete darauf, ihm gegenüber keine Furcht oder servilen Respekt an den Tag zu legen, dazu war ich zu rebellisch.

Morgens rief er mich, damit ich ihm den Krawattenknoten an die richtige Stelle schob oder seinen Hemdkragen zuknöpfte. Dieses Ritual bedeutete uns beiden viel. Einmal hatte ich Schwierigkeiten, das Hemd zuzumachen, und hänselte ihn damit, er habe ein Doppelkinn. Er war sehr eitel und griff unverzüglich zu den gebotenen Maßnahmen: einer häuslichen Partie Tennis mit seinem Freund General Driss Ben Omar, einem Saunabesuch und leichten Einschränkungen bei der Ernährung. Leider hielten seine exzellenten Vorsätze nicht sehr lange an.

Wenn er auf Reisen ging, bat er mich, seinen Koffer zu packen und erzählte dann voller Stolz seinen Ministern davon. Leicht lächelnd sagte er zu mir:

»Zieh mich an wie deine Rockstars, ich will mit der Mode gehen ...«

Gegen dreizehn Uhr, wenn er aus dem Ministerium oder dem Generalstab nach Hause kam, ging er in den großen Salon. Er setzte sich auf sein Sofa – stets an den gleichen Platz –, ließ sich ein Bier bringen und trank es langsam und genüßlich. Ich ging nach dem Mittagessen zu ihm hoch, häufig zusammen mit Soukaïna, die ihn ungeheuer liebte. Ich kümmerte mich um ihn, bediente ihn, streichelte die Narbe, die er von einem Autounfall her an seiner rechten Hand hatte, und blieb an seiner Seite, bis ich wieder zur Schule zurückmußte.

Er hatte einen Flügel im Salon aufstellen lassen und bat mich, darauf zu spielen, wenn wir Gäste hatten. Er war sehr stolz auf meine musikalischen Fähigkeiten. Ich kam der Aufforderung ein wenig widerwillig nach, liebte ich doch die Rolle der Tochter des Hauses überhaupt nicht.

Ein paar Wochen nach meiner Heimkehr begleitete ich meine Eltern auf einem offiziellen Spanienbesuch nach Sevilla. Das war die Gelegenheit, ihnen wieder näherzukommen, wieder ihre Tochter zu werden, sogar ihr einziges Kind, da meine Geschwister in Rabat geblieben waren. Ich verdanke dieser Reise mein erstes wirkliches Familienglück. Wir besuchten gemeinsam sämtliche von der spanischen Aristokratie gegebenen Feste und tanzten wie die Wilden Flamenco bis zum frühen Morgen.

Ich lernte einen heiteren, lebenslustigen, nachtschwärmerischen Vater kennen, der etwas für Liebeslieder und hübsche Zigeunerinnen übrig hatte. Aber auch einen autoritären Vater. Eines Abends verbot er mir, in einer durchsichtigen indischen Bluse auszugehen, die ich, wie es damals Mode war, ohne Büstenhalter trug. Soviel Schamlosigkeit empörte ihn.

Es ging nicht ohne Reibereien zwischen uns ab. Ich war sechzehn Jahre alt, in meiner Seele Rebellin, lehnte mich gegen jede Form von Autorität auf. Man hatte mich zu viele Jahre am Gängelband gehalten. Später mußte ich mir auch erst mühsam die Erlaubnis erkämpfen, Miniröcke tragen zu dürfen. Ich lehnte es ab, daß mich ein Fahrer morgens zum Gymnasium brachte und bei Schulschluß auf mich wartete. Ich wollte ein normales Leben führen, was sich nicht so ohne weiteres verstand, wenn man die Tochter von General Oufkir war.

Mit Ungeduld hatte ich meinen achtzehnten Geburtstag herbeigesehnt, um den Führerschein machen zu dürfen. Von meiner Leibwache, die ziemlich wild fuhr, hatte ich die wesentlichen Dinge am Steuer gelernt. Aber ich hatte keinerlei Ahnung von der Straßenverkehrsordnung. Ich bekam meinen Führerschein nur auf die Fürsprache meiner Polizeieskorte hin.

Ich traf mich jeden Tag mit einer Clique von Freunden, die mein Vater nicht mit Begeisterung sah. Ein paar von ihnen, wie etwa Sabah, meine beste Freundin, waren ihm zu ungeniert.

Véronique und Claudine gingen in meine Klasse, in die *seconde C* des Lycée Lalla Aïcha. Véroniques Eltern, überzeugte Trotzkisten, waren Mitglieder der Partei von Abraham Serfaty[13]. Sie wohnten in einer 68er Kommune in einem Haus in Rabat, nicht weit von uns. Der verwilderte Garten war das Reich bellender Vierbeiner, deutscher Schäferhunde, Dobermänner, Bulldoggen. Die Kinder waren sich selbst überlassen. Es war das genaue Gegenteil zu meinem Leben, aber das tat unserer wachsenden Freundschaft keinen Abbruch.

Véronique lud mich häufig zum Mittagessen ein, obwohl ihre Eltern mir gegenüber sehr reserviert waren. Sie zögerten nicht, Provokationen zu äußern, Anspielungen auf meinen Vater. Ich antwortete schließlich, daß ich kein politisches Argument zu seiner Rechtfertigung hätte, er aber mein Vater sei und ich nicht dulden würde, daß man ihn beschimpfe.

Zu meinen männlichen Freunden zählten Ouezzine Aherdane, Sohn eines Berberfürsten, der mehrfach unter Mohammed V. und Hassan II. Minister war, Maurice Serfaty, Sohn von Abraham Serfaty; Driss Bahnini, Sohn des früheren Premierministers, der Sohn eines Geschäftsmannes und noch andere ... Ouezzine gab sich im Bob-Dylan-Stil, er trug lange Haare und Blümchenhemden. Er fuhr verschiedene VW Käfer ohne Auspuffrohr, die er je nach Laune neu anstrich: montags waren sie zitronengelb, dienstags wurden sie bonbonrosa. Dann stieg er auf verdecklose Mustangs um.

Ich tauschte gerne meine großen Wagen mit Chauffeur gegen seine Knatterkisten ein. Einmal schwänzten wir die Schule, quetschten uns alle in Ouezzines Auto und hatten dort einen Riesenspaß. An einer roten Ampel hielt dicht neben uns ein Wagen, aus dessen Innerem uns streng mein Vater an-

[13] Dieser Regimegegner war Absolvent der École française des mines (einer Art Bergbauakademie) und Begründer der extremen Linken, Ilal Amam (»Vorwärts«). Im Januar 1972 wurde er verhaftet, freigelassen und dann 1974 im Gefängnis von Ghbila und später im Militärgefängnis von Kénitra interniert. Im September 1991 kam er frei und wurde nach Frankreich ausgewiesen.

blickte. Verängstigt kroch die ganze Truppe unter die Sitze. Ouezzine, der viel zu stolz war, um seine Angst zuzugeben, fuhr, den Blick nach vorn geheftet, los.

Ich ging oft zu Maurice Serfaty und traf bei ihm die Aktivisten, die sein Vater bei sich empfing. Es war gleichgültig, daß ich die Tochter meines Vaters war, überwacht wurde wie er auch – allerdings aus unterschiedlichen Gründen –, Abraham Serfaty brachte mir immer höchstes Vertrauen entgegen, da ich die Freundin seines Sohnes war. Er besaß die Klugheit, seine Kinder und die Politik nicht zu vermischen. Ich kannte jede seiner Aktivitäten, aber es wäre mir nie in den Sinn gekommen, darüber mit meinem Vater zu sprechen. Dieser hätte mir im übrigen nie verboten, die Serfatys zu besuchen.

Meinem Vater machten vor allem die Jungen in meiner Umgebung Kummer. Er stand unter dem Einfluß der heuchlerischen Höflinge um ihn herum, die sich angeblich um meine Jungfräulichkeit und meine Ehre sorgten. Ich machte mir nichts daraus. Ihnen die Stirn zu bieten machte mir mehr Spaß als alles andere. Natürlich wollte ich meinen Vater nicht enttäuschen; aber das hinderte mich nicht daran, mich fast jeden Abend davonzuschleichen, um meiner Musik- und Tanzleidenschaft zu frönen.

Ich war sehr gut organisiert. Bis abends um zehn war ich zugegen und beantwortete Fragen zur Schule wie eine Bilderbuchtochter. Wenn dann verkündet wurde, daß das Essen angerichtet sei, stand ich auf, umarmte meine Eltern, verabschiedete mich von den Gästen, indem ich vorgab, mich für eine Klassenarbeit am nächsten Tag vorbereiten zu müssen. In meinem Zimmer schlüpfte ich in einen Minirock oder Shorts und schminkte mich auffällig. Dann legte ich eine Schlummerrolle mit Perücke in mein Bett und ging.

Das war nicht einfach. Denn wir lebten auf eine bedrückende Weise: Wir wurden ununterbrochen überwacht. Es war unmöglich, ohne Eskorte auszugehen. Das Haus war voll mit Wachen, unter denen es eine ganze Reihe von Polizeispitzeln gab. Die Telefonisten, die sich in unserem Hause abwechselten, gehörten ebenfalls zu den Informanten. Aber ich hatte mir einen von ihnen zum Komplizen machen können, der mir beim Entwischen half.

Die beiden jüngeren Brüder meiner Mutter, Azzedine und Wahid, zwanzig und siebzehn Jahre alt, warteten in ihrem Auto auf mich, und wir zogen los, um uns mit unseren Freunden in den jeweils gerade populären Diskotheken zu treffen. Azzedine hatte ein eifersüchtiges Auge auf mich und erlaubte niemandem, sich mir zu nähern.

Ich tanzte bis in den frühen Morgen. Morgens stand ich um sieben Uhr auf, um in die Schule zu gehen. Ich setzte meine Ehre daran, die Prüfungen zu bestehen. Eines Abends, als ich mich vorbereitete, hörte ich leise die beiden hölzernen Türflügel aufgehen. In der Dunkelheit erkannte ich meinen Vater. Irgend jemand hatte mich also verraten. An diesem Abend blieb ich ruhig in meinem Bett liegen. Er hat mir nie gesagt, was er wußte.

Den Sommer verbrachten wir am Strand, in der Nähe von Rabat. Meine Eltern besaßen dort zwei kleine Strandhäuschen, sehr viel einfacher als die, welche sich die anderen reichen Bürger erbauen ließen und die manchmal den Anstrich von Palästen hatten. Die meiner Eltern waren wirkliche Strandhäuser. Das erste hatten sie mit Beschlag belegt und uns das andere überlassen. Sie wollten mich zu sich ins Haus nehmen, aber ich lehnte ab, unter dem Vorwand, mich auf Prüfungen vorbereiten zu müssen. In Wahrheit wollte ich mich auch weiterhin aus dem Staub machen, was aber auch hier nur nach dem reinsten Hindernisparcours möglich war. Das Gelände war voll mit Jeeps; Polizei und Armee patrouillierten Tag und Nacht.

Ich stand oft erst mittags auf. Mein Vater, der vorgab mir zu glauben, daß mein tiefer Schlaf die Folge durchlernter Nächte war, schlug mir nach einem Mittagessen vor, eine Autofahrt zu unternehmen, zu der ich mit noch verquollenen Augen aufbrach. Ich war so selten mit ihm allein, daß ich seiner Aufforderung mit Freude nachkam.

Er fuhr einen Moment lang, ohne etwas zu sagen, dann fragte er mich, ob ich schon einmal von einem Nachtclub namens La Cage gehört hätte. Ich verneinte heftig, nicht sehr stolz auf mich, denn es war das La Cage, in dem ich bis ins Morgengrauen tanzte. Er parkte gegenüber dem Lokal.

»Du erkennst es nicht?«

Ich tat, als würde ich ihn nicht verstehen, und er insistierte nicht weiter.

An einem anderen Tag verkündete er vor versammelter Mannschaft, man habe mich in einer Diskothek in Casablanca gesehen. Zufälligerweise war das falsch, und ich konnte ohne Vorbehalte meine Unschuld beteuern.

»An einem Abend sieht man mich in Casablanca, und warum nicht am anderen im La Cage?«

»Was ersteres anbelangt, so glaube ich dir, aber mit dem La Cage weiß ich nicht ...«

In London, wohin er mich erstmals mitgenommen hatte, erwischte er mich rauchend auf der Toilette des Play Boy, eines Lokals, das damals en vogue war. Er wartete, bis ich herauskam, und erklärte, ich könnte ruhig in seiner Gegenwart rauchen und bräuchte mich nicht zu verstecken. Wenig später hatte er vor mir eine Diskussion mit General Ben Omar, einem sittenstrengen Mann, der seine Kinder in Furcht und Angst erzog. Er wiederholte, daß er keine Heimlichtuereien leiden könne. Daß er es vorzöge, mich rauchen zu sehen, als sich von mir anlügen zu lassen, was den wackeren General erschütterte.

Mein Vater aß furchtbar, kaute geräuschvoll, hatte keine Manieren. Niemand in seiner Umgebung wagte es, ihn darauf aufmerksam zu machen, und Mama scherte es wenig. Er haßte auch die feinere Küche. Wie ich mochte er nur Eier, am liebsten Spiegelei. Auf einer offiziellen Visite in Agadir hatte er bei einem seiner besten Freunde vorbeigeschaut, Henry Friedman. Dieser besaß dort eine Art Club Mediterranée (nur daß er schon früher auf ein derartiges Konzept gekommen war), der noch immer existiert.

Im gesamten Umfeld meines Vaters war Henry der einzige, der sich traute, ihm die Meinung zu sagen. Er war ein europäischer Ostjude, rothaarig und mit blauen Augen, über zwei Meter lang und 150 Kilo schwer. Ein Fleischberg, die Zigarre fest ins Gesicht geschraubt, mit heiserer tiefer Stimme. Der frühere Deportierte verkörperte die reine Lebensfreude, hatte aber auch eine autoritäre Seite. Er aß für sein Leben gern. Der Hunger und die Entbehrungen des Konzentrationslagers hatten ihm eine tiefe Achtung vor dem Essen verliehen. Er war ein exzellenter Koch und hatte eigenhändig für meinen Vater einen Tisch mit appetitanregenden Speisen zubereitet.

Mein Vater sah sich prüfend das komplette Büffet an.

»Hör zu, Henry, tut mir leid«, sagte er, »aber das ist nichts für mich. Ich hätte gern zwei Spiegeleier.«

Henry wurde wütend und brüllte meinen Vater an, der ganz ruhig blieb. Die Bediensteten zitterten, als sie Zeugen wurden, wie General Oufkir eine Abreibung bekam, aber Henry wurde, mittlerweile karmesinrot, noch heftiger. Je mehr sich Henry echauffierte, desto breiter wurde das Lächeln meines Vaters. Er war entzückt, ihn provoziert zu haben.

Zu Hause hielt ich es nicht aus, mich mit ihm an einen Tisch zu setzen. Meine strenge Erziehung im deutschen Stil ertrug nicht die kleinste Nachlässigkeit im Benehmen. Wenn ich mit den Kindern aß, mußte ich sie einfach zurechtweisen. Natürlich waren sie wohlerzogen, aber für meinen Geschmack nicht ausreichend. Ich brachte ihnen bei, eine Seezunge zu zerteilen, langsam zu kauen. Ich gewöhnte mich nicht an ihre Manieren, und sie machten sich über die meinen lustig, die mir von Mademoiselle Rieffel eingetrichtert und durch die beispiellose Übertreibung im Palast noch verstärkt worden waren. Ich habe mich nie von ihnen zu lösen vermocht.

Als wir einmal im engsten Offizierskreis aßen, regte mich mein Vater schon bald mit dem geräuschvollen Mahlen seines

Kiefers auf. Ich sah ihn starr an. Er hob ein wenig den Kopf und durchbohrte mich seinerseits mit dem Blick. Wir verstanden uns, ohne ein Wort zu sagen. Herausfordernd kaute er nun noch geräuschvoller. Ich machte ihn nach und sagte:

»Man kann sich hier nicht unterhalten, man hört nur dich.«

Alle Offiziere hatten mißbilligend ihr Besteck niedergelegt: Ich war anmaßend, schamlos und respektlos meinem Vater gegenüber. Aber er erwiderte nichts.

An einem Tag hatte er beschlossen, das Rauchen aufzugeben. Er kam vom Generalstab, den Mund voller Kaugummi. Er wußte, daß ich Kaugummikauen haßte. Er machte das Päckchen auf, stopfte sich den gesamten Inhalt in den Mund und sah mir fest ins Gesicht. Ich wich seinem Blick nicht aus.

Ein andermal saß er mit ein paar Ministern im Salon und redete über Politik. Ich ging ins Nebenzimmer und stellte dort ganz laut die Musik an. Er bat mich, die Lautstärke herabzudrehen. Ich gehorchte, ließ zehn Minuten verstreichen und fing von vorn an. Diese Art Spielchen betrieben wir die ganze Zeit.

Am Ende des Schuljahres waren meine Noten nicht gut genug, um in die *première C* versetzt zu werden, die vorletzte Klasse des anspruchsvollen Mathematik- und Physikzugs. Meine nächtlichen Ausgänge hatten ihre Spuren hinterlassen. Ich entschied mich für den sprachlichen Zweig und bat meine Eltern, mich ins Internat zu geben. Ich dachte, dort freier zu sein.

Nach den Sommerferien meldeten sie uns alle drei, Raouf, Myriam und mich, im Lycée Paul-Valéry in Meknès an. Meine Angewohnheit, mich heimlich abends abzusetzen, hatte ich beibehalten, ja ich ging ihr noch öfter nach, was mir zahlreiche Verweise und sogar ein paar Ohrfeigen eintrug. Letzteres, als ich, statt bei Morgengrauen heimzukehren, einen ganzen Tag lang mit Sabah in Rabat abtauchte.

Ein junges, verwöhntes Mädchen

Ein ganz gewöhnliches Leben? Davon träumte ich ... Aber ich wußte gar nicht, wie das überhaupt aussah ... Meine Welt war so einfach. Ich mußte nur in die Hände klatschen, und hopp! geschah alles, ohne daß ich mich dafür anstrengen mußte. Reisen? Ich nahm das Flugzeug (natürlich erster Klasse) wie andere den Bus. Kleidung? Ich plünderte die Modeateliers der großen europäischen Hauptstädte, und bei Bedarf lieh ich mir die Yves-Saint-Laurent-Gewänder meiner Mutter. Ausgehen? Feste und Bälle jagten einander, mit Gästen, die auf die Gesellschaftsspalten der Welt abonniert waren. Urlaub? Ich hatte die Wahl: Die ganze Welt gehörte mir. Alles erschien mir normal: Geld, Luxus, Macht, Königswürde, Ergebenheit. Die Menschen um mich herum waren so unterwürfig, daß sie einem, selbst wenn man schwarze Augen hatte, Komplimente über deren blaue Farbe machten, nur weil man ihnen das befohlen hatte.

Zu dem Ball anläßlich meines achtzehnten Geburtstags luden meine Eltern die gesamte feine Gesellschaft Marokkos ein, Prinz Moulay Abdallah, Prinzessin Lamia, die komplette Regierung, eine stattliche Anzahl Militärs und ein paar Stars.

Und ich? Ich, das verwöhnte Gör, war sauer. Das Anprobieren war mir lästig. Eine Dior-Robe zu tragen war nicht meine Sache, sowenig wie niedlich zurechtfrisiert zu werden. Ich schmollte in meiner Ecke, stampfte mit den Füßen ... Der Friseur, der zwei Stunden benötigte, um mir mit viel Haarspray und Toupieren einen komplizierten Knoten zu verpassen, schwor, niemals mehr wiederzukommen, jetzt da er mitbekäme, wie wenig ich mir aus seinem Meisterwerk mache. Noch bevor er sein Werkzeug wieder verpackt hatte, hing ich bereits mit dem Kopf unter dem Wasserhahn und ließ die Haare wieder über die Schultern fallen. Ein richtiges Ohrfeigengesicht.

Ich mußte alle Gäste zusammen mit meinen Eltern empfangen, mich in Liebenswürdigkeit übertreffen, die perfekte Tochter im heiratsfähigen Alter spielen. Ich eröffnete den Ball mit Prinz Moulay Abdallah, fand ein freundliches Wort für die älteren Damen, lächelte meinem Großvater zu, den Generälen, Ministern ... ich hielt meine Rolle einen guten Teil des Abends durch.

Aber als die jamaikanische Band die ersten Reggae-Töne anschlug, war Malika, die Oberbrave, auf der Tanzfläche nicht mehr zu bändigen. Ich zog mein schönes weißes, mit Rosen besticktes Musselinkleid aus, schlüpfte in Jeans und T-Shirt und tanzte barfuß und bis ich völlig außer Atem war, die ganze Nacht, die meiste Zeit mit meinem Vater.

Dieser so gefürchtete Abend endete am Schluß doch zu meiner Zufriedenheit. Ich war mit Geschenken überhäuft worden, unter anderem mit wundervollem Schmuck. Man hatte mir Komplimente über meine Schönheit gemacht, meine Eltern waren glücklich ... Und ich hatte mich gut amüsiert. Ich hatte noch lange, selbst in den ersten Jahren der Gefangenschaft, ein kleines Album mit Fotos, die an diesem Abend aufgenommen worden waren. Man hat sie wie alles andere konfisziert. Die Köpfe der nach dem Putschversuch von Skhirat exekutierten Generäle, die an diesem Abend anwesend gewesen waren, hatte man mit grünem Stift umrandet.

Wovon träumen junge Mädchen? Die meisten von der Liebe. Ich vom Scheinwerferlicht ... Das Kino war noch immer meine große Leidenschaft, mein Lebenstraum, seit damals, als ich für Lalla Mina und die Freundinnen meine Lieblingsfilme nachgespielt hatte. Ein Star zu sein, das war die Idee, die mich beseelte ... Ich nutzte jede Gelegenheit, um mich dem Showbusineß und dem Glimmer und Glitzer zu nähern. In London, wo Mama eine Wohnung am Hydepark besaß, lernte ich die griechische Schauspielerin Irene Papas kennen. Sie spielte in einem Film, der in den Londoner Studios gedreht wurde. Mir schwirrte der Kopf. Zu meinem Glück waren meine beiden Onkel Azzedine und Wahid dazu ausersehen, mir als Anstandswauwaus zu dienen. Sie amüsierten sich in Wahrheit genauso wie ich.

Wir trafen uns in der riesigen Wohnung, die Irene gemietet hatte, tanzten Sirtaki, tranken Wodka und Champagner, lachten, sangen und kehrten im Morgengrauen, begleitet vom Sohn König Fahds von Arabien oder einem jungen griechischen Schauspieler namens Yorgo, in einem Maserati oder Lamborghini zurück.

Eigentlich war ich ja zum Englischlernen hier …

Paris faszinierte mich. Ich flehte meine Eltern bei jeder Gelegenheit an, mich dorthin zu schicken. Wieder brauchte ich eine Begleitung. Meine Cousine Leila Chenna, mit der ich als Kind gespielt hatte, wurde mit dieser Aufgabe betraut. Ich quartierte mich mit Freuden bei ihr ein. Ein wenig älter als ich, war Leila das schönste Mädchen ihrer Generation. Ihr Aussehen hatte ihr Glück gebracht: Sie war Schauspielerin geworden. Der Filmregisseur Lakhdar Yamina hatte sich unsterblich in sie verliebt und ihr in den meisten seiner Filme eine Rolle gegeben, so auch in der berühmten *Chronique des années de braise*, die in Cannes eine goldene Palme gewonnen hatte. Sie hatte auch bereits in einem James-Bond-Film mitgewirkt.

Leila verkörperte meinen Lebenstraum. Sie hatte Erfolg beim Film, und sie war unabhängig. Sie verkehrte mit den von mir angebeteten Schauspielern. Sie war nicht egoistisch … Sie stellte mir Alain Delon vor, den Star aller Stars, der von den Frauen vergöttert wurde. Er beeindruckte mich kaum. Für mich als damals siebzehnjähriges kapriziöses und impulsives Mädchen war er bereits ein reifer Herr. Schon fast alt. Es wäre gar nichts anderes als eine manchmal vieldeutige, aber rein platonische Freundschaft zwischen uns in Frage gekommen. Ich sah ihn gelegentlich in Paris und dann später in New York und in Mexiko, wo er mit Romy Schneider *Das Mädchen und der Mörder – Die Ermordung Trotzkis* unter Joseph Losey drehte. Er brachte mir das Yam-Spiel bei.

Alain mochte mich sehr gern, respektierte aber das junge Mädchen, das ich war, mit seinem tugendhaften Panzer. Dieses Verschreckt-Jungfräuliche an mir mißfiel ihm nicht. Er rief mich oft an in Rabat. Alarmiert durch die Katzbuckler, die sich immer schnell ängstlich besorgt um meine Ehre zeigten, betrachtete mein Vater diese Verbindung mit Sorge. Ohne Grund. Alain war ein wahrhafter Freund, einer der besten. Er hat später bewiesen, daß er mich nie vergessen hat.

Jacques Perrin war ein häufiger Besucher in Leilas Wohnung. Er hatte gerade Z produziert und war ein bewunderter, gefeierter Mann, bei dem man leicht schwach wurde. Ich hatte einen kleinen folgenlosen Flirt mit ihm. Sicher war ich ein wenig verliebt ... Aber ich war noch nicht dazu bereit, irgend jemandem zu gehören. Meine frisch gewonnene Freiheit berauschte mich zu sehr.

Die USA waren mein Traum und New York und Hollywood das Höchste für mich. Ich verbrachte dort großartige Weihnachtsferien. In New York freundete ich mich mit Marvin, dem Neffen von Moshe Dayan an, was meinen Vater sehr erfreute, bei einigen seiner Minister jedoch Entrüstung hervorrief. Los Angeles? Eine meiner schönsten Erinnerungen. Ich begleitete Prinzessin Nehza, die jüngste Schwester des Königs, und wurde zusammen mit ihr von ganz Hollywood eingeladen. Wir gingen von Diners zu Soirées, eine unglaublicher als die andere. Ich traf dort alles, was die Kinowelt zu dieser Zeit an Stars und Berühmtheiten aufzubieten hatte: Zsa Zsa Gabor, Edward G. Robinson und viele andere. Ich war beeindruckt, verschüchtert, aber gleichzeitig hingerissen ... Ich konnte mir noch so bewußt sein, daß ich diese glanzvollen Begegnungen meinem Namen verdankte, der mir sämtliche Türen wie von Zauberhand öffnete, ich war deshalb nicht weniger berauscht.

Bei einem dieser Abende verliebte ich mich heftig in einen Cowboy der Leinwand, Stuart Whitman, der nur mit seinen schönen blauen Augen blinkern mußte, um mich in Ohnmacht fallen zu lassen. Es war wie ein Blitzschlag, der mich getroffen hatte, was ich einem bezaubernden französischen Model anvertraute, das neben mir auf dem Sofa saß. Sie hörte mir mit großem Ernst zu.

»Ich verstehe«, sagte sie lächelnd. »Es stimmt, er ist wirklich wundervoll.«

Ich fuhr fort, mich über meine plötzliche Leidenschaft auszulassen und ausführlich seine Reize zu schildern, als mir Nehza einen vernichtenden Blick zuwarf. Sie winkte mich zu sich:

»Malika, du benimmst dich unmöglich. Nicht nur daß du diesen Mann unverschämt anstarrst, du tust es auch noch vor seiner Frau ...«

Das war meine schöne Nachbarin. Sie war so taktvoll, mir mein Geständnis nicht übelzunehmen, und lud mich sogar mehrfach zu sich ein. Meine Naivität hatte sie überzeugt. Ich wurde ihre Freundin und auch die ihres Mannes, den meine vergebliche Liebe rührte.

Bei ihnen in Malibu freundete ich mich mit der charmanten Brigitte Fossey an, wie ich Tochter eines Offiziers und zum damaligen Zeitpunkt Mutter einer vier Monate alten kleinen Maria. Ein wenig später lud mich Steve McQueen zu einem Trip mit dem Buggy durch die kalifornische Wüste ein. Ich hatte ihn in einer Diskothek in Los Angeles kennengelernt, in der ich mit dem Sohn von Dean Martin tanzte. Er kannte meine Eltern, und wir verlebten einen unvergeßlichen Tag, als wir so mit dem Auto durch die Dünen brausten. Nie habe ich so gelacht.

Ich wollte so gern Schauspielerin werden, daß ich um ein Haar einem amerikanischen Agenten, der auch ein Freund meines Vaters war, einen Filmvertrag abgenötigt hätte. Am Telefon mußte mein Vater seine ganze Überzeugungskraft aufbieten, um mich davon abzubringen.

»Malika, mach dein Abitur, und dann bringe ich dich in den USA unter, und du tust, was du willst.«

Ich gehorchte der Stimme der Vernunft. Wenn ich daran dachte, daß Hollywood auf mich wartete ...

Mit dem Abstand, den ich jetzt habe, betrachte ich dieses junge, nicht allzu dumme, aber vom Leben verwöhnte junge Mädchen mit Amüsement, aber auch einer gewissen Zuneigung, waren doch all diese gelegentlichen Revolten nur von kurzer Dauer. Mein Schicksal war vorgezeichnet: Eine Geldheirat mit zwanzig, ein Leben in Luxus und Langeweile, Bettgeschichten, Untreue, Frustrationen und in Alkohol und Drogen ertränkte Unzufriedenheit. Ein Schicksal, identisch mit dem so vieler Frauen der feinen marokkanischen Gesellschaft, die ich kenne und die alle unglücklich sind.

Wenigstens diesen Niedergang hat mir das Leid erspart. Natürlich habe ich Jahre verloren, die ich niemals werde nachholen können. Ich trete mit beginnendem Alter ins Leben. Das ist schmerzlich und ungerecht. Aber ich habe heute eine andere Vorstellung von der Existenz: Man baut sie sich nicht mit künstlichen Dingen auf, so reizvoll diese auch sein mögen. Weder Reichtum noch äußerer Schein sind jetzt für mich noch von Bedeutung.

Der Schmerz hat mich zu neuem Leben erweckt. Ich brauchte Zeit, um als die Malika, die ich war, zu sterben: die Tochter von General Oufkir, Kind einer Staatsgewalt und einer Vergangenheit. Ich gewann eine Identität. Meine eigene Identität. Und das ist unbezahlbar.

Hätte ich nicht so viel Zeit verloren und wäre nicht das ganze Grauen gewesen, würde ich fast sagen, meine Leidensgeschichte hat mich erwachsen gemacht. In jedem Fall hat sie mich verändert. Zum Besseren hin. Man sollte sich die Dinge immer zu seinem Vorteil hinbiegen.

Der Putschversuch von Skhirat

Der Sommer 1971 fing besonders erfreulich an. Trotz meines verbummelten Schuljahres hatte ich gute Noten im Französischabitur erhalten und war in die Abschlußklasse des sprachlichen Zweiges aufgenommen worden. Zwei lange Ferienmonate lagen vor mir, ausgefüllt mit abendlichen Vergnügungen,

Schwimmen, Freunden, Reisen. Am 10. Juli, dreizehn Uhr, schlief ich noch. Am Vorabend hatte mein Vater, was ganz außergewöhnlich war, die ganze Familie ins Restaurant eingeladen. Der Abend war ein voller Erfolg gewesen, und wir hatten mächtig gelacht. Zu Hause hatte ich dann noch die ganze Nacht weitergefeiert, weshalb ich am nächsten Tag so lange genüßlich im Bett blieb. Das Leben war angenehm und friedlich. Was konnte uns schon geschehen?

Ich wurde brutal geweckt. Die Leibwächter rannten im ganzen Haus herum, das Personal lief durcheinander. Man hörte Jagdflugzeuge am Himmel dröhnen. Es herrschte Katastrophenstimmung. Tatsächlich hatte es eine gegeben: Im Palast von Skhirat, wo der König ein dreitägiges Fest zur Feier seines zweiundvierzigsten Geburtstags organisiert hatte, war ein Putschversuch unternommen worden.[14]

Mein Vater war nicht erreichbar, meine Mutter aß bei ihrer Freundin Sylvia Doukkali in deren Strandhaus zu Mittag. Raouf war mit Freunden auf einer Motorradtour in der Stadt unterwegs. Aus Sorge um meinen Bruder entschloß ich mich, meine Mutter aufzusuchen. Die Mitteilung der Ereignisse hatte die

[14] Am 10. Juli 1971 drangen zwei Absolventen der königlichen Militärschule für Unteroffiziere während der Geburtstagsfeier des Königs in den Palast von Skhirat ein. Sie metzelten mehrere Gäste nieder, Offiziere, Mitglieder des Hofes und männliche Berühmtheiten aus der ganzen Welt, denn an diesem Tag war die Feier den Männern vorbehalten. Der König versteckte sich auf der Toilette. Weitere Meuterer besetzten die Radiostation, bombardierten die Paläste in Skhirat und Rabat. Wenig später gelang es dem König, die Situation wieder in den Griff zu bekommen.

Die Seele dieser ersten Verschwörung war General Medbouh, ein asketischer und unbestechlicher Soldat, der sich gegen die in seinem Land herrschende Korruption auflehnte. Er wurde in Skhirat von seinem Komplizen, Oberst Ababou, erschossen. Zehn Offiziere, darunter vier Generäle, wurden per Standgericht exekutiert. General Oufkir plädierte erfolgreich für den Freispruch der 1081 aufrührerischen Offiziersschüler. Seine Beteiligung an dem ersten Staatsstreich ist niemals klar bewiesen worden, aber die Art der Durchführung und die anschließende Milde, die Oufkir gegenüber den Rebellen walten ließ, lassen sich dahingehend interpretieren. Der »Bruch« mit Hassan II. datierte von diesem Moment an.

Gäste, von denen einige noch im Badeanzug waren, überrascht. Sylvias Haus war nur wenige Kilometer vom Palast von Skhirat entfernt, und als ich mit Mama im Auto nach Rabat zurückfuhr, kamen uns auf der Gegenspur unzählige Militärlastwagen entgegen. Wir konnten nicht nach Hause zurück und flüchteten uns für die Nacht in ein kleines Haus, das wir in der Stadt besaßen. Sylvia Doukkali begleitete uns. Sie war völlig aufgelöst: Lharbi, ihr Mann und Privatsekretär des Königs, war nicht heimgekehrt. Sie hatte keinerlei Nachricht von ihm.

Im Morgengrauen rief jemand meine Mutter an, um ihr mitzuteilen, daß Lharbi Doukkali unter den ersten Opfern in Skhirat gewesen war. Es hatte mehr als zweihundert Tote unter den Gästen des Königs gegeben. Dieser hatte die Rebellion zu unterdrücken vermocht, aber 138 Aufständische waren getötet worden. Zehn Offiziere, darunter vier Generäle, waren festgenommen und wenig später hingerichtet worden.

Dieser Putschversuch traf wie ein Donnerschlag in meine geregelte Existenz. Nie wäre ich auf die Idee gekommen, daß ein derartiger Anschlag auf die königliche Macht möglich war. Einfache Offiziere hätten ihn also aus dem Weg räumen können, wenn sich die Ereignisse nicht doch noch zu seinen Gunsten entwickelt hätten. Ich war noch nicht reif genug, kannte mich noch nicht genügend aus in politischen Dingen, um richtig zu verstehen, was da passiert war. Ich erinnere mich vor allem an die Panik, die herrschte, und an meine Trauer, als ich vom Tod einiger Angehöriger erfuhr, die sich in Skhirat befunden hatten. Am Vormittag beschlossen meine Mutter und ich, nachdem wir wieder nach Hause zurückgekehrt waren, uns in die Villa des Königs in der Allée des Princesses zu begeben, die nur zwei Schritte von der unseren entfernt lag. Der König hatte sich mit seinen Frauen dorthin geflüchtet. Der Empfang war herzlich, ja ergreifend. Alle weinten und umarmten sich. Aber zum ersten Mal in meinem Leben fühlte ich ein gewisses Unbehagen. Ich wurde von widersprüchlichen Gefühlen geschüttelt. Ich hatte große Angst um meinen Vater und den König, aber ich ertrug nicht länger Macht und Monarchie. Das war nicht mehr das Lager, dem ich mich zugehörig fühlte.

Ich hatte ein schändliches Gefühl, als man mir für die Taten meines Vaters dankte. Er hatte geholfen, die Rebellion niederzuschlagen, aber kämpfte diese nicht für ein Ende der Korruption? Später, in den Diskussionen mit meinen Freunden, schärfte ich meine Position. Ich verstand nach und nach, daß die Sache nicht so einfach war, daß es nicht auf der einen Seite nur die Bösen gab, die man eliminierte, und auf der anderen die Guten ...

Meine Mutter wollte den König sehen. Ich kannte das Haus gut und führte sie zu seinen Räumlichkeiten. Als wir an seiner Tür waren, öffnete dieser sie plötzlich. Er war in einem so nervösen Zustand, daß er bei unserem Anblick zurückfuhr. Er verübelte es meiner Mutter, ihn erschreckt zu haben. Er war so überheblich, daß er es nicht ertrug, von einer Außenstehenden in einem Moment der Schwäche überrascht zu werden. Meine Meinung zählte nicht. Ich gehörte zur Familie.

Mama, die den Leichnam von Lharbi Doukkali nach Hause holen wollte, versuchte den König zu überreden, ihn herauszugeben. Dieser fing an zu brüllen:

»Du bemühst dich, anderen gefällig zu sein, du kümmerst dich um die Trauerkleidung der einen, um die Beerdigung der anderen. Aber erinnere dich an meine Worte: All die Leute, um die du dich so sorgst, werden nicht den kleinen Finger heben, wenn dir morgen irgend etwas zustößt.«

Aber er akzeptierte dann doch, daß sie den Leichnam mitnahm, damit er ordentlich begraben werden konnte.

Die Folgetage waren entsetzlich. Die zehn unter Arrest gestellten Offiziere wurden ohne weiteren Prozeß erschossen. Sie waren enge Freunde meines Vaters. Als er nach Hause kam, war er aschfahl im Gesicht, hatte rote Augen und einen schmerzverzerrten Mund. Er trug seinen Kampfanzug, ging unverzüglich in sein Zimmer und legte sich aufs Bett. Ich setzte mich zu seinen Füßen, nahm seine Hand und küßte sie. Mama war neben ihm.

Mein Vater beweinte lange den Tod seiner Freunde. Er hatte den König nicht überzeugen können, ihnen ein Gerichtsverfahren zu gewähren. Er wußte, daß keiner von ihnen begnadigt werden konnte, da sie die Sicherheit des Staates gefährdet hatten, aber er legte Wert auf einen ordentlichen Prozeß. Erstmalig in seinem Leben gelang es ihm nicht mehr, die gemäßigte Sprache des Politikers beizubehalten. Er brüllte Hassan an. Und an dem Tag, als die getöteten Gäste und all jene, die für den Schutz des Monarchen ums Leben gekommen waren, beerdigt wurden, ereiferte er sich ein weiteres Mal. Der König folgte dem Trauerzug in einem dieser karierten Jacketts, die er so gerne trug. Mein Vater bezichtigte ihn, keine Achtung vor den Toten zu haben.

Nnaa, meine Großmutter väterlicherseits, verließ ihren Palmenhain von Aïn-Chaïr und kam zu uns ins Haus. Ich sah sie nur selten, aber ich mochte sie sehr. Sie war eine großartige Frau, die Würde, Seelengröße und Frömmigkeit in Person. Diese zurückhaltende, ungekünstelte Frau aus der Wüste, die immer mit einem einfachen weißen Kaftan bekleidet war, ähnelte mit ihren hervorspringenden Wangenknochen, ihren kleinen schwarzen Schlitzaugen, ihrem kastanienbraunen, zu Zöpfen geflochtenem Haar einer Sioux-Indianerin. Sie war sehr mutig und fing Giftschlangen mit der bloßen Hand. Und wie mein Vater ritt sie hervorragend.

Mein Vater und sie küßten sich bei der Begrüßung die Hand, wie es bei den Leuten des Südens Sitte war. Zitternd sagte sie zu ihm:

»Mein Sohn, Gott schütze dich. Ich glaubte schon, du seist tot.«

Kühl gebot er ihren Tränen Einhalt:

»Mutter, ich erlaube dir nur Tränen zu vergießen, wenn ich wie ein Verbrecher sterbe. Aber wenn du glaubst, ich sei als Mann dahingegangen, laß bitte die Tränen sein.«

Wenig später schloß ich mich mit ihm im Salon ein und ließ meinem Kummer und meinem Zorn freien Lauf. Ich ertrug es nicht, daß man die Kinder der exekutierten Generäle mit Faustschlägen und Fußtritten seitens der Armee von zu Hause fortgejagt hatte. Ich hatte gehört, daß diese Befehle von meinem Vater ergangen seien. Ich forderte ihn auf, eine Erklärung abzugeben.

Er beteuerte seine Unschuld und sagte, er wolle die Kinder von General Habibi treffen, einem seiner liebsten Freunde. Ich spielte also die Vermittlerin. Nach langem Zögern willigte der älteste der Söhne ein, bei Anbruch der Dunkelheit zu uns zu kommen. Mein Vater händigte ihm einen kleinen Koffer aus, dessen Inhalt er mir nicht enthüllte.

»Ich hoffe, daß du und deine Brüder euch immer eures Vaters würdig erweist.«

Er hatte Tränen in den Augen.

Mina, die Tochter des von seinem Mittäter Oberst Ababou in Skhirat erschossenen Generals Medbouh, war zweiundzwanzig Jahre alt, wie mein Onkel Azzedine, mit dem sie liiert war. Sie konnte nicht durchsetzen, daß man ihr den Leichnam des Generals im Avicenne-Hospital aushändigte. Ich sprach ein weiteres Mal mit meinem Vater, der ihr Geld gab und einen neuen Paß, damit sie nach Frankreich gelangen konnte. Sie hatte den Namen von Marschall Ammezziane, ihrem Großvater mütterlicherseits, angenommen, um keine Schwierigkeiten zu haben. Ich war darüber schockiert.

»Was immer auch in meinem Leben geschieht«, sagte ich, »ich behalte meinen Namen.«

Je mehr Zeit verging, desto mehr war ich innerlich davon überzeugt, meinen Vater bald auf tragische Weise zu verlieren. Ich hatte keine Erklärung für diese Vorahnung: Es war stärker als ich.

Ich sagte bereits einen Tag nach dem Putschversuch zu meinem Freund Kamil:

»Dieses Jahr ist noch gar nichts. Du wirst sehen, das kommende Jahr wird noch schlimmer werden.«

Ich sagte auch ein andermal zu meinem Vater:

»Gib acht, es wird dir noch dasselbe wie Medbouh geschehen.«

Er antwortete nicht.

Die Zeit nach Skhirat

Nach dem Umsturzversuch ging meine Mutter nach London, um sich fern des Aufruhrs am Hofe ein wenig zu erholen. Ich fuhr mit den Kindern nach Kaliba, einem beliebten Badeort im Norden des Landes. Zum erstenmal war ich völlig allein für sie verantwortlich, und ich nahm die Rolle der großen Schwester sehr ernst. Am Ende des Sommers kehrten wir alle nach Rabat zurück. Mein Vater, der bis dahin fast immer zu Hause gearbeitet hatte, verließ fortan das Haus sehr früh und kam am Nachmittag wieder, um die Minister und Offiziere zu empfangen.

Er hatte inzwischen noch mehr Macht[15], und er war auch ein anderer Mann geworden. Er wirkte gebrochen. Nie wich der Ernst aus seinem Gesicht, und er gönnte sich nicht das kleinste Vergnügen. Ich glaube, er trauerte noch immer um seine Freunde. Er hatte wieder mit seiner ersten Familie, der Armee, Verbindung aufgenommen und ertrug unser Leben in Verschwendung und Überfluß nicht mehr. Er sehnte sich nach einem einfacheren, auch mäßigeren Dasein.

---

[15] Nach Skhirat war General Oufkir vom König auch noch zum Verteidigungsminister und Generalstabschef der königlichen Luftwaffe ernannt worden. Er kontrollierte die Armee, die Polizei, die inneren Angelegenheiten.

Unser Leben veränderte sich radikal. Er hatte im Haus eine nahezu militärische Disziplin eingeführt. Die Sicherheit wurde verstärkt, die Schmarotzer und Hofschranzen waren seltener. Er bestimmte alles. Wir konnten weder frei nach Wahl Filme ansehen noch Leute empfangen. Raouf wurde zum Arabischunterricht gezwungen, den ihm ein Offizier und überzeugter Islamist erteilte. Meine Art, mich zu kleiden, trug mir spitze Bemerkungen ein. Ich war so schockiert über diese neue Haltung, daß wir oft in Streit gerieten.

Die unangekündigten Besuche des Königs häuften sich. Er machte unser Familienleben fast zunichte. Es schien mir, als gebe es eine wachsende Distanz zwischen ihm und meinem Vater. Ich verspürte nichts mehr von der engen Verbundenheit, die so lange Zeit zwischen ihnen bestanden hatte; die stumme Feindschaft, die zwischen den beiden Männern herrschte, die mir am nächsten standen, betrübte und beunruhigte mich.

Ich fühlte mich inner- und außerhalb des Hauses unwohl. Es herrschte eine seltsame Atmosphäre im Land. Die Monarchie war ins Wanken geraten. Zum erstenmal wurde die göttliche Macht des Königs von der Öffentlichkeit in Frage gestellt. Der geheiligte, unantastbare Abkömmling des Propheten und oberste Glaubensführer hatte Schaden genommen. Im Januar traten die Studenten und Schüler in Streik. Es gab Tumulte, die mein Vater gewaltsam unterband. Im Lycée Paul-Valéry wurde ich mehr und mehr geschnitten. Niemand, außer meinen engsten Freunden, konnte mir vernünftigerweise noch Sympathie entgegenbringen. Ich ging dennoch weiterhin in den Unterricht; ich war mittlerweile eine gute Schülerin und wollte mein Abitur schaffen. Aber die Direktorin fürchtete um meine Sicherheit und riet meinen Eltern, mich aus ihrer Schule zu nehmen.

Nach stundenlanger Diskussion konnte ich sie überzeugen, mich nach Paris zu schicken, wo sie mich unter falschem Namen im Lycée Molière einschrieben. Im Einvernehmen mit Alexandre de Marenches, dem Chef des französischen Geheimdiensts, hatte ich den Namen meiner Mutter angenommen und war von nun an Malika Chenna. Meine Eltern mieteten mir auch lieber ein Apartment wenige Meter von meinem neuen Gymnasium entfernt, als mich in einem Wohnheim anzumelden.

Ich stand unter der Obhut einer älteren Freundin, Bernadette, die ihnen versprochen hatte, auf mich aufzupassen und mich abends nicht ausgehen zu lassen. Ein Versprechen, das sie nicht zu halten vermochte: meine Überzeugungskraft war zu groß.

Ich wollte nicht, daß Mama mir Möbel kaufte, die ihrem allzu bürgerlichen Geschmack entsprachen. Ich wollte nichts Wertvolles, aus Angst, meine künftigen Freunde könnten meine Herkunft herausfinden. Sie gab mir ein wenig Geld, das ich auf Flohmärkten ausgab. Ich hatte einen Lebensstil, der in meiner Vorstellung die Spitze der Boheme war: In einer Dreizimmerwohnung im XVI. Arrondissement Tiefkühlkost zu essen erschien dem verwöhnten Gör, das ich war, herrlich progressiv.

Paris gehörte mir, und ich versagte es mir nicht, jeden Abend auszugehen und Bernadette inständig anzuflehen, meinen Eltern nichts zu verraten. Ich war zu einem Stammgast im Castel und Regine geworden, aber obgleich ich erst im Morgengrauen heimkehrte, bemühte ich mich, gute Noten zu bekommen. Das war schließlich eine Frage des Stolzes.

Eines Abends, als ich auf einer kleinen Party bei einem marokkanischen Freund war, bekam ich einen hektischen Anruf von Bernadette.

»Malika, komm schnell nach Hause, deine Eltern rufen ständig an, es ist dringend.«

Es war ein Uhr früh. Man begleitete mich nach Hause. Vor der Tür meines Hauses in der Rue Talmar bemerkte ich einen Menschenauflauf. Im Näherkommen sah ich, daß es sich um uniformierte Polizisten und Zivilbeamte handelte. Sie waren überall: Im Hof, im Treppenhaus, in den Bäumen, auf der Treppe.

Der marokkanische Botschafter, der soeben angekommen war, zeigte Anzeichen fiebriger Unruhe. Er erklärte mir nichts und bat mich, einen Koffer zu nehmen, den Bernadette bereits gepackt hatte. Man stieß mich mehr in ein Auto, als daß man mich einsteigen ließ. Ich verbrachte die Nacht bei dem Botschafter, der mir, als wir bei ihm zu Hause waren, verriet, daß der Verdacht bestand, Oberst Gaddhaffi habe mich entführen wollen.

Er fragte mich, ob ich in den letzten Tagen nicht seltsame Erlebnisse gehabt hätte. Ja, tatsächlich, so fiel mir wieder ein, hatten zwei schwarzgekleidete kräftige Kerle an unserer Tür geklingelt und erklärt, unsere Wohnung stehe zum Verkauf und sie wollten sie daher gerne besichtigen. Bernadette und ich hatten durch den Spion ihre Verbrechermienen beäugt und uns geweigert, sie hereinzulassen. Wenig später wurde ich beim Einkaufen in der Rue de la Pompe verfolgt. Bernadette hatte es als erste bemerkt.

Die Leute vom Geheimdienst zeigten mir Fotos, aber ich weigerte mich, irgend jemanden wiederzuerkennen. Es war nicht meine Art zu denunzieren, ich hatte Prinzipien ... Ich flog nach Marokko zurück, wo ich ein paar Tage blieb, aber ich bat meine Eltern, mich nach Frankreich zurückkehren zu lassen. Zum Ausgleich dafür mußte ich einen verstärkten Schutz akzeptieren. Ein paar Wochen lang hatte ich das Gefühl, überall Polizisten zu sehen.

Einen Monat vor dem Abitur verlor ich bei einem sehr schweren Autounfall beinahe ein Auge. Luc, ein Freund von mir und Sohn André Guelfis[16], hatte am Steuer gesessen, die Kontrolle über den Wagen verloren und war gegen einen Strommast geprallt. Ich war nicht angeschnallt und flog durch die Windschutzscheibe.

Man brachte mich mit dem Sanitätsauto ins Krankenhaus. Ich hatte eine aufgerissene Wange, eine dreifach gebrochene

[16] Ein General Oufkir nahestehender korsischer Geschäftsmann

Nase, eine geplatzte Augenbraue, einen tiefen Schnitt am Hals und einen völlig aufgeschlitzten Mund. Meine Hand war gebrochen, mein Daumen verrenkt, und als Krönung des Ganzen hatte ich auch noch ein Schädeltrauma. Ausgestreckt auf einer Bahre im Flur der Notaufnahme vernahm ich die Kommentare der Schwestern, die mich ohnmächtig glaubten:

»Wie schade! Sie ist vollkommen entstellt! Sie war sicher sehr hübsch! Wie furchtbar ...«

Man operierte mich zweimal am Auge, und zum Glück war die zweite Operation erfolgreich. Der König hatte Moulay Abdallah und ein paar Minister an mein Krankenbett gesandt. Meine Mutter wich nicht von meiner Seite, mein Vater telefonierte unablässig. Er konnte nicht nach Frankreich kommen: Man hatte ihn in der Affäre Ben Barka in Abwesenheit zu einer lebenslänglichen Gefängnisstrafe verurteilt. Aber in seiner Umgebung wurde versichert, daß Pompidou bereit sei, ihn die Grenze passieren zu lassen. Sobald ich mit ihm sprechen konnte, beschwor ich ihn, in Marokko zu bleiben.

Ich blieb zwei Wochen im Krankenhaus. Als ich es verließ, wollte ich unverzüglich wieder ein normales Leben aufnehmen. Ich hatte starke Schmerzen und mußte ständig eine dicke dunkle Brille tragen, da das Sonnenlicht mein Auge reizte.

Kurz nach meiner Entlassung suchte ich Professor Mora auf, der mich operiert hatte. Er beglückwünschte mich.

»Mademoiselle Oufkir, Sie sind ein besonderer Fall. Ihr Wille hat Ihr Auge gerettet.«

Nach nur wenigen Tagen hatte ich bereits die Hälfte meiner Sehkraft wiedererlangt. Heute ist mein Gesicht ungefähr wieder so wie vor dem Unfall. Ich habe nur ein paar Narben zurückbehalten. Es war mir nicht mehr möglich, nach Paris zurückzukehren, um mir die letzten Einzelnähte entfernen zu lassen und Heilgymnastik zu machen. Im Gefängnis hatte ich noch lange Zuckungen im Gesicht. Noch jetzt passiert es mir, wenn ich müde oder gereizt bin, daß sich mein Gesichtsnerv unwillkürlich bemerkbar macht.

Meine Eltern ließen mich nach Marokko zurückkehren, um mich dort auszukurieren. Ich hatte beschlossen, meine Abiturprüfung im Oktober im Lycée Descartes abzulegen. Man bot diese Möglichkeit den im Juni verhinderten Kandidaten an.

Die Ereignisse entschieden jedoch anders.

Der Putschversuch von 1972

Der König, der gerade Staatschef Boumedienne empfing, hatte mich gebeten, ihn direkt nach meiner Rückkehr in Rabat aufzusuchen. Ich war entstellt. Ich hatte ein geschwollenes Gesicht voller schwieliger Narben und dunkelblaue Ringe unter den Augen.

»Das ist nicht so schlimm, Malika«, tröstete er mich, »jeder hat schon einmal einen Autounfall in seinem Leben gehabt: Lalla Malika, Lalla Lamia, ich ... Nächsten Monat schicke ich dich zu den besten Ärzten in die Vereinigten Staaten, und schon bald, das verspreche ich dir, wird man nichts mehr sehen.«

Es war Anfang Juli. Mama wollte, daß ich die Familie in den Ferien nach Kabila begleitete, aber ich wollte mich auf mein Abitur vorbereiten. Um in Ruhe lernen zu können, erlaubte man mir, bei meinem Vater in Rabat zu bleiben. Er war mit Arbeit überhäuft, und das Haus war zu einer regelrechten Kommandozentrale geworden. Er ging nicht mehr aus, ich bekam mit, wie sich Offiziere und Minister die Klinke in die Hand gaben. Die Stimmung war ein wenig düster. Dennoch ging ich jeden Tag, wenn er mich empfangen konnte, zu ihm, sei es zur Mittagessenszeit, sei es am Ende des Tages.

Mama besaß gegenüber unserer Villa ein hübsches kleines Haus, das einen Salon, ein winziges Schlafzimmer und einen bezaubernden Garten hatte. Ich richtete mich dort ein, um ungestört zu sein. Ich arbeitete unermüdlich, zusammen mit einer Freundin, die ihre letzten Juraprüfungen zu absolvieren hatte.

Mein Vater beschloß, mit mir übers Wochenende nach Kabila zu fliegen. Wir nahmen den Mystère 20[17], den er für all seine Reisen benutzte. Ich fühlte mich nicht sehr sicher. Kaum einen Monat nach meinem Autounfall hatte er um ein Haar sein Leben bei einem Hubschrauberunglück verloren. Ein weiteres Mal war er gerade noch einem Bombenattentat bei einem offiziellen Festakt entgangen, zu dem er nicht hatte gehen können. Ich hatte immer den Eindruck, der König wolle ihn aus dem Weg räumen, ohne daß ich dafür je einen Beweis finden konnte.

Zwischen den beiden Männern wurde der Bruch immer tiefer. Während des Ministerrats hatte mein Vater, nachdem dort ein kräftiger Preisanstieg für Öl, Zucker und Mehl beschlossen worden war, einen Revolver gezückt und gedroht, sich zu erschießen. Ich glaube, er wollte eine konstitutionelle Monarchie mit Kronprinz Sidi Mohammed auf dem Thron. Der Kampf um die Macht war in vollem Gang.

Dieses Wochenende in Kabila war außergewöhnlich, ja genauer gesagt, völlig verrückt. Mein Vater benahm sich seltsam. Das ganze Jahr hatte er uns in höchstem Ernst verbringen lassen, und jetzt fing er plötzlich an, den ganzen Tag zu singen und zu tanzen.

Ich hatte aus Paris die neuesten Plattenhits mitgebracht, und von zehn Uhr früh an bestürmte er mich:

»Kika, ich will tanzen, dreh die Musik ganz laut.«

Wie oft hatte er sonst zu mir gesagt, ich solle die Lautstärke leiser drehen?

Ich entdeckte einen anderen Vater. Einen wirklichen Vater. Ich hatte vergessen, in welchem Maße er charmant, aufmerksam, gutgelaunt sein konnte. Der ganze Tag war ein ein-

---

[17] Französisches Überschall-Kampfflugzeug

ziges Fest. Er schien die Lebensfreude in Person zu sein. Direkt nach dem Aufstehen um sechs Uhr früh ging er, der gewöhnlich nichts für das Meer übrig hatte, ganz allein zum Strand und legte sich an den Rand des Wassers. Er sah der aufgehenden Sonne zu oder blickte auf den Horizont. Meine kaum vernarbten Wunden verboten es mir eigentlich, mich mit ihm in die Sonne zu legen, aber ich achtete nicht darauf. Zum einen wollte ich damit zeigen: »Ich bin gesund«, zum anderen aber vor allem bei ihm sein. Er, der nicht schwimmen konnte, nahm sogar eine Stunde Wasserskiunterricht. Vorsichtshalber hatte er einen Schwimmanzug angezogen und einen voluminösen Rettungsring umgelegt. Er sah so komisch aus, daß wir ihn spontan »Moby Dick, König des Meeres« tauften.

In Kabila war das Leben sehr einfach. Wir hatten viele Gäste, aber Mama bestand darauf, die Einkäufe, eskortiert von unserer Leibwache, selbst zu erledigen und die Menüs mit dem Koch zu besprechen. Nie wäre sie auf den Gedanken gekommen, einfach mit dem Finger zu schnipsen und sich bedienen zu lassen. Mein Vater lebte in der Badehose; am Abend zog er die für die Leute aus dem Süden landestypische blaue Tunika an. Aber die Staatsgewalt blieb mehr denn je omnipräsent. Wir waren umgeben von Polizisten und bewaffneten Männern. Unser Tisch und unsere Gesellschaft waren mehr als gefragt. Für unsere Gäste war es das Nonplusultra, wenn sie später in einer Unterhaltung fallenlassen konnten:

»Wir waren zum Essen bei den Oufkirs ...«

Nach drei herrlichen, in einem verrückten Rhythmus verbrachten Tagen flogen wir zurück. Ich fuhr fort, in meinem kleinen Haus zu büffeln. An einem frühen Abend, gegen achtzehn Uhr, begab ich mich zu meinem Vater. Er war allein. Wir gingen gemeinsam in unseren Salon gegenüber dem Garten.

Ich schenkte ihm einen Whisky ein, setzte mich neben ihn und streichelte wie gewohnt seine Hände.

»Willst du nicht ein wenig mit mir singen?« fragte er mich plötzlich.

»Wenn du willst ... Aber was?«

Er fing daraufhin an zu trällern:

»Lundi matin, le roi, sa femme et le p'tit prince, sont venu chez moi pour me serrer la pince ...«[18]

Gelegentlich warf er mir einen verschlagenen Blick zu.

»Los, sing mit!« sagte er.

Er hat mir nie in irgendeiner Weise den Grund für dieses Lied erklärt. Noch heute frage ich mich, was sein Verhalten sollte, das zumindest seltsam war und mir lange keine Ruhe ließ.

Eines Morgens gegen neun – ich saß bereits an der Arbeit –, hörte ich ihn aus dem Garten rufen. Er war immer sehr diskret und unterließ es nie, seine Besuche vorher anzukündigen.

Ich öffnete die Tür und schreckte zurück, entsetzt über seinen Anblick. Aufrecht vor mir stehend, sah er mich so intensiv und so voller Liebe an, daß ich erstaunt war, ja sogar beunruhigt. Ich überlegte, ob er mich wohl wegen meiner Narben so anstarrte und ob er es mir immer noch verübelte, daß ich so entstellt war.

Er nahm mich in die Arme, drückte mich zärtlich an sich und fragte nach meinen Plänen. Mama besaß ein Haus in Casablanca, und ich hatte beschlossen, mich dort häuslich niederzulassen, um näher bei meinen Freunden zu sein, den Layachis.

»Da unten bin ich besser aufgehoben«, sagte ich. »Die Mädchen helfen mir ein wenig beim Repetieren des Stoffs. Und, sei ganz unbesorgt, ich gehe abends nicht aus, ich habe mein Abitur vor mir. Ich verspreche dir, daß ich es bestehen werde.«

»In Ordnung. Du weißt, daß ich dir vertraue.«

»Aber ja, Papa, ich weiß. Du kannst ganz ruhig wieder gehen.«

Er, der normalerweise nie abkömmlich war, der immer so viel

[18] Was in etwa heißt: »Montags in der Früh kam der König aus dem Schlosse, mit Frau und kleinem Prinz, und schüttelte mir die Flosse«.

am Hals hatte, daß er eigentlich schon während der Umarmung zum Abschied wieder verschwunden war, zögerte jetzt …

Ich stieg die Treppe mit ihm hinab. Er hob die Augen, durchmaß den Salon mit dem Blick und blieb neben mir stehen.

»Mein Liebling, weißt du eigentlich, wie sehr ich dich liebe?«

Ich brachte keine Antwort zustande.

Dann machte er auf dem Absatz kehrt und ging. Ich blieb regungslos stehen. Die Tür öffnete sich von neuem. Mein Vater kam noch einmal wieder, lief auf mich zu und schloß mich ganz fest in seine Arme. Schließlich ging er doch, fast widerwillig.

Wenig später war ich auf der Straße nach Casablanca.

Wir schrieben den 16. August 1972. Es war ungefähr sechzehn Uhr. Ich saß zusammen mit Freunden daheim, im Salon unseres Hauses in Casablanca, und führte muntere Unterhaltungen und Diskussionen.

Von einer unerklärlichen Intuition getrieben, schaltete ich den Fernseher ein. Ein Journalist verkündete, daß es einen Staatsstreich gegeben habe und daß das königliche Flugzeug über Tetuán bombardiert worden sei. Der Anstifter zu dem Attentat sei noch unbekannt.[19]

---

[19] Am 16. August 1972 wurde das königliche Flugzeug auf dem Rückflug von Paris von mehreren F5 der marokkanischen Armee verfolgt und zweimal hintereinander beschossen. Geflogen wurden die vom Flughafen von Kenitra – dem Ausgangsort des Komplotts – gestarteten Maschinen namentlich von Oberst Amokrane und Major Kouera. Letzterer rettete sich mit seinem Schleudersitz und wurde verhaftet. Das königliche Flugzeug landete ungehindert auf dem Flughafen Rabat-Salé. Der König war unverletzt. Amokrane nahm, kaum daß er das Flugzeug verlassen hatte, zusammen mit vier Mittätern einen Hubschrauber in Richtung Gibraltar und bat um politisches Asyl. Er nannte als Hintermann explizit Oufkir, den »Getreuesten unter den Getreuen«. Oufkir, der in den Palast von Skhirat zitiert wurde, begab sich um elf Uhr abends dorthin und fand sich dort seiner früheren rechten Hand Ahmed Dlimi und Hafid Alouni, dem Protokollchef, gegenüber. Sein Körper wurde von fünf Kugeln durchsiebt, eine davon traf ihn tödlich am Hals. Offiziell beging er Selbstmord.

Ich stürzte zum Radio, um France Inter zu hören. Ich rechnete damit, bestätigt zu bekommen, daß mein Vater hinter diesem Putschversuch stand. Die Freunde um mich herum wiederholten mehrfach, daß er es sei, sie seien sich da sicher. Aber die Informationen waren unklar, man wußte nichts Genaues, man vermutete nur, daß es sich um General Oufkir handele und daß der Staatsstreich erfolgreich gewesen sei. Die Ruhe sei noch nicht wiederhergestellt.

Kaum daß sie die Nachricht vernommen hatte, wollte die Schwester meiner Freundin Houda gehen. Und Houda sollte mit ihr kommen. Sie fürchtete, daß die Armee das Haus umstellen und die Soldaten mich töten würden und sie beide mit mir. Hysterisch wies sie mit dem Finger auf mich.

Alle gingen, bis auf Houda. Ich konnte niemanden von meiner Familie erreichen. Alle Leitungen waren besetzt, oder es antwortete niemand. Ich war kopflos und verzweifelt, wußte nicht, was tun.

Gegen neunzehn Uhr klingelte das Telefon. Es war mein Vater.

Er hatte die tonlose Stimme eines Menschen, der entschlossen ist, sich umzubringen, und der nur noch eine letzte Abschiedsbotschaft zu sagen hat. Es war furchtbar. Ein Geist sprach am anderen Ende der Leitung zu mir.

Er schlug einen beherrschten Ton an, um mir zu sagen, daß er mich liebe und daß er stolz auf mich sei. Dann fügte er hinzu:

»Ich bitte dich, bleib ruhig, was immer auch passiert. Verlaß nicht das Haus, bis die Eskorte dich holen kommt.«

Ich fing an zu heulen.

»Papa, sag, daß es nicht wahr ist, daß jetzt nicht dasselbe Spiel wie letztes Jahr beginnt…«

»Hör zu, mein Mädchen, ich bitte dich, ruhig zu bleiben, du weißt, daß ich Vertrauen zu dir habe.«

Die Worte, die er ständig wiederholte, waren nicht die, die ich hören wollte. Ich hätte so gern gehabt, daß er mir sagte, er sei nicht der Verantwortliche für das Attentat. Aber von Beginn unserer Unterhaltung an war mir bereits klargewesen, daß er dahinter stand und daß er verloren war.

Ich konnte seine Niederlage nicht akzeptieren. Ich schluchzte, unfähig, noch irgendein Wort hinzuzufügen. Er sagte ebenfalls nichts mehr und legte auf.

Es war daß letzte Mal, daß ich seine Stimme hörte.

Ich konnte nicht einschlafen. Ich mußte immer und immer wieder an die letzten Worte meines Vaters und sein seltsames Verhalten denken. Etwas Furchtbares war passiert. Ich wagte nicht, zum Telefon zu greifen, aus Angst, man könne mir das Schlimmste bestätigen.

Gegen drei Uhr morgens rief mich mein Großvater an.

»Malika, nimm das Auto und komm nach Rabat zurück.«

»Kommt nicht in Frage. Ich nehme nur von meinem Vater Anweisungen entgegen. Wo ist er?«

Der alte Mann insistierte vergeblich. Gegen fünf Uhr klingelte das Telefon erneut. Ich schlief noch immer nicht. Die Angst zehrte mich auf. Die schrecklichsten Befürchtungen gingen mir durch den Kopf.

Schonungslos verkündete mir meine Mutter, was ich zu hören befürchtete:

»Dein Vater ist tot. Nimm deine Sachen und komm nach Rabat zurück.«

Dann legte sie auf, ohne mir Zeit für eine Antwort zu lassen.

Houda hatte das Klingeln des Telefons gehört. Sie kam mit ängstlichem Gesicht in mein Zimmer.

»Und?«

»Mein Vater ist tot.«

Sie schrie und weinte, warf sich in meine Arme und verlieh ihrem Kummer lautstark Ausdruck. Ich blieb ungerührt. Dieser Satz »Mein Vater ist tot« bedeutete nichts für mich. Er ergab keinerlei Sinn. Ich bedurfte eines Beweises.

Dann kam die Eskorte. Tränenüberströmt bekundeten mir die Polizisten ihr Beileid. Ich nahm es mechanisch entgegen. Ich fühlte mich wie ein Zombie, unfähig, ein Wort herauszubekommen.

Ich wiederholte innerlich: »Das ist nicht möglich, man stirbt nicht einfach so, er kann nicht sterben.«

Ich ging zum Fenster. Einen kurzen Moment lang klammerte ich mich an den Anblick der Natur. Ein strahlend schöner Morgen kündigte sich an, wie all die anderen vor ihm.

Ich versuchte mich zu überzeugen, doch mein Herz war nicht dabei.

»Wenn er tot wäre, würde ich es draußen sehen, irgend etwas hätte sich verändert.«

Es war unmöglich, daß das Leben ohne ihn einfach so wie früher weiterging.

Der Tod meines Vaters

Auf der Straße nach Rabat bedeutete uns eine Absperrung, wir sollten am Rand halten. Einer aus der Eskorte stieg aus dem Auto und enthüllte meine Identität. Schluchzende Polizisten kamen auf mich zugestürzt.

Die Szene wiederholte sich die ganze Fahrt über. Trotz ihrer Trauerhaltung bewahrte ich noch immer ein Stück Hoffnung, oder zimmerte sie mir wenigstens zurecht. Ich redete mir ein, daß er nur verletzt sei, zweifellos schwer, aber daß er atmete und lebte. Vielleicht käme ich ja rechtzeitig an, um mit ihm zu reden ...

Die vor dem Haus versammelte Menge, die fast überall parkenden Autos ließen mir keinen Zweifel mehr. Ich wurde mit ernstem Gesicht vom Bruder meines Vaters empfangen sowie von meinem Großvater, der ebenfalls eine dem Anlaß entsprechende Miene an den Tag legte. Er versuchte mich am Eingang aufzuhalten. Ich schob mich mit Gewalt an ihm vorbei.

»Laß mich durch, Baba El Haj, ich will ihn sehen. Ich will wissen, wo er ist.«

»Eine Frau hat nicht das Recht, den Körper eines toten Mannes zu sehen. Er wird gerade gewaschen.«

Ich stieß die Tür des Salons auf. Die Männer, die den Leichnam bewachten, bedeckten diesen unverzüglich mit einem weißen Leintuch. Alle erhoben sich. Ich verlangte, daß man mich mit ihm allein ließ, und setzte mich, um ihn zu betrachten.

In seinem undurchdringlichen Gesicht suchte ich verzweifelt nach dem geringsten Detail, das sich eignete, mich zu beschwichtigen und mir zu sagen, daß er würdig gestorben war. Er hatte ein kleines, verächtliches Lächeln um den Mund wie alle, die durch Exekution den Tod finden. War er teilnahmslos aus dem Leben geschieden? Und weshalb dieses Lächeln? Rührte es von der Verachtung her, die er gegenüber der letzten Person verspürte, auf die sein Blick gefallen war?

Ich zählte die Einschußlöcher in seinem Körper. Es waren fünf. Die letzte im Hals machte mich verrückt vor Schmerz. Sie hatte ihm den Gnadenstoß versetzt.

Die ersten vier Kugeln hatten ihn jedoch mehr leiden lassen als die letzte. Man hatte ihm eine in die Leber geschossen, eine in die Lungen, eine in den Bauch und eine in den Rücken.

»Nur ein Feigling konnte ein solches Massaker verüben«, sagte ich mir zornig.

Ich verließ das Zimmer und zog meine sämtlichen Kleider aus. Ich schlüpfte in eine weiße Djellaba und legte meinen Schmuck ab. Ich mußte Trauer tragen, um ihm zu bekunden, daß mein Leben zur gleichen Zeit wie das seine zu Ende gegangen war.

Ich bat um seine Brille und seine Militärkleidung. Man hatte sie nicht gefunden. Ich fing an, überall zu suchen. Als ich eine Schublade öffnete, stieß ich dort auf seine blutdurchtränkte Uniform. Einen kurzen Moment lang war ich erleichtert. Sie war wenigstens ein Teil von ihm, der uns blieb. Ich fand auch seine Brille wieder.

Meine Mutter, die aus Kabila gekommen war, bat darum, seinen Leichnam zu sehen. Mein Vater war gewaschen, gekämmt, und man hatte ihn mit einer weißen Djellaba bekleidet. Er ruhte in einem Sarg im Kinosaal. Man sah nur sein Gesicht. Es schien friedlich.

Alle Welt defilierte vorbei, um ihm die letzte Ehre zu bezeugen.

Zusammengebrochen schluchzte meine Mutter und wiederholte ohne Unterlaß:

»Sie haben ihn getötet, warum, warum?«

Das anwesende Militär hatte es sehr eilig, dem König die Worte meiner Mutter zu berichten.

Der König ließ uns Speisen aus dem Palast bringen. Die Sitten verboten nämlich, daß man in einem Trauerhaus kochte. Ich schlug diese ausgestreckte Hand aus. Und im übrigen, war sie es wirklich? Ich wollte nicht meinen Vater verraten, auf seinem Leichnam herumtrampeln. Feigheit lohnt sich sicherlich für den Moment, doch ist der Endpreis zu hoch. Gütliche Einigung? Kam nicht in Frage ... Ich haßte die Heuchelei, die man mir aufzwingen wollte. Ich hatte mit dem König nichts mehr zu tun, wenn er auch mein Adoptivvater war. Und wenn ich auch bereits darunter litt.

Man warf mir diese Haltung vor. Um unsere Inhaftierung zu rechtfertigen, hieß es, der König habe uns bestraft, weil ich es gewagt hätte, ihn zu demütigen, indem ich seine Opfergabe zurückgewiesen hätte. Wie hätte ich anders reagieren können? Wenn ich nicht seine Adoptivtochter gewesen wäre, wenn er in meinen Augen nur ein Herrscher und kein Vater gewesen wäre, hätte ich vielleicht weniger Leidenschaft in meine Weigerung gelegt, weniger Stolz in meinen Zorn und hätte ihm die seinem Rang geschuldete Achtung entgegengebracht.

Aber unsere Beziehung war zu gefühlsbetont. Indem ich ihm trotzte, wollte ich Gleiches mit Gleichem vergelten. Für alle Welt hatte mein Verhalten jedoch eine politische Bedeutung.

Während der drei Tage vor der Beerdigung kümmerte ich mich um die Kinder. Mama war zu erschüttert. Wir mußten versuchen, die Kinder, so gut es ging, zu schützen. Raouf stand unter Schock. Er war verzweifelt. Er hatte sein Idol verloren, den Menschen, den er am meisten auf der Welt liebte.

Die Mädchen hörten nicht auf zu weinen. Man hatte ihnen gesagt, ihr Papa sei im Himmel, aber sie fanden sich nicht damit ab, ihn nicht wiederzusehen. Selbst der kleine Abdellatif verstand, daß etwas Schlimmes passiert war. Unsere Freunde kamen und gingen, versuchten uns zu trösten. Ihre Anwesenheit war viel wert, aber ich registrierte sie kaum.

Am Tag war ich in einem Schwebezustand, es gab so viel zu tun und zu regeln. Ich hatte keine Zeit zum Selbstmitleid. Jede Nacht begann der Alptraum von vorn. Ich sah ständig den Körper meines Vaters vor mir. Die vier Kugeln in seinem Körper und die fünfte in seinem Hals. Ich hörte seine letzten Worte, diese Stimme aus dem Jenseits, die mir sagte, daß sie mich liebe. Ich weinte und konnte nicht schlafen.

Wir wollten nicht mit der Presse sprechen, die uns ständig bedrängte. Ein Journalist befragte aufs Geratewohl meinen Onkel Azzedine:

»Glauben Sie, daß Ihr Bruder der Mann war, sich fünf Kugeln in den Leib zu schießen?«

Mein Onkel antwortete, daß man General Oufkir hingerichtet habe. Seine Erklärung war noch am selben Abend in France Inter zu hören.

Mama vertraute ihren Freunden in Tanger, Mamma Guessous und deren Mann, die blutdurchtränkte Uniform an. Sie war der einzige Beweis für seine Liquidierung. Sie ließ mit Hilfe ihres Bruders Azzedine eine andere im Dampfkessel des Hammam verbrennen. Am nächsten Tag sandte der König den

Polizeichef, um die Uniform zu suchen. Mama sagte ihm, sie habe sie verbrannt. Der Mann antwortete darauf zitternd:

»Seine Majestät hat mir gesagt: ›Du wirst sehen, sie wird dir sagen, sie habe sie verbrannt.‹«

Der Dampfkessel wurde von unten bis oben untersucht. Man ließ das, was von dem Stoff übrig war, untersuchen. Für den König stand daraufhin fest, daß sich der Beweis für den Mord an meinem Vater in nichts aufgelöst hatte. Aber die wahre Uniform wurde niemals mehr wiedergefunden. Hatte Mamma Guessous sie unter Zwang herausgegeben? Wir haben nie mehr darüber geredet.

Am dritten Tag wurde der Leichnam aus dem Haus gebracht. Da mein Vater ermordet worden war, hatte er bereits seinen Platz im Paradies erhalten, und die Freudenrufe der Frauen begleiteten seine sterblichen Überreste.

Hassan II. ordnete an, daß er in seiner heimatlichen Wüstengegend im Tafilalet begraben werden solle. Mama wollte lieber, daß das Begräbnis in Rabat stattfand. Sie wollte am Grab Andacht halten können. Aber der letzte Wille meines Vaters war, unter einer Palme seines Geburtsortes zu ruhen, und so beugte sich auch meine Mutter dem Wunsch. Raouf und die Männer meiner Familie begleiteten meinen Vater bis zu seiner letzten Ruhestätte. In Aïn-Chaïr und der ganzen Umgebung waren die Dünen voll mit trauernden Frauen. Sie drängten sich schluchzend um den Sarg.

Er wurde schlicht neben seinem Vater in einem kleinen Mausoleum beerdigt. Ich war noch nie dort. Ich habe das Gefühl, wenn ich mich eines Tages doch dorthin aufmache, am Ende meines Weges angekommen zu sein.

Am nächsten Tag, dem 20. August, stellte man uns unter Überwachung. Man entließ unser Personal und schloß uns im Haus ein. Die Familie meiner Mutter blieb, ebenso wie mein Großvater und einige unserer Getreuen: Ann Brown, unsere englische

Gouvernante, Houria, Salem, Fatmi ... Der Schraubstock wurde angezogen.

Mama mußte strapaziöse Verhöre über sich ergehen lassen, die von Kommissar Yousfi durchgeführt wurden, den wir später im Gefängnis wiedertrafen. Sie hatte einen visionären Traum, dem ich im ersten Augenblick keine Beachtung schenkte, worüber wir aber in der Haft noch häufig sprachen. Wir galoppierten beide auf einem Pferd über eine Straße, die bald zu einem Tunnel wurde, dessen Decke sich mehr und mehr auf uns niedersenkte.

Unmittelbar bevor wir zerdrückt wurden, gelang es uns, ihm zu entkommen. Die Pferde hielten mitten auf einer Anhöhe an. Wir waren hoch über Rabat. Dieser Traum erklärte sich wenig später: Die Pferde bedeuteten das Leben und der Tunnel, der uns erdrückte, das Gefängnis.

Wir hatten bald noch einen furchtbaren Trauerfall in der Familie, der unseren Kummer verdoppelte. Azzedine, mein junger und so mutiger Onkel, kam bei einem Verkehrsunfall ums Leben. Ein Polizist war mit seinem Wagen gegen den seinen geprallt. Er starb nicht sofort, sondern blieb ein paar Stunden im Koma, auf Hilfe wartend, die seltsamerweise lange ausblieb.

Ich hatte Azzedine sehr geliebt. Er war stets mein Verbündeter, mein Freund und mein Bruder gewesen. Er hatte mich beschützt, gehätschelt, meine Dummheiten gedeckt. Er war gut aussehend, lustig, charmant und voller Leben gewesen. Sein Unfall kam mir verdächtig vor. Ich hatte das Gefühl, man sagte uns nicht die Wahrheit. Niemand hat jemals meinen Verdacht bestätigt, aber der Zweifel blieb.

Das war zuviel des Unglücks und der Tränen. Mama, die wußte, daß dies erst der Beginn schrecklicher Tage war, überlegte, wie sie uns vor diesen bewahren konnte. Der König haßte sie. Er hatte im Radio erklärt, daß sie die graue Eminenz des Putschversuches gewesen sei und daß sie meinen Vater zu diesem gedrängt habe. Angefangen von der Geschichte mit der Uniform über unsere angeblich demütigende Haltung bis hin zu dem

Haß, den der König ihr inzwischen entgegenbrachte, waren alle Voraussetzungen für eine strenge Bestrafung gegeben. Es stand zur Debatte, daß man sie alleine verbannte. Aber wir, die Kinder, wollten sie um keinen Preis allein lassen. Wohin sie ginge, würden auch wir hingehen, vereint, im Unglück vereint.

Die vier Monate und zehn Tage dauernde Trauerzeit, in denen wir Gefangene in unserem eigenen Haus waren, versuchte ich den Schein von Normalität zu wahren. Ich unterrichtete die Kinder, versuchte sie ein normales Leben leben zu lassen. Trotz unseres tiefen Schmerzes und der harten Prüfungen gab es auch ein paar lustige Episoden, die uns ein wenig Lachen und Durchatmen erlaubten.

Das Anwesen wimmelte noch immer von Polizisten, die sich während des Ramadan darum stritten, bei uns Wache halten zu dürfen, denn das Essen schmeckte gut, und wir waren großzügig. Um den Freunden Zutritt zu verschaffen, die das Haus verlassen hatten, uns jetzt aber wieder sehen wollten, hatten wir uns eine List ausgedacht.

Wir baten um Valium, mit dem wir die Teekannen füllten, und boten den Tee den Wachen an, die daraufhin alle einschliefen. Auf diese Weise konnten die Freunde über die Mauer springen, um einige Tage bei uns zu bleiben. An dem Abend, an dem sie wieder gingen, füllten wir die Teekannen erneut mit Valium, und sie nahmen denselben Weg in umgekehrter Richtung.

Die ganze Zeit über dachte ich häufig daran, mich einfach davonzumachen. Aber wir waren zu gut überwacht. Und außerdem, wohin hätte ich gehen sollen? Ich war zu jung, um wegzulaufen, mein Großvater zu alt, meine Mutter zu gebrochen. Wir waren hilflos. Ich fühlte, daß das Schicksal auf uns wartete und daß es tragisch sein würde.

Am 23. Dezember war die Trauerzeit vorbei, und Mama hatte ihr weißes Gewand abgelegt. Wir machten Vorbereitungen für Weihnachten, wir schuldeten den Kindern schließlich ein paar fröhliche Tage. Girlanden schmückten die Wände und Lampen, ein Weihnachtsbaum stand im Salon, und um ihn herum lagen Geschenke. Wir versuchten, soweit wir konnten, die Atmosphäre zu lockern.

Am Nachmittag kam der Polizeidirektor und befahl uns, für vierzehn Tage Sachen zusammenzupacken. Man brachte uns in den Süden von Marokko.

An der Eingangstür sollten Siegel angebracht werden. Niemand würde das Recht haben, bei uns einzudringen.

»Sie haben das Wort Seiner Majestät«, versicherte er.

Ich bekam die Unterhaltung mit. Ich sagte den Kindern, sie sollten ihre Koffer packen, und leerte selbst alles aus den Schränken. Mama erklärte mich für verrückt. Wir würden doch nur vierzehn Tage weg sein ...

Ich gab Houria sämtliche in Paris neugekauften Kleider, die zu tragen ich noch gar nicht die Zeit gehabt hatte, Schmuck, Parfums, Taschen, Schuhe.

»Aber du wirst bei deiner Rückkehr nichts mehr anzuziehen haben ...«

Wenn ich einmal zurückkehre, dachte ich, dann wird das ein Wunder sein.

Ich gab ihr auch eine Kiste mit meinen Fotoalben und Briefen, speziell einen, an dem ich besonders hing. Es war ein Liebesbrief, den mein Vater eines Tages zusammen mit einem Blumenstrauß an meine Mutter geschickt hatte.

Ich nahm das meiste von meinen Sachen mit: praktische Kleidung, meine Romane, meine sämtlichen Schulbücher und die der Kinder, das Fotoalbum von dem Ball an meinem achtzehnten Geburtstag.

Man erlaubte, daß zwei Personen uns begleiteten. Die Wahl war nicht leicht. Die erste, die mit uns kommen wollte, war Achoura Chenna, eine Cousine meiner Mutter. Sie war, nachdem sie ihren Vater verloren hatte, den Bruder meines Großvaters, im Alter von zehn Jahren in das Haus meiner Mutter gekommen, um von da an dort zu leben. Das Mädchen hatte

Nähen und Kochen gelernt. Sie verheiratete sich wenige Monate nach meiner Mutter mit einem politisch engagierten Lehrer. Das Paar hatte eine kleine Tochter, die in sehr frühem Alter starb.

Achoura konnte keine weiteren Kinder mehr bekommen. Sie wollte sich lieber scheiden lassen als sich mit einer zweiten Frau ihres Mannes abfinden. Wieder allein, klopfte sie an die Tür ihrer Cousine und wurde von dieser freundlich empfangen. Sie wurde unser Kindermädchen und teilte unser Leben und unsere Trauer in einem solchen Maße, daß sie uns selbst in die Hölle folgte.

Die zweite, Halima Aboudi, war die jüngere Schwester von Fatima, der Gouvernante von Abdellatif. Letztere hatte bereits, verängstigt durch die Vorfälle, das Haus verlassen und bei General Dlimi[20] eine Stellung angenommen. Halima, die so alt war wie ich, achtzehneinhalb, war gekommen, um uns ihr Beileid auszusprechen. Sie war dann die ganze viermonatige Trauerzeit geblieben. Als sie von unserem Weggang erfuhr, schlug sie spontan vor, mit uns zu kommen: Sie wollte sich nicht von dem kleinen Abdellatif trennen, der zweieinhalb Jahre alt war und an dem sie bereits sehr hing.

»Ich möchte euch begleiten«, sagte sie Mama und bat darum, daß wir sie mitnahmen.

Ann Brown, die englische Gouvernante, und meine Freundin Houria wollten auch mit uns kommen. Aber das stand außer Frage. Mit meiner langjährigen Erfahrung im Palast wußte ich ungefähr, wie die Dinge aussahen, wenn man in der Verbannung lebte. Ich ahnte allerdings noch nicht die ganze Wahrheit.

---

[20] Rechte Hand von Oufkir, Chef der Nationalen Sicherheit; befand sich zur selben Zeit wie dieser in Paris, als Ben Barka entführt wurde. Er wurde Chef der Armee (gleichzeitig war er Adjutant Hassans II.). Der Krieg gegen die Polisario nahm ihn bis zum Januar 1983 in Anspruch, dem Datum des mysteriösen Autounfalls, bei dem er ums Leben kam, wenige Wochen vor seiner rechten Hand, Ghali El Mahli, der unter denselben Umständen den Tod fand.

Unsere Abreise fand am Abend vor Weihnachten statt. Drei Frauen und sechs Kinder, umgeben von bewaffneten Polizisten. Maria und Soukaïna drängten sich angstvoll an mich. Raouf ballte die Fäuste, Abdellatif lutschte am Daumen.

Ich drehte mich ein letztes Mal um, um das Haus anzuschauen, und sagte ihm für immer auf Wiedersehen. Ich schluchzte stumm, um die Kinder nicht zu erschrecken. Ich weinte nicht nur um meinen Vater, ich weinte bereits um mein Leben, dieses Leben, das man mir stahl.

Ließ die Verbannung uns allen das Herz bluten, so mir doch in besonderem Maße. Ich war die einzige, die im vorhinein fühlte, daß sie nichts Vorübergehendes an sich haben würde.

TEIL 2

Zwanzig Jahre Gefängnis

Ein Jahr in der Wüste
(25. Dezember 1972 – 8. November 1973)

Die Oase von Assa

Wohin gehen wir? Ich habe keine Ahnung. Wir fahren durch die Nacht. Man hat uns in einen großen amerikanischen Wagen gesetzt, ohne Vorhänge oder Verdunklung an den Fenstern. Die bewaffnete Eskorte neben uns versucht vergeblich, die Atmosphäre zu entspannen. Ich versuche wenigstens ein paar Informationen über den Polizeifunk aufzuschnappen. Ich weiß noch immer nicht, wohin man uns bringt, aber ich bekomme mit, daß die Straße mit einem Kontrollnetz von Ordnungskräften überzogen ist und wir eingehend überwacht werden.

Am frühen Morgen halten die Autos hinter Agadir, in Goulimine, einem Städtchen am Tor zur Wüste. Man führt uns zum Caid (Bürgermeister), dem man mitteilt, daß er die Frau und die Kinder von General Oufkir zu Gast hat. Er empfängt uns mit allen Ehren und läßt uns ein üppiges Frühstück bringen.

Ich weiß nicht mehr, was ich denken soll. Hatte ich recht mit meinen schlimmen Befürchtungen? War mein Vater wirklich tot? Der Caid spricht von ihm mit Respekt, huldigt ihm offen, während uns die Polizei nicht freiläßt …

Ich verstehe das nicht. Aber gibt es hier überhaupt irgend etwas zu verstehen? Wir haben es mit Irrationalität, Ungerechtigkeit, Willkür zu tun. Mit einem Land, in dem man kleine Kinder für die Vergehen ihrer Väter einsperrt. Wir betreten das Reich des Wahnsinns.

Wir verbringen einen Tag und eine Nacht beim Caid von Goulimine, dann fahren wir weiter bis zur Wüste. Nachts halten wir an. Der Anblick ist von einer wilden Schönheit. Es ist fast Vollmond, und das Mondlicht erhellt das ausgedörrte Hochland und die alten Berge des Hohen Atlas, deren Gipfel sich im Dunkeln abzeichnen.

Ich liebe die Wüste, ich bin oft durch sie hindurchgefahren, damals als Moulay Ahmed, der Cousin des Königs, Lalla Mina und mir das Land gezeigt hat. Diese Zeit erscheint mir so weit entfernt, daß ich mich frage, ob sie jemals existiert hat.

Wir müssen aussteigen und uns auf freiem Gelände in einer Reihe aufstellen. Die Polizisten stellen sich uns gegenüber und bedrohen uns mit ihren Kalaschnikows.

Mama gelingt es, sich neben mich zu schieben, und flüstert mir leise ins Ohr:

»Kika, ich glaube, das ist das Ende.«

Aber es ist erst der Anfang.

Die folgenden Ereignisse geben mir recht. Diese unvermittelte Verhaftung, das ganze Gehabe dienen zu nichts anderem, als uns angst zu machen, uns psychisch zu brechen. Wir steigen wieder in die Wagen und fahren weitere Stunden. Die Reise ist sehr beschwerlich, vor allem für die Kinder: Sie sind neun und zehn Jahre alt, und der Kleine ist zweieinhalb. Es ist heiß, wir haben Durst, Hunger, Angst. Niemand ist da, um uns zu beruhigen oder die Furcht zu dämpfen, die uns überwältigt.

Am Ende unserer Reise bringt man uns in ein klitzekleines Dorf, von dem wir nur wenig sehen können, weil man uns sofort in eine Kaserne fährt. Über den Polizeifunk bekomme ich mit, daß wir in Assa sind, einem einsamen Ort tief in der Wüste, nahe der algerischen Grenze.

Während der Protektoratszeit war diese Kaserne ein Ort der

Verbannung. Die Franzosen schickten ihre Dissidenten dorthin, ihre politischen Oppositionellen. Das Gebäude ist baufällig und verfallen, an manchen Stellen bröckelt bereits das Mauerwerk.

Am Tag nach unserer Ankunft wachen wir durch unmenschliches Geheul auf. Es hat in der Nacht einen Erdrutsch gegeben, und sieben Mouhazzins (Hilfspolizisten) sind unter den Geröllmassen zu Tode gekommen. Uns an den Fenstergittern festhaltend, sehen wir die Leichen, die weggetragen werden. Ein schlechtes Vorzeichen.

Die Polizisten, die uns begleitet haben, stammen alle aus Rabat. Sie sind meiner Familie sehr ergeben und zeigen in ihren Gesichtern Trauer um meinen Vater. Sie sind uns gegenüber sehr aufmerksam. Aber es warten bereits andere auf uns, die andere Instruktionen erhalten haben. Wir sollen hart behandelt werden, wie Gefangene. Diese da kennen wir nicht. Man hat sie aus den hintersten Gegenden Marokkos rekrutiert, um jegliches heimliche Einverständnis mit uns zu vermeiden. Nur ihre Vorgesetzten kommen aus Rabat.

Man führt uns in ein Lehmhaus im Inneren des Kasernengeländes. Ein altes, völlig verschrumpeltes Männchen sitzt neben einem Tisch, auf dem neun runde Brote und ein paar Sardinenbüchsen aneinandergereiht sind.

Es ist Bouazza, der Kommandant des Lagers. Er trägt ein künstliches Gebiß, das er schlecht unter Kontrolle hat. Man hat stets den Eindruck, er spucke es gleich aus oder verschlucke es. Trotz der Angst, die mich drückt, kann ich mir ein heimliches Lächeln über dieses komische Detail nicht verkneifen. Er brüllt uns an, daß wir von nun an ihm zu gehorchen hätten und daß er sich bemühe, uns unschädlich zu machen. Wir haben kein Interesse aufzumucken, denn er erhält seine Befehle direkt vom König.

Ich senke den Kopf. Bouazza tobt, aber er ist nur die Stimme seines Herrn. Eines Herrn, der meine Erziehung mit seiner Logik unvermeidbar geprägt hat. Als treue Untertanin kann ich die Dinge nur hinnehmen und resigniert mein Schicksal erdulden.

Die gegenwärtige Situation überfordert Bouazza. Er hat vierzig Jahre lang im Militärgefängnis von Kenitra kommandiert, Putschversuche miterlebt und zig politische Gefangene in seiner Obhut gehabt, aber nie hat er drei Frauen und sechs Kinder einsperren müssen.

Von unserer Geschichte hat er nur zwei Dinge behalten, die er jetzt groß herausposaunt:

»Die Oufkirs kleinkriegen. Befehl des Königs.«

Unser brutaler Lebenswechsel, dieser Übergang vom Überfluß zum Elend, nimmt mich seelisch nachhaltig mit. Und dabei ist es hier noch Luxus gegen das, was uns erwartet. Für mich als junges kapriziöses Mädchen, das manisch und anspruchsvoll ist, was die Sauberkeit von Wäsche und sanitären Anlagen angeht, ist dieser Ort eine Kloake. Alles ekelt mich an: die grauen, rauhen, schmutzigen Militärdecken, die man auf Schaumstoffmatratzen geworfen hat, die schrecklichen Wände, der blätternde Putz, der Sand auf dem Boden des kleinen Lehmhauses, in dem man uns untergebracht hat, nachdem man unsere Koffer hinuntergeschafft hat. Zum Glück ist da die unschuldige Fröhlichkeit der Kinder und die Unbekümmertheit meiner achtzehn Jahre. Wir fassen alles als Spaß auf.

Den nächsten Tag gehe ich gelassen an. Ich untersuche das winzige Haus. Drei kleine Räume, Matratzen am Boden, das ist alles. Wir besitzen keine Schränke, daher legen wir unsere Sachen auf Bettücher. Wir haben auch kein fließendes Wasser mehr. Für unsere Toilette, zum Waschen, zum Trinken gibt man uns Eimer. In der Kaserne ist die Anwesenheit der Wachen überall spürbar.

Beim Auspacken der Koffer stelle ich mit Bitterkeit die Diskrepanz zwischen diesem armseligen Ort und unseren teuren Kleidern fest. Wir durften etwa zwanzig wertvolle Koffer von

Vuitton, Hermès und Gucci voller hübscher Sachen mitnehmen.

In der Wüste erscheint das jetzt alles lächerlich.

Mama ließ fast all ihren Schmuck zurück, um nur ein kleines Köfferchen zu packen. Wir durften unsere Stereoanlage mitnehmen, unsere Schallplatten und Weltempfänger, mit denen man die Sender des gesamten Erdballs hören kann.

Ich verteile Wasser und Seife und bitte alle, mir beim Saubermachen zu helfen. Dann installiere ich zusammen mit Raouf die Anlage. Wir haben so etwas Ähnliches wie einen Kühlschrank, der aufgrund des schwachen Stromaggregats mehr schlecht als recht funktioniert. Letzteres läuft nur bei einbrechender Dunkelheit und macht einen infernalischen Lärm. Das Licht scheint so schwach, daß man den Eindruck hat, bei Kerzenschein zu leben.

Trotzdem mache ich abends die Anlage an. Wir hören unsere Schallplatten in doppelt schneller Umdrehung und ein wenig Radio. Mit den Kindern spielen wir Karten. Wir bemühen uns, eine angenehme Atmosphäre zu schaffen. Sogar Skorpione halten wir uns, um Rennen zu veranstalten.

Ich erlebe ein Märchen rückwärts: die Prinzessin, die sich auf brutale Weise in ein Aschenputtel verwandelt. Nach und nach lege ich meine Gewohnheiten ab: Ich trage alte Sachen, immer dieselben, lieber als meine sauberen Hosen und Blusen, die mir zu sehr die Vergangenheit ins Gedächtnis rufen. Die Wüste lehrt einen, sich seiner Hüllen zu entledigen.

Um uns die Zeit zu vertreiben, essen wir ohne Unterlaß. Unsere Nahrungsmittel sind rationiert, weil die Stadt weit ist, die Straßen holprig und nur alle drei Wochen Markt stattfindet. Unser Alltagsessen besteht aus Brot, Öl und Honig, aber wir können uns noch nicht beklagen. Wir haben öfter Ziegenfleisch, das ein wenig zu streng schmeckt, wie Hammel. Aber wenigstens sind wir satt.

Morgens frühstücken wir lange. Dann spülen wir alle zusammen das Geschirr und kümmern uns anschließend um die

Mittagsmahlzeit. Mama und ich haben uns die Aufgaben geteilt. Sie kocht, und ich wasche draußen in einer großen Wanne die Wäsche. Halima und Achoura helfen uns.

Wir verbringen fast den ganzen Tag in dem kleinen Innenhof. Nach dem Nachmittagskaffee, der sich wiederum über Stunden hinzieht, wird es schnell dunkel. Dann gibt es Abendessen, wir sitzen noch ein wenig beieinander, Mama liest Geschichten vor, bevor wir einschlafen. Wie lang erscheinen uns die Nächte ... Es ist Winter, das Haus ist eiskalt, wir haben Mühe, Schlaf zu finden. Gaslampen dienen uns als Heizung.

Wie während meiner Kindheit im Palast steigert die Nacht meine Leiden. Meine einzige Verbindung mit dem Leben ist das Radio: Europe 1, Radio France Internationale, France Inter. Ich komme nicht ohne Radiohören aus, obwohl es gleichzeitig eine Tortur für mich ist. Jedes Lied erinnert mich an einen glücklichen Moment meines Lebens. Ich sehne mich nach meinen Freunden, meiner Vergangenheit. Ich weiß, daß es tödlich ist, sich nach Vergangenem zu verzehren, aber ich habe große Mühe, mich von dem, was mir lieb war, loszureißen. Ich habe das Gefühl, bei lebendigem Leibe eingemauert zu sein, wie im Mittelalter, und ich muß mich zusammenreißen, um nicht loszuheulen.

Im Dunkeln höre ich Mama schluchzen. Mehr als um den Verlust ihrer Freiheit weint sie, allein in ihrem Bett, um ihren Mann, sobald wir schlafen. Ihr Leben als Frau ist mit kaum sechsunddreißig Jahren zu Ende; mit seinem Tod hat mein Vater sie zur Einsamkeit verdammt. Tagsüber liest sie häufig den Koran, und ich kann in ihren traurigen, stets von Tränen verschwollenen Augen sehen, wie sehr sie leidet.

Man hat uns erlaubt, jeden Tag zwei Stunden ins Dorf zu gehen, in die Oase. Anfangs habe ich abgelehnt, zum einen, um Mama Gesellschaft zu leisten, die das Haus nicht verlassen will, vor allem aber, um auf Distanz zu gehen. Es kam nicht in Frage, sich ihnen nach ihrem Gutdünken zu beugen.

Myriam, Achoura, Halima, Mama und ich bleiben also zu Hause, während die Kinder ins Dorf gehen, begleitet von einer Polizeieskorte, die stets sehr nett zu ihnen ist. Sie leben in dem von »blauen Männern« bevölkerten Palmenhain auf und kommen immer mit vollen Händen zurück: mit Henna, Datteln, von Frauen geflochtenen Körben. Als sie mitbekommen, daß ihre kleinen Besucher jeden Tag um eine bestimmte Uhrzeit wiederkommen, halten die Dorfbewohner für sie Tee, Süßspeisen und Brote bereit, die ganz heiß aus dem Ofen kommen.

Diese Stunden sind sehr wichtig für die Kinder. Sie können sich endlich mitteilen, erzählen, was sie entdecken. Sie gehen in die Schule der Natur. Vor allem Abdellatif scheint entzückt. Er ist noch keine drei Jahre alt, und alles ist ein Spiel für ihn. Man läßt ihn auf Eseln reiten, er geht Kühe, Kälber, Hühner besuchen.

Ein Dorfbewohner schenkt uns Küken, jedem von uns eins. Jedes der geflügelten Tiere hat einen Namen und einen eigenen Charakter, der am Ende dem seines Besitzers ähnlich ist. Diese kleinen Tiere helfen uns, die Zeit zu vertreiben. Wir reden über sie, spielen mit ihnen, versuchen sie in einer Schachtel schlafen zu lassen. Abends gibt es ein lustiges Durcheinander, wenn es darum geht, sie einzufangen. Sie laufen überall piepsend im Haus umher. Die Kinder lachen, rennen ihnen nach. Sie sind begeistert über diese Zerstreuung.

Ich versuche ihnen vorzugaukeln, daß wir eine nahezu normale Existenz führen, versetze sie in eine imaginäre Welt, erfinde Spiele, erzähle Geschichten. Ich möchte sie vor Sorgen bewahren. Tapfer tun sie so, als ob sie mir glaubten. Aber sie wissen genau, daß all das nicht so vorübergehend ist, wie ich es vorgebe.

Sogar Abdellatif weiß es. Ich sehe den Dreikäsehoch noch in seinem blauen Gewand, wie er mit seinem leichten Lispeln sagt:

»Wenn is einmal groß bin, habe is ein Haus, aber nist so eins wie das, mit weisen Teppisen überall und nist Sand.«

Ich stelle mir vor, wie den anderen zumute sein mag, wenn sogar so ein kleines Kerlchen noch so von unserem Leben davor geprägt ist.

Zwischenaufenthalt in Agdz

Eines Morgens Ende April läßt man uns überstürzt nach Agdz aufbrechen, einem Dorf in der Wüste, nahe Zagora und Ouarzazate. Mit gespitzten Ohren fangen wir ein paar Brocken über die Gründe unseres hastigen Aufbruchs auf. Die Dorfbewohner beginnen, sich Fragen zu stellen, sie haben mitbekommen, wer wir sind, und entrüsten sich darüber, daß man Kindern eine solche Behandlung zuteil werden läßt.

Wir fahren achtzehn Stunden, ohne anzuhalten, in einem Kastenwagen, dessen Fensterscheiben mit Teer bestrichen sind. Unsere Behandlung wird härter. Wir dürfen das Auto nicht verlassen, nicht einmal um auszutreten. Wir verrichten unsere Notdurft in eine kleine Dose Milchpulver, von der wir den Deckel abgemacht haben.

Bei Einbruch der Nacht kommen wir in einem armen Dorf an. Man sperrt uns in das Haus des Caid ein. Wir bleiben einen Monat dort, in völliger Dunkelheit, ohne jemals hinauszudürfen. Draußen ist das Leben, einfach und ruhig. Ein Brunnen, das Rauschen des Windes in den Zweigen, das Geschrei und die Spiele der Kinder, das Lachen der Frauen, das Bellen der Hunde. Diese vertrauten Geräusche, so weit und doch so nah, zerreißen uns das Herz.

Um die Zeit totzuschlagen, kochen und essen wir. Das wird eine richtige Gewohnheit. Mama bereitet im Kerzenschein kleine Gerichte zu. Ich stürze mich auf die Zubereitung marokkanischer Crêpes, die sich die Kinder schmecken lassen. Ich organisiere Krötenrennen und Furz-Wettbewerbe, die sie vor

Lachen brüllen lassen. Sie fühlen sich wie in einer Ferienkolonie, und ich begebe mich gern auf ihr Niveau.

Trotzdem leide ich unter dem dürftigen Komfort, dem Dreck, den Militärdecken, den mangelnden sanitären Einrichtungen, den aneinandergereihten Krankenhausbetten. Noch immer die Allüren eines verwöhnten Kindes …

Um durchzuhalten, reise ich in meiner Phantasie. Ich nehme mein Geographiebuch und versammele die Kinder in einem Kreis um mich.

»Wenn das hier vorbei ist«, sage ich, »fahren wir alle nach Kanada.«

Ich träume von diesem Land. Ich beschreibe ihnen minutiös die Wälder, Seen, Berge, die großen Schneeflächen, die Wachen zu Pferd, die Biberstaudämme. Je mehr Einwände sie vorbringen, desto mehr versuche ich sie zu überzeugen. Sogar Mama steigt in das Spiel mit ein:

»Nein, nicht Kanada«, antwortet sie, »da ist es zu kalt, und es ist zu weit … Und die Familie? Wie sollten sie es anstellen, uns zu sehen?«

Wir haben noch Bezugspunkte.

Bouazza kommt eines Morgens und behauptet, es stehe etwas über uns und ihn im *Paris-Match*. Er scheint sehr stolz darauf, auf diese Weise in die Geschichte eingegangen zu sein. Das gibt uns ein wenig Hoffnung. Wenn man uns in der Presse erwähnt, heißt das, daß wir noch existieren. Die Welt wird eine derartige Ungerechtigkeit nicht lange hinnehmen können …

Wir sind noch immer voller Illusionen über die menschliche Natur.

Die neuerliche Gefangensetzung markiert eine wichtige Etappe für mich. Bei meiner Ankunft in Agdz bin ich eine normale Person, ich fühle mich noch nicht wie eine Gefangene. Aber genau als solche behandelt man mich und wird es auch in Zukunft tun, egal, wo ich hingehe. Jetzt bin ich sicher, daß die schlimmen Tage kein Ende haben werden.

Wir kommen Ende Mai nach Assa zurück. Unsere Lebensbedingungen haben sich verändert. Hinter der Kaserne befindet sich ein leeres Gelände, auf das man während unserer Abwesenheit eine Fertigbaracke einfachster Art gesetzt hat. Die Wände, der Boden, die Decke, alles ist erdfarben. Aber die Baracke ist solider als die Kaserne, die jeden Moment zusammenzubrechen droht, was sicher der Grund dafür ist, daß man die Baracke errichtet hat. Man will demnach nicht unseren Tod. Noch nicht. Wir ziehen dort ein.

Das Haus hat einen Eingang, einen Aufenthaltsraum, kleine Waschräume mit Dusche und Schlafräume entlang eines Flurs. Jeder hat sein eigenes Zimmer. Nach der Enge unserer vorhergehenden Behausung erscheint uns diese geradezu wie ein Palast. Am Horizont sind nur der Himmel und die Berge. Wir dürfen auf das offene Gelände hinaus, eskortiert von den nach wir vor um uns herum präsenten Wachen.

Im Grunde ist das nicht viel anders als in unserem vorherigen Leben. Soweit ich mich zurückerinnere, habe ich mich nie ohne Eskorte fortbewegt, habe niemals das Fenster geöffnet, ohne einen oder mehrere Polizisten zu entdecken, die mit meinem Schutz beauftragt waren. Hier überwacht man uns, statt uns zu schützen. Es steht nicht mehr zur Debatte, ins Dorf zu gehen. Und trotz unserer Bitten dürfen wir weder Briefe schreiben noch empfangen. Wir haben einen Wachposten gebeten, mit meinem Großvater Verbindung aufzunehmen. Er hat es versprochen, hält sich dann aber nicht daran.

Eines der Kinder hat eine Falltür entdeckt: Wir beschließen, den Keller darunter zu untersuchen. Existiert vielleicht die Möglichkeit, einen Tunnel zu graben? Der Gedanke an eine Flucht spukt uns bereits im Kopf herum. Aber wir haben kaum die Zeit, die Leiter hinabzusteigen, da sind wir bereits von oben bis unten mit Tausenden von Schaben bedeckt, die den Boden und die Mauern des Kellers überziehen.

Mit dem Sommer begann der Alptraum. Tagsüber kletterte das Thermometer bis auf 60 Grad im Schatten, die Sonne brannte auf das Blechdach. Nachts stieg die Hitze aus dem Sand und den Steinen auf, die sie tagsüber gespeichert hatten. Über unseren Köpfen dehnte sich das Blech mit fürchterlichem Getöse. Wir erstickten fast, es war wie in einem Schwitzkasten, weshalb wir die Abende und Nächte draußen verbrachten.

Um ein wenig schlafen zu können, wickelten wir uns in feuchte Laken, die wir unablässig mit Wasser besprengten. Wir bedeckten die Krüge mit nassen Tüchern, um kühles Wasser zu haben. Zu unserem großen Glück hatte man uns nicht das Wasser rationiert.

Mit der trockenen Jahreszeit kamen auch die Wüstenwinde. Die Fensterscheiben zersplitterten unter ihren Böen, und der Sand drang ins Haus, bedeckte unsere Gesichter und Körper. Er führte riesige pelzige und furchtbar giftige Spinnen mit sich, die im Boden verschwanden. Wir versuchten auch, den Tausenden Skorpionen zu entgehen, die unter die Betten krochen, die Mauern hoch, unter unsere Laken. Mama und ich wischten überall, um sie zu verjagen, was die ganze Kaserne zum Lachen brachte; wir wußten nicht, daß Skorpione die Feuchtigkeit lieben. Bouazzas Frau wurde von einem gestochen, was ihn völlig auf die Palme brachte, weil wir wie durch ein Wunder den Stichen entgingen.

Um die Tage zu verkürzen, schliefen wir den ganzen Vormittag, ein Zeitplan, der uns dann bis zum Morgengrauen wachen ließ. Wir lachten, spielten, erzählten uns Geschichten. Wenn es frischer draußen wurde, dachte ich mir Spiele zur Unterhaltung der Kinder aus. Ich erfand zum Beispiel eine kleine Stadt und verteilte an jeden eine Rolle. Soukaïna spielte eine jüdische Schneiderin, wie man sie in den marokkanischen Gettos findet. Abdellatif war ihr Gehilfe.

Raouf eröffnete eine Pizzeria und machte ein Schild an die Tür: »Bobino, der König der Friteuse.« Wir mußten bezahlen, wenn wir dort essen wollten. Maria übernahm die Rolle der Friseurin und ich die der Maniküre, Fußpflegerin und Kosmetikerin. Mama war Universalkundin und mußte sich ihrer täglichen Schönheitspflege unterziehen, bei der Schneiderin Maß nehmen lassen und bei »Bobino« ihre Mahlzeiten einnehmen.

Ich folgte wieder meinen Reflexen aus dem Palast und stellte auf der Bühne dar, was mir im richtigen Leben verboten war.

»Zouain, zouain bezef«

Bouazza zog immer mehr die Daumenschrauben an, so groß war seine Angst vor Rabat. Er begann uns herunterzumachen, drohte Mama, verlor in unserer Anwesenheit seine Beherrschung.

Eines Morgens explodierte er. Er fing so stark an zu brüllen, daß er fast sein Gebiß verloren hätte:

»Ich habe vierzig Jahre meines Lebens in Gefängnissen gearbeitet, aber immer mußte ich nur Männer bewachen. Hier tut man mir das Schlimmste an und läßt mich eine Frau und Kinder fertigmachen! Das ist nicht mein Job, nie im Leben wollte ich etwas Derartiges tun ...!«

Sichtbar aufgebracht ging er, seinen Monolog fortsetzend, hinaus. Wenig später verkündete er uns, daß er das Lager bald verlassen werde. Er schien erleichtert. Dann erzählte er uns, daß im Dorf ein außergewöhnlicher Seher die Zukunft vorhersage. Er habe sich noch nie getäuscht. Zweifellos hatte ihm der Wahrsager seine nahe Abreise prophezeit ...

Bouazza änderte daraufhin seine Haltung uns gegenüber, wurde netter und brachte, was geradezu unglaublich war, am Ende sogar den Seher zu uns.

Wir sahen ein altersloses Männchen auf uns zukommen, mit

ganz schiefem Gesicht und krummem Körper, unfähig, sich aufrecht zu halten oder zu gehen. Sein Bauch und sein Kinn berührten den Boden, seine Arme und Beine waren gelähmt. Polizisten hoben ihn hoch und legten ihn vor uns wie ein Paket ab.

Er wurde von einer Frau aus dem Dorf begleitet, einer Berberin mit sehr dunkler Haut. Sie entledigte sich ihres Schleiers und legte ihre Ausrüstung neben dem alten Mann ab, ein flaches Sieb aus Weidenruten, das Mehl enthielt, über das die Kundschaft mit der Hand strich.

Der Seher untersuchte die Siebspuren minutiös: dabei war er blind ... Er redete meine Mutter in der Berbersprache an, aber diese verstand nicht, was er sagte. Im Mittleren Atlas, wo sie herstammte, sprach man anders als in der Wüste. Mein Vater war einer der wenigen, der mit den vier Idiomen zurechtkam.[21]

Der Mann hatte Mühe, sich auszudrücken, und sabbelte, sobald er den Mund aufmachte. Die Frau, die ihn begleitete, übersetzte uns seine Worte. Zunächst sagte er, ich dürfe mich nicht der Sonne aussetzen wegen der Narben in meinem Gesicht. Das beeindruckte uns, da er sie nicht sehen konnte. Er gab mir eine Salbe.

»Du reibst dir damit das Gesicht ein, und sie werden mit der Zeit verschwinden.« Von allen Heilkundigen war er der beste.

Er präzisierte, daß ich dazu noch getrocknete und gemahlene Chamäleons mit Kamelmilch vermengen und jeden Tag einen Tropfen von diesem Präparat in meine Nase träufeln müsse. Ich habe es mit Erfolg an meiner ramponierten Haut getestet und muß sagen, es war wirklich wirksam.

Er sprach mit uns über Mimi und ihre unheilbare Epilepsie.

---

[21] Es gibt vier verschiedene Berbersprachen in Marokko: Tachelit, das in Südmarokko gesprochen wird, Tamazirth im Mittleren Atlas, Tarifi im Rif-Gebirge, und Tassoussit in der Sous-Region (Agadir und Küste).

Meine Eltern hatten doch die besten Spezialisten in Frankreich und den Vereinigten Staaten konsultiert. Wir waren nur mäßig interessiert an den diversen Gesundheitszuständen. Wir wollten, daß er mit uns unser Leben besprach.

»Wann werden wir dieser Hölle entrinnen? Wann sehen wir unsere Verwandten wieder, unsere Freunde? Wann werden wir wieder ein normales Leben führen?«

Wir bestürmten ihn mit ängstlichen Fragen, worauf er einen langen Seufzer ausstieß:

»Das wird noch sehr lange dauern, und es wird furchtbar sein. Aber es wird ein Wunder eintreten, und die ganze Welt wird davon reden. Am Ende werdet ihr bekommen, was ihr wollt ... Aber ich sage euch, es ist noch in ferner Zukunft.«

Mama wollte, daß er die Zeit präzisierte, aber er konnte es nicht. Er weigere sich, nähere Angaben zu machen, sagte uns seine Frau, seit er von den bösen Geistern heimgesucht worden sei. Er fügte nur hinzu, daß wir beschützt würden, weil wir Abkömmlinge des Propheten seien und daß wir niemals allzu schwer von Krankheiten heimgesucht werden würden. Was sich als richtig herausstellen sollte.

Jedesmal wenn wir später nicht mehr aus und ein wußten, am Boden zerstört waren, jedesmal wenn einer von uns zusammenzubrechen drohte, wiederholten wir auf arabisch den Satz des alten Blinden:

»*Zouain, zouain bezef*: Es wird etwas Wundersames geschehen, etwas höchst Wundersames.«

Diese Weissagung hat uns zwanzig Jahre lang aufrechtgehalten.

In den ersten Jahren unserer Gefangenschaft träumte ich nur vom König, nie von meinem Vater. Ich hatte wieder den Palast vor mir, die Konkubinen, meine dummen Späße, unser Lachen, meine vertraulichen Unterredungen mit ihm, unsere besonders schönen Momente.

Weder die glücklichen noch die schweren familiären Ereignisse durchlebte ich noch einmal, weder den Tod meines Vaters noch die darauffolgende Trauerzeit. In meinen Träumen gab es keinen Groll, keine Konfrontation und keine Revolte. Was hochkam, waren einzig die guten Erinnerungen an diese Kindheit, die man mir doch gestohlen hatte.

Ich wachte voller Scham und Schuldgefühle auf. Ich war durcheinander, fühlte mich unbehaglich und konnte doch diese Verwirrung in mir nicht den anderen mitteilen. Sie hätten sie nicht verstanden.

Ich habe zweifellos die zwanzigjährige Prüfung besser ertragen als meine Geschwister, da ich schon bei Eintritt in das Gefängnis wußte, was Einsamkeit und Verlassenheit bedeuteten. Aber ich habe auch den seelischen Schmerz erfahren, den es bedeutet, seinen Feind zu kennen und mit diesem verwandt zu sein.

Es war unendlich schmerzlich für mich, von meinem Henker großgezogen worden zu sein und ihm gegenüber lange Zeit diesen Zwiespalt zwischen Liebe und Haß empfunden zu haben. Zu Beginn waren meine Gefühle dem König gegenüber kompliziert, schwer zu entwirren. Mein eigener Vater hatte versucht, meinen Adoptivvater zu töten, was seinen Tod bedeutet hatte. Das war eine Tragödie. Meine Tragödie.

Manchmal wußte ich nicht, wen ich bedauern und beweinen sollte. Ich war die Frucht der Erziehung im Palast, alles, was ich war, verdankte ich dem, der mich großgezogen hatte. Aber ich liebte meinen richtigen Vater so sehr. In meinem Kopf machte sich die Konfusion breit, ich kam immer wieder auf dasselbe zurück. Ich suchte nach dem Warum, ging die Geschichte noch einmal von vorn durch, suchte nach den Punkten, an denen ich anders hätte handeln sollen.

Wenn ich Hassan II. nach wie vor als meinen Adoptivvater respektierte, so haßte ich den Despoten, der er mit dem Beginn unserer Verfolgung geworden war.

Ich haßte ihn seines Hasses wegen, haßte ihn wegen meines

verpfuschten Lebens, wegen des Leids, das er meiner Mutter zufügte, der kaputten Kindheit meiner Geschwister.

Ich haßte ihn wegen des nicht wiedergutzumachenden Verbrechens, das er beging, als er eine Frau und sechs Kinder, von denen das jüngste nicht einmal drei Jahre alt war, so lange unter so unmenschlichen Bedingungen einsperrte.

Die Mauern von Tamattaght
(8. November 1973 – 26. Februar 1977)

Der Palast von El Glaoui

Ein Lied erhebt sich in der Dunkelheit. Ich habe als erste angefangen zu singen, dann fallen Raouf, Mimi, die Mädchen, Mama, Achoura und Halima mit ein. Die Worte erzählen von Verbannung und Hoffnung, vom Aufbruch in der Nacht. Es ist unsere Geschichte.

»Ihr habt unserem Leben einen Dolchstoß versetzt«, sagt der Refrain, »aber die Gerechtigkeit wird immer siegen.«

Das erste Mal, als wir dieses Lied im Radio gehört haben, waren wir in Assa. Die Interpreten sind junge Marokkaner, die sich zu einer in Marokko sehr populären Band zusammengeschlossen haben. Darham, ihr Leadsänger, ist mit einer meiner Cousinen verheiratet. Zu dem Zeitpunkt, als wir den Refrain im Chor singen, wissen wir noch nicht, daß er das Lied für uns komponiert hat. Die Polizisten, die uns auf dieser dritten Reise begleiten, in diesem gepanzerten Kastenwagen, in den man uns gepfercht hat, fangen ebenfalls an zu singen. Ich drücke die Kleinen an mich und weine.

Man hat uns Anfang des Winters aus Assa weggebracht, ohne uns den Grund für die hastige Abreise zu nennen. Als ich ein wenig später darüber nachdenke, glaube ich zu verstehen. Der König bereitet seinen »Grünen

Marsch«[22] vor, um die Westsahara zu erlangen. Er muß uns aus Südmarokko entfernen, woher meine Familie stammt und wo wir zahlreiche Sympathisanten haben.

In dem Wagen, der uns in Richtung unseres neuen Ziels bringt, haben die Wachen einen roten Teppich am Boden ausgelegt und volle Wasserkrüge für die Kinder bereitgestellt. Unsere Jugend und unsere Lebensfreude sind noch sehr stark, und trotz der Dunkelheit, des Staubes und der Angst versuchen wir fröhlich zu sein. Mimi nehmen wir am liebsten aufs Korn. Trotz der katastrophalen Reisebedingungen schafft sie es, mit offenem Mund, und das Gesicht voller Sand, schnarchend zu schlafen. Der Anblick ist so komisch, daß wir nicht aufhören zu lachen und uns über sie lustig zu machen.

Während eines Halts sehe ich einen Konvoi von Autos und Motorrädern vorbeifahren. Eine Autorallye findet in der Wüste statt. Wir sind wenige Kilometer von den Rennfahrern entfernt, aber sie sehen und hören uns nicht, sie ahnen nicht einmal unsere Gegenwart. Das Leben geht weiter, es ist da, ganz

---

[22] Als Franco im Sterben liegt, herrscht Spanien noch immer über die Westsahara, wo die Frente Polisario die Unabhängigkeit fordert. Mitte Oktober 1975 empfiehlt der Internationale Gerichtshof von Den Haag die Selbstbestimmung der Saharabewohner. Hassan verkündet daraufhin die Organisation eines »friedlichen Marsches von 350 000 Personen« in Richtung Westsahara, mit dem Ziel, diese zu reintegrieren. Der Erfolg ist beispiellos: Die ausgewählten Kandidaten müssen eine grüne Flagge tragen (die Farbe des Islam) und ein Exemplar des Korans in der Hand halten. Der Marsch findet am 6. November 1975 statt. Die aus ganz Marokko, aus Mauretanien und sieben weiteren arabischen Staaten zusammengekommenen Teilnehmer dringen zehn Kilometer in das Gebiet ein und machen vor den spanischen Linien halt. Dieser symbolische Akt erlaubt dem König, Druck auf Madrid auszuüben. Eine kostspielige Militäraktion soll vermieden und der expansionistische Wille des Königs sowie der der Opposition und eines großen Teils der marokkanischen Öffentlichkeit befriedigt werden. Die spanische Regierung beschließt am 14. November 1975 ein Abkommen, in dem das Gebiet an Marokko und Mauretanien übergeht. Am 18. November wird das Gesetz der Dekolonisation verabschiedet. Marokko hat auf »friedliche Weise« die Westsahara erobert.

in unserer Nähe, und niemand weiß etwas oder will etwas wissen.

Nach einer langen und strapazenreichen Fahrt bringt man uns ein gutes Stück von Ouarzazate entfernt nach Tamattaght. Noch weiter weg, noch weiter abgeschnitten von unserem früheren Leben. Man bringt uns in einem riesigen Fort unter, das majestätisch die Wüste überragt, der Ruine eines ehemaligen Palasts, dessen extrem hohe Mauern uns die Sicht auf den Himmel verwehren.

Stellenweise kann man noch bewundern, was von den einstigen Herrlichkeiten übrig ist, die handbemalten Wände und Decken in pastell- und goldfarbenen Abtönungen. Der Palast von Tamattaght gehörte dem Pascha El Glaoui von Marrakesch[23], der in noch größerem Prunk lebte als der gesetzlich anerkannte Herrscher.

Man gelangt in dieses Fort durch eine große blaugestrichene Pforte. Wir verfügen zu neunt über zwei Zimmer im ersten Stockwerk. Unten dient uns eine Lehmhöhle als Küche. In einer anderen winzigen Kammer lagern wir unsere Vorräte und unsere Trophäen: Es wimmelt dort von Hornvipern und Skorpionen, und jedesmal wenn wir so ein Tier fangen, legen wir es in ein großes, mit Alkohol gefülltes Glas. Halima hat eine riesige zusammengerollte Python gefunden, die weniger uns erschreckt als die Wächter entsetzt, die aus dem Zimmer rennen.

Wir waschen uns unten, nahe einem Feuer, das den ganzen Tag brennt. Mama hat eine einfallsreiche Saunaanlage entwickelt. Wir bauen mit fünf dicken Schilfrohren, die wir mit einer Schnur zusammenbinden und mit Plastikfolie bedecken, eine Art Indianerzelt. Mama erhitzt Steine bis zur Weißglut und legt sie in einem kleinen Eimer unter das Zelt. Sie besprüht sie mit Wasser, und die Steine geben einen ordentlichen Dampf von sich. Der Reihe nach nehmen wir unsere »Dusche«, zuerst

[23] Er hatte an der Amtsenthebung und Verbannung Mohammeds V. im Jahre 1953 mitgewirkt.

Mama mit Abdellatif, anschließend die Kleinen und ich, dann Mimi, anschließend Raouf und schließlich Achoura und Halima. Für uns ist das, als würden wir in den Hammam gehen, stets ein heiterer Zeitvertreib.

Zwei sehr hohe und steile Treppen führen zu den beiden Hauptzimmern. Am Ende der Stufen öffnet sich eine Tür auf einen langen Flur, der eng wie ein Sarg ist. An dessen Ende befindet sich ein kleines Zimmerchen, in dem wir unser Gepäck verstaut haben. Es ist fensterlos, aber es geht, wie wir später auf der Suche nach einer Öffnung feststellen, auf eine Oase hinaus.

Man muß noch drei weitere Stufen hochsteigen, um in unser Reich zu gelangen: einen Raum mit Zementboden, der durch kleine Luken erhellt wird, an dessen Rand sich zwei Alkoven befinden, düstere enge Korridore mit hohen Decken. Das sind unsere Schlafzimmer. Ein Waschbecken und ein Loch dienen uns als sanitäre Anlagen. Den zentralen Raum, den wir pompös Patio getauft haben, haben wir mit Tischen für den Unterricht ausgestattet, einem Teppich, auf dem Abdellatif spielt, und einer Matratze, auf der Mama sich tagsüber mit ihrem Radio und ihren Büchern niederläßt.

Die Möblierung ist höchst einfach, aber wir versuchen mit unseren bescheidenen Mitteln, dem Ort so etwas wie Fröhlichkeit zu verleihen. Die Nachttische sind simple Cola-Kisten, die wir mit hübschen Stoffen bedecken. Wir haben Fotos an der Wand angebracht und da und dort kleine Gegenstände aufgestellt, Spiegel, Nippfiguren, die ein wenig Gemütlichkeit in den Raum bringen.

Zuerst schlafen wir alle zusammen in dem ersten Alkoven, auf Strohmatratzen am Boden. Im Winter ist die Kälte so streng, daß wir unsere Hände über Gaslampen wärmen. Im Sommer ist die Hitze erstickend, die Wüste macht uns schwer zu schaffen.

Wir haben häufig Besucher, große Landratten, die der Hunger aggressiv macht. Wir töten sie mit Hilfe von Knüppeln. Raouf fängt sich einen Biß im Gesicht ein, als er versucht, über eine von ihnen einen Eimer Wasser zu gießen. Die Ratte dreht völlig durch und fällt meinen Bruder brutal an.

Unsere Nächte sind bewegt. Mama ist unruhig, jeden Abend, wenn sie im Schein ihrer Gaslampe liest, fühlt sie einen Hauch ihre Wange streifen, die Anwesenheit von irgend etwas neben sich. Raouf hat fürchterliche Alpträume.

Wir beschließen, den Alkoven zu wechseln. Jetzt hat Maria heftige Träume. Sie wacht schreiend auf, das Gesicht schweißüberströmt. Mama fühlt immer noch jemandes Anwesenheit neben sich.

Gegen vier Uhr morgens vernehme ich Schritte, menschliches Gemurmel, ein Kommen und Gehen von Leuten mit leeren Eimern in den Waschräumen und auf der Treppe. Diese Geister versetzten mich in Furcht und Schrecken. Eines Abends sitze ich in der Mitte des Zimmers und spüre sehr deutlich, wie sich eine Frau in der Größe eines Wichtels über mich beugt und mich bis zum Ersticken drückt. Ich wecke die anderen. Niemand kann wieder einschlafen, und Mama muß uns aus dem Koran lesen, bis der Morgen die Gespenster vertreibt.

Wir erzählen diese Geschichte einem der Polizisten, die uns wohlgewogen sind. Er glaubt uns und berichtet, daß der Ort verwunschen ist, da er auf einem Friedhof erbaut wurde. Leiden wir an kollektiven Halluzinationen? Kehren die Seelen der Toten zurück, um uns zu quälen? Wir können uns gegen faßbare Feinde wehren, aber gegen übernatürliche Wesen zu kämpfen übersteigt unsere Kräfte.

Wir wechseln noch einmal den Alkoven. Die Geister, sofern es sich um solche handelt, sind weiterhin da, aber sie treiben nicht mehr gar sosehr ihr Unwesen. Mama spürt noch immer einen Hauch an ihrer Wange, aber sie gewöhnt sich daran, und nach ein paar Monaten verschwinden unsere nächtlichen Besucher ganz.

Ich ließ die ersten Tage verstreichen, um uns einzurichten, dann organisierte ich unser Leben. Ich wollte etwas für die Kinder tun und ihnen Orientierungspunkte anbieten. In dieser unwirklichen Existenz, in der wir von allen und allem abgeschnitten waren, zwang ich uns einen Tagesrhythmus auf, der so normal wie möglich war.

Unser Tag gestaltete sich rund um die Schule. Ich nahm meine Rolle als Lehrerin sehr ernst. Ich führte verschiedene Unterrichtsniveaus ein. Die beiden Mädchen waren in der zweiten Grundschulklasse, Raouf in der vierten Klasse Gymnasium und Mimi in der fünften. Wir standen um sieben Uhr auf, wuschen uns und frühstückten, bevor wir gegen halb neun mit der Arbeit begannen. Ich diktierte den Kleinen einen französischen Text und ließ sie dann eine Zusammenfassung und eine logische Analyse davon erstellen sowie grammatikalische Fragen beantworten.

Ich ließ sie für sich arbeiten und machte dann dasselbe mit Raouf und dann mit Mimi. Ich lenkte sie, schloß die Lücken und wiederholte, was sie nicht verstanden hatten.

Ich forderte von jedem von ihnen, daß er täglich fünf bis sechs neue Wörter lernte, zusammen mit der Definition im Wörterbuch, und daß er sie anschließend in Sätzen oder einem kleinen Aufsatz anwendete. Später führte ich auch noch Englisch und Arabisch ein. Raouf übernahm den Mathematikunterricht; wir gingen den Lehrstoff zusammen durch, und er unterrichtete dann die Kinder.

Während dieser Zeit bereitete Mama das Mittagessen zu. Wir waren nicht auf Rationen gesetzt, aber wir hatten weder Obst noch Butter und Sahne oder Bonbons für die Kinder. Dann kümmerte sie sich um den Kleinen. Sie brachte ihm das Alphabet bei und spielte mit ihm, als sei er im Kindergarten. Achoura und Halima halfen meiner Mutter beim Kochen, Putzen, Waschen und kümmerten sich um die Vorräte. Wenn sie einen Moment Zeit hatten, strickte Halima, und Achoura, die Analphabetin war, wiederholte, was ich ihr in den Französischstunden, die ich ihr gab, beigebracht hatte.

Nach dem Vormittagsunterricht wuschen wir uns die Hände, bewegten uns ein wenig und setzten uns dann zu Tisch. Um vierzehn Uhr machten wir weiter, was Mama die Gelegenheit bot, sich ein wenig auszuruhen und Nachrichten im Radio zu hören. Samstags erteilte ich keinen Unterricht, aber wir suchten uns ein Diskussionsthema und debattierten den ganzen Vormittag.

Raouf und die Kleinen interessierten sich vor allem für den Ersten Weltkrieg. Sie hatten auch etwas für Geographie übrig, und wir machten Phantasiereisen durch die ganze Welt. Wir redeten über Ludwig II. von Bayern, der mich faszinierte, über sein Land, seine Geschichte. Der Unterricht war nicht unbedingt von der klassischen Sorte, aber es gefiel ihnen besser so.

Gegen achtzehn Uhr gingen wir »nach draußen«, um uns auszutoben. Man erlaubte uns, in einen von hohen Schutzwällen umgebenen düsteren Hof hinauszutreten, der einem das Gefühl verlieh, eingemauert zu sein; aber es war unsere einzige Möglichkeit, ein wenig frische Luft zu schnappen. Wir legten dort einen Teppich aus, zündeten ein Feuer an, und Mama machte Crêpes. Wir genossen diese Erholung, die gleichzeitig dazu diente, sich richtig als Familie zu fühlen.

Dann war das Bad dran, das Abendessen und die obligatorische Lektüre. Den Mädchen fiel es nicht schwer zu lesen. Raouf war da reservierter. Man mußte ihm Kriegs- oder Abenteuerliteratur vorsetzen, Berichte von Piloten oder Soldaten aus dem Indochina-Krieg. Wir lasen unter der Woche bis um Mitternacht, am Wochenende noch länger.

In der Nacht ließen sich Fledermäuse über unseren Köpfen nieder. Am Anfang waren sie uns unheimlich; dann erwarteten wir sie aufgeregt, um ein großes Spektakel zu veranstalten.

Einmal im Monat organisierten wir eine Vorstellung, die wir mit großer Tatkraft vorbereiteten. Ich dachte mir für diese Gelegenheit zwei Theaterstücke aus, eines auf französisch, eines auf arabisch. Ich war gerade zwanzig Jahre alt und hatte eine unglaubliche Energie. Ich spielte mit den Kindern, ihrer Jugend und ihrer Naivität, um mir meine Kindheitsträume zu erfüllen. Ich war nacheinander Theaterautorin, Regisseurin, Choreographin, Dirigentin, schließlich Hauptdarstellerin.

Wir sangen, tanzten, schauspielerten. Unsere einzige Zuschauerin war Mama; wir schrieben diese Divertimenti für sie. Wir waren sehr genau in den Vorbereitungen und schöpften für die Kostüme aus unserem Kleiderfundus. Ich hatte Achoura die Haare im Mireille-Mathieu-Stil geschnitten, weil sie eines ihrer Chansons vortragen sollte. Die Arme verstand nicht ein Wort Französisch: Man mußte sie sehen, wie sie, schwarz gekleidet, im Playbackverfahren sang und dabei die Bewegungen und Tanzschritte ausführte, die wir sie unermüdlich einüben ließen. Das Ergebnis war von einer unwiderstehlichen Komik.

Meistens vertauschte ich die Rollen. Ich zog mir eine Männer-Djellaba an und malte mir einen kleinen Bart ans Kinn, während Raouf eine Frau spielte. Mit seiner Länge, seinen behaarten Beinen, seinen falschen Brüsten unter dem marokkanischen Gewand und seiner überzogen femininen Mimik war er zum Schießen. Mama lachte Tränen während der zweistündigen Aufführung. Sie glücklich zu sehen, wenn auch nur für einen kurzen Moment, war unser schönster Lohn.

An manchen Samstagen erfanden wir das Casino von Monte Carlo noch einmal neu. Die Künstler in der Familie, Soukaïna und Raouf, hatten ein Roulettespiel gebastelt. Sie hatten .einen grünen Teppich bemalt, und Mama hatte ihnen geholfen, die Nummern in die richtige Reihenfolge zu bringen. Eine getrocknete Kichererbse diente uns als Kugel. Raouf spielte Grace Kelly und ich Fürst Rainier. Er trug ein rückenfreies Abendkleid, war geschminkt, kunstvoll frisiert, und stach die Ähnlichkeit mit der Fürstin auch nicht gerade ins Auge, so sah er doch nicht weniger blendend aus. Wir hatten auch wieder Geschäfte kreiert wie in Assa, aber in größerem Maßstab. Sogar ein Monopolyspiel hatten wir gebastelt. Ich brachte ihnen Yam bei, das ich damals mit Alain Delon gespielt hatte.

Häufig erzählte ich den Kindern ein paar besonders markante Episoden aus meiner Jugend. Mein Gedächtnis verließ mich selten, es war alles, was ich hatte im Kampf gegen die Angst. Ich konnte nicht anders, ich mußte die Erinnerungen immer wieder an mir vorüberziehen lassen. Jeder von uns hatte den anderen seine eigenen Geschichten zu erzählen, um zu beweisen, daß er trotz seines jugendlichen Alters schon gelebt hatte, mit Ausnahme von Abdellatif, der nichts zu erzählen wußte. Aber im Laufe der Jahre vermischten sich die Erinnerungen der einzelnen, wandelten und verformten sich. Meine Geschwister eigneten sich die meinen an. Auf diese Weise wehrten wir uns gegen die Leere, die uns bedrohte.

Wir mußten lernen, eng zusammengepfercht zu leben, ohne Komfort, Hygiene, im Dunkeln isoliert und gefangen. Die Kinder wurden groß, und es war nicht immer leicht. Trotz meiner Bemühungen spürten sie sehr wohl, daß ihr Leben ungewöhnlich und ungerecht war. Raouf trug seinen Kummer im Innern aus. Er war bei unserer Ankunft in Tamattaght fünfzehn Jahre alt gewesen. Er hatte sich noch nicht mit dem Tod seines Vaters abgefunden, in einem Alter, in dem ein Junge diesen mit Sicherheit am nötigsten hat. Er konnte nicht einmal Rache für ihn üben, und er wuchs auf, ohne sich verständlich machen zu können, umgeben von Frauen und Kindern.

Soukaïna war schwierig in der Pubertät. Sie litt an Lebensüberdruß und Stimmungsschwankungen, war mal himmelhoch jauchzend, dann wieder zu Tode betrübt und ängstlich. Jeden Tag schob sie einen Brief unter mein Kopfkissen, sagte mir, daß sie mich liebe, teilte mir ihre Sorgen mit, ihre Zweifel, ihre Sehnsüchte, Bedürfnisse. Wir sprachen dann darüber, und ich versuchte sie zu beruhigen.

Mit Maria war der Umgang schwieriger, weil wir uns so nahe waren. Sie war so empfindlich, daß der geringste Schock sie aus der Bahn warf. Wenn irgendein Ereignis sie vor den Kopf stieß, aß sie nicht mehr, sprach nicht mehr, wollte sich nicht mehr rühren. Man konnte den Schrecken der Situation an ihren Augen ablesen; sie war dann buchstäblich sprachlos.

Völlig von ihrer Krankheit absorbiert, ertrug Myriam die Trauer, das Gefängnis, unsere Lebensbedingungen nur schlecht. Sie war vollgepumpt mit Mogadon, das wir uns mit Hilfe der Wachen besorgten, und dennoch kamen die epileptischen Anfälle immer häufiger. Arme Mimi, es war furchtbar, und wir waren unfähig, ihr Erleichterung zu verschaffen. Während einer ganz besonders heftigen Krise goß sie sich einen Topf kochender Milch über den Oberschenkel. Mangels Behandlung brauchte die Verbrennung Monate, ehe sie vernarbt war.

Wir verwöhnten alle den kleinen Abdellatif entsetzlich, um die Kindheit zu kompensieren, die er niemals haben würde. Er bekam Aufmerksamkeit und Zuwendung im Übermaß, wir schenkten ihm Spielzeug, das wir für ihn aus Holz und Karton bastelten, erzählten Geschichten und Märchen, überhäuften ihn mit Liebkosungen und Lügen. Wir versuchten unbeholfen, ihn vor allem zu schützen, was eine allzu behütende Haltung war, die sich bei seiner Befreiung als schädlich erwies. Wir bemühten uns mehr, die Gegenwart von ihm fernzuhalten, als ihn auf die Zukunft vorzubereiten. Aber hatten wir die Wahl?

Der Seher hatte recht: Jemand hielt die Hand über uns. Eine schlimme Krankheit folgte auf die andere, und wir überstanden sie jedes Mal. Ich wäre fast an einer Bauchfellentzündung gestorben, die mir monatelange Fieberkrämpfe bescherte. Mama blieb die ganze Zeit an meinem Bett und kühlte meine Stirn mit Wasser, um das Fieber zu senken.

Einer unserer Krankenpfleger gab mir Aspirin, die einzige Medizin, die er zur Verfügung hatte. Als sich mein Zustand nicht besserte, leitete der Kommandant des Lagers dies nach Rabat weiter, aber umsonst. Ich kämpfte allein gegen die furchtbaren Schmerzen, dann fiel ich ins Koma. Als das Fieber sank, war ich furchtbar abgemagert und hatte alle meine Haare verloren. Aber ich überlebte.

Wir waren isoliert, aber dank meines Großvaters, Baba El Haj – wie wir ihn nannten –, bekamen wir gelegentlich ein paar Briefe und Bücher. Seit unserem Verschwinden hatte der alte Mann sich unablässig bemüht, mit uns in Kontakt zu treten und uns ein paar Annehmlichkeiten zu verschaffen, ohne Angst vor der Bestrafung zu haben, denn die Oufkirs galten jetzt als verfemt.

Nachdem er an alle Türen geklopft, an ausländische Staatschefs geschrieben hatte, an Präsident Giscard d'Estaing, an humanitäre Organisationen, ging er mit seinem Gesuch zu Prinz Moulay Abdallah. Er bat ihn darum, daß man uns Bücher und Briefe schicken durfte.

Der Prinz hatte uns nicht vergessen. Er zeigte einmal mehr seine große Menschlichkeit, indem er auf die Bitte meines Großvaters einging. Dieser konnte uns nun regelmäßig die Romane, Essays und Lehrbücher schicken, die wir bei ihm bestellten und dann mit Ungeduld erwarteten. Wenn der große Bücherkarton in Tamattaght eintraf, freuten wir uns wie die Kinder vor dem Weihnachtsbaum ... Er war der Beweis dafür, daß man uns draußen noch liebte.

Die gewährte Gunst trug dem Prinzen Repressalien seitens des Königs ein. Es heißt, er wurde unter Hausarrest gestellt. Aber Moulay Abdallah ließ sich nicht beirren. Noch auf dem Sterbebett bat der Prinz seinen Bruder, uns freizulassen.

Mit dem Bücherkarton erhielten wir einen zensierten Brief, in dem Baba El Haj uns auf vorsichtige Weise Neuigkeiten mitteilte. Dank der Mithilfe der Wachen konnten wir auch andere Schreiben erhalten, von unseren Verwandten und Freunden.

Mamma Khadija, die Frau meines Großvaters, übernahm es, diese heimliche Post zu überbringen oder die unsere entgegenzunehmen, und zwar an geheimen Treffpunkten, zu denen sie mit dem Moped fuhr. Der permanenten Bewachung, unter der alle unsere Bekannten litten, schlug sie ein Schnippchen. Sie spielte diese Rolle der Vermittlerin nicht lange: Wenige Jahre nach unserer Inhaftnahme starb sie vor Kummer.

In Paris hatte ich mich beinahe mit einem jungen Mann verlobt, Ali Kayachi. Er schrieb mir mehrere Briefe, die voll waren mit sämtlichen leidenschaftlichen Formulierungen, die ein Verliebter an ein junges Mädchen richten kann, dem er sich verbunden fühlt. Ich beantwortete die ersten, aber sein glühender Tonfall mißfiel mir ziemlich schnell. Er verstand die Situation nicht, mit der wir konfrontiert waren. Ich versuchte ihm den Unterschied zu erklären, der jetzt zwischen uns bestand.

»Es gibt die, die drinnen sind, und die, die draußen geblieben sind«, schrieb ich ihm. »Eine Welt trennt uns, Mauern, im Grunde alles.«

Ich hörte auf, ihm zu schreiben, und setzte so dieser Geschichte ein Ende. In unserem täglichen Alptraum war kein Platz für Zukunftsvisionen, weniger noch für die Liebe. Obwohl ich im passenden Alter dafür war.

Die anderen Briefe taten uns mehr weh als gut. Obwohl wir sie mit Ungeduld erwarteten, da sie unsere einzige Verbindung zur Außenwelt waren, schockierte uns doch der Egoismus derer, die uns schrieben. Nicht wissend, was sie sagen sollten, erzählten sie von ihrem netten kleinen sorgenfreien Leben, dem Weihnachtsessen mit Gänseleber und Champagner, den Reisen, Festen und glücklichen Ereignissen: all den Freuden, die den Hintergrund einer gewöhnlichen Existenz bilden, von der wir abgeschnitten waren.

Dreiviertel der fünfundzwanzig Polizisten, die entsandt waren, um uns zu bewachen, hatten bereits unser Haus in Rabat bewacht. Sie kannten meinen Vater, mehr oder weniger gut, hatten Achtung vor Mama und liebten uns auf eine ganz väterliche Art. Sie brachten uns frische Eier, Schleckereien für die Kinder, gutes Fleisch, Batterien fürs Radio. Wenn sie ihre Einkäufe machten, kaufte uns jeder nach seinen Möglichkeiten eine kleine Süßigkeit, die er uns zukommen ließ, wenn er unsere Eimer mit dem täglichen Wasser abstellte.

Einer von ihnen schenkte Abdellatif ein Taubenjunges. Bald brachten sie uns noch mehr davon. Diese Tauben hatten wieder Junge ... Innerhalb von ein paar Wochen hatten wir eine regelrechte Vogelzucht. Wir brachten die Tiere in Kartons an einer der Wände im Patio unter. Wir organisierten unseren Tagesablauf um sie herum. Jedem von uns gehörte eine, wir hatten ihnen Namen gegeben und Kennzeichen, wie bei unseren Küken.

Wir amüsierten uns damit, ihnen ganze Stunden beim Herumfliegen zuzusehen, vor allem an den Sonntagvormittagen, wenn es keinen Unterricht gab. Eines der Weibchen hieß Halima. Wir beobachteten ihren Hochzeitstanz mit dem Männchen, ihre Küsse und Zuneigungsbekundungen, ihre Paarung.

Aber Gefangene bleiben immer Gefangene, und trotz unserer Liebe zu den Tauben versäumten wir es nie, ihre kleinen Schachteln zu inspizieren und die Eier zu stehlen. Mama machte uns damit einen Orangenkuchen, zum großen Mißfallen von Maria, einer großen Tierschützerin, der wir den Spitznamen »Brigitte Bardot« verliehen hatten.

Fünf oder sechs Monate nach unserer Ankunft in Tamattaght warfen uns die Polizisten eine Kartoffel über die Mauer, in die eine Nachricht gesteckt war. Sie warnten uns, daß eine Durchsuchung bevorstand. Oberst Benaïch, der direkt der Befehlsgewalt des Innenministeriums unterstand, war aus Rabat gekommen. Dieser Mann hatte während des Putschversuches von Skhirat seinen Bruder verloren, der Leibarzt des Königs gewesen war, und schob die Verantwortung dafür auf meinen Vater. Man muß nicht näher erläutern, daß er die Oufkirs nicht gerade ins Herz geschlossen hatte.

Er schob uns beiseite und verschaffte sich gewaltsam Zutritt. Ich war noch im Nachthemd und hatte das Gefühl, vergewaltigt zu werden. Ich hatte noch immer, wie jedesmal, wenn man mich ungerechterweise kränkte, den idiotischen Reflex zu denken:

»Ah, wenn mein Vater da wäre, hätten sie das niemals gewagt ...«

Er ging in den zweiten Alkoven, den wir als Klassenzimmer benutzten, wenn es zu kalt war, um in dem großen Raum zu bleiben. Wir hatten ein Foto meines Vaters an die Wand gehängt, an dem wir alle sehr hingen: Es zeigte ihn beim Einrücken mit seinem Regiment in Italien. Der Oberst gab den Befehl, den Rahmen zu Boden fallen zu lassen, dann trat er auf ihm herum. Er machte dasselbe mit unseren anderen Fotos, Gegenständen, unserem armseligen Mobiliar, den Gläsern, in denen wir unsere Trophäen aufbewahrten. Er konfiszierte die Bücher. Ich hatte keine Zeit mehr gehabt, sie zu verstecken.

Als er wieder weg war, sah der zentrale Raum aus wie ein Schlachtfeld. Wir waren starr vor Angst, beklommen, auch ungläubig angesichts solcher Brutalität. Wir fingen an zu begreifen, daß wir lange hier sein würden und daß unser Leid so schnell kein Ende hätte. Wir waren Gefangene, es gab kein anderes Wort dafür.

Bis zu diesem Zeitpunkt hatte man uns relativ gut behandelt. Wir aßen uns noch satt. Die Musik, das Radio erlaubten uns, in Kontakt mit der Außenwelt zu bleiben.

Mit der Ankunft von Benaïch wurde alles anders. Die Polizisten, die uns bislang bewacht hatten, hatten nunmehr die Aufgabe, uns zu verfolgen. Wer hatte den Befehl gegeben, uns mit Härte zu behandeln? Wer hatte Interesse daran, den Schraubstock enger zu drehen? Wir hatten keine Antworten dafür.

Die Mouhazzins, einfältige und disziplinierte Hilfspolizisten, folgten diesem neuen Programm. Die sensibleren Polizisten beantworteten es, indem sie um uns herum ein veritables Hilfsnetz aufbauten. Die aus der älteren Generation hatten sich den Franzosen während der Protektoratszeit widersetzt. Sie waren daran gewöhnt, sämtliche Risiken einzugehen und trotzdem sehr umsichtig zu sein; sie kannten das System genau und handelten so, daß ihnen höchstmöglicher Schutz sicher war.

Sie ließen uns von nun an die Tage wissen, an denen wir durchsucht wurden, indem sie uns eine Karotte oder eine Kartoffel über die Mauer warfen. Diese Vorankündigung erlaubte es uns, unsere wertvollste Habe zu verstecken, speziell das Radio, um zu verhindern, daß man die Dinge konfiszierte. Es gab auch welche, die sich in Rabat mit meinen Großeltern trafen und von dort Briefe mitbrachten und Medikamente – darunter das Mogadon für Mimi – sowie Geld, mit dessen Hilfe wir unsere Alltagskost aufbessern konnten.

Alle vierzehn Tage, wenn die Wachen die Pforten öffneten, um uns unsere Vorräte zu bringen, setzte ich mich mit Raouf in den Hof, um einen Blick auf die Landschaft hinter der Mauer zu werfen. Als man uns zu diesem Fort gefahren hatte, war es Nacht gewesen; wir wußten nichts über den Ort, an dem wir uns befanden. Die Befestigungsanlage, die uns umschloß, hinderte uns daran, etwas von der Außenwelt zu sehen.

Jedesmal wenn das Tor sich öffnete, versuchte ein sonderbarer kleiner Mann uns mit seinem Blick eine Botschaft zu übermitteln. Er sah seltsam aus: Er trug einen Bart, lange Haare, seine bohrenden schwarzen Augen waren starr wie die eines Drogensüchtigen. Für mich sah er aus wie ein Miniaturrasputin. Wir verstanden nicht, was er wollte, wir fanden ihn nur eigenartig.

Eines Morgens flüsterte uns einer der eintretenden Polizisten unauffällig zu, daß wir Anspruch auf einen Krankenpfleger hätten, und deutete mit den Augen auf Rasputin. Voller Mißtrauen taten wir, als würden wir ihn nicht verstehen. Angesichts der stummen Beharrlichkeit des Bärtigen winkten wir diesen jedoch wenig später herein.

Er war aus demselben Dorf wie mein Großvater mütterlicherseits, solidarisch wie alle Berber, und wollte uns helfen. In der Nacht nach unserer ersten Begegnung vernahmen wir ein erdrutschartiges Geräusch im Hof des Forts. Wir stürzten hinunter. Ein riesiger Sack Mehl war dort zu Boden gefallen. Mit seiner Taschenlampe sandte Rasputin uns Lichtzeichen. Wir konnten gerade noch sein Gesicht sehen und das von ein paar anderen.

Bis dahin hatten uns die Wachen in kleinerem Umfang mit zusätzlichen Dingen versorgt: ein Steak, ein Karton Eier, ein wenig Mehl oder Schleckereien, die von einer Tasche in die andere wanderten. Mit Rasputin bekamen wir Nachschub in größerem Ausmaß: Säcke voll Mehl, Säcke voll Reis, Säcke voll Grieß, Säcke voll Zucker, Kanister voll Öl, fünfhundert Eier …

Um uns die Vorräte zu bringen, mußten Rasputin und seine Komplizen diese von der Oase bis unten zum Fort schleppen, auf die Gefahr hin, einen Steinschlag zu verursachen, quer durch die Ruinen klettern, um bis zu der Stelle zu gelangen, wo unsere Behausung war, die Säcke an ein Seil binden, damit sie auf unserer Seite heruntergelassen werden konnten, und das alles auf möglichst unauffällige Weise. Denn Polizisten und Hilfstruppen überwachten jeden Meter unseres Gefängnisses und seiner Umgebung.

Das Abladen zog sich über einen guten Teil der Nacht hin. Am Ende nahm unser Helfer, begleitet von zwei jungen Polizisten, den gleichen Weg abwärts wie die Säcke. Die beiden Polizisten waren ein wenig verschüchtert, aber stolz darauf, uns die Hand zu geben. Wir luden sie ein, zu uns hochzukommen, und setzten uns in den Flur, in den wir Bänke gestellt hatten. Jedesmal wenn sie uns mit Nachschub versorgten, das heißt sobald sie Gelegenheit dazu hatten, diskutierten wir mit ihnen bis zum Morgengrauen.

Dieser Gedankenaustausch war für uns sehr kostbar, vor allem für Raouf, der ein verzweifeltes Bedürfnis nach männlicher Gesellschaft hatte. Wir tranken Tee, aßen Kuchen, die sie uns mitbrachten. Die Kleinen waren völlig aus dem Häuschen. Abdellatif weigerte sich, schlafen zu gehen; er kuschelte sich an mich und kämpfte gegen den Schlaf, denn auch für ihn waren diese Momente wichtig. Wir redeten über alles mögliche, lachten, tauschten Witze aus und Neuigkeiten aus dem Weltgeschehen, aber Rasputin schaffte es immer, uns zu dem einen oder anderen Zeitpunkt an die Realität zu erinnern.

»Ihr werdet hier niemals rauskommen«, sagte er uns, »macht euch keine Illusionen.«

Auf naive Weise rechneten wir mit einem königlichen Gnadenakt anläßlich des Thronfestes oder des Geburtstags von Hassan II. Aber er zerschlug unsere Träume.

Mama, die an diesen Diskussionen niemals teilnahm, versuchte uns zu beruhigen.

»Seht ihr denn nicht, daß dieser Mann verrückt ist? Laßt euch nicht beeindrucken, meine Kinder, er weiß nicht, was er erzählt.«

Alle äußeren Anzeichen sprachen dafür, daß Rasputin schwachsinnig war, aber er war zu allem bereit, um uns zu helfen. Während der zwei Monate, die auf seinen letzten Besuch folgten, lebten wir in der Erwartung, daß wieder die Wache, unter der er Freunde hatte, an die Reihe kam. Diese Wachablösung sollte uns Antworten auf unsere Briefe bringen, ein Radio, noch weitere Bücher, denn die, die unser Großvater schicken ließ, reichten nie.

Als der Tag gekommen war, zog sich Raouf, der wie eine Gemse kletterte, bis hoch auf die Mauer und ließ sich dort nieder, um durch eine Schießscharte hindurch das Geschehen draußen zu beobachten. Ich kletterte an seine Seite. Wir sahen die ankommenden Lastwagen und die, die wieder abfahren sollten. Die Polizisten trafen aufeinander, umarmten und küßten sich.

Wir waren sehr aufgeregt angesichts der Kisten, die wir auf den Lastwagen bemerkten. Sie versprachen uns Tage voller Lektüre, Musik und Glück.

Raouf stieß mich mit dem Ellbogen an. Seine Stimme klang beunruhigt.

»Kika, sieh mal, da stimmt etwas nicht. Alle rennen durcheinander.«

Ich folgte mit den Augen seinem ausgestreckten Finger in Richtung eines Menschenauflaufs. Ich sah rennende Polizisten und einen weglaufenden Rasputin. Jemand hatte ihn verraten ... Unser Helfer wurde geschnappt. Sie durchsuchten seine Sachen und fanden das Geld, das Radio, die Bücher, die Stereoanlage. Alles, was er uns mitgebracht hatte, wurde konfisziert, außer den Briefen, die er gut verborgen hatte.

Achtundvierzig Stunden nach der Zerschlagung unseres Hilfsnetzes tauchte in Begleitung dreier Schergen Kommissar Yousfi auf, Offizier des Geheimdienstes. Wir kannten ihn bereits: Er hatte Mama nach Papas Tod verhört.

Nachdem er alles durchwühlt hatte, stellten sie einen Tisch auf und begannen mit einem strengen Verhör, das den ganzen Tag dauern sollte. Wir hatten Anspruch auf die große Inszenierung mit Schreibmaschine und Protokoll. Nachdem sie lange um den heißen Brei herumgeredet hatten, sagten sie uns, der Alte hätte gestanden, daß wir uns zu einer ungesetzlichen Aktion verschworen hätten. Er wollte wissen, was dahintersteckte.

Rasputin hatte die Intelligenz besessen, alle Wachen anzuschwärzen, so daß man niemand Spezielles bestrafen konnte. Er hatte behauptet, sie hätten uns sowohl aus politischen als auch humanitären Gründen geholfen.

»Wir haben wie Familienväter gegenüber diesen Kindern gehandelt«, hatte er gesagt, »jeder hätte das so getan.«

Alle Polizisten wurden also verhaftet, um sogleich wieder freigelassen zu werden. Die Folgen bekamen wir im Fort zu spüren.

Die neue Truppe von Hilfspolizisten, die man uns schickte, überwachte uns schärfer: Wir wurden durchsucht, die Wachen verdoppelt, Post und Bücher wurden gestrichen, der Kontakt zu unserer Familie verboten.

Man gab uns immer weniger zu essen. Zum Glück hatten wir Vorräte sammeln können, mit denen man ein Bataillon hätte ernähren können. Nur deshalb haben wir überlebt.

Der Widerstand

Diese neuen Bedingungen empörten uns. Aber was sollten wir tun? Wir waren so ohnmächtig, so isoliert, so abhängig vom guten Willen des Monarchen …

In einer von vielen verzweifelten Nächten ging ich in den Hof hinaus, um den Himmel zu betrachten. Zum erstenmal seit langer Zeit fing ich an zu weinen. Ich suchte in der Schönheit des Sternenzelts über mir die Antwort auf meine Tränen. Die Nacht war klar und wolkenlos. Und zum Verzweifeln stumm. Gott antwortete nicht auf unsere Hilferufe. Man begrub uns bei lebendigem Leibe, und wir würden auf diese Weise ein Ende finden, ohne daß wir jemanden gehabt hätten, der uns helfen konnte. Mich überfiel das Bedürfnis, laut zu schreien, aber die Nähe der Kinder hielt mich zurück, so wie jedesmal, wenn mir die Schreie aus Zorn und Schmerz bereits auf der Zunge lagen.

An dem Morgen meines dreiundzwanzigsten Geburtstags war ich sehr früh aufgestanden und hatte mich ganz allein gegenüber unserem Taubenschlag auf einen Stuhl gesetzt. Meine Mitbewohner schliefen noch. In diesen wenigen Mußestunden dachte ich über mein Leben nach, an die Jahre, die dahinschwanden, meine Jugend, die verloren war. Ich beobachtete mein Gesicht und meinen Körper. Ich trug die Haare sehr lang, bis hinunter zum Po, und wenn ich an dem großen Spiegel vorbeikam, den wir noch besaßen, oder den recht väterlichen Blick der Wachen auffing, wußte ich, daß ich schön war. Ich bewunderte verzweifelt meinen festen Körper, mein jugendliches Gesicht und sagte mir, daß ich nie mehr so aus dem vollen würde schöpfen können. Kein Mann würde mich im Schmelz meiner zwanzig Jahre lieben.

Ich litt um meine Mutter, die selten so schön gewesen war. Es kam vor, daß ich in meinen Aktivitäten innehielt, um sie zu betrachten. Ich litt um meine Schwestern, die zu Frauen wurden, ohne die Möglichkeit gehabt zu haben, Kinder zu sein; um Raouf, dem man das väterliche Vorbild genommen hatte, und um Abdellatif, den man um alles gebracht hatte; um Achoura und Halima, die aus Treue zu uns an unserer Seite eingesperrt waren.

Ich litt um uns alle, die wir der Freiheit und der Hoffnung beraubt waren. Ich hatte um meinen Vater getrauert. Jetzt trauerte ich um mein Leben.

In all dieser Verzweiflung hatte ich eine Gewißheit: Wir waren die einzigen, die etwas für uns tun konnten. Das verlieh mir Mut, wenn ich allzu niedergeschlagen war.

Wir schickten dem König ein Bittschreiben, das wir mit unserem Blut unterzeichnet hatten. Wir ließen es ihm über den Lagerkommandanten zukommen, der es an seine Vorgesetzten weiterreichte. In naiver, fast kindlicher Weise appellierte dieser Brief an die Großherzigkeit des Königs. Wir schrieben ihm, daß es seiner unwürdig war, hinzunehmen, daß man eine Frau und Kinder verfolgte. Wie wir sehen mußten, strafte er unsere Bitte mit Hochmut.

Mama, Raouf und ich traten daraufhin in einen Hungerstreik. Es war mitten im Winter, der Boden und die Wände waren gefroren. Zusammengerollt unter unseren dünnen Decken, verließen wir nicht die Betten, um so etwas Ähnliches wie Wärme zu finden.

Zu Beginn waren wir, obwohl geschwächt, voller Ernst und Leidenschaft. Dann gewann unser glückliches Naturell die Oberhand, und wir fingen, ohne es die Wachen merken zu lassen, wieder an zu essen. In einem der Koffer von Mama, der in der kleinen Kammer stand, hatten wir etwa dreißig Stangenbrote versteckt, die wir in die Morgensonne legten, um sie weich zu machen. Wir nannten das ihr »Sonnenbad«.

Ich schrubbte die Brote mit einer Schuhbürste, um die Schimmelspuren zu entfernen, und ließ sie herumgehen. Wir hatten auch einen Vorrat an Kichererbsen angelegt, aus dem die Streikenden sich ausschließlich und nur heimlich ernährten: Schmortopf mit Kichererbsen, Kichererbsensuppe, Aperitif mit Kichererbsen. Diese mageren Rationen erlaubten es uns, unseren Kerkermeistern weiterhin das wenige, was sie uns an Nahrung gaben, zurückzuschicken.

Aber wir waren korrumpierbar. Die Verheißung von einem Kilo Butter machte unserer Aktion ein Ende. Wir hatten den Duft von Crêpes und Kuchen schon in der Nase ...

In jedem Fall hatte der Streik nichts bewirkt. Unser Schicksal interessierte niemanden.

Aber wir mußten etwas unternehmen. Wir beschlossen, heimlich die Flucht zu ergreifen. Kurz vor unserem Hungerstreik hatte Raouf, der es sich angewöhnt hatte, überall herumzuschnüffeln, ausfindig gemacht, daß das Fenster in dem kleinen Zimmer mit dem Gepäck offensichtlich zugemauert worden war. Da er vor Neugier brannte, nach draußen zu schauen, brachen wir ein paar Steine heraus. Wir entdeckten daraufhin ein Gitterfenster, dessen Klappe wir aufstießen.

Die Landschaft war eine Offenbarung. Die Dunkelheit war vorbei, der Himmel gehörte endlich uns. Das Fenster führte auf eine tieferliegende Oase. Man hörte Raben krächzen, Tauben gurren, kleine Schäferhunde ihre Herden zusammenbellen und sogar das Plätschern des Wassers.

Wir stritten uns darum, den Anblick genießen zu können. In die Ferne blicken, mit vollen Lungen atmen ... Diese beiden Dinge scheinen so selbstverständlich, wenn sie einem nicht genommen sind.

Wir machten das Fenster sorgsam so wieder zu, daß wir es, wenn uns die Lust dazu überkam, wieder öffnen konnten. Von Zeit zu Zeit, wenn einer von uns traurig war, setzte sich der Betreffende in die Kammer und wohnte dem Sonnenaufgang bei, dem Frühling über der Oase, der ein Beweis dafür war, daß die Natur und die Jahreszeiten noch existierten.

Maria und Soukaïna gingen weit häufiger dorthin als wir anderen, um sich an den kleinsten Details zu berauschen. Es tat mir weh, sie dort anzutreffen und den melancholischen Ausdruck in ihren kleinen, gegen die Gitterstäbe gepreßten Gesichtern zu sehen. Genau wie der Hunger ist die Depression eines Kindes ein unerträglicher Anblick.

Als wir uns zur Flucht entschlossen, war mein erster Gedanke, dieses Fenster zu vergrößern. Aber die Wachen hörten, wie wir die Ziegelsteine herausbrachen und in unser fünf Meter tiefes Toilettenloch warfen. Das Gepolter war ungeheuer. Sie kamen und wühlten überall herum. Zum Glück konnten wir die Spuren unserer Tat vor ihrem Eintreffen kaschieren, und sie merkten nichts. Dieser Vorfall führte uns vor Augen, daß größte Unauffälligkeit geboten war.

Wir mußten die Sache anders angehen. Die Küche aus Lehm schien der geeignete Ort. Als Werkzeug besaßen Raouf und ich jeder einen kleinen Löffel. Wir hatten angefangen, zwanzig Zentimeter unter der Mauer den Boden auszuhöhlen, um uns einen Durchgang zu graben. In weniger als zehn Minuten hatten wir bereits eine Menge Erde entfernt, mußten aber aufpassen, daß uns die Steine nicht zusammenstürzten.

Innerhalb eines Nachmittags hatten wir ein Loch freigeschaufelt, das groß genug war, uns durchzulassen. Ich schob mich in die Mitte dieses Tunnels und fand mich vor einer vermauerten Öffnung wieder.

Ich spürte etwas meinen Oberschenkel entlangstreifen und fing an zu schreien.

»Ich gehe nicht weiter, Raouf, hier ist alles voller Ratten.«

»Kika, willst du, daß wir von diesem verfluchten Ort wegkommen? Es ist unsere einzige Chance. Sei vernünftig ... Los, Kopf hoch ...«

Raouf insistierte derartig, daß ich ihm am Ende Folge leistete. Wenn es unbedingt vorwärtsgehen mußte, dann eben los ...

Wir begannen die Steine abzutragen. Das war eine schwierige und ermüdende Arbeit. Wir mußten sehr schwere Lasten schleppen, ohne sie fallen zu lassen, um nicht die Wachen zu alarmieren. Unsere Zähigkeit zahlte sich aus. Wir legten endlich eine Öffnung frei und traten mit einem außerordentlichen Gefühl von Freiheit in die beeindruckenden Ruinen hinaus.

Der Himmel und die Luft machten uns trunken und benommen. Wir liefen, ohne ein Wort zu sagen, umher, sprachen nur mit den Augen, verständigten uns nur mit Gesten. Es waren jetzt fast drei Jahre, die wir in der Stille lebten. Um ein Haar wäre dieser erste Spaziergang jedoch auch der letzte gewesen. Eine Steinsäule brach mit grauenvollem Lärm vor unseren Füßen zusammen. Wir hatten gerade noch Zeit, beiseite zu springen.

Wir brauchten ein paar Minuten, um uns von diesem Schrecken zu erholen. Die Säule hätte uns beide erschlagen können. Raouf sah mich an; wir dachten das gleiche. Wer da oben hielt seine Hand über uns?

Mein Bruder und ich bedurften nicht vieler Worte, um uns zu verstehen. Unsere Flucht mußte mit höchster Sorgfalt vorbereitet werden, wie ein Geheimkommando. Wir würden nur zu zweit verschwinden. Wenn wir zahlreicher wären, würde das Risiko zu groß sein.

Fast zwei Stunden lang blieben wir draußen, um die Sache

zu überdenken, abzuwägen, durchzukalkulieren. Wir kletterten auf die höchste Ebene des Forts, wobei wir auf die Felsblöcke achtgaben, die jeden Moment auf uns herabfallen konnten.

Unten in der Oase schnappten ein paar Wachen frische Luft. Wir konnten sogar ihr Lachen hören. Versteckt hinter den Steinen, musterten wir eingehend die Mandelbäume, das fette Gras, die rote Erde.

Dann bedeutete mir Raouf, ich solle hinter einen kleinen Weg schauen.

»Siehst du, um das Fort herum fließt ein Fluß ... Die Richtung nehmen wir, um nach Ouarzazate zu gelangen.«

Widerstrebend gingen wir wieder zurück. Wir mußten die anderen erst von der Richtigkeit unseres Plans überzeugen. Die Kleinen waren begeistert, sie hingen wie gebannt an unseren Lippen, bereit, sofort loszulegen. Mama, die skeptischer war, hörte uns ohne eine Entgegnung zu.

Um sie zu überzeugen, knoteten wir zwei Stücke unseres festen Matratzenstoffs zusammen und erklärten ihr, daß wir uns an diesem improvisierten Seil an den Mauern herablassen wollten.

Der Ort, von dem aus wir fliehen wollten, lag in zwanzig Meter Höhe. Als wir ihn ihr zeigten, war Mama kategorisch: Sie wollte nicht, daß wir ein solches Risiko eingingen. Nichts konnte sie von ihrer Meinung abbringen.

»Was die Flucht angeht, einverstanden«, sagte sie, »aber findet einen anderen, weniger gefährlichen Weg. Ich möchte euch nicht verlieren.«

Sie dachte nach, und ihre Miene erhellte sich. Das Fort hatte mit Sicherheit eine Tür, die auf die Oase hinausging. Wir mußten sie nur finden, frei schaufeln und könnten dann durch diese nach draußen gelangen. Wir suchten zwischen den zusammengefallenen Säulen und Steinmassen nach der Tür. In meiner Hektik stolperte ich am Rand eines Abgrunds, und nur meiner Geistesgegenwart und zweifellos meinem Schutzengel war es zu verdanken, daß ich nicht ins Leere stürzte. Ich drehte mich um. Mama war totenblaß.

Wenn wir heute von jemandem sagen, er habe einen »Ruinenausdruck«, heißt das, sein Blick ist starr, sein Gesicht wie vom Donner gerührt, so wie das von Mama, als sie mich schon in der Tiefe wähnte.

Von einer glücklichen Eingebung geleitet, bat Mama uns, ihr beim Wegschieben eines großen Felsens zu helfen. Die gesuchte Tür befand sich dahinter und führte wirklich zu der Oase. Wir mußten nicht mehr unser Leben aufs Spiel setzten, um zu entkommen.

Aber vor dem großen Tag der Flucht mußten wir noch unser Durchhaltevermögen trainieren. Dreimal in der Woche gingen Raouf und ich, beladen mit einem schweren Rucksack, in der Mittagszeit hinaus, wenn die Sonne am meisten brannte, und marschierten drei Stunden lang im Hof umher.

Wir bauten Luftschlösser. Es war noch ein wenig von dem Geld meines Großvaters übrig. Wenn wir durch die Oase hindurch wären, würden wir bis Ouarzazate den Bus nehmen. Wir bräuchten auch Proviant. Wir hatten keine Ausweise, aber ich fand in meinen Papieren den Impfpaß eines marokkanischen Freundes aus Paris. Ich gab ihn Raouf und merkte mir den Namen der Schwester meines Freundes, für den Fall, daß wir angehalten würden. Wir waren noch so kindisch ...

Unter unseren Büchern war eines, das wir bisher immer verachtet hatten, weil es sich mit Magie, Hexerei und okkulten Wissenschaften beschäftigte. Mama nahm es per Zufall in die Hand, und im Durchblättern beschloß sie, daraus die Rezepte für ein gutes Gelingen unserer Unternehmung anzuwenden.

Sie bastelte eine Puppe aus Wachs, durchbohrte sie mit Nadeln und murmelte seltsame Beschwörungsformeln, die uns dabei helfen sollten zu entkommen. Wir hielten uns alle vor Lachen den Bauch, nannten sie eine Hexe, und sie, die ihr ganzes Leben nie an solche Albernheiten geglaubt hatte, setzte eine höchst konzentrierte Miene auf.

An dem für unsere Flucht vereinbarten Tag fanden Raouf und ich uns noch einmal draußen zu einer letzten Generalprobe zusammen, als eines der Mädchen in höchster Hast auftauchte, um uns zu holen.

»Kommt schnell rein. Sie sind da und wollen zu Mama.«

Außer Atem und verstaubt kamen wir angelaufen. Die Polizisten teilten uns mit, daß wir Tamattaght verlassen würden. Jetzt machten wir uns noch mehr über Mama lustig und nannten sie eine Katastrophen-Hexe.

»Ihr wolltet von hier weg?« sagte sie gekränkt. »Jetzt habt ihr's.«

Die Kinder waren glücklich über den Aufbruch. Wir waren jetzt seit viereinhalb Jahren eingesperrt, und davon hatten wir drei gefangen in diesem verfallenen Fort verbracht. Abdellatif, der ein Februarkind war, feierte bald seinen siebten Geburtstag, die Mädchen waren dreizehn und vierzehn Jahre alt, Raouf neunzehn. Myriam einundzwanzig, ich dreiundzwanzig und Mama gerade mal vierzig. Trotz der Aufregung der Kinder war ich skeptisch, ich ahnte das Schlimmste.

Natürlich sagte man uns nicht, wohin wir gingen, aber man ließ uns glauben, daß sich unsere Lebensbedingungen zum Besseren verändern würden. Mit Sicherheit war das die Antwort auf unser Bittgesuch ... Ja, der König hatte Mitleid mit uns. Unsere Behandlung würde milder werden. Vielleicht wären wir morgen schon frei ... Hatte man uns nicht gesagt, wir sollten unsere Sachen sortieren und nur die unseren mitnehmen und die Matratzen, Decken und alles, was dem Staat gehörte, dalassen? Vielleicht würden sich unsere Verhältnisse ja klären ...

Man ließ uns das alles unterschwellig verstehen, bestätigte uns aber nichts. Weshalb diese Vieldeutigkeit? Wahrscheinlich, um sich unseres guten Willens während der Überführung zu versichern. Wir waren zwischen Hoffnung und Furcht hin- und hergerissen. Aus einem Reflex heraus hatte ich mein kleines Radio an mir versteckt. Meine Intuition war richtig, und ich beglückwünschte mich hinterher dazu.

Ich war der Ansicht, daß es Grenzen gab für das menschliche Leiden. In Bir-Jdid lernte ich, daß das nicht stimmte.

Das Straflager von Bir-Jdid
(26. Februar 1977 – 19. April 1987)

Ein schlechter Auftakt

Unser Gepäck steht im Hof, und alles ist in heller Aufregung. Wir wollen Tamattaght nicht ohne unsere teuren Tauben verlassen; aber diese haben nicht verstanden, daß wir weggehen, und flattern laut mit beleidigtem Flügelschlag und unwilligem Gurren über unseren Köpfen herum.

Die Kinder rennen hin und her, um sie zu fangen, und jedesmal wenn sie eine erwischen, sperren sie sie in einen Weidenkorb. Maria, Soukaïna und Abdellatif lachen aus vollem Halse. Diese Abreise ist fast wie ein Spiel für sie. Wir Großen sind von Angst erfaßt, um genau zu sein, wir haben Panik.

Ein Vorfall versetzt uns endgültig in Furcht und Schrecken: Die Polizisten wollen uns in Zweiergruppen in Panzerwagen mit geteerten Fensterscheiben stecken. Sie sind brutal, stoßen uns rücksichtslos mit ihren Bajonetten vorwärts. Mama sträubt sich dagegen, daß wir auseinandergerissen werden. Sie schreit, bittet, weint. Sie lassen sich erweichen, sicher, weil sie großen Aufruhr fürchten. Mama reist daraufhin mit den beiden Jungs, Myriam mit Achoura und Halima, und ich fahre mit den Kleinen.

Im Inneren der Wagen können wir nichts erkennen. Man drückt uns so schnell auf den Sitz, daß wir fast stolpern. Wir stellen die Körbe mit unseren kostbaren Tauben zu unseren

Füßen. Wir haben sie nicht mehr alle einfangen können. Gegenüber von uns nehmen zwei mit Bajonetten bewaffnete Mouhazzins Platz.

Selbst die Kinder sind verschüchtert. Borro, der neue Kommandant des Lagers von Tamattaght, ist keiner von der weichen Sorte. Vor drei Monaten hat er seinen Vorgänger abgelöst, und die Anzahl der für unsere Bewachung zuständigen Mouhazzins wurde verdreifacht. Der erneute Wechsel hängt mit der Furcht vor einer Invasion zusammen, die ein mysteriöses algerisches Kommando vorbereiten soll. Wenigstens gibt man uns das zu verstehen. Vielleicht bringt man uns auch aus diesem Grund von Tamattaght weg.

In jedem Fall erhalten wir wie immer keine Erklärung. Wir hoffen nur, daß Borro uns nicht dahin folgt, wohin man uns bringt.

Die Reise dauert achtundvierzig Stunden, die immer anstrengender werden, je länger wir fahren. Wir werden ohne Unterlaß überwacht. Es gibt keine Möglichkeit, wenn wir aus den Autos steigen, sich ein wenig abzusondern, um sich zu erleichtern; die Polizisten begleiten uns und beobachten uns, bis wir fertig sind.

Wir haben jetzt Februar. Als das Auto langsamer wird, presse ich mein Gesicht an einen Schlitz in dem Panzerwagen. An den Bäumen hängen Fähnchen. Man bereitet das Thronfest vor, ein Beweis dafür, daß der König mächtiger ist denn je. Ich tauche für wenige Augenblicke in Erinnerungen ein. Im Palast war dieses Fest ein glücklicher Moment, bei dem wir sehr verwöhnt wurden. Aber die Realität fängt mich wieder ein, und ich versuche fieberhaft herauszufinden, wo wir sind. Aber das ist unmöglich, es ist zu dunkel.

Müde, benommen von der Fahrt und steif vor Kälte, atme ich tief ein. Die Luft riecht feucht; ich höre den Gesang der Frösche. Ich leite daraus ab, daß wir die Wüste verlassen haben und nahe am Meer sind. Ich liege nahezu richtig. Die Kaserne von Bir-Jdid, wohin man uns bringt, liegt vierzig Kilometer von Casablanca entfernt, was wir allerdings erst sehr viel später erfahren.

Überschwemmungen haben die Straße für die Panzerwagen unpassierbar gemacht, und wir müssen deshalb, nach wie vor in drei Gruppen getrennt, in Landrover umsteigen. Man verbindet uns die Augen, aber wir haben für einen Wimpernschlag die Möglichkeit, die Landschaft aufzunehmen. Wir sind in einer ländlichen Gegend, in der ein Feld auf das andere folgt. In der Ferne erkennen wir einen Bauernhof. Bringt man uns dorthin? Gitter und Wachtürme umgeben das Gebäude.

Ich zittere so vor Kälte, daß ich mit den Zähnen klappere. Aus den tiefsten Tiefen der Nacht höre ich wie in einem Theaterstück die distinguierte, wohlerzogene Stimme eines Mannes, eine Stimme voller Menschlichkeit, die sich von dem Gebrüll Borros und der Mouhazzins abhebt.

Der Mann tritt aus dem Dunkel. Es ist Oberst Benani, den man mit unserem Transport von einem Gefängnis zum anderen betraut hat. Er wickelt mich in seinen Burnus, fragt mich, ob ich Zigaretten haben möchte, und holt mir zwei Päckchen. Ich bin zu Tränen gerührt durch diese fürsorgliche Geste, die erste seit langem. Dann fahren wir noch einmal fünfhundert Meter. Als der Konvoi endlich haltmacht, nehme ich das alptraumhafte Surren eines Stromaggregats wahr.

Das ist die Antwort des Königs auf unser Bittgesuch.

Man führt uns, noch immer mit verbundenen Augen, in ein Haus. Irgend jemand schließt eine Tür und reißt uns die Tücher herunter. Wir erblicken ein kleines, aus Zement gebautes Kolonialgebäude in L-Form.

Man betritt es durch eine Holzpforte und geht auf einem langen Weg einen Hof entlang, in dem fünf Feigenbäume wie Schildwachen Wache halten. Vier Türen führen auf diesen Hof, nämlich die unserer vier Zellen, die im rechten Winkel angeordnet sind, die erste, Mamas, senkrecht zu den anderen drei restlichen stehend.

In einer winzigen Einbuchtung nahe der ersten Zelle bilden zwei riesige Palmen ein Blätterdach. Die Mauern, die uns umschließen, so hoch und so dick, daß sie den Himmel verdecken, grenzen an eine Kaserne, die flächendeckend mit Wachtürmen überzogen ist. Zahlreiche Schilderhäuschen mit bewaffneten Soldaten sind um das Haus herum aufgestellt. Wir können keine einzige unbeobachtete Bewegung machen.

Man teilt uns sofort mit, daß wir während der Nacht getrennt seien. Wir würden das Recht haben, uns tagsüber zu sehen und unsere Mahlzeiten gemeinsam einzunehmen, aber abends müsse jeder in seine Zelle. Mama teilt die ihre mit Abdellatif, meine Schwestern und ich sind zusammen, und Achoura und Halima; Raouf wird allein bleiben.

Diese Nachricht läßt uns in Schluchzen ausbrechen. Mama schreit und fleht, sagt, sie hätten nicht das Recht, sie von ihren Kindern zu trennen.

»Ich kann alles ertragen, nur das nicht ...«

»Nehmen Sie bitte zur Kenntnis, Madame«, antwortet Oberst Benani betreten, »daß ich tief beschämt bin über das, was ich hier tue. Diese Mission wird mein Leben für immer zeichnen. Aber ich habe Befehle erhalten, und unglücklicherweise bin ich verpflichtet, diese auszuführen.«

Unsere jeweiligen Zellen verheißen nichts Gutes, was unsere weitere Behandlung betrifft. Dabei sind wir bereits an mangelnden Komfort und an Schmutzigkeit gewöhnt und daran, nur die notwendigsten Dinge zu haben, aber hier ist alles richtig verkommen. Die Panzertüren und -fenster sind nur oberflächlich mit mausgrauer Farbe überstrichen worden, und es ist so feucht, daß das Wasser von der Decke bis zum Boden rinnt. Das fahle elektrische Licht kommt von dem Stromaggregat, das nur ein bis zwei Stunden nachts funktioniert. Die Matratzen sind aus dünnem Schaumstoff und haben einen Überzug von zweifelhafter Sauberkeit.

Jede unserer Zellen hat mehrere kleine Räume und ein winziges, zum Himmel hin offenes Kabuff, das zur Decke hin mit dicken Eisenstäben vergittert ist. Das sollte bald unsere einzige Frischluftquelle sein. Zu der von Mama gelangt man über drei Stufen. Die Hauptzelle ist mit Toiletten ausgestattet und einem Verschlag von einem Meter fünfzig Höhe in der Mitte der Mauer, den man nur mit einem Hocker erreicht. Wir stellen dort die Sachen unter, die uns geblieben sind.

Früher war dort ein Fenster, das man verschlossen und mit undurchsichtigem Plexiglas versehen hat. Solange er noch klein genug ist, um dort aufrecht zu stehen, richtet Abdellatif dort seinen Beobachtungsposten ein. Er schafft es, mit einem Schaschlikspieß das Plastik zu durchbohren, und drückt sein Auge an die Stelle, um versuchsweise draußen etwas zu erspähen.

Die Zelle von Mama und Abdellatif wird wie auch die unsere von einer frisch gepanzerten Tür verschlossen. Im Hof führt an der Ecke eine andere Tür zu der, die ich mit meinen Schwestern teile. Neben dem vergitterten Kabuff verfügen wir noch über einen engen Raum, in den wir unsere vier Betten gestellt haben und der schwach durch eine Plexiglasluke erhellt wird, eine Toilette, einen Schrank, in dem wir unsere Koffer verstaut haben, ein weiteres kleines Zimmer, das wir hochtrabend »Sportraum« nennen, und ein »Badezimmer«, in dem wir mit Eimern »duschen«. Letzteres ist durch eine Mauer von Mamas Zelle getrennt.

Das Wasser, das man uns bringt, dient gleichermaßen zum Waschen und Trinken. Wenn wir es über uns gießen, läuft es den abschüssigen Boden entlang bis zu einer kleinen Abflußrinne. Mit den Eisenstreben, die wir aus dem Bettenrost entfernt haben, unterhöhlen wir die Erde an der Mauer und folgen dem Wasserlauf. Als wir später unsere Zellen nicht mehr verlassen dürfen, dient uns die Abwasserrinne als Spiegel.

Mama legt sich bäuchlings auf den Boden, wir machen dasselbe auf unserer Seite. Und unser Spiegelbild erlaubt es uns so, uns zu sehen. Über Jahre hinweg wird das unsere einzige Möglichkeit sein, anders als durch Zurufen miteinander in Kontakt zu treten. Das sind Momente, die uns stark aufwühlen. Wir möchten uns berühren, umarmen und können es nicht tun.

Die Zelle von Achoura und Halima grenzt an die unsere an. Die beiden Frauen schlafen in einem winzigen Raum und kochen in einer doppelt vergitterten Kammer. Daneben befindet sich Raoufs Zelle, dessen »Toilette«, ein in die Erde gegrabenes Loch, auf den Hof mit den Feigenbäumen hinausgeht. Die Sicherheitsmaßnahmen meinem Bruder gegenüber sind strenger. Um zu ihm zu gelangen, muß man drei Türen passieren.

Die erste Hausdurchsuchung findet Anfang April statt, zwei Monate nach unserer Ankunft in Bir-Jdid. Sie erfolgt, um uns einzuschüchtern. Wie wir schon befürchteten, ist Borro der Leiter des neuen Lagers. Er ist eine finstere Person ohne Gemüt und ohne einen Funken Menschlichkeit, der seine Befehle aus Rabat erhält und sie bis aufs Komma genau ausführt. Er konfisziert unsere Schallplatten, unsere Bücher, unsere Stereoanlage. Zu unserem großen Glück haben wir uns reflexartige Schnelligkeit und Argwohn angewöhnt.

Während die einen die Mouhazzins beschäftigen, öffnen die anderen in Windeseile die Lautsprecherboxen der Anlage. Wir demontieren die Mikros, teilen sie unter uns auf und verstecken sie zwischen unseren Kissen. Das kleine Radio lassen wir auf dieselbe Weise verschwinden, ebenso ein paar Schulbücher und Elektrokabel. Während des elfjährigen Alptraums wird das Radio unsere Verbindung zur Welt sein. Ohne dieses hätten wir nicht überlebt.

Wenige Tage nachdem sie in unseren Zimmern herumgewühlt haben, kommen sie mit Hacken und beseitigen alles, was dem Ort noch den Anstrich eines Hauses verleiht: die Geländer, die Blumen, die Bäume.

Jedes Jahr schicken wir dem König zu seinem Geburtstag einen Brief mit der Bitte, uns zu begnadigen. Im Juli hatten wir dem Brief noch ein paar Porträts beigelegt, die ich gezeichnet hatte und die ziemlich lebensecht waren: eines von ihm, eines von seinem Sohn, Sidi Mohammed, und eines von Mohammed V.

Der Dank läßt nicht lange auf sich warten. Kurz nachdem wir den Brief verschickt haben, schließen Borro und seine Schergen uns bis zum Einbruch der Nacht in Raoufs Zelle ein. Wir vernehmen dumpfe Geräusche, das Schlagen von Hämmern. Als wir endlich wieder hinausdürfen, ist der Schaden groß. Sie haben uns alles weggenommen, was uns noch geblieben war: unsere Nippfigürchen, die letzten Schulbücher, Abdellatifs Spielsachen, unsere Lebensmittelvorräte, fast alle unsere Kleidungsstücke, Mamas Schmuck, mein Fotoalbum.

Dann zünden sie mit allem, was davon brennbar ist, ein großes Feuer an. Wir dürfen das Schauspiel beobachten. Die Kinder sind um so traumatisierter, als der schreckliche Borro bei Soukaïna mit Gewalt eine Leibesvisitation vorgenommen und die Radiobatterien bei ihr gefunden hat. Fürchterlich schockiert, hat sie zehn Tage lang hohes Fieber und muß das Bett hüten. Sie ist erst dreizehn Jahre alt.

Am nächsten Tag kommen sie noch einmal. Sie lassen uns in den Hof hinaustreten. Borro geht auf und ab.

Er sagt, er wisse, wie sehr die Kinder an den Tauben hingen. Und es stimmt, die kleinen Tiere bedeuten uns seit einigen Jahren sehr viel.

»Aber Tauben«, fügt er hinzu, »sind nicht zur Aufzucht da, sondern dazu, gegessen zu werden. Wir werden deshalb jeden Tag zwei davon töten.«

Trotz unserer Tränen verwirklichen sie die Drohung. Einige Tage lang kommen sie jeden Tag mit zwei toten Tauben zu uns. Wir haben beschlossen, Abdellatif dieses Schauspiel zu ersparen. Das Kind, das am 27. Februar, unserem zweiten Tag in

Bir-Jdid, seinen siebten Geburtstag gefeiert hat, ist am Ende seiner Kräfte.

Kurze Zeit nach unserer Ankunft unternimmt er einen Selbstmordversuch. Er besitzt zu dem Zeitpunkt noch sein kleines Fahrrad und fährt auf dem Weg, der um die Feigenbäume herumführt. Ich unterhalte mich mit Mama und beobachte ihn dabei aus dem Augenwinkel heraus, als er plötzlich taumelt und fällt. Wir stürzen zu ihm. Der Kleine hat einen glasigen Blick und kann sich nicht aufrecht halten. Bald versinkt er in Tiefschlaf. Raouf greift ihm unter die Achseln, um ihn zu stützen, während ich versuche, ihm Hennatee einzuflößen.

Alle sind in höchster Panik. Achoura und Halima schreien und reißen sich die Haare aus, die drei Mädchen sind wie gelähmt. Was Mama betrifft, so hat man den Eindruck, als sei jede Kraft und jede Farbe aus ihr gewichen. Sie beobachtet uns, unfähig, etwas zu tun. Ihr Schock ist so groß, daß sie nicht einmal weinen kann.

Es gelingt mir, einen guten Teil der Medikamente, die er geschluckt hat, aus seinem Magen zu holen: das ganze Valium und alles Mogadon, das Mama in einer kleinen Pillenschachtel versteckt hatte, für den Fall, daß Mimi einen Anfall bekäme. Sie trägt diese Schachtel immer bei sich. Wir wissen nicht, wie es ihm gelungen ist, sie ihr zu entwenden.

Borro kommt, alarmiert durch unsere Hilfsmaßnahmen, ans Bett, stellt fest, daß das Kind schläft, und zuckt die Schultern. Er kann nichts tun, als Rabat Bericht erstatten.

»Und wenn er stirbt?« schluchzt Mama.

Ein neuerliches Schulterzucken ist die einzige Antwort.

Abdellatif ist ein robustes Kind. Er wacht ohne Nachwirkungen auf. Seine Erklärungen sind niederschmetternd. Seit er mit uns zusammen in Gefangenschaft ist, bekommt er all unsere Unterhaltungen, unseren Kummer, unsere Sorgen, unsere Ängste und unsere Empörung mit.

»Wenn ich mich umbringe«, hat er sich in seinem kleinen, für sein Alter viel zu reifen Gehirn gedacht, »dann kommen sie vielleicht alle aus diesem Loch heraus.« Er wollte uns nicht mehr länger leiden sehen.

Wir beschließen, ihn von diesem Tag an zu schonen. Wir sprechen nicht mehr vor ihm, verbergen unseren Kummer, denken uns ein Traumleben für ihn aus und lassen ihn glauben, daß es wahr ist.

Die Hölle

Der erste Höllenkreis lag hinter uns. Während der nächsten elf Jahre würden wir die anderen durchlaufen. Bis jetzt war es uns noch gelungen, ein Familienleben aufrechtzuerhalten, einen Kokon, in dem wir uns gegenseitig schützten.

In Bir-Jdid gab es keine Familie mehr, vor allem keine Privatsphäre. Es gab dort nichts mehr.

Anfangs hatten wir noch das Recht, zusammen in den Hof zu gehen. Ab acht Uhr morgens öffneten sich die Zellentüren, und wir konnten uns gegenseitig besuchen. Wir versammelten uns meistens bei mir. Diese Bewegungsfreiheit hielt ein paar Monate lang an, aber Mama, Raouf und ich wußten, daß früher oder später die Isolation erfolgen würde und daß wir uns auf diese vorbereiten mußten.

Der befürchtete Moment kam Anfang 1978.

Am 30. Januar, Raoufs zwanzigstem Geburtstag, sperrte man meinen Bruder in seiner Zelle ein. Er durfte sie nicht mehr verlassen und uns nicht mehr sehen. Wenige Tage später waren wir an der Reihe, angeblich weil wir es gewagt hätten, zusätzliches Butangas zu fordern, weil wir vor Kälte starben. Halima und Achoura entgingen der völligen Einkerkerung. Sie durften einmal am Tag in den Hof hinaus, um Reisig für ihre Feuerstelle zu sammeln.

In den ersten Tagen unserer endgültigen Trennung durften

wir zu unterschiedlichen Zeiten im Hof Luft schnappen. Mama ging morgens bis um zehn Uhr hinaus, dann waren wir an der Reihe.

Ich stellte mich dann unter Raoufs Fenster, dieser hielt sich an den Gitterstäben seiner »Toilette« fest, und wir unterhielten uns über alles und nichts. Er riß das Wort völlig an sich, so groß war sein Bedürfnis, sich zu artikulieren, litt er doch entsetzlich unter seiner Isolierung.

Er kam häufig auf meinen Vater zu sprechen und auf seinen Wunsch, diesen zu rächen. Diese Idee ließ ihm keine Ruhe. Dann wurden auch diese Freigänge untersagt.

Jetzt wurden wir Tag und Nacht eingesperrt, voneinander getrennt und mißhandelt, und nichts verband uns mehr mit unserem früheren Leben. Wir waren nur noch Nummern. Wir mußten lernen, mit der Zelle zurechtzukommen, mit diesem winzigen Raum, der unser Leben sein würde, unsere Welt, unser Zeittakt, einzig gegliedert durch die Jahreszeiten.

Ihrem Willen nach sollten in erster Linie Mama, Raouf und ich gebrochen werden. Mama, weil sie die Frau des verhaßten Mannes war, ich, weil sie meinen Einfluß auf den Rest der Familie kannten, und Raouf, weil von ihm als Sohn meines Vaters logischerweise der Wunsch nach Rache zu erwarten war, woran sie ihn mit allen Mitteln hindern wollten. Von uns allen hatte Raouf körperlich am meisten zu leiden und steckte die meisten Schläge ein.

Es war den Wachen, die sich mittlerweile sämtlich aus Mouhazzins rekrutierten, verboten, in menschlichem Ton mit uns zu reden oder uns ein wie auch immer geartetes Interesse entgegenzubringen. Sie mußten uns im Gegenteil im höchstmöglichen Maße erniedrigen, und das bis in die kleinsten Details. Ich lebte mit täglicher Angst im Bauch. Mit der Angst, daß sie mich töten würden, der Angst vor Schlägen und permanenter Demütigung. Und ich schämte mich ihrer.

Wir wurden allerdings nie wirklich geschlagen, Raouf ausgenommen. Ich bekam einmal einen Faustschlag ins Gesicht, weil ich es gewagt hatte, einem Offizier die Stirn zu bieten. Ich fiel nach hinten, mit dem Kopf gegen die Flurmauer. Der Aufprall war heftig, und die Mädchen kamen aschfahl aus der Zelle gelaufen. Ich erhob mich, und um sie zu beruhigen, sagte ich ihnen, ich hätte das Gleichgewicht verloren. Später gestand ich ihnen, daß ich geschlagen worden war, bat sie aber, nichts davon Mama zu erzählen. Ich fühlte mich gedemütigt, machte mir aber auch Vorwürfe.

Der Mann, auf den sich meine Angst bezog, war, mehr noch als Borro, Oberst Benaïch, Offizier des Königs, der bereits in Tamattaght die Ursache für unsere veränderte Behandlung gewesen war. Er versuchte mit allen Mitteln, uns das Leben zur Hölle zu machen. Er war es, der die Tötung der Tauben angeordnet hatte, der uns das Essen entzog. Wir sahen ihn nur selten. Seine Ankunft kündigte sich durch ein Hubschraubergeräusch am Himmel an oder auch durch die Haltung der Mouhazzins, die plötzlich besonders achtsam waren.

Aber mit der Zeit etablierte sich eine eigentümliche Beziehung zwischen Gefangenen und Folterern. Wir waren die Opfer, aber wir konnten auch, innerhalb unserer begrenzten Möglichkeiten, unsere Peiniger manipulieren. Alles war uns recht, um diese gewaltsame Beziehung unmerklich auf den Kopf zu stellen.

Mit Benaïch war dies unmöglich, mit Borro schwierig. Dieser Rohling war diszipliniert bis ins Innerste seiner militärischen Seele. Hätte man ihm befohlen, uns mit blanker Waffe zu töten, hätte er es ohne Zögern getan. Das einzige, was er konnte, war Befehle ausführen. Aber die Mouhazzins waren bei all ihrer Härte und Unmenschlichkeit auch sehr dumm. Man mußte nur überlegt vorgehen, um sie zu verunsichern.

Wir lehnten uns auf.

Einmal im Monat hatten wir das Anrecht auf eine Schubkarre voll Holz für die Küche. Die Mouhazzins öffneten dann die Panzertür und riefen mich in einer Weise, daß ich mich bereits gedemütigt fühlte. Ich durfte die Schwelle der Tür nicht

Malikas Eltern,
Mohammed und
Fatima Oufkir,
1969

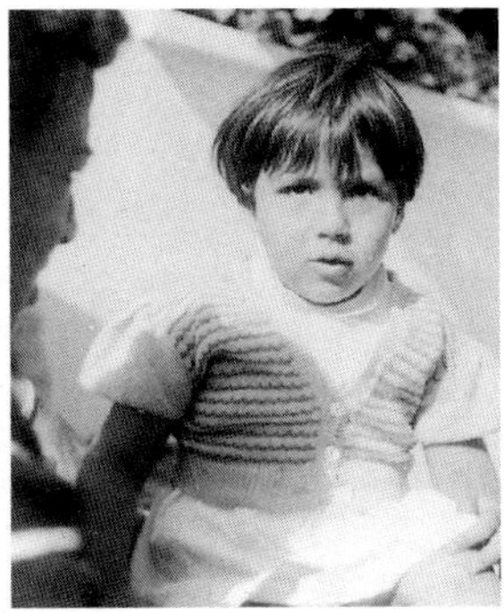

Malika mit vier Jahren

Die achtjährige
Malika (rechts)
mit der königlichen
Prinzessin Lalla
Mina und Kron-
prinz Hassan

Malika mit Lalla Mina und
Freundinnen in der Villa Yasmina

Malika mit achtzehn Jahren

Tamattaght, 1974:
Fatima Oufkir mit Abdellatif

Die Gefangenen 1974 (von links nach rechts):
Abdellatif, Maria, Malika, Raouf, Myriam und Soukaïna

Noch in Marokko: Malika 1994

Malika 1994

Hassan II. von Marokko

© action press

Am Flughafen Orly in Paris, 1996 (von links nach rechts):
Soukaïna, Malika, Maria und Raouf

© sipa press

Malika Oufkir und
Eric Bordreuil
heiraten 1998 in Paris

© Arnaud Février

Malika und Fatima Oufkir, 1999

überschreiten. Das Licht machte mich ganz benommen. Sie warfen die Holzscheite zu Boden und befahlen mir, sie aufzusammeln.

Die ersten Male brachten sie etwa einen Meter fünfzig lange Äste mit. Ich ließ mir Zeit, sie zu sortieren, und gab die längsten davon den Mädchen. Raouf hatte uns nahegelegt, sie in einem kleinen Hohlraum oben in der Mauer unserer Zelle zu verstecken, im Hinblick auf eine mögliche Flucht. Die Äste konnten uns als Stützbalken für einen Tunnel dienen.

Im dritten Monat brachten die Wachen uns nur noch kleine Scheite. Sie hatten unsere Hintergedanken erraten.

Unser wichtigstes Durchhaltemittel war die »Anlage«, wie wir sie nannten, unsere einzige Möglichkeit, miteinander zu kommunizieren. Sie hat uns zweifellos das Leben gerettet.

Raouf war es gelungen, unter seinem Bett mit Hilfe eines Löffels und eines Messers eine Platte zu lösen. Er hatte darunter unser wertvolles Radio versteckt, das er zuvor in alte Tücher gewickelt hatte, um es gegen die Feuchtigkeit zu schützen. Nachts holte er es heraus, hörte es und fühlte sich weniger einsam. Dann kam ihm die Idee, die fünf oder sechs Mikrofone und die Elektrokabel zu nutzen, die wir aus den Lautsprechern der Stereoanlage gerettet hatten, und daraus ein Nachrichtennetz von Zelle zu Zelle zu konstruieren.

Als Leiter dienten die Eisenstäbe der Lattenroste. Allnächtlich nahmen die Mädchen und ich diese aus unseren Betten und verbanden sie miteinander. Sie mußten mit Hilfe dicht oberhalb des Bodens in die Wand gegrabener Löcher quer durch Achouras und Halimas Zelle hindurch bis zu der von Raouf reichen. Doch selbst aneinandergereiht waren sie nicht ausreichend lang und endeten auf halber Strecke.

Raouf hatte die Idee, das Elektrokabel der Lautsprecherboxen anzuhängen und dieses an dem Mikrofon, das er besaß, festzumachen. Ich machte dasselbe auf meiner Seite. Als Verbindung dienten dünne Stahldrähte, die wir dem doppelten

Maschendraht entnommen hatten, der über der Panzertür, die unsere Zelle verschloß, gezogen war. Wir umwickelten damit die Pole unserer Mikrofone. Während der Übertragung mußten häufig die Drähte ersetzt werden, weil sie kaputtgegangen waren, aber der Ton war recht gut zu hören.

Wenn Raouf eine Radiosendung interessierte, übertrug er sie zu uns, indem er die Mikrofone anschloß. Ich ließ Mama und Abdellatif mitprofitieren. Um direkt mit ihnen zu kommunizieren, benutzte ich einen Gartenschlauch, den ich, als die Wachen einmal unaufmerksam waren, im Hof hatte entwenden können. Ich hatte daraus durch unsere Trennwand hindurch eine »Telefon«-Leitung gebastelt. Tagsüber versteckte ich sie in Mimis Bett. Die Wachen wagten es nicht, dieses zu durchwühlen, und zwar wegen der epileptischen Anfälle, vor denen diese ungehobelten Geister eine Heidenangst hatten. Sie waren der Ansicht, Mimi sei von *djinns* besessen.

Mit diesen bescheidenen, aber wirkungsvollen Mitteln konnten wir die ganze Nacht kommunizieren. Es hatte eine magische Wirkung, wenn die Stimmen von José Artur oder Gonzague Saint-Bris durch die Mauern drangen, um uns Gesellschaft zu leisten, als wären sie an unserer Seite. Später erzählte ich allen über denselben Weg jeden Abend eine Geschichte.

Ich perfektionierte die Erfindung noch. Ich ersetzte die allzu schweren Lattenroststangen, deren Handhabung zu schwierig war, durch Metallfedern, die ich aus unseren Koffern schnitt. Aber das Prinzip blieb dasselbe.

Abends, wenn die Wachen das Elektroaggregat anstellten, nutzten wir den Lärm aus, um unsere »Anlage« zusammenzustecken. Das Herausziehen der Eisenstäbe und das Durchschieben von Zelle zu Zelle machte einen Höllenradau. Aber zu unserer großen Befriedigung, und das war in dieser alptraumhaften Welt wahrlich unsere einzige, haben sie unser Kommunikationssystem nie entdeckt. Unsere Mikrofone versteckten wir stets zwischen unseren Oberschenkeln.

Zum Schluß hatte nur noch eines der Feuchtigkeit standgehalten, das ich dann bei mir behielt. Es war heilig. Raouf verdankt ihm sein Überleben, war es doch das letzte Mittel, das wir hatten, um in Kontakt zu bleiben.

Barfuß und zerlumpt, schlotterten wir im Winter vor Kälte und kamen im Sommer vor Hitze fast um. Wir hatten keine Krankenpflege und auch keine Medikamente mehr, ebensowenig wie Uhren, Bücher, Papier, Bleistifte oder Kinderspielzeug. Wir mußten bitten und betteln, um ab und zu von den Kerkermeistern einmal eine Gefälligkeit zu erhalten: einen Kugelschreiber, den wir nur ganz sparsam benutzten, Batterien für das Radio, die wir über Monate konservierten. Wir hatten sie über einen kleinen Mann bekommen können, der einen meiner Onkel gekannt hatte, einen Caid in seiner Gegend.

Unser Tagesablauf wurde durch die Wachen reguliert. Sie kamen dreimal am Tag, morgens und abends, um uns die Mahlzeiten zu bringen, mittags mit dem Brot. Gegen acht Uhr dreißig gab es das Frühstück, das Achoura in ihrem kleinen Innenhof zubereitet hatte. Es war mit Kichererbsenmus gemischter Kaffee, der so dünn war, daß er heißem Wasser ähnelte. Zuerst hörten wir das hämmernde Geräusch ihrer Stiefel im Hof, dann das verhaßte Klirren ihrer Schlüsselbunde. Ihre Ankunft machte uns stets Angst, wir hatten uns immer irgend etwas vorzuwerfen: das Radio, die Batterien, die Löcher, die wir in die Wand gebohrt hatten …

Wenn sie meine Tür zur gleichen Zeit öffneten wie die von Mama, richteten wir es so ein, daß wir uns in derselben Achse hinstellten, und da die Zellen im rechten Winkel zueinander standen, konnten wir auf diese Weise einen flüchtigen Blick aufeinander erhaschen. Wir hatten ständig solche Ideen. Mittags hörten wir ihr Pfeifen, das den Brotlastwagen ankündigte, und dann, gegen halb acht abends, kamen sie noch einmal, öffneten die Türen und stellten das Essen ab.

Nie gönnten sie uns eine Unterbrechung, nie konnten wir

vergessen, daß wir in elenden Zellen eingesperrt waren. Wir wurden Stunde um Stunde, Tag und Nacht überwacht. Wenn wir uns an die Gitterstäbe klammerten, um ein kleines Stück Himmel zu sehen, sahen wir nur ihre Blicke aus dem Wachturm, die uns unablässig belauerten, selbst durch die Mauern hindurch.

Die ersten Monate machten wir uns so etwas wie einen Stundenplan. Morgens spielte ich mit meinen Schwestern im »Sportzimmer« Volleyball; wir hatten uns aus Stoffstückchen einen Ball zusammengebastelt. Je nach Laune machten wir eine Stunde Gymnastik, trainierten die Bauch- und Gesäßmuskulatur und gingen dann erschöpft und schweißgebadet unter die »Dusche«. Mit zunehmendem Alter entwickelte Soukaïna eine Neigung zur Korpulenz. Ich setzte sie auf Diät und zwang sie dazu, Sport zu machen, damit sie sich nicht gehenließ.

Später gaben wir die Leibesübungen auf. Der Körper reagierte nicht mehr darauf. Wir entfremdeten uns von allem.

Die Tage waren endlos. Unser Hauptfeind war die Zeit. Man konnte sie sehen, fühlen, greifen, sie war furchtbar und bedrohlich. Das Schwierigste war, sie in den Griff zu bekommen. Am Tage reichte eine sanftere Brise, die durch das Fenster drang, um uns daran zu erinnern, daß sie uns verhöhnte und daß wir eingemauert waren.

Das sommerliche Dämmerlicht erinnerte mich an die Süße früherer Zeiten, das Ende eines Strandtages, die Stunde vor dem Essen, wenn man noch einen Aperitif trank, das Lachen der Freunde, den Geruch des Meeres, den Geschmack von Salz auf der gebräunten Haut. Ich ließ das wenige, das ich erlebt hatte, immer wieder an mir vorüberziehen.

Wir machten nichts Großartiges mehr. Verfolgten den Weg einer Schabe von einem Loch zum nächsten. Dösten wieder. Lüfteten unser Gehirn. Der Himmel wechselte die Farbe, und der Tag ging zu Ende. Eine Woche verging wie ein Tag, die Monate dauerten Wochen, die Jahre bedeuteten nichts. Und ich verzehrte mich. Mir wurde klar, daß ich von innen her starb. Ich hatte häufig das Gefühl, in einem schwarzen Loch zu leben, umschlossen von Dunkelheit. So als sei ich ein Ball, der unablässig in einen Brunnen fällt und dabei jedesmal gegen eine Mauer prallt.

Nach und nach begrub uns die Stille unter sich. Nur die Schritte der Mouhazzins, ihr Pfeifen, das Klappern ihrer Schlüssel, das Gezwitscher der Vögel, das Schreien eines Esels namens Cornelius gegen vier Uhr morgens oder das Rauschen der Palmen störten sie noch. Den restlichen Tag über hörte man nichts.

Wir vergaßen nach und nach, wie sich der Lärm in der Stadt anhörte, das Unterhaltungsgemurmel in den Cafés, das Klingeln des Telefons, das Autogehupe, all die vertrauten Geräusche, die das alltägliche Leben so mit sich brachte und die uns so sehr fehlten.

Mimi war diejenige von uns, die ein untrügliches Zeitgefühl hatte. Sie verließ sich dabei auf die Sonnenstrahlen, die durch unsere winzigen Fenster hindurchdrangen. Man konnte sie zu jeder beliebigen Tageszeit fragen, wieviel Uhr es sei, sie hob den Kopf unter ihrer Bettdecke hervor und sagte:

»Zehn nach drei, Viertel nach vier.«

Sie täuschte sich nie.

Uns stand pro Monat ein kleines Paket Waschmittel zu, mit dem wir uns selbst säubern, die Wäsche waschen und das Geschirr reinigen mußten. Zum Zähneputzen benutzten wir Salz. Eine Zeitlang hatten wir die Idee, sie mit Erde sauberzumachen, wie wir es manchmal mit den Tellern machten. Aber als Abdellatif eines Morgens mit geschwollenem, violettem Mund und lauter weißen Punkten auf der Zunge aufwachte, hörten wir damit auf.

Wenn die Wachen meine Zelle öffneten, stürzte ich zu dem Hahn mit dem kalten Wasser gegenüber an der Mauer, um mir die Haare mit Waschmittel zu waschen. Überall war Schaum.

Die Mouhazzins waren davon überzeugt, daß wir unsere glatten Haare dieser Behandlung verdankten.

Sie unterhielten sich untereinander:

»Sie hat schönes Haar. Ich habe es auch schon mit Seifenpulver probiert, aber es hat nichts geholfen.«

Die Waschpulvershampoonaden hatten bei uns aber vor allem kollektiven Haarausfall und Ekzeme zum Ergebnis ...

Wir trugen immer dieselben Kleider, die wir unsere Kampfanzüge nannten. Mama nähte uns aus dem Stoff unserer alten Sachen und aus den Überzügen der Schaumstoffmatratzen Hosen mit Gummizug an der Taille.

Fast als hätten wir absichtlich daran gedreht, hatten wir alle sieben unsere Regel zur selben Zeit. Wir hatten keine Watte und keine Binden und benutzten wieder und wieder zusammengeschnittene Handtuchstücke, bis sie völlig zerschlissen waren. Wir mußten die Stoffe waschen, sie Halima geben, die sie rund ums Feuer zum Trocknen hängte, und mit gespreizten Beinen warten, bis sie getrocknet waren und neuerlich benutzt werden konnten.

Diese mangelnde Intimsphäre war eine Qual für uns. Wir lebten unter den Augen der anderen: Sich waschen, zur Toilette gehen, vor Fieber oder Schmerzen heulen waren Akte, die man mit den anderen teilte. Nur in der Nacht unter unseren Decken konnten wir uns die Seele aus dem Leib heulen, ohne daß man uns hörte.

Trotzdem herrschte ein gutes Einverständnis zwischen uns. Wir stritten uns nicht, außer vielleicht die Mädchen untereinander, aber ich paßte auf sie auf. Da Mama nicht bei uns war, wurde ich zu ihrer Mutter. Ich war es, die sie erzog, ihnen gute Manieren beibrachte und Respekt vor den anderen.

Selbst im Gefängnis, selbst in Bir-Jdid, im Kerker, ließ ich keine Lockerung der Disziplin zu. Man hielt sich ordentlich bei Tisch, kaute leise, sagte »danke«, »bitte«, »Entschuldigung« und wusch sich die Hände vor dem Essen. Man wusch sich täglich gründlich, vor allem während der Monatsregel, trotz des eiskalten und salzigen Wassers, das man uns sogar mitten im Winter gab und das uns zum Schreien brachte, wenn wir mit ihm in Berührung kamen, und eine knallrote Haut hinterließ.

Meine Erziehung im Palast haftete an mir. Wenn Raouf sich über mich lustig machen wollte, nahm er den teutonischen Akzent von Mademoiselle Rieffel an. Aber das war mir egal. Der Geist mußte die Oberhand über den Körper behalten, das erlaubte es uns, alles oder doch annähernd alles zu ertragen, und ich zwang uns dazu, uns sorgfältig zu pflegen, um nicht unsere Menschenwürde zu verlieren.

Gelegentlich hatte ich Anwandlungen von Koketterie. Ich wollte das Altern meines Gesichts verzögern. Mama hatte mir das Schönheitsgeheimnis der Berberfrauen verraten: Sie stellen eine Maske auf der Basis gedünsteter und pürierter Datteln her, die sie auf ihr Gesicht auftragen. Während des Ramadan bekamen wir ein paar Datteln. Ich raffte alles, was wir bekamen, an mich und machte daraus eine Paste, die ich die ganze Nacht aufgetragen ließ. Das Ergebnis war, daß sich die Mäuse an meinem Gesicht gütlich taten. Und meine Haut wurde auch nicht wesentlich besser.

Wir schnitten uns die Haare mit einer kleinen Schere, die meine Mutter zum Schneidern unserer Kleider behalten durfte. Raouf hatte keinen Bartwuchs, was ihn bekümmerte, um so mehr, als wir uns immer über ihn und seine drei Haare auf dem Kinn lustig machten.

Gegen Ende hin ließ er sich allerdings einen Bart wachsen; er behauptete, daß der Tag, an dem er sich rasieren würde, die Beendigung unserer Gefangenschaft kennzeichnen würde.

Diese auf gut Glück geäußerte Prophezeiung stellte sich später tatsächlich als richtig heraus. Er bat eines Morgens unsere Kerkermeister, ihm seinen Bart zu rasieren, wobei er mit seiner Männlichkeit spielte, eine Seite, bei der sie leicht zu packen waren.

»Ich bin ein Mann«, appellierte er an sie, »ich kann so nicht bleiben.«

Sie setzten ihn in den Hof und schnitten ihm den Ziegenbart ab.

Einen Monat später brachen wir aus unserem Gefängnis aus.

Der Hunger

Hunger erniedrigt, Hunger entwürdigt. Der Hunger läßt einen Familie, Freunde, Werte vergessen. Der Hunger verwandelt einen in ein Monster.

Wir hatten immer Hunger.

Alle vierzehn Tage deponierten die Mouhazzins die Vorräte in Achouras Zelle, die für uns alle kochte. Sie reichte sie mir alle nacheinander durch ein winziges Loch hindurch, das wir zwischen unseren Zellen gegraben hatten. Sie mußte mit dem, was sie hatte, zurechtkommen, um neun Personen bis zur nächsten Anlieferung durchzufüttern. Meine Güte, was war sie mager.

Nie gab es Milch, nie Butter, nie Obst, abgesehen von ein paar gelegentlichen vertrockneten Datteln und verschimmelten Orangen. Faules Gemüse, zwei Schüsselchen Mehl, ein Schüsselchen Kichererbsen und eines mit Linsen, ein Dutzend stinkende Eier, ein Stück verdorbenes Fleisch, ein paar Zuckerstückchen, ein Liter Öl im Monat und ein kleiner Topf Waschpulver war alles, was wir zum täglichen Leben hatten. Es kam nicht in Frage, auch nur irgend etwas wegzuwerfen. Und dennoch ...

Nie in meinem Leben habe ich Gemüse in einem solchen Zustand gesehen, und vor allem hätte ich mir nie vorstellen können, daß man es essen könnte. Die Möhren waren grün, mit einer dicken und langen Wurzel. Mit den grünlichen und matschigen Auberginen bereitete Achoura ein Gericht zu, dem die

Kinder den Spitznamen »japanischer Schmortopf« gaben. Die Linsen waren voller kleiner Tierchen, die im Wasser schwammen.

Durch ein- bis mehrmaliges Kochen jedes Lebensmittels schafften wir es, Geschmack und Aussehen zu vergessen und alles von der Konsistenz her etwas weicher werden zu lassen. Schlimmer, wir schlugen uns darum, mehr davon zu bekommen. Unsere Verdauungsprobleme schienen harmlos gegen die anderen Übel, unter denen wir ständig litten. Unsere Körper hatten sich an die mangelnde Hygiene gewöhnt. Zu trinken hatten wir Wasser, soviel wir wollten, aber es war salzig, was den Durst kaum löschte.

Ich stellte fest, daß Achoura und Halima einen kleinen Mafiaring mit den Nahrungsmitteln aufgebaut hatten, indem sie mit den anderen Zellen einen Tauschhandel mit Zucker oder Brot ins Leben riefen. Ich konnte noch so oft alles auf die Kichererbse genau abzählen, es fehlte immer irgend etwas. Sie sagten mir:

»Das sind die Ratten, das sind die Mäuse, das war völlig verdorben ...«, aber ich traute ihnen nicht.

Ich beschloß, die Vorräte in meine Hand zu nehmen. Sobald ihnen die Ware angeliefert wurde, stellte ich ein Verzeichnis auf und beschlagnahmte sie. Ich deponierte alles, was man uns gab, in dem kleinen Räumchen neben unserer Schlafzelle, in einem improvisierten Vorratsschrank unter den Bodenplatten. Das Brot wurde in einem Koffer versteckt. Ich wollte so sparsam haushalten wie möglich, damit wir bis zur nächsten Lieferung durchhielten.

Wir brauchten morgens ein Stück Zucker in unseren Kaffee, einen kleinen Imbiß um elf Uhr für die Jungs, vor allem Abdellatif, der im Wachstum war und am meisten von allen vom Essen besessen. Wir Mädchen aßen wenig: Nach dem morgendlichen Kaffee warteten wir auf das abendliche Gemüse. Im Sommer litten wir nicht sehr an Hunger, dafür war es zu heiß, und wir waren auch schon an dieses Hungerregime gewöhnt. Im Winter protestierten unsere Mägen kräftig, aber wir taten so, als würden wir es nicht hören.

Am Abend gab ich Achoura die Zutaten für einen Schmortopf, den sie auf ihrem Ofen zubereitete und in neun Portionen teilte. In stets gleichbleibender Weise wiederholte sich immer wieder dieselbe Szene. Die beste Köchin im Hause Oufkir schluchzte gegen die Mauer:

»Aber Kika, wie soll ich mit so wenig alle satt bekommen?«

Ihre Tränen rührten mich nicht. Ich war unerbittlich. Wenn wir den Monat durchhalten wollten, mußte man alles gut einteilen.

Im Frühling ernährten wir uns von einem wilden Kraut, einer Art Löwenzahn, den Halima im Hof sammeln ging und den ich kochte. Ich fügte Knoblauchzehen hinzu, einen Schuß Olivenöl und garnierte damit die Sandwichs.

Ich hatte mir Mangel-Rezepte ausgedacht. Im Winter briet ich ein kleines Glas Mehl, ein kleines Glas Grieß, ein kleines Glas zerstoßener und zermahlener Kichererbsen an, gab das Ganze zusammen mit einem Liter Wasser, Zucker, drei Eßlöffeln Öl in eine Kasserolle und verteilte die Mischung auf die Gläser. Wir benutzten ständig den alten Kaffeesatz vom Morgen wieder. Ein Pfefferminzstengel wanderte tagelang von Tasse zu Tasse mit heißem Wasser, um uns die Illusion eines Tees zu verschaffen.

Jeden zweiten Tag brachten uns die Wachen Brot in Kartonkisten. Ich schüttete die Laibe sofort auf den Boden, und Soukaïna und ich stellten die Seitenklappen dieser Kartons hoch. In Rekordgeschwindigkeit entfernten wir ihren Papierüberzug. Er diente uns dazu, die Geschichten, die ich erzählte, festzuhalten. Das Papier war uns so wertvoll wie das Essen.

Als ich eines Tages wieder dabei war, die Papierschicht zu entfernen, sah ich die drei Mädchen die Krümel vom Boden lecken, die aus dem Karton gefallen waren. Von diesem Moment an führte ich eine Regel ein. Statt sich wie streunende

Hunde darum zu schlagen, waren sie der Reihe nach mit den Krümeln »dran«.

In Bir-Jdid haben wir nie ein normales Ei gesehen. Die Schale war grün, und heraus trat eine widerliche schwarze Flüssigkeit, von deren Gestank einem schlecht wurde. Ich schlug die Eier auf, ließ sie eine Nacht lang an der Luft, und morgens verquirlte ich sie mit Zucker. Ich tunkte Brotstücke in dieses Erzeugnis und buk sie in Öl aus.

Sobald sich der Geruch verbreitete, ging ein freudiges Beben durch die Zellen. Es war ein Fest! Die »armen Ritter« töteten den Hunger, sie waren gehaltvoll, stopften unsere Mägen und schmeckten gar nicht so schlecht.

Wir waren Experten geworden im Verwerten sämtlicher Dinge. Wir aßen sogar das Brot, auf dem die in der Zelle herumwimmelnden Mäuse ihren Urin und ihre Exkremente hinterlassen hatten. Ich sehe Mimi noch vor mir, wie sie auf ihrem Bett sitzt und vorsichtig die kleinen schwarzen Köttel von der Brotkrume wischt, bevor sie das Stück zum Mund führt. Unsere gesamten Vorräte waren von diesen Nagern beschmutzt.

Um unsere Alltagskost zu verbessern, sammelten wir die Feigen auf, die von den Bäumen in den Hof fielen. Im ersten Jahr, als wir noch hinausdurften, hamsterten wir soviel wie möglich. Achoura machte daraus Obstsalat, der unseren Hunger ein wenig stillte. Als wir dann eingesperrt waren, sammelte Halima sie ganz allein.

Als die Wachen mitbekamen, daß uns die Feigen wohltaten, arrangierten sie es so, daß sie diese von den Bäumen schüttelten, bevor sie in unsere Zellen kamen, und sie dann vor unseren Augen aßen. Wir hatten nur noch verfaulte oder vertrocknete Früchte, aber wir waren trotz allem glücklich, wenigstens diese zu haben.

Der Hunger setzte uns häufig sehr zu. Er war so stark, daß wir manchmal neidische Blicke auf denjenigen warfen, der seinen mageren Anteil noch nicht vertilgt hatte. Nur die strikten

Benimmregeln, die ich allen eingebleut hatte, verhinderten, daß wir uns prügelten.

Wir phantasierten von einem Stück Fleisch, das Wasser lief uns im Mund zusammen, wenn der Wind uns die Tajine-Düfte von den Wachen herüberwehte. Wir waren dann aufgeregt wie brünftige Hunde.

Tag und Nacht träumten wir vom Essen, und wir fühlten uns gedemütigt, so tief gefallen zu sein.

Mimi, die zarteste von uns, zögerte nicht, ein paar Saubohnen zu stehlen, auf denen sie den ganzen Tag, den Kopf unter der Decke, herumkaute. Wir verpaßten ihr den Spitznamen »Bäcker-Mimi«, weil sie so eine Schwäche für Mehl und Brot hatte. Wenn wir unser Lieblingsspiel spielten: »Ihr bekommt für achtundvierzig Stunden Eure Freiheit und könnt machen, was ihr wollt«, antwortete sie unweigerlich:

»Ich mache an einer Bäckerei halt, stopfe mich mit Brot voll und nehme tonnenweise Kuchen mit.«

Raouf hatte die Absicht, alle Frauen zu vernaschen, die ihm über den Weg liefen. Ich wollte eine Buchhandlung plündern und so viele Bücher kaufen, wie ich tragen konnte. Ich fügte seufzend hinzu:

»Und mit einem Mann schlafen, den ich gerade kennengelernt habe, um zu wissen, wie das ist.«

Die Kinder träumten von Spielsachen.

In unserer Familie war Weihnachten immer ein heiliges Fest. Selbst im Palast, trotz des geltenden Islam, blieb Weihnachten Weihnachten. Die Rationierungen hinderten uns nicht daran, dieses würdig zu feiern, ebenso wie die Geburtstage. Wir machten schon Monate zuvor Vorbereitungen, indem wir Zutaten für einen Kuchen zusammensparten. Wir beschränkten die Portionen, taten Eier zur Seite, Zucker, verzichteten auf alles. Aber an dem Festtag hatten wir unseren großen Kuchen, den die Wachen, ohne daß sie es wußten, durch die Zellen zirkulieren ließen, da wir ihn unter Lumpen versteckten.

Einige Tage vor dem 24. Dezember schoben Achoura und Halima ihren Gasschlauch durch das unter unserer Mauer gebuddelte Loch hindurch, und ich verband diesen mit meinem kleinen Butankocher. Auf diese Weise machten wir zwei riesige *bûches de Noël*[24], mit fritierten Kichererbsen, Mehl, Eiern, Öl, Kaffee und Zucker.

Wir waren sehr gut organisiert: Wir teilten uns die Arbeit und leiteten unsere diversen Erzeugnisse wie Sandgebäck, Vanillecreme, Schokoladen- oder Vanilleersatz von Achouras und Halimas Zelle in die unsere weiter. Der Kühlschrank fehlte uns nicht: Es war so kalt draußen, daß ich die *bûches* zum Kaltwerden ins Freie legte. Die Kuchen schmeckten uns so, daß wir uns um die letzten Stücke schlugen.

Weihnachten wäre nichts gewesen ohne Spielzeug. Wir bastelten welches für den Kleinen aus Kartonstücken, die wir, wo immer möglich, sammelten. In einem Jahr bauten wir ihm einen Flugzeugträger, mit Düsenjägern, Panzern, Mercedes-Lastwagen und safrangelben Volkswagen mit Felgen aus Silberpapier. Damals hätte ich aus einem Stück Karton alles zuwege gebracht. Heute wäre ich dazu unfähig.

Alle Jahre wieder schrieb ich mit verstellter Schrift einen Brief. Wir behaupteten, daß der Weihnachtsmann diesen für ihn dagelassen hätte. Bis er vierzehn war, glaubte er daran.

Halima klaute aus dem Hof ein wenig Erde, mit der Mama ein paar Fußabdrücke auf den Zellenboden applizierte.

Abdellatif war dann das glücklichste Kind auf der Welt, und sein Glück ließ es auch uns warm ums Herz werden.

---

[24] Traditioneller französischer Weihnachtskuchen

Mangels Büchern, Heften und Papier hatte ich aufgehört, Unterricht zu erteilen. Aber die Mädchen wollten etwas über das Leben erfahren. Sie fragten, wie man flirtete, wie man einen Jungen auf den Mund küßte, wie es sich anfühlte, wenn einem die Brust gestreichelt wurde. Ich antwortete ihnen, so gut ich konnte, indem ich aus meinen geringen eigenen Erfahrungen schöpfte und aus dem Wissen, das ich von meinen Lektüren her hatte.

Abdellatif war sehr wißbegierig; Mama hatte das Bedürfnis zu reden; Raouf, der isolierteste von uns allen, nutzte die »Anlage«, um sein Herz auszuschütten, Achoura und Halima hingen ihren Depressionen nach.

Ich hörte zu, tröstete, riet, unterrichtete, lehrte, erzählte, bemutterte. Mein Mund ging wie ein Räderwerk, und am Ende des Tages fühlte ich mich davon ganz ausgelaugt. Aber wie hätte ich mich zurückziehen können, wo sie doch mein ganzes Leben waren?

Dann hatte ich einen großartigen Einfall. Ich würde ihnen eine Geschichte erzählen. Auf diese Weise würde ich vom Leben erzählen, der Liebe, ich würde die Jüngeren von meinen mageren Erfahrungen profitieren, sie reisen, träumen, lachen und weinen lassen. Ich würde ihnen dabei Geschichte und Geographie beibringen, Naturwissenschaften und Literatur. Ich würde ihnen alles weitergeben, was ich wußte, und was den Rest betraf, phh, da würde ich eben improvisieren.

Das war kein geringes Unternehmen. Ich mußte die verschiedenen Altersstufen in Rechnung stellen, um alle zu interessieren. Mit zwanzig hatte Raouf mit Sicherheit andere Sorgen, andere Phantasien als die drei Mädchen oder gar der kleine Abdellatif. Ganz zu schweigen von Mama, Achoura und Halima, die mit ihren eigenen Dingen beschäftigt waren. Aber die Idee gefiel ihnen derartig, daß wir sie sofort in die Praxis umsetzten.

Kaum legte das Stromaggregat los, schoben wir die »Anlage« von Zelle zu Zelle. Eine Stunde später hörte der infernalische Lärm auf und ich konnte im Dunkeln mit meiner Geschichte beginnen. Elf Jahre erzählte ich Nacht für Nacht, Scheherazade gleich.

Anfangs dauerte meine Erzählung bis drei Uhr morgens, dann bis vier; am Ende machte ich erst gegen acht Uhr morgens Schluß, wenn die Wachen uns wecken kamen. Es war wie in einer Hörspielserie. Kaum hatte ich mein Mikro in der Hand, machte ich es mir bequem und legte los.

Ich mußte nur einen ersten Entwurf skizzieren, die Personen bei ihren Vornamen nennen, und sie nahmen bereits Gestalt an. Alles in allem gab es einhundertfünfzig, alle unterschiedlich, alle faszinierend. Ihr Äußeres drängte sich einem zuerst auf, dann ihr jeweiliger Charakter, ihr Lebensweg, ihr Schicksal. Dann dachte ich mir eine Vergangenheit für sie aus, einen Stammbaum, eine Familie, denn die Kinder wollten alles über sie wissen.

Die Geschichte spielte im Rußland des 19. Jahrhunderts, ohne daß ich genau hätte sagen können, warum. Ich hatte keinen Film zu diesem Sujet gesehen und auch kein Buch gelesen, mit Ausnahme von *Doktor Schiwago*, das ein wenig später spielt. Ich beschrieb den Palast von Sankt Petersburg, als hätte ich dort gelebt, ich erzählte von den Attacken der Kosaken, den Schlittenfahrten auf der zugefrorenen Wolga, den Aristokraten und den Muschiks. Ich war gleichzeitig Schriftstellerin, Drehbuchautorin, Regisseurin, Schauspielerin. Mit der Schöpfung dieser Personen ging ich bis an die Grenzen meiner Gefühle, Phantasmen, Wünsche und Wahnvorstellungen.

Stellvertretend erlebte ich auf diese Weise Ehebruch, Homosexualität, Verrat und die große Liebe. Ich war pervers, gehemmt, großzügig, grausam, verhängnisvoll und spielte nacheinander den Helden, die Heldin und den Verräter.

Ich war ganz verwirrt, als ich mir meiner Allmacht über die anderen bewußt wurde. Die Geschichte war so realistisch für sie, daß ich sie nach Belieben manipulieren und beeinflussen konnte. Wenn ich mitbekam, daß sie sich nicht gut fühlten, brachte ich die Dinge mit wenigen Sätzen in Ordnung. Die Geschichte war in einem Maße Teil unseres Alltags, daß sie Leidenschaften schürte und Dispute in Gang setzte. Eine Gruppe war für diese Person, eine andere gegen sie. Sie unterhielten sich darüber tagsüber.

»Glaubst du, Natascha wird damit fertig werden?« fragte Soukaïna.

»Aber nein«, erklärte Raouf, »ich glaube nicht, daß Rußland den Krieg erklären wird ...«

Die Geschichte hieß »Die schwarzen Flocken«. Der Held war ein junger Prinz, Andrej Oulianow, der zur Zarenzeit in Rußland lebte. Er war jung, schön und phantastisch reich, aber gleichzeitig auch pervers und diabolisch und nur darauf aus, um sich herum Unglück zu verbreiten. Er hatte seine Eltern bereits als Kind verloren. Seine Mutter war im Wochenbett gestorben, und sein Vater hatte Selbstmord verübt. Die einzige Verwandte, die ihm noch blieb, war seine Großmutter, von der er die herausragende Schönheit geerbt hatte.

Oulianow lebte in einem riesigen Palast, der von Tausenden Morgen Land umgeben war. Ihm gehörten tausend Muschiks, und seine einzige Leidenschaft war das Reiten. Seine Großmutter hätte ihn gerne bei Hofe vorgestellt, aber er lehnte dies energisch ab. Er ritt lieber bei Sonnenuntergang über seine Ländereien. Jeder, der ihn nahen hörte, versteckte sich. Er war so bösartig, daß er sich tausend üble Streiche ausdachte, nur aus dem Vergnügen heraus, die Leute leiden zu sehen.

Eines Abends fiel er vom Pferd. Sein erster Reflex war, sich umzudrehen, ob auch niemand Zeuge seiner Demütigung geworden war. War er nicht einer der besten Reiter des Zarenreiches? Als er sich wieder aufrichtete, sah er einen glänzenden Gegenstand im Staub liegen. Seine Hand tastete danach und fand ein Amulett. Er nahm es und stieg wieder aufs Pferd.

Wieder zu Hause, wollte er unter der Androhung, alle seine Muschiks niedermetzeln zu lassen, wissen, wem das Amulett gehöre ... Sein Verwalter ging daraufhin zu dem alten Iwan, einem langbärtigen Patriarchen, und bat ihn, ihm zu helfen. Der alte Iwan wurde aschfahl. Das Amulett gehörte seiner vierzehnjährigen Großnichte Natascha. Der Verwalter bat darum, zu ihr geführt zu werden, aber das junge Mädchen war geflohen.

Als er am nächsten Tag mit seinem Pferd ausritt, wurde Andrej Oulianow von Gelächter angezogen. Er versteckte sich hinter einem Gebüsch und sah Natascha und ihren Verlobten Nikita nackt im Teich baden. Natascha war bezaubernd, so dunkelhaarig, wie Nikita blond war. Sie tanzte für ihn. Als sie Andrej wahrnahmen, bekamen sie Angst und liefen davon. Oulianow verfolgte sie auf seinem Pferd. Er schoß auf Nikita, der daraufhin im Sumpf verschwand. Er schnappte sich Natascha, vergewaltigte sie und entführte sie mit Gewalt zu sich nach Hause.

Zwei Tage später kam Nicolas Barinskij, Sohn des Gouverneurs von Moskau, zu ihm zu Besuch. Er offenbarte Andrej, daß er zur Armee werde einrücken müssen. Barinskij befand sich in Begleitung von Freunden, darunter ein gewisser Brejnskij, der auf der Flucht war, weil man bei ihm Flugblätter entdeckt hatte. Andrej willigte ein, Brejnskij zu helfen. Er lieh ihm ein Pferd und geleitete ihn durch die Sümpfe. Zum ersten Mal in seinem Leben war er in einen Akt der Revolte gegen die Staatsmacht verwickelt, aber er konnte die Folgen daraus noch nicht abmessen.

Das erste Kapitel endete so. Jede Nacht fügte ich Personen hinzu, ließ sich ihre Wege kreuzen, feilte an den Beschreibungen, setzte abwechselnd unerwartete Wendungen und Knalleffekte ein. Auf diese Weise gelang es mir, sie alle in Atem zu halten.

Heutzutage wäre ich absolut unfähig, eine solche Geschichte mit solcher Genauigkeit und so vielen Einzelheiten zu erzählen. Ich weiß nicht, wie sie während dieser elf Jahre aus meiner Phantasie hat hervorgehen können, ohne daß ich oder mein Publikum ihrer müde geworden wären.

Es kam oft vor, daß ein Anlagenkabel mitten in der Nacht kaputtging. Um es uns wissen zu lassen, daß der Ton unterbrochen war, gab Raouf einen Dauerpfeifton von sich. Ganz gepackt von meiner Geschichte, hörte ich nichts, aber eines der Mädchen übernahm die Aufgabe, mir Bescheid zu sagen. Wir reparierten den Schaden also auf unserer jeweiligen Seite, und das Pfeifen von Raouf endete nicht eher, als bis er mich wieder hörte. Das konnte sich mehrmals in einer Nacht wiederholen, so daß die Wachen Raouf sogar schon fragten, warum er pfeife.

In Verlegenheit gebracht, erklärte mein Bruder, daß dies die einzige Möglichkeit sei, die Ratten und Mäuse zu verjagen, die das Gefängnis heimsuchten. Die Wachen rissen die Augen auf, und Raouf blickte sie von oben herab an:

»Was? Das wißt ihr nicht? Aber das ist doch jedem bekannt. Ich sage euch, das ist das einzig wirkungsvolle Mittel, ihnen angst zu machen.«

Die Wachen waren häufig verblüfft über unsere Schläue und unser Wissen. Quälten sie uns auch, so bewunderten sie uns doch nicht weniger. Sie hatten Achtung vor uns wegen unserer Intelligenz, die Situationen zu erfassen und uns mit ihnen zu arrangieren. Sie glaubten meinem Bruder aufs Wort.

Von nun an vernahm man, wenn Raouf pfiff, ihr Pfeifen als Echo. Wir waren hin- und hergerissen zwischen dem Bedürfnis zu lachen, was wir letztlich auch taten, und dem beklemmenden Gefühl, in einer Weise überwacht zu werden, daß keine unserer Bewegungen ihnen entgehen konnte.

Nachdem ich auf den Geschmack gekommen war, erzählte ich noch weitere Geschichten. Das zaristische Rußland, aber auch Polen, Schweden, die Schweiz, Österreich-Ungarn,

Deutschland, die Vereinigten Staaten während des Bürgerkrieges, Ludwig II. von Bayern oder Sissi erfüllten unsere Vorstellungswelt. Ich verfaßte sogar einen Roman, einen Briefwechsel zwischen einer Großmutter und ihrer Enkelin, nach dem Vorbild von *Die gefährlichen Liebschaften.* Soukaïna schrieb alles mit, sie zeichnete sogar einen Umschlag.

Ich weiß noch einiges davon. Ich schrieb die Geschichten tagsüber auf unsere Papierfolie. Leider wurden alle meine Aufzeichnungen während unserer Flucht von einem Freund zerstört, dem ich sie anvertraut hatte und der Angst bekam, sich zu kompromittieren.

Wenn wir uns heute unterhalten, erwähnen wir selten das Gefängnis, aber die erzählten Geschichten haben nichts von ihrem Zauber verloren. Wenn einer von uns eine der Figuren erwähnt, leuchten die Gesichter. Sie sind das Beste, was wir an Erinnerung an diese furchtbare Zeit haben.

Ich glaube wirklich, in aller Bescheidenheit, daß uns diese Geschichten allen das Leben gerettet haben. Sie verliehen unserer Zeit eine Struktur. Über das Radio wußten wir das jeweilige Datum, aber es gab keine anderen Fixpunkte als Weihnachten und unsere Geburtstage. Unsere Figuren schufen sie für uns: Sie verlobten sich, heirateten, wurden geboren, starben, erkrankten.

Wir sagten:

»Aber ja, weißt du nicht mehr? Es war wahnsinnig heiß an dem Tag, an dem Natascha den Prinzen getroffen hat ...«

Oder auch:

»Aber nein, du irrst dich, ich hatte kein Fieber, als Andrejs Enkel geboren wurde, sondern das war an dem Tag, als man ihn zum Zaren krönte ...«

Dank der Geschichten, dank der Figuren verfielen wir nicht dem Wahnsinn. Wenn ich detailliert die Balltoilette beschrieb, die vollendet schönen Kleider, die Spitzen, den Taft, den Schmuck, die Prachtkutschen, die kecken Offiziere und die schönen Gräfinnen, die sich zur Musik der zaristischen Orchester im Walzertakt drehten, vergaßen wir die Flöhe, die nicht vorhandenen Damenbinden, die Kälte, den Hunger, den Dreck, das salzige Wasser, den Typhus und die Ruhr.

Krankheiten und andere Plagen

Wir hätten zwanzigmal sterben können, aber wir überlebten jedesmal die zahlreichen Krankheiten, die wir uns im Gefängnis zuzogen, unversehrt. Wir wurden von einem mysteriösen Gott beschützt, der, wenngleich er uns die furchtbaren Prüfungen nicht ersparte, so doch offenbar die Absicht verfolgte, uns am Leben zu lassen.

Manche Krankheiten waren schwer: heftiges Fieber, Infektionen, Diarrhö und unbekannte Viren, andere weniger böse, wie Halsentzündungen und Bronchitiden, Kopf- oder Zahnschmerzen, Hämorrhoiden und Rheumatismus. Aber sie waren nicht weniger schmerzhaft, da wir kein einziges Medikament zu unserer Verfügung hatten. Ich behandelte alles mit Olivenöl.

Maria hatte eine schwere Anorexie. Sie hatte so heftig Fieber und Schweißausbrüche, daß sie den ganzen Tag das Bett hütete. Ich mußte sie vier- oder fünfmal am Tag waschen und abtrocknen. Dann stellte ich ihr einen kleinen Milchtopf mit kochendheißem Wasser auf den Bauch, das Achoura erhitzt hatte. Das war unser unübertroffenes Mittel gegen Angstattacken.

Von uns allen hatte es Mimi am schwersten. Ihre epileptischen Anfälle ließen sie völlig erschöpft auf ihrem Lager liegen. Sie litt, nachdem die Beruhigungsmittel brutal abgesetzt worden waren, unter einer schweren Depression und blieb acht Jahre hindurch, fast ohne jemals aufzustehen, im Bett liegen. Man mußte sie dazu nötigen, sich zu waschen.

Die arme Mimi hatte auch so zahlreiche und so dicke Hämorrhoiden, daß sie täglich Unmengen von Blut durch die nicht heilenden Fissuren verlor. Jeden Tag säuberte ich sie mit Wasser und Seife, um zu vermeiden, daß sie zu sehr eiterten, was sie vor Schmerz an die Decke gehen ließ. Es war in diesem Zustand unmöglich, zur Toilette zu gehen. Im übrigen aß sie nichts mehr.

Gegen Ende hin war Mimi von sehr schwacher Gesundheit. Ihr Leben hing an einem seidenen Faden. Aufgrund der mangelnden Nahrungsaufnahme und des hohen Blutverlusts litt sie an Anämie. Aber sie war stoisch. Man hörte nie, daß sie sich beklagte. Ich flehte Borro an, ihr einen Arzt zu schicken, aber vergeblich. Ihr Zahnfleisch war weiß, ihr Teint aschfahl, und sie hatte keine Nägel mehr. Sie war im Begriff, vor unseren Augen zu sterben, und wir konnten nichts machen.

Über die Krankheiten hinaus mußten wir auch mit unerwünschten Gästen klarkommen, die häufig Träger von Infektionen waren. Während der sintflutartigen Regenfälle fielen Tausende von Laubfröschen zu Boden. Wir sammelten sie kiloweise in Eimern auf, um sie Abdellatif zum Spielen zu geben. Sie beschäftigten ihn eine ganze Weile.

Dann waren da die Schaben. Dick, schwarz, glänzend. Nachts schlief ich nicht, mir taten unablässig die Gelenke weh. Wenn ich dann so im Dunkeln dalag, fühlte ich die kalten Biester überall auf mir herumkrabbeln und mit ihren langen Fühlern meine Haut berühren.

Unsere Zellen lagen unterhalb eines Wasserturms; die Mauern schwitzten, sogar im Sommer, sehr zur Freude der Mücken. Die Decken waren überzogen mit ihnen, und in der Nacht griffen sie mit dem Lärm von Düsenflugzeugen im Sturzflug an. Wir organisierten Wettkämpfe: Wer am Ende der Woche am meisten von ihnen erschlagen hatte, bekam ein Ei. Maria war Weltmeisterin in diesem Spiel.

Jedes Frühjahr nisteten sich Schwalben an dem Mäuerchen

gegenüber unserer Zelle ein. Anfangs waren wir entzückt über ihre Anwesenheit, die eine Abwechslung in unsere gewohnte Monotonie brachte. Zwei Wochen lang beobachteten wir sie. Dasselbe Paar kam elf Jahre in Folge. Sie bauten ihr Nest, kopulierten, und das Weibchen legte Eier.

Aber die Schwalben brachten auch Flöhe mit sich, die uns fürchterlich bissen. Sie fielen vor allem über unsere Achselhöhlen und unseren Schritt her. Wir kratzten uns blutig, die Qual war unerträglich.

Nach ein paar Tagen war unser Geschlecht so angeschwollen, daß es uns bis zu den Oberschenkeln hing. Wie üblich machten wir uns über unsere Leiden lustig. Wir riefen in die Nachbarzellen:

»Jetzt ist es passiert, den Mädchen sind Hoden gewachsen.«

Die Mäuse waren sympathischer. Klein und flink, wie sie waren, schlüpften sie überall hindurch, kamen nachts aus ihren Löchern und krabbelten auf unsere Betten. Wir ertrugen sie besser als die Ratten, die trotz der Fallen und des Gifts während der großen Trockenheit über uns herfielen. Eine Maus hatten wir adoptiert; sie trug den Spitznamen Bénévent, den Fürstentitel Talleyrands, weil sie eine Pfote hatte, die kürzer war als die andere. Sie starb an Überfütterung, eine Widersinnigkeit, wenn man bedenkt, wie sehr wir Hunger litten.

Die Mäuse taten sich, wie schon gesagt, an unseren Lebensmittelvorräten gütlich. Sie knabberten an, was sie zu fassen bekamen, und verrichteten als Dreingabe auch noch ihre Notdurft. Ich hatte eine pflaumenblaue Djellaba aus grobem Wollstoff, die ich an einen Haken hinter die Tür hängte, wenn die trockene Jahreszeit kam. Irgendwann zu Beginn eines Winters wollte ich sie wie gewohnt holen. Es war von ihr nur noch der Hals- und Brustbesatz und die Saumborte übrig. Den Rest hatten die Mäuse gefressen, wie sie alles verzehrten, was ihre Zähne zu fassen bekamen.

Ein paar Monate lang verbreitete sich ein ekelhafter Gestank in der Zelle. Ich konnte mich waschen, soviel ich wollte, meine Kleider säubern, überall nachschauen, ich fand nicht den Grund. Die Mädchen halfen mir, meine Matratzen zu durchsuchen. Eine Maus hatte sich zusammen mit ihren Jungen dorthin verkrochen, um es ein wenig warm zu haben. Beim Schlafen hatte ich sie zerquetscht. Wir zogen ihre vertrockneten Kadaver hervor. Der Gestank war nicht auszuhalten.

Ich muß auch die Heuschrecken erwähnen, deren Gezirpe uns fast das Trommelfell zerriß und die durch alle Ritzen kamen, sobald es heiß wurde. Nicht zu vergessen die reizende Gesellschaft der Skorpione, die überall herumkrabbelten.

Von all unseren unerwünschten Gästen ekelten uns die Ratten am meisten. Nachts warteten sie, bis das Stromaggregat abgeschaltet war, dann kamen sie uns besuchen. Zusammengekauert in unseren Betten und vor Entsetzen ganz starr, warteten wir angstvoll auf sie, was uns allerdings nicht daran hinderte, uns über sie lustig zu machen. Sie kamen in Horden unter der Panzertür hindurchgekrochen, wobei sie sich den Durchgang streitig machten, was ihre Aggressivität noch erhöhte. Ihr Trippeln durchbrach die Stille. Sie krochen auf unsere Betten und liefen, ohne uns zu beißen, über unsere vor Angst erstarrten Körper.

Richtig kampflustig wurden sie, als die Wachen begonnen hatten, Fallen aufzustellen. Die Trockenheit hatte sie ausgehungert. Sie drangen jetzt, auf der Suche nach irgend etwas Eßbarem, auch am Tag bei uns ein.

Eines der dicken Weibchen hatte stets zwei junge Ratten im Schlepptau, von denen es hieß, sie seien mit Flöhen übersät, die die Pest übertragen würden. Ich wollte das nachprüfen. Mit Hilfe der Mädchen trieb ich eine von den jungen Ratten gegen eine Mauer und pikste sie mit einem kleinen Stock. Millionen roter Flöhe ergossen sich über die Zelle. Der Boden war im Handumdrehen bedeckt von ihnen, was meinem Ekel den Rest gab.

Ich beschloß, zum Angriff überzugehen. Ich trieb eine von

ihnen in die Enge, bevor ich den anderen die Tür vor der Nase zuschlug, und verfolgte sie mit meinem Stock. Angst und Wut hatten sie dreimal so groß werden lassen wie gewohnt, und sie ähnelte mit ihrem aufgeplusterten Fell einem Raubtier. Sie schaute mich bedrohlich an, bereit zum Sprung. Ich sah nur noch ihre Vorderzähne.

Um mich zu beruhigen, sagte ich mir:

»Das ist nur eine Ratte.«

Als sie spürte, daß ich tatsächlich angreifen wollte, rannte sie schnell in die Mauerecke, postierte sich ganz oben und sprang auf meinen Kopf. Ich schrie, so laut ich konnte. Die Mädchen stürzten herbei, um mich ihren Fängen zu entreißen. Ich ging mit aller Wut auf sie los, aber als sie schließlich tot war, fühlte ich mich auch nicht wohl. Ich hatte das Gefühl, ein menschliches Wesen getötet zu haben, so herzzerreißend waren ihre Klagelaute.

Die Besuche der Ratten wurden seltener, schließlich kamen sie nur noch im Abstand von einer Woche. Wir hatten uns an ihre Anwesenheit gewöhnt und scherzten untereinander sogar über sie.

Wenn wir Mimi fragten, wie spät es sei, antwortete sie:

»Bald ist Rattenzeit.«

Humor

In Tamattaght hatte sich einer der Gendarmerieoffiziere mit Namen Chafiq heftig den Fuß an einem Tisch gestoßen. In dem Glauben, seinen Schmerz in einem gepflegten Französisch auszudrücken, wie er es von uns kannte, drehte er sich mit knallrotem Gesicht zu Mama hin und sagte: »Ich mir haben gehauen ...«

Dies blieb lange ein gängiger Ausdruck in unserer Sprache

der Biber. So hatten wir uns wegen unseres Wunsches, nach Kanada auszuwandern, genannt.

Ein Feldwebel, dem wir den Spitznamen Cappaccico verpaßt hatten, weil so einer unserer Köche hieß, dem er ähnelte, hatte einen fürchterlichen Watschelgang. Die Hände in den Hosentaschen, ließ er seine männlichen Bestandteile die ganze Zeit in seiner Hose von einer Seite zur anderen rollen.

Eines Tages sagte er während einer Unterhaltung zu uns, indem er mit dem Finger auf seinen Schädel zeigte:

»Ich hab alles hier drin, die ganze Elektronik geht von hier aus.«

Wenn wir uns von da an über irgendeinen intelligenten Menschen unterhielten, reichte uns ein Blick und dieselbe Geste, und wir platzten vor Lachen.

Der Humor hat es uns erlaubt, selbst extreme Momente zu überleben, ja hier war er vor allem hilfreich. Seit dem Tod meines Vaters haben wir uns geschützt, indem wir über das lachten, was uns am meisten leiden ließ, und uns über die anderen, in erster Linie aber über uns selbst mokierten. Wir redeten in Anspielungen, benutzten untereinander einen Sprachcode, den nur wir allein verstanden.

Dieses geheime Einverständnis in jedem Moment erlaubte es uns gleichzeitig, uns sowohl von den Wachen abzusondern, als auch die Bande zwischen uns enger zu knüpfen. Unsere Lieblingssätze gaben häufig nach außen hin keinen Sinn.

Wenn wir zum Beispiel sagten: »Die Biber sind mit der Lanze in Sydney gelandet«, dann hieß das, daß wir ein gewünschtes Vorhaben erreicht hatten.

Wenn wir mit den Lippen noch ein »ra.t.t.t.« hinzufügten, bedeutete dies, daß der Triumph komplett war. Wenn einer in seinen Erzählungen durcheinanderkam, hieß es bei uns, er habe wohl einen »Malaga-Trip« gemacht, wegen der vielen Luftlöcher, die es auf dem Flug nach Malaga gibt. Noch heute verwenden wir manchmal diese Codes, damit uns Außenstehende nicht verstehen.

Im September 1977 kam Prinzessin Nehza, die Schwester des Königs, bei einem Autounfall ums Leben. Diese Nachricht, die wir aus dem Radio erfuhren, stimmte uns sehr traurig, denn wir mochten die Prinzessin sehr. Aber unser Spottgeist obsiegte.

»Wenn sie uns wenigstens für die Totenwache herauslassen würden«, sagten wir zueinander, »dann könnten wir uns unter die *talba*[25] mischen ...«

Für diese weißgekleideten »Trauersöldner« bietet die Totenwache nämlich auch die Gelegenheit, sich in den bürgerlichen oder adeligen Häusern einmal wieder so richtig satt zu essen. Wir malten uns daher aus, wie wir, unkenntlich in unserer *talba*-Verkleidung, die ganzen Lebensmittel unter unserer Djellaba verstecken würden, um sie dann mit ins Gefängnis zu nehmen.

Jeder von uns hatte, je nach Situation, verschiedene Spitznamen. Maria war »Haile Selassie« oder »Negus«, wegen ihrer extremen Magerkeit. Raouf war »Bobino, der König der Friteuse« oder auch »Mounch« oder »Jiji Machakil«, »Jiji« wegen einer kleinen Hündin, die meinem Vater gehörte und die sich immer im Kreis gedreht hatte, und »Machakil« wegen der arabischen Bedeutung des Wortes: »problematisch«. Wir nannten ihn so, weil er stets die Quadratur des Kreises zu lösen versuchte ...

Mimi war »der kleine Eisbär«, weil ihr ständig kalt war, oder auch »Bäcker-Mimi«, weil sie Brot und Kuchen so liebte. Untereinander nannten wir sie auch »Bébert l'atome«: »Atom-Albert«. Diesen Beinamen erhielt sie, als Mama sich irgendwann zum hundertstenmal über ihre Ungeschicklichkeit aufregte.

»Dieser Tolpatsch ist zu allem zu blöd«, sagte sie außer sich, wenn Mimi wieder einmal versehentlich einen Topf mit Le-

[25] Von der Familie eines Verstorbenen bezahlte Totenwachen, die Verse aus dem Koran lesen.

bensmitteln oder den Teller mit glühenden Kohlen umkippte, an dem wir uns die Hände wärmten.

»Mama, du täuschst dich«, sagte ich, »sie wird ein Genie werden. Als Albert Einstein mit seinen Atomversuchen anfing, war er auch sehr ungeschickt und verbrannte sich die ganze Zeit.«

Auf diese Weise wurde Mimi also zu Atom-Albert. Sobald sie wieder eine Ungeschicklichkeit beging, nannten wir sie lachend so.

Soukaïna war nicht sehr empfänglich für Humor. Offiziell nannten wir sie »Charlie« und heimlich »Bob ist too fat to run fast«, in Erinnerung an den Englischunterricht, den ich ihnen in Tamattaght erteilt hatte, und mit einem Augenzwinkern hinsichtlich ihrer Rundungen. Ich war »Hitler«, »Mazarin«, »Stalin« oder »Mussolini«, aufgrund meiner Autorität und meines Hangs, alles zu dirigieren.

Mama und Abdellatif hatten als feine Anspielung auf das unzertrennliche Paar, das sie bildeten, die Beinamen »Wassila« und »Bourguiba«[26]. Mama hatte auch Anspruch auf die deutsch ausgesprochene Bezeichnung »Sigmund«, wenn wir uns über ihre Art, alles zu psychologisieren, lustig machen wollten, oder auf »Grand Picsou«, wenn wir über ihre sinnlose Verschwendungssucht lästerten, obwohl sie doch gar nichts mehr besaß. Achoura war »Barnabas« oder »Baby«.

Halima, der ihr Kraushaar furchtbar zusetzte, versuchte dieses, so gut es ging, mit irgendwelchen Pflanzen zu pflegen, die sie im Hof sammelte. Um es zu verbergen, wickelte sie sich ein kleines Tuch um den Kopf, aber es war nichts zu machen: Zwei steife Strähnen standen aus dem Tuch ab, ähnlich den Ohren eines »Dingos«, ein Spitzname, der gut zu ihr paßte.

Meinen Vater schließlich nannten wir »Grand méchant loup« (großer, böser Wolf) oder auch »Moby Dick, König des Meeres«

---

[26] Wassila Ben Ammar war die zweite Frau des tunesischen Präsidenten Habib Bourguiba.

in Anspielung an diesen Strandtag kurz vor dem Putschversuch, als er dicke Rettungsringe umgelegt hatte, um Wasserski zu fahren. Die wenigen Male, die wir uns über die Tat beklagten, die uns unsere jetzige Gefangenschaft eingetragen hatte, machten wir auch dies nur in spöttischer Weise.

»Moby Dick hätte besser daran getan, an diesem Tag zu ertrinken. Dann wären wir nicht hier ... Und er wäre in den Genuß eines Staatsbegräbnisses gekommen.«

Zwanzig Jahre außerhalb der Zeit

Dank unseres kleinen Radios wußten wir, was draußen passierte. Raouf, der die meiste Zeit Rundfunk hörte, erzählte uns die Neuigkeiten aus aller Welt. Er verbrachte Stunden damit, uns alles wiederzugeben. Über die »Anlage« empfingen wir alle marokkanischen und französischen Literatur- und Nachrichtensendungen. Wir bekamen RFI, France Inter und Europe 1 herein.

Um nichts in der Welt ließ ich die *Radioscopie* von Jacques Chancel aus oder den *Pop Club* von José Artur. Ich hörte die Geschichten, die Jean-Pierre Chabrol mit seiner tiefen rauhen Stimme erzählte, die historischen Sendungen von Alain Decaux. Mamas Lieblingssendung war *L'oreille en coin*. Wir liebten auch Macha Béranger, Jean-Pierre Elkabach, Jacques Pradel, Clémentine Célarié, Alain de Chalvron ... Da wir kein Foto von ihnen besaßen, dachten wir uns passende Gesichter für ihre Stimmen aus. Sie waren unsere Freunde, unsere einzigen Gefährten. Wir verdanken ihnen viel.

Sie haben uns dabei geholfen zu überleben. Dank ihnen haben wir eine Verbindung zum Leben behalten, wie Schiffbrüchige auf einer Insel. Um Mitternacht hörten wir Ganzague Saint-Bris und seine *Ligne Ouverte*[27]. Wenn die ersten Töne des Musikvorspanns von Eric Satie im Halbdunkel erklangen, wurde es in den Zellen ganz still. Es war uns, als würde er das Wort an uns richten. Die Stimme des Journalisten war uns so vertraut, daß ich davon überzeugt war, er würde uns am Ende erwähnen, als wären auch wir seine Freunde.

Als eines Abends Michel Jobert[28] eingeladen war, sprach dieser über Marokko, und Gonzague Saint-Bris befragte ihn zu den Berbern. Mit klopfendem Herzen, trockenem Mund und angehaltenem Atem hörte ich zu. Ich wußte, daß gleich unser Name fallen würde.

»Michel Jobert, ist nicht Symbol für dieses stolze Wüstenvolk General Oufkir?« fragte Gonzague Saint-Bris.

Der Minister stimmte zu und ging schnell zu einem anderen Thema über. Aber in der Dunkelheit, die uns umgab, überfiel mich ein unbeschreibliches Gefühl. Ich hatte meinen Namen gehört. Ich existierte. Wir alle existierten. Wir konnten eines Tages zu neuem Leben erwachen.

Die Mauer zwischen der Welt draußen und uns war so dick, daß die Wachen, wenn sie uns das Essen brachten, eilig die Zeitungen entfernten, in die das Fleisch oder das Gemüse eingewickelt war, damit wir keine Kenntnis von den Daten und Ereignissen bekommen konnten.

Trotz ihrer Vorsicht gelang es Achoura und Halima gelegentlich, ein Stück gedrucktes Papier zu stibitzen. Raouf erbte auf diese Weise eine zur Hälfte zerrissene Seite mit einer halbnackten Blondine. Dieses Stück Papier, das er so sorgfältig verbarg wie das Radio und die Mikrofone, wurde seine Bibel und Grundlage seiner Phantasien.

---

[27] 1975 ins Leben gerufene und gegen Mitternacht ausgestrahlte Dialogsendung auf Europe 1. Erstmalig hatten die Hörer das Wort und konnten sich eine Stunde lang über alle möglichen Themen auslassen. Es gab sie fünf Jahre lang, bis Anfang der achtziger Jahre.

[28] Der in Marokko geborene Robert ist in Frankreich eine politische Persönlichkeit. Er bekleidete verschiedene Ämter und war 1973–1974 Außenminister.

Wir machten uns über ihn lustig, fragten ihn, wie es seiner lieben Verlobten gehe ... bis zu dem Tag, an dem über den gleichen Weg ein weiteres Stück Zeitung zu uns gelangte. Diesmal zeigte das Foto einen verfetteten bärtigen Gewerkschafter. Um sich zu rächen, entschied Raouf, daß dies der Geliebte von Mama und mir sei, und machte sich nun seinerseits über uns lustig.

Ein anderes Mal erhielt ich ein kleines Foto von einem Fußballer aus der Mannschaft von Lens, einem wundervollen Athleten, den ich einfach bewundern mußte.

Wir waren alle fußballbegeistert, ich allen voran. Bei den Weltmeisterschaften mußten wir häufig in irgendwelche Tücher beißen, um nicht laut loszukreischen, vor allem wenn Frankreich spielte.

Ich erinnere mich noch an das berühmte Spiel zwischen Frankreich und Deutschland 1982, an unsere Begeisterung und dann unsere Enttäuschung, als Frankreich beim Elfmeterschießen verlor. Mama hatte aus Stoffresten einen Fußball gebastelt, mit dem Abdellatif in seiner Zelle trainieren konnte, indem er gegen die Mauern schoß. Wir erklärten ihm die Regeln, und er wurde ein glühender Fan.

Durch das Radio erfuhr ich von der Frauenbewegung, der sexuellen Befreiung. Wenn ich frei gewesen wäre, hätte ich mich diesen Frauen angeschlossen, hätte mit ihnen gekämpft. Ich war fasziniert von Benoîte und Flora Groult, Muriel Cerf, dem Erfolg von Régine Deforges mit *Das blaue Fahrrad*. Ich war ein wenig eifersüchtig auf sie, weil ihr mit diesem Roman gelungen war, was ich mit meinen Geschichten erreichen wollte: nämlich auf meine Weise die Werke der Weltgeschichte zu erzählen.

Mit den Jahren wurde das Radio auch eine Quelle des Leids. Wenn ein Film anlief, sagte ich mir, daß ich darin eine Rolle hätte haben können. Als Robert Hossein seine Theatertruppe gründete, träumte ich ganze Nächte davon, dabei mitzumachen.

Wenn ich die Journalisten von technischen Fortschritten erzählen hörte, neuen Erfindungen wie Farbfernseher, Videogerät, Computer, der Concorde oder dem TGV, dann zog ich mich innerlich von dieser Information zurück, da sie die Kluft zwischen mir und der Welt fühlbar machte, was mir unerträglich war. Ich fühlte mich dann wirklich außerhalb der Zeit, von allem abgeschnitten.

Wir machten uns gegenseitig Mut mit der Vorstellung, daß bei unserer Entlassung der Planet der besten aller Welten ähneln würde. Er wäre dann ein für uns geschaffenes Universum, in dem wir unser Leben sitzend oder liegend verbringen konnten. Wir würden das Frühstück und das Abendessen und alle anderen alltäglichen Dinge per Fernbedienung bestellen. Diese Phantastereien amüsierten uns sehr.

Aber wenn die Sendung zu Ende ging und der Traum verflogen war, fanden wir uns in unseren vier dunklen Wänden wieder. Nichts hatte sich verändert.

In der Nacht

Es gab nichts anderes zu tun als denken, grübeln, überlegen, nachsinnen, sich Fragen stellen. Den ganzen Tag arbeiteten unsere Gehirne. In der Nacht war es sogar noch schlimmer: Mein vergangenes Leben kam in Schüben zu mir zurück, meine Gegenwart war bedeutungslos, und meine Zukunft existierte nicht.

Wenn meine Schwestern endlich schliefen, stand ich oft auf und stellte mich an die Luke, um ein Stück Himmel zu erspähen. Ich beschimpfte Gott. Ich fragte Mama ohne Unterlaß, wie sie noch an Ihn glauben könne, wo doch namenlose Entsetzlichkeiten auf der Erde verübt würden. Ich dachte dabei nicht nur an uns. Auch der jüdische Holocaust beeinflußte meine Gedanken.

»Wenn es einen Gott gäbe«, sagte ich ihr, »glaubst du, er würde derartige Massaker dulden?«

Ich wandte mich nur an Gott, um ihn zu beschuldigen und ihm zu gestehen, daß ich seine Existenz bestritt. Es kam dennoch vor, daß ich umfiel. Ich hatte derart Angst, als Strafe für meine Ungläubigkeit verflucht zu werden, daß ich ihm sagte:

»Ich nehme meine Äußerungen zurück, und wir fangen noch einmal bei Null an. Aber ich warne dich, ich erwarte ein Zeichen.«

Ich suchte mit den Augen den Himmel ab. Aber nichts war zu sehen. Die Nacht war schwarz. Wie unser Leben. Wie unsere Gedanken.

Ich wartete ungeduldig auf die Nacht, wegen des Friedens, den sie mir brachte. Tagsüber trug ich eine Maske, ich war Malika, die Starke, Autoritäre, die den anderen Leben einhauchte. Sobald es dämmerte, legte ich meinen Panzer ab. Ich fühlte mich endlich den anderen Menschen nahe: Im Schlaf erleben wir alle das gleiche.

Aber ich war auch meinen Dämonen und Phantomen ausgeliefert.

Ich dachte oft an meinen Vater. In den ersten Jahren machte ich mir Vorwürfe, daß ich seinen Tod nicht hatte verhindern können. Ich war unfähig gewesen, hatte nicht die notwendigen Worte zu sagen gewußt. Jedesmal wenn ich ihn wieder vor Augen hatte, stellte ich mir den Moment seiner Exekution vor. Diese schreckliche Minute, in der er begriffen hatte, daß man ihn wie einen Hund abknallen würde. Ich schwankte zwischen Demütigung, Schmerz und Wut hin und her.

Mein Widerstand gegen den König war mein Geschenk an ihn. Der Name, den dieser hatte auslöschen wollen, sollte ein Beispiel für Mut bleiben. Man berichtete dem Palast, wie würdig wir uns verhielten. Unsere stolze Haltung bedeutete, daß wir dem Monarchen die Stirn boten und daß wir keine Einsicht in die Strafe zeigten, die er uns auferlegen wollte.

Es war eine freiwillige Wahl. Uns zu unterwerfen kam nicht

in Frage. Ich bemühte mich, mein Schicksal zu akzeptieren. Es hing weder vom König noch sonstwem ab, es war einfach das meine, und ein anderes hätte ich gar nicht haben können.

Ich habe mich häufig gefragt, warum Hassan uns dieses langsame Sterben auferlegt hat, anstatt uns sofort zu töten. Wenn wir einfach von der Bildfläche verschwunden wären, hätte dies vieles vereinfacht. Nachdem ich die Frage in alle Richtungen gedreht und häufig darüber mit Mama und Raouf diskutiert hatte, kam ich zu dem Schluß, daß er am Anfang unserer Inhaftierung nicht die Mittel gehabt hatte, uns aus dem Weg zu räumen. Die beiden nacheinander erfolgten Putschversuche hatten ihn destabilisiert. Man stellte ihn, den Emir der Gläubigen, den Stellvertreter Gottes auf Erden, in Frage. Politisch war er allein. Er hatte nicht mehr den starken Mann an seiner Seite, der mein Vater gewesen war, um die Macht wieder zu übernehmen und die Ordnung wiederherzustellen. Er war verraten worden und befand sich an einem Tiefpunkt.

Der »Grüne Marsch« hatte es ihm dann erlaubt, sich im Inneren des Landes zu behaupten und Marokko eine internationale Rolle zu verschaffen. Er hatte in dieser Angelegenheit erfolgreich gespielt: Es hatte eine enorme Berichterstattung in den Medien gegeben, und die Auswirkungen für ihn waren hervorragend gewesen. Nach diesem Schachzug veränderte sich unsere Situation. Man vergaß uns. Welches Interesse hätte er also haben sollen, uns zu töten. Er hatte das schlimmste Urteil über uns verhängt.

Es schien mir auch – aber wahrscheinlich ist das eine zu sentimentale Sicht seiner Person –, daß er sich zerrissen fühlte zwischen dem Haß, den er uns nunmehr entgegenbrachte, und der Zuneigung, die uns verbunden hatte. Je mehr er litt, desto mehr mußte er uns mißhandeln. Uns, die Kinder, die Nachkommenschaft, und auch diese Frau, meine Mutter, die einzige, die sich ihm widersetzte und ihm die Stirn bot.

Man mußte sie zum Schweigen bringen.

Letztendlich stand unsere Inhaftierung in guter alter Tradition; von alters her waren vom Palast solche Strafen verhängt worden. Um einen Gegner zu vernichten, ließ man ihn verschwinden, sein Name wurde geächtet, ihn auszusprechen handelte demjenigen, der es gewagt hatte, sich über das Schweigegebot hinwegzusetzen, schlimmste Unannehmlichkeiten ein. Aber man tötete ihn nicht. Man wartete auf seinen Tod.

Wir haben überlebt, aber wir waren dennoch auf der anderen Seite. Wir hatten nach und nach die Welt der Lebenden verlassen und waren in das Reich der Schatten übergetreten. Wir gaben zunehmend alles auf, was unser früheres Leben ausmachte, um jeden Tag dem Grab ein Stück näher zu rücken. Diese Entsagung war schwierig. Jung, wie wir waren, bebten wir vor Leidenschaft, Begierde, Revolte. Aber man mußte diese Gefühle bezähmen, ohne sie zu leben lernen, wenn man nicht länger leiden wollte. Dieser Schmerz machte seltsamerweise ganz trunken. Die Nacht erlaubte mir, mit dem Tod Zwiegespräche zu führen, mich ihm in gefährlicher Weise zu nähern, bis ich mich fast mit ihm vereinigte. Das war ein extremes Gefühl, und ich habe nie wieder ein ähnliches erfahren.

Die Nacht begünstigte Träume, die uns dabei halfen, allem zu entfliehen oder in unserer Zukunft zu lesen. Ich träumte, daß der König in Ifrane sei und ein nationales Einigungsbündnis dekretiert habe, was 1983 tatsächlich geschah, wie wir aus dem Radio erfuhren.

Ich träumte auch von einem großen Fest, das im Palast anläßlich der Hochzeit von Prinz Moulay Abdallah gegeben wurde. Dieser starb wenige Wochen später, im Jahre 1984. Ich sah den König in der Westsahara inmitten einer Menge schwarzer weißgekleideter Männer. Ein Schwarm Turteltauben begleitete ihn. Wir warteten darauf, daß diese Reise Wirklichkeit wurde, von der wir hofften, sie könne günstig für uns sein. Sie fand einige Zeit nach meinem Traum statt, aber falls sie für den König ein politischer Erfolg war, brachte er uns jedenfalls nichts.

Kurz bevor wir beschlossen, einen Tunnel zu graben, träumte Halima von meinem Vater. Wir waren alle in einem Raum aus Lehm mit offenem Dach, und sie allein konnte mit ihm in Verbindung treten. Er gab ihr einen Strick und sagte ihr, sie möge ihn uns geben: Er würde uns bei unserer Flucht helfen.

Nichts von dem erstaunte uns. Wir waren auf der Jagd nach Symbolen und Weissagungen, und die Träume lieferten sie uns. Ich selbst hatte, seit ich fünf war, einen sich ständig wiederholenden Alptraum. Allnächtlich fand ich mich in Lumpen im Garten der Villa Yasmina wieder. Ich lief die Treppen entlang, und als ich die Tür öffnete, blieb ich weiter im Dunkeln. Ich konnte auf die Lichtschalter drücken, soviel ich wollte, alles blieb schwarz. Das Haus lag in Ruinen.

Mit der Zeit verwandelte sich die nächtliche Ruhe in einen Alptraum. Das Vergnügen, allein zu sein, verschwand. Ich fürchtete mich jetzt davor. Ich war völlig erschöpft von der Geschichte, die ich vier oder fünf Stunden hintereinander erzählte. Ich litt unter Rheumatismus. Meine Muskeln waren aufgrund der zu großen Unbeweglichkeit verkümmert. Ich lag häufig nachts wach im Dunkeln, bewegungslos, da mich die kleinste Bewegung vor Schmerz schreien ließ. Ich versuchte vergeblich, zur Ruhe zu kommen.

Jeder meiner Geburtstage war wie ein Dolchstoß ins Herz. Mit dreiunddreißig resignierte ich dann. Ich würde nie die große Liebe erleben, nie eine Familie gründen, niemals würde mich ein Mann in seine Arme schließen und mir zärtliche oder leidenschaftliche Worte ins Ohr flüstern. Nie würde ich die Dinge erleben, die das Herz und den Körper einer Frau erzittern lassen.

Ich war dazu verdammt, wie eine schrumpelige Frucht zu verdorren. Nachts träumte ich davon, daß ich mit jemandem schlief, und wachte dann mit einem starken Gefühl der Frustration auf.

Ich lernte schnell, mich unter Kontrolle zu halten, und zwang mich dazu, nicht daran zu denken. Ich konnte mich nicht mit diesen kleinen Leiden belasten, wo ich schon so viele andere hatte. Ich versuchte, über meinen Körper die Oberhand zu behalten, alles auszuschalten, was irgendwie mit menschlichem Verlangen zu tun hatte, Begierde, Hunger, Kälte, Durst. Es galt, meine Wünsche und Triebe zu unterdrücken.

Mich auszuschalten.

Wenn ich die Geschichte erzählte, legte ich den Akzent auf die große Liebe, nicht auf das fleischliche Vergnügen, um meine Zuhörerschaft nicht zu frustrieren.

Raouf litt wohl am meisten unter dieser aufgezwungenen Abstinenz. Im Unterschied zu seinen Schwestern hatte er vor dem Gefängnis ein paar sexuelle Erfahrungen gesammelt. Um sich abzureagieren, erzählte er uns von seinen Besuchen bei Prostituierten, die gang und gäbe sind bei den jungen Männern der gehobenen Gesellschaft, die die körperliche Liebe lernen wollen. Wir lachten uns schief über seine witzig erzählten Berichte.

Die Mouhazzins nutzten nie unsere verwundbare Situation aus. Einer von ihnen versuchte jedoch mich zu vergewaltigen.

Unser Radio war konfisziert worden, und ich wollte unbedingt ein anderes erhalten. Aber es war sehr schwierig geworden, die Wachen zu bestechen, damit sie uns mit Dingen wie Batterien oder Stiften versorgten, die für unser mentales Durchhalten so notwendig waren.

Ich schenkte mein Augenmerk dem Mann, der die Schlüssel zu unserer Zelle besaß, Feldwebel Cappaccico. Woche für Woche versuchte ich ihn herumzubekommen, indem ich ihm über den Mittelsmann meines Großvaters Geld versprach, falls es uns gelingen würde, mit diesem Kontakt aufzunehmen. Er sagte nicht nein, was für uns »ja« hieß, und wir warteten mit Ungeduld auf dieses Radio.

Aber Cappaccico zögerte die Sache hinaus, griff zu Winkelzügen.

Eines Nachmittags öffnete sich die Tür zu einer ungewöhnlichen Zeit, und Cappaccico kam herein. Er war in Begleitung eines anderen Soldaten, den er hinter der Tür zu warten bat. Ich befahl den Mädchen, in den Betten zu bleiben; ich wollte allein mit ihm verhandeln. Er stieß mich gegen die Mauer, und ich fühlte, daß er erregt war.

Er preßte sich an mich, fing an, meine Brüste zu befummeln, in meine Lippen zu beißen. Ich hörte ihn keuchen wie ein brünftiges Tier, er roch schlecht, sein Atem war mir zuwider, und sein Körper lastete auf mir, aber ich war unfähig zu reagieren.

Ich war wie vor den Kopf geschlagen: Es war mir nicht möglich zu schreien oder mich auf irgendeine Weise zu verteidigen, wenn ich die anderen nicht in Panik versetzen wollte. Raouf hätte mit Sicherheit versucht, ihn zu töten, und hätte dabei den kürzeren gezogen.

Nach ein paar Minuten, in denen ich seine Attacke hinnehmen mußte, ohne daß er bis an sein Ziel kam, gelang es mir, ihn so ruhig, wie ich konnte, von mir zu stoßen. Ich zitterte, mein Herz klopfte, aber ich bemühte mich, es ihm nicht zu zeigen.

»Du hast mich um ein Radio gebeten?« sagte er zu mir.

»Ja.«

»Also, warum sträubst du dich dann? Du wirst bald krepieren, dein Körper ist zu nichts mehr nutze. Selbst wenn du einen Verlobten hattest, ist er heute nicht mehr da. Die ganze Welt hat euch verlassen.«

Seine Tirade war wie ein Faustschlag für mich, aber ich zuckte nicht mit der Wimper.

»In Ordnung«, sagte ich schließlich. »Du bekommst, was du willst. Aber nicht gleich. Ich will Beweise. Bring das Radio, und du erhältst den Rest.«

Ich war zu allem bereit, um dieses Radio zu kriegen. In meinen Augen war diese Resignation schlimmer als eine Vergewaltigung. Die Angelegenheit wurde jedoch schnell begraben. Cappaccico hatte Angst bekommen.

Untereinander redeten wir viel über Sex, wir hatten das Bedürfnis, uns zu offenbaren. Mit der Zeit stürzten die Barrieren der natürlichen Scham zwischen Eltern und Kindern in sich zusammen. Wir erzählten uns ohne Tabus, was uns im Kopf herumspukte. Nach zehn Jahren Gefängnis waren wir Monster geworden, zu allem bereit. Es gab keine Mutter mehr noch Kinder, Brüder oder Schwestern. Einzig unsere moralischen Werte hinderten uns daran, zum Akt überzugehen. Unsere Phantasien waren nicht nur sexueller Natur. Wir waren so weit, daß wir uns vorstellen konnten zu töten.

»Für Essen«, sagten wir uns, »wären wir in der Lage, jemanden aufzuschlitzen und bestialisch zu massakrieren.«

Wir waren wie Drogensüchtige, die ihre Grenzen überschritten haben, und sind fürs Leben davon gezeichnet.

Wir waren Tiere im Käfig geworden. Wir waren nicht einmal mehr zu Gefühlen in der Lage. Wir waren müde und gereizt, aggressiv und grausam. Keiner von uns wollte mehr eine Maske tragen. Wir glaubten an nichts mehr.

Meine Mutter war ein Vorbild. Unser Vorbild. Zwanzig Jahre lang hielt sie sich stets aufrecht, ohne die geringste Klage zu äußern. Dabei litt sie noch mehr als wir, falls das überhaupt möglich war. Sie ertrug es nicht, von ihren Kindern getrennt zu sein, weinte heimlich, weil wir hungerten, es uns an allem fehlte und uns dieses Gefängnis unsere Jugend raubte.

Sie hat uns mit der Würde, die sie uns vermittelte, auch Mut eingeflößt. Der Kamikaze war sie, die Flucht war ihre Idee. Sie kannte die Risiken, denen wir uns aussetzten, wußte, daß sie uns bei diesem Abenteuer verlieren konnte, aber sie war auf unerschütterliche Weise von dem Vorhaben überzeugt.

Während der schrecklichen Jahre, in denen wir miteinander kommunizieren mußten, ohne uns zu sehen, ist mir die Bedeutung der Stimme klargeworden. Hinter der Mauer bekam ich die winzigsten Veränderungen in der Intonation mit, die mir mehr über ihren momentanen Zustand verrieten als viele Worte. Ihr ging es mit mir genauso. Sie war eine Beobachterin meines Lebens, machtlos, es zu verändern.

Unsere Bindung war immer sehr stark gewesen: Wir waren uns selbst im Schmerz ganz nah. Von Geburt an hatte ich zu ihr stets eine innige, leidenschaftliche Beziehung. Sie litt sehr unter der Vorstellung, daß ich kein Kind bekommen würde. Das war ein Teil dieses Fluches, der mich ihrer Ansicht nach seit jeher begleitete.

Wir lauschten auf unsere geringsten Geräusche, suchten die kleinsten Gelegenheiten, einen Blick aufeinander zu erhaschen, sei es im Wasser der Abflußrinne, sei es durch die Sichtlinie der gleichzeitig geöffneten Türen, was ziemlich selten war. Wenn ich morgens in Mamas Zelle Bewegungen wahrnahm, wußte ich, daß sie wach war. Sie räumte auf, kümmerte sich um Abdellatif und frühstückte mit ihm. Dann gingen sie von morgens um neun bis abends um sieben umher, sie in ihrer Zelle, und er, wenn es nicht regnete, in ihrem Innenhof.

Wir verdanken Abdellatif eine Menge. Er kannte sein ganzes Leben lang nichts anderes als das Gefängnis und hatte sich von uns allen am besten daran angepaßt. Was uns unnormal erschien, war für ihn seit seiner frühesten Kindheit alltäglich. Er hatte aus diesem Grund eine Art zu denken, die häufig spitzfindiger war als die unsere. Einfach so im Gehen erfand er mit Hilfe von Dingen, die er kannte, Sachen, die uns fehlten. Wir nannten ihn »Géo Trouvetout«, also den »Allesfinder«.

Er hatte zum Beispiel herausgefunden, daß man Batterien, die dabei waren, den Geist aufzugeben, wieder flottbekam, indem man sie in der Sonne erhitzte oder sie in kochendes Wasser tauchte. Das war für uns sehr wertvoll, wenn ihre Überlebensdauer auch begrenzt blieb.

Seit wir in Bir-Jdid waren, dachte Abdellatif nur daran zu fliehen. Er kratzte den Kalk von der Mauer ab, um diesen zu analysieren. Nach ein paar Experimenten war es ihm gelungen, mit Seifenpulver und Mehl Gips herzustellen, und er hatte einen aus Asche, Ebonit und Erde hergestellten Zement erfunden, was uns dann bei der Flucht hilfreich war.

Zwischen Mama und mir gab es jedoch einen Zwiespalt: Ich hatte gegen meinen Willen ihre Rolle übernommen und war zur Mutter von Raouf und den Mädchen geworden.

Ich sehe Maria und Soukaïna noch vor mir, wie sie mich, an mich auf meinem Bett geschmiegt, über den Sinn des Lebens oder auch viel nichtssagendere Dinge ausfragten. Sie erzählten mir alles, was sie Mama nicht zu sagen gewagt hätten, zum einen, weil man sich in diesem Alter nicht seiner Mutter anvertraut, und darüber hinaus, weil sie durch eine sehr reale Mauer voneinander getrennt waren.

Ich gab auf sie acht, erzog sie, versuchte ihnen Mut zu machen, war ihnen große Schwester, Vater, Mutter, ihre Vertraute, ihre Ratgeberin und ihr Halt. Das war ganz natürlich für mich. Ich hatte ihnen gegenüber eine tiefes Gefühl entwickelt, das über das der simplen Geschwisterliebe hinausging. Ich liebte sie mehr als alles auf der Welt, und, dem Beispiel von Mama folgend, litt ich weit mehr ihretwegen als meinetwegen.

Ich erinnere mich an die Tanzstunden, die ich in der Zelle einführte, weil Maria ihrem zerplatzten Traum, eine Ballettratte zu werden, nachweinte, die Diätpläne, die ich für Soukaïna entwickelte, die Krankenpflege, die ich Mimi angedeihen ließ, an das Spielzeug und die Zeichnungen für Abdellatif. Ich höre noch meine langen Unterhaltungen mit Raouf mit Hilfe unserer »Anlage«.

Ich hatte die Pflicht, sie nicht nur zu lieben, sondern sie auch zu schützen, so gut ich konnte, damit sie nicht zu großen Schaden nähmen, falls wir eines Tages noch freikämen.

Denn wir dachten daran rauszukommen. Wir unterhielten uns endlos darüber, was wir danach machen würden. Mimi wollte heiraten und ein Kind haben. Soukaïna, Maria und ich wollten zu dritt in einem Schloß in der Gegend von Paris leben. Maria wollte Maschineschreiben lernen, um meine Sekretärin zu werden, Soukaïna wollte für die Gäste kochen. Ich wollte eine große Filmregisseurin werden, und sie würden in meiner Nähe bleiben.

Ein anderes Mal kauften wir uns in Gedanken eine Farm in Kanada und lebten dort zusammen mit unseren jeweiligen Ehegatten. Raouf wollte Medizin in Montreal studieren und ein Zimmer an der Universität bewohnen. Nach dem Examen wollte er seinen Beruf in Kamerun ausüben. Wir faßten auf diese Weise sämtliche Berufe der Welt ins Auge. Wenn wir so lange unter solch dramatischen Bedingungen durchgehalten haben, dann nur, weil wir zusammen waren und uns liebten. Selbst als man uns getrennt hatte, bildeten wir noch einen Block, unterstützten und ermutigten uns.

Wir waren eine Kraft, und das konnte uns nichts und niemand nehmen. Wenn einem von uns die Moral sank, gab es immer jemanden, der ihn zum Lachen brachte oder ihn an die Worte des blinden Sehers in Assa erinnerte:

»*Zouain, zouain bezef,* es wird ein Wunder geschehen, ein großes Wunder.«

Die Nacht der langen Messer

So couragiert und würdevoll sie auch war und so vertraut mit den Palastintrigen, hatte Mama doch auch sehr naive Züge. Sie war felsenfest davon überzeugt, daß wir am 3. März 1986, dem fünfundzwanzigjährigen Krönungsjubiläum des Königs freikämen.

Ich war da skeptischer, und die Zukunft gab mir recht.

An diesem Morgen kamen die Wachen um zehn Uhr in unsere Zellen. Sie sagten kein einziges Wort, sondern verständigten sich nur mit Blicken, die Augen auf das Drahtgitter über unserer Panzertür und dem Innenhof gerichtet. Als sie, weiterhin ohne ein einziges Wort zu sagen, wieder hinausgingen, stellte ein jeder von uns Mutmaßungen über ihr seltsames Betragen an.

Am nächsten Morgen um acht Uhr dreißig öffneten sie die Türen und stießen uns nach draußen. Wir taumelten, konnten nicht mehr gehen, das Licht tat uns in den Augen weh.

Wir waren verrückt vor Freude, das erstemal nach so vielen Jahren wieder zusammenzusein. Wir hatten uns derartig verändert, waren gewachsen, gealtert, je nachdem. Mama erkannte ihre kleinen Mädchen nicht mehr. Sie hatte Soukaïna und Maria zuletzt gesehen, als sie vierzehn und fünfzehn Jahre alt waren, und jetzt waren sie junge Frauen geworden, zweiundzwanzig und dreiundzwanzig Jahre alt. Raouf war ein Mann, von de Statur her ähnelte er meinem Vater, und Abdellatif war jetzt ein Jugendlicher von sechzehn Jahren.

Mama war noch immer schön, sah aber durch die Entbehrungen und den Schmerz sehr mitgenommen aus. Achouras und Halimas Gesicht und Haar waren grau wie die Farbe der Asche, mit der ihre Küche überzogen war.

Wir sahen wie wandelnde Leichen aus, mager, bleich, mit Ringen um die Augen, blutleeren Lippen, verschwommenem Blick, schütterem Haar, konnten uns kaum auf den Beinen halten … Halima, die ein Stück Spiegel besaß, hatte eines Tages geweint, als sie sich darin betrachtete. Sie wollte nicht glauben, daß dieses Phantom, das ihr da entgegenblickte, sie selbst war.

Aber wir wollten uns nicht anmerken lassen, daß etwas unsere Wiedersehensfreude trübte. Wir waren hin- und hergerissen zwischen dem äußerst lebendigen Wunsch, uns zu berühren und zu umarmen, und der stolzen Weigerung, unseren Folterknechten zu zeigen, wie sehr uns dies gefehlt hatte. Wir blieben reserviert. Erstaunt über diese Haltung, ermunterte Borro uns dazu, einander ruhig näher zu kommen, und dann fügte er hinzu, daß wir anläßlich des Thronfests jetzt die Erlaubnis hätten, uns von morgens um acht Uhr dreißig bis abends um zwanzig Uhr zusammenzufinden. Man bewilligte uns diese Gunst nach fünfzehn Jahren Gefängnis.

Wir versammelten uns morgens in meiner Zelle. Sie hatten die Gitterstäbe des Kabuffs unter freiem Himmel verstärkt. Die Türen blieben offen, und wir konnten in den Hof hinaus. Nach dem Mittagessen schloß man uns zusammen ein bis zum Abend, an dem wir wieder getrennt wurden.

Anfangs war die Euphorie über das Wiedersehen stärker als die Verzweiflung über unser Leben. Mama sah uns lange an. Sie konnte uns gar nicht genug betrachten, weinte jedoch heimlich über unseren abgemagerten, ausgehungerten Anblick. Wir hatten aber beschlossen, jeden Augenblick auszukosten, an dem wir zusammensein konnten.

Diese glückliche Periode dauerte von März bis November. Um uns zu beschäftigen, dachten wir uns irgendwelche Spektakel aus. Nach dem Mittagessen bauten wir mit Militärdecken so etwas wie ein Bühne auf. Mama imitierte Poulidor auf seinem Fahrrad, und ich war Radiosprecher. Abdellatif und Maria verkleideten sich als Mouhazzins und machten deren Stimmen nach.

Wir organisierten Zirkusvorstellungen. Deren Beginn wurde mit Trommelwirbel und Musik angekündigt, dann ließ Raouf eine aus Stoffetzen angefertigte Peitsche knallen, und die Elefanten hielten Einzug.

Die Elefanten ... das war Mimi auf allen vieren, zum Fürchten mager, in einer rotschwarzen Strumpfhose. Raouf schlug mit seiner Peitsche auf den Boden, und Mimi mußte ihre Vorderbeine in die Luft erheben. Wir brüllten vor Lachen. Wir konnten gar nicht genug scherzen, uns berühren und küssen.

Gegen zwei Uhr nachmittags zog Raouf sich zu seinem Mittagsschläfchen zurück. Da er so lange völlig isoliert gelebt hatte, brauchte er stärker als wir Rückzugsmöglichkeiten und Momente der Einsamkeit. Um seine Ruhe zu haben, stopfte er sich Brotkügelchen in die Ohren, die er stundenlang gerollt hatte. Gelegentlich hörten wir ihn wütend die Mäuse anbrummen, die sich ein Vergnügen daraus machten, nach dem Brot zu schnappen. Am Abend griff ich, jetzt mit mehr Schwung, die Geschichte wieder auf.

Abdellatif preßte sein Auge an ein kleines Loch, das wir in die Toilettenwand unserer Zelle gebohrt hatten. Er hatte einen Militärlastwagen erspäht und konnte ihn gar nicht genug bewundern. Er versuchte, das Loch noch ein wenig größer zu kratzen, um besser sehen zu können. Die Öffnung war aber immer noch winzig, hatte kaum die Größe eines Francstücks.

Eines Morgens, als er auf seinem Posten war, kamen die Wachen ohne Vorankündigung in die Zelle. Er hatte keine Zeit mehr, sich wegzubewegen. Es wurde Alarm geschlagen, und Borro kam, um das Guckloch zu inspizieren.

»Ich wußte genau«, sagte er, »daß ihr versuchen würdet zu fliehen.«

Es war damals ein Freitag. Nach seinen weisen Berechnungen wäre die Öffnung am Sonntag groß genug gewesen.

Im ersten Augenblick beruhigte mich seine Dummheit. Das Loch war winzig, und es befand sich oben an der Wand, was, wie jeder weiß, der ideale Ort ist, um einen Tunnel zu graben. Ich konnte mir nicht vorstellen, daß er auch nur eine Sekunde an seine Geschichte glaubte ...

Noch am selben Abend trennten sie uns ohne eine Erklärung. Am nächsten Morgen bequemten sie sich, Mama zu sagen, daß wir wieder wie vorher eingesperrt würden. Mama beschloß darauf, auf der Stelle in einen Hungerstreik zu treten, bis man uns wieder erlauben würde, uns zu sehen. Wir bekamen die Unterhaltung durch die Mauer hindurch mit.

Ich übermittelte Achoura die Neuigkeit, die sie an Raouf weiterleitete. An diesem Tag fingen sie an, eine zweite Mauer zu bauen, zur Verstärkung der ersten. Die Arbeiten dauerten acht Stunden, ohne daß man uns sagte, was da vor sich ging. Der Krach machte uns verrückt. Wir waren zu sehr an Stille gewöhnt.

Mama fühlte sich in ihrer Entscheidung bestärkt, keine Nahrung mehr zu sich zu nehmen. Aber sie wollte nicht, daß wir ihrem Beispiel folgten. Sie war entschlossen, ganz allein zu sterben. Ihr Opfer würde uns vielleicht die Freiheit verschaffen.

Ich versuchte sie zu überzeugen, nichts dergleichen zu tun, aber sie wollte nicht hören. Auf einer eilig einberufenen Familienkonferenz entschieden sich alle Kinder, es ihr gleichzutun.

An einem Tag weigerte sich Soukaïna sogar, etwas zu trinken, verlor dabei aber fast den Verstand. Ihr Überlebensinstinkt war stärker, und ich nötigte sie, wieder ein wenig Flüssigkeit zu sich zu nehmen.

Während dieses Hungerstreiks brachte man uns jede Menge Lebensmittel. Das Gemüse war frisch, das Fleisch nicht verdorben, das Obst nicht faul. Es war eine wahre Qual, aber ich berührte nichts davon. Ich aß nicht mehr als die anderen. Abends trank ich ein großes Glas heißes Wasser, in dem ein Pfefferminzblatt schwamm, um nicht zu krank zu werden.

Borro suchte mich nach zwanzig Tagen auf und erging sich in einer langen heuchlerischen Rede, mit der er mich dazu bringen wollte, die anderen zum Aufgeben zu überreden. Er verkündete mir, daß man den ersten, der sterben würde, verscharren würde. Keiner würde etwas unternehmen, um uns das Leben zu retten. Ich hörte ihm nicht zu.

Als die Wachen bemerkten, daß die Lebensmittel sich stapelten, drangen sie gewaltsam ein. Wir waren seit fünfundvierzig Tagen im Hungerstreik und bestanden nur noch aus Haut und Knochen.

Und nichts war passiert. Niemand wollte uns hören.

Angesichts der Sinnlosigkeit unseres Kampfes überfiel uns völlige Verzweiflung. Unser Scheitern verlieh uns ein Gefühl von Niedergeschlagenheit und tödlicher Depression. Wir waren weniger als Gefangene, da unsere Forderungen nichts zählten. Unser Streik war durch nichts gerechtfertigt. Er würde zu nichts führen.

Wir waren fürchterlich geschwächt. Wir waren nicht in der Lage, wieder etwas zu essen. Unsere Körper ertrugen nicht die geringste Nahrung. Wir hatten das Gefühl, uns beim kleinsten Bissen zu vergiften.

Wir waren am Ende unserer Kräfte, am Ende unserer Hoffnung, hatten mit dem Leben abgeschlossen. Der Tod war unsere einzige Zuflucht. Zum erstenmal in fünfzehn Jahren wünschten wir ihn uns aus tiefster Seele herbei.

Es sollte endlich Schluß sein.

Ich erinnere mich noch an diesen herrlichen, sternklaren, friedlichen Abend des 26. Novembers 1986. An einem wolkenlosen Himmel leuchtete der Vollmond. In der Nacht schnitt sich Mama mit ihrer kleinen Schere die Pulsadern auf.

Kurz bevor sie diese verzweifelte Tat beging, sagte sie mir noch einmal, daß sie mich liebe, und vertraute mir meine Brüder und Schwestern an. Erst reagierte ich nicht. Wenn sie sterben wollte, so war das ihr absolutes Recht. Aber nach und nach beschlich mich die Angst.

Gegen vier Uhr morgens rief ich Abdellatif und bat ihn nachzusehen, ob Mama tot war oder noch lebte.

»Ihr Herz schlägt ganz schwach«, antwortete er durch die Mauer hindurch.

Ich sprang zur Klinke der Panzertür und rüttelte schreiend an dem Gitter:

»Hilfe, meine Mutter ist dabei zu sterben, wir werden alle krepieren!«

Ich konnte schreien, wie ich wollte, sie antworteten nicht. Ich hörte den Klang meiner Stimme wie ein Echo in der Dunkelheit und fühlte mich so gedemütigt, weil ich sie anflehen mußte, meine Mutter zu retten. Mit meinem Betteln am Ende, drohte ich ihnen schließlich an, uns alle mit dem Butangas in die Luft fliegen zu lassen, wenn sie nichts unternähmen.

Panisch rannten sie in Mamas Zelle. Ich hörte Borro herumbrüllen. Dann gingen sie wieder, ohne sie medizinisch versorgt zu haben.

Ich erklärte Abdellatif, wie man mit Stoffstreifen vom Laken die Arterie abband. Mama atmete noch, aber sie hatte viel Blut verloren.

Sie würde gerettet werden, aber wir, wir würden alle sterben. Wir litten alle an Halluzinationen. Die in diesen fünfzehn schrecklichen Jahren angehäufte Verzweiflung und unsere schlechte körperliche und geistige Verfassung lösten eine kollektive Hysterie bei uns aus, die wir nicht in den Griff bekamen. Bis dahin hatten wir die Revolte stets vermieden, aber in dieser Nacht drehten wir mit einem Schlag durch.

In allen Zellen war die Verzweiflung mit Händen zu greifen. Abdellatif überwachte Mamas Zustand, Achoura und Halima rissen sich schreiend die Haare aus, und wir, wir durchlebten ein Psychodrama, ohne auch nur noch einen Bezugspunkt zur Wirklichkeit oder einen Begriff von ihr zu haben.

Diese »Nacht der langen Messer«, wie wir sie genannt haben, war die schrecklichste in unserem ganzen Leben.

Es war die Apokalypse.

Alles war möglich geworden: den Bruder, die Schwester oder sich selbst umzubringen oder das Gefängnis mit unserem Butangas in die Luft zu jagen.

Jede von uns vieren wollte als erste den entscheidenden Schritt tun. Wir zogen Hälmchen, und Soukaïna gewann.

Sie legte sich auf ihr Bett und machte es sich dort so gemütlich wie möglich, während ich ihr gegenübersaß und mich bemühte, ihr die Handgelenke mit einem Stück Sardinendose und einer Stricknadel aufzuschlitzen.

Ich stieß die Nadel, so tief ich konnte, und trieb sie schluchzend in das Fleisch. Es kam mir vor, als würde ich mich selbst verletzen. Sie verzog das Gesicht und lächelte dabei gleichzeitig.

Schließlich gelang es mir, eine Ader zu durchbohren. Blut spritzte hervor. Soukaïna ertrug den Schmerz mit ekstatischem Gesichtsausdruck. Mir tat es so weh wie ihr. Dann verlor sie das Bewußtsein.

Maria, Mimi und ich sahen sie an und dachten, sie sei tot.

Von Zeit zu Zeit kreuzten sich unsere tränenerfüllten Blicke. Wir waren verzweifelt, gleichzeitig aber auch erleichtert bei dem Gedanken, daß sie nun nicht länger leiden mußte.

Nach einer Viertelstunde kam Soukaïna wieder zu sich. Sie zitterte am ganzen Körper; als ihr bewußt wurde, daß sie noch lebte, wetterte sie gegen mich los.

»Du willst mich nicht töten, du willst mich nicht sterben sehen …«

»Doch, doch, ich will, daß du stirbst, Soukaïna, ich habe alles versucht, aber es geht nicht … Sieh dir nur das ganze Blut an, das du verloren hast.«

Wir hatten noch eine kurze Diskussion. War es nötig, ihre

Arterie abzubinden? Dann überfiel uns die Müdigkeit, und wir fielen halb schlafend, halb ohnmächtig auf unsere Lager.

Wir waren völlig fertig.

Diese fehlgeschlagenen Selbstmordversuche haben uns alle bis in die untersten Tiefen unserer Seele geprägt. Mit dem Tod so nahe in Berührung zu kommen war nicht anders als zu sterben.

In dieser Nacht waren wir alle bereits im Jenseits. Ich weiß nicht, welche Macht, welcher Instinkt, welche Energie uns zum Weiterleben verleitet hat.

Der Alptraum ging weiter. Am nächsten Morgen hörte ich die Wachen auf Raoufs Zelle zugehen. Heiseres Geschrei war zu vernehmen.

Unter der Panzertür sah ich ihre Stiefel in die entgegengesetzte Richtung rennen. Auch Raouf hatte sich in dieser Nacht entschlossen, sich die Pulsadern aufzuschneiden. Er wäre fast erfolgreich gewesen. Man hielt ihn für tot. Ich brachte Mama vorsichtig die Nachricht bei, denn nach ihrem fehlgeschlagenen Versuch, sich zu töten, war sie noch sehr schwach.

Wir warteten den ganzen Tag, ohne daß man geruhte, uns zu informieren. Am Abend legten sie seinen Körper in den Hof, in die eisige Kälte, und ließen ihn dort vier Tage liegen, ohne daß sich jemand um ihn kümmerte.

Raouf lag im Koma. Sie waren der Ansicht, es würde nicht mehr lange mit ihm gehen.

Sie hatten dabei jedoch nicht seine unglaubliche Zähigkeit bedacht. In der vierten Nacht lag er noch immer im Hof, aber wenn sein Körper auch noch extrem schwach war, so war sein Geist doch nahezu wieder erholt.

Er hörte Hauptmann Chafiq mit seinen Soldaten reden und mimte weiter den Ohnmächtigen.

Dann wandte sich Chafiq an Borro.

»Das alles hier hat mein Leben ruiniert. Ich schäme mich mittlerweile, meiner Familie in die Augen zu sehen. Mich verfolgt, was wir hier tun. Kinder zu massakrieren geht über meine Kräfte. Ich kann nicht mehr. Was wollen die bloß?«

»Weißt du das denn nicht?« antwortete Borro. »Das ist doch ganz klar. Sie werden sterben. Alle. Und werden dann hier verscharrt. Wir warten nur, bis es soweit ist. So lauten die Befehle.«

Die Worte unseres Peinigers hatten auf Raouf die Wirkung eines Elektroschocks. Mit einer übermenschlichen Kraft kehrte er in seine Zelle zurück und schloß die Tür.

Die ganze Nacht über brach er Bodenplatten heraus und vergrößerte das Loch zwischen seiner Mauer und der des Gangs. Achoura und Halima machten das gleiche auf ihrer Seite. Auf diese Weise konnte ich mit ihm zusammentreffen und mich mit ihm austauschen: Eine simple Zwischenwand trennte uns.

Er legte sich auf seiner Seite nieder und ich auf der meinen. Wir konnten uns nicht sehen, uns nur durch eine winzige Öffnung hindurch berühren, in die wir unsere Finger geschoben hatten. Er verrenkte sie mir mehr, als daß er sie drückte.

Mit geschlossenen Augen lauschte ich seiner Stimme, versuchte ihn mir vorzustellen. Er klang wie mein Vater.

Seine Verzweiflung war übermächtig. Die Wachen hatten seine Zelle durchwühlt und dabei sein kostbares Radio gefunden und konfisziert. Wir hatten nun keinerlei Verbindung mehr mit der Welt, und Raouf fühlte sich dafür verantwortlich.

»Kika«, sagte er schluchzend, »wir werden hier sterben, das ist es, was sie wollen. Ich habe sie gehört. Sie haben gesagt, sie wollten uns töten. Der erste, der den Tod fände, würde im Hof verscharrt.«

Stundenlang versuchte ich ihn zu beruhigen, zu trösten, zu überzeugen und die richtigen Worte zu finden Dabei war ich selbst so hilflos. Ich redete ihm zu, nicht aufzugeben.

»Aber nein, Raouf, du wirst sehen, wir werden durchhalten. Sie töten uns schon nicht. Wir werden das überstehen.«

Wir blieben bis zum Morgen so liegen und hielten uns die

Hand. Meine Augen waren trocken, was Kummer und Schmerz nicht minderte.

Aber diese Nacht der langen Messer und, mehr noch, Borros Worte hatten unsere Einstellung verändert. Wir würden sie nicht mit unserem Leben spielen lassen. Von nun an wären wir nicht länger passiv.

Der Plan, aus unserem Gefängnis auszubrechen, war in uns geboren. Jetzt mußten wir ihn nur noch umsetzen.

Der Tunnel

Borro hatte die Order erhalten, unsere Überwachung zu verstärken. Man beseitigte alle scharfen Gegenstände, ersetzte, was noch an Fensterscheiben übrig war, durch Kartons, entfernte die Klappe von unserer Luke, konfiszierte unsere Messer und unsere Gabeln. Selbst unsere Becher, in der Mitte durchgeschnittene Ölflaschen, waren jetzt aus Plastik, und wir brachen in wildes Gelächter aus, als wir sie unter dem kochendheißen Wasser zusammenschrumpeln sahen.

Von nun an durchsuchten die Wachen montags, mittwochs und freitags die Zellen, auf der Suche nach auch nur der geringsten Spur eines Tunnels oder eines Loches. Diese neueste Schikane ging auf das Konto von Hauptmann Benaïch, der nie um Ideen verlegen war, wenn es darum ging, uns das Leben schwerzumachen.

Diese Durchsuchungen waren keineswegs widersinnig. Unser Entschluß hatte sich gefestigt, wir waren uns einig, daß wir ausbrechen wollten. Mit der Nacht der langen Messer hatten wir unseren Tiefpunkt erreicht und durchschritten.

Indem er auf die Schritte der Soldaten bei der Wachablösung lauschte, erkannte Raouf auf den Millimeter genau die Beschaffenheit des Bodens, seinen Klang, seine Trockenheit. Wir hatten Achoura und Halima gebeten, in ihrer Zelle zu graben und uns ein wenig Erde herüberzugeben, damit wir diese untersuchen konnten. Und jeder von uns machte es in seiner Zelle genauso.

Nach zahlreichen Diskussionen und sogar ein paar Probegrabungen bei Achoura und Halima beschlossen wir, einen Tunnel in der fensterlosen Zelle neben der unseren zu bohren, in der wir unsere Koffer und Vorräte eingelagert hatten. Die Bodenplatten waren in gutem Zustand und ließen sich einfacher kaschieren, um unser Vorhaben zu vertuschen.

Ein weiteres Argument sprach für den Ort: Dadurch, daß ich bei unserer Ankunft in Bir-Jdid meine Augenbinde abgenommen hatte, wußte ich, daß diese Zelle auf ein Feld hinausging, das allem Anschein nach nicht bebaut wurde. Kein Geräusch, kein Lebenszeichen, nicht einmal das Schreien eines Esels drang jemals an unser Ohr. Unsere Kerkermeister mußten von dem Bauern verlangt haben, es brachliegen zu lassen.

Mama und Raouf, die beiden Ingenieure in unserer Gruppe, befanden unsere Wahl für richtig. Genau in dieser fensterlosen Zelle sollte der Steinboden geöffnet werden. Raouf analysierte die Farbe der Erde, die ich ihm zukommen ließ, und erklärte mir, wie man die erreichten Niveaus erkannte. Lehm bedeutete, daß ich auf das Fundament gestoßen sei. Danach müsse man in der Horizontale weitergraben.

Ich lauschte aufmerksam seinen Anweisungen, denn er ärgerte sich schwarz, nicht selbst tätig sein zu können. Er lief in seiner Zelle umher wie ein Löwe im Käfig.

Am Nachmittag des 27. Januar 1987, einen Tag nach unserer endgültigen Entscheidung, schlugen wir den Zement auf und hoben mit Hilfe eines Löffels, des Griffs eines Messers, des Deckels einer Sardinenbüchse und einer Eisenstange aus unserem Bettrost die Bodenplatten an.

Wir heißt Maria, Soukaïna und ich. Mimi war zu schwach beieinander, um uns zu helfen, aber sie feuerte uns an und war auch sehr tatkräftig, als es darum ging, die Erde verschwinden zu lassen.

In kaum zwei Stunden waren wir, trotz unserer Angst, entdeckt zu werden, schon ordentlich vorangekommen. Wir hatten acht Platten angehoben. Zwei Wochen lang übten wir, sie zu lösen und mit Hilfe des Zementpräparats wieder zu befestigen, das Abdellatif erfunden hatte: einer Mischung aus Erde, Asche und Hartgummi.

Da dieses nicht ausreichend war, dachten wir uns eine Strategie aus, mit der wir uns richtigen Zement beschaffen konnten. Mit der großen Eisenstange, die wir noch immer in unseren Betten versteckten, vergrößerten wir die Mause- und Rattenlöcher in den Mauern. Die Wachen dichteten sie mit Zement ab, den wir uns dann nahmen. Um zu verhindern, daß er hart wurde, wässerten wir ihn in einem Eimer.

Das Wiederbefestigen der Platten war nicht einfach. Man mußte aufpassen, daß man sie beim Hochheben nicht zu sehr beschädigte, und dann den Zement, der rundum an ihnen hing, mit einer alten Gemüsereibe abfeilen. Um unsere Kerkermeister keinen Verdacht schöpfen zu lassen, warteten wir auf das Zwitschern der Schwalben: Dieser infernalische Krach, den wir so sehr haßten, war jetzt endlich nutzbringend für uns.

An dem Tag, an dem es uns endlich gelang, die Platten wieder in der richtigen Reihenfolge zu verlegen, machten wir uns an die nächste Aufgabe, nämlich bis zum Fundament des Hauses ein Loch zu graben.

Nach der Zementschicht, die wir mit Hilfe von Eisenstangen durchbrachen, stießen wir auf kleine Steinchen, dann auf größere Steine. Beim ersten Tageslicht traf ich auf einen Stein, der so groß war wie ein Menhir. Es war unmöglich, weiterzugraben.

Ich ließ die schlechte Nachricht Raouf übermitteln.

»Versuch ihn zu entfernen«, befahl er mir.

»Aber wo lege ich ihn hin?«

»Sieh zu, daß dir was einfällt. Willst du hier raus oder nicht?«

In der Zelle von Mama und Abdellatif gab es einen Verschlag oben in der Wand. Man erreichte ihn mit Hilfe eines Hockers. Nach der »Nacht der langen Messer« hatten uns die Wachen den Hocker weggenommen und die Öffnung in der Wand zugemauert.

Sobald die Soldaten wieder draußen waren, hatte Mama die Geistesgegenwart gehabt, den Kleinen auf die Schulter zu nehmen und ihn einen der Backsteine herausnehmen zu lassen, bereits im Hinblick auf den Tag, an dem wir diesen Verschlag brauchen würden. Der Zement war noch feucht. Sie sorgten dafür, daß er nie trocknete, um gegebenenfalls diesen Stein und andere entfernen zu können.

Wir hatten ein riesiges Loch unter meinem Bett gegraben, zwischen der Zelle von Mama und der unseren. Wir gruben den Findling so gut es ging aus, und Mama und Abdellatif versteckten ihn in dem Verschlag und lösten weitere Steine. Es war keine geringe Aufgabe, jeden dieser großen Steine auf die gleiche Weise hinüberzureichen. Das Loch mußte vergrößert werden.

Abdellatif kletterte in den kleinen Verschlag, und Mama reichte sie ihm hoch. Schiebend und keuchend gelang es ihnen, sie auf dicken Kleiderstapeln abzusetzen, um den Aufschlag zu dämpfen.

Um Aufmerksamkeit zu vermeiden, stimmten wir das Durchreichen und Verstauen mit dem Anschalten des Elektroaggregats ab.

Dann reichten wir ihnen die kleineren Steine zu, die wir aus dem Tunnel entfernt hatten. Mama verstaute sie in einem Laken, das sie wie ein Bündel schnürte, dann nahm sie Abdellatif auf ihre Schultern, damit er die Steine durch die Öffnung des Verschlags werfen konnte.

Die Wachen überprüften die Spuren von Feuchtigkeit an dem von ihnen vermauerten Verschlag, kamen aber nicht hinter den genialen Dreh, den Abdellatif-Géo Trouvetout herausgefunden hatte und der darin bestand, die Ritzen zwischen den Backsteinen mit einer gipsähnlichen Mischung aus Seifenpulver und Mehl zu verfugen.

Damit diese schneller trocknete, benutzte er rauchende Glut, die Halima und Achoura vorbereiteten. Der Kleine ließ, nach wie vor auf den Schultern von Mama sitzend, den Teller an der Mauer entlangwandern, bis keine Spur von Feuchtigkeit mehr zu sehen war.

Nach einer Weile waren wir so gut vorangekommen, daß wir uns nicht mehr erlauben konnten, die Erde in den Verschlag der Nachbarzelle zu schütten, wie wir es mit den Steinen gemacht hatten. Die Platten durften nicht hohl klingen, falls die Wachen auf die gute Idee kämen, diese zu untersuchen.

Aus alten Hosen fertigte Mama rechteckige Kissen in verschiedenen Größen an, die wir Lampions oder Elefanten nannten. Wir stopften sie mit der überschüssigen Erde aus und formten sie zu Kugeln.

Wir arbeiteten wie Automaten am Fließband. In dem Loch steckend, füllte ich einen Fünfliter-Ölkanister mit Erde. Dann zog ich an der Schnur, an der die Mädchen diesen hielten, damit sie die Ladung hochzogen. Sie häuften die Erde mitten in unserer Zelle auf.

Myriam füllte die Eimer mit Wasser, goß es über die Erde und knetete diese wie Teig. Sie wurde dabei von Achoura und Halima unterstützt, den Brotspezialistinnen, die ebenfalls durch das vergrößerte Loch in unserer Zwischenwand zu uns schlüpften. Abdellatif kroch durch das enge Loch, das wir zwischen seiner und unserer Zelle gegraben hatten, um sich ebenfalls zu beteiligen.

Die drei Frauen rollten Kugeln von der Größe einer Faust, die wir eine nach der anderen in Mamas Zelle weitergaben. Diese füllte damit die Kissen und nähte sie dann zu. Abdellatif reichte sie uns durch die Öffnung zurück, und wir legten sie in unseren unterirdischen Gang. Die Elefanten ersetzten die Findlinge und die Lampions die kleineren Steine.

Als wir auf das Fundament aus Lehm stießen, gruben wir in der Horizontale weiter, stets nach den Anweisungen von Raouf, der berechnet hatte, daß der Tunnel ungefähr fünf Meter messen mußte, um bis hinter die zwei Mauern zu reichen.

Wir waren von einer übernatürlichen Kraft beseelt und spürten weder Müdigkeit noch Last, noch Anstrengung. Wir hatten alles Menschliche verloren und waren zu lautlosen Tieren geworden, die aufmerksam ihrer Arbeit nachkamen. Es gab keine Veranlassung zu sprechen: Wir verständigten uns mit einer Geste, einem Blick.

Wir hatten eine improvisierte Kerzenbeleuchtung: Mama webte kleine Dochte, wie sie es in ihrer Kindheit auf dem Land gelernt hatte. Wir tauchten die Dochte in Öl, und zündeten sie am Abend an.

Wenn ich aus meinem Loch hervorkroch, fragte ich mich häufig, ob ich nicht träumte. Diese gräulichen, von staubigem Haar umrahmten Gesichter, diese ausgemergelten Körper, die kaum von diesen kerzenähnlichen Gebilden beleuchtet wurden, die ein fahles Licht auf die stellenweise zerlöcherten Wände und den mit Steinen und Erde übersäten Boden warfen. Gespenster ... Lebendige Leichen ...

Einreißen und Graben war für uns Biber eine leichte Sache. Schwieriger war die Rekonstruktion. Wenn wir um vier Uhr früh den Esel Cornelius schreien hörten, wußten wir, daß es Zeit war, die Arbeit zu beenden und alles wieder in Ordnung zu bringen, den Schacht sorgfältig wieder zuzumachen und die Löcher zwischen unseren Zellen wieder zu schließen.

Beim erstenmal, als wir den Tunnel öffneten, schafften wir es nicht, ihn wieder ordentlich dicht zu machen. Wir kapierten es dann aber ziemlich schnell. Wir setzten zuerst die Elefanten und die Lampions wieder an Ort und Stelle, die wir mit kleinen und auch ein paar größeren Steinen verkeilten, die wir numeriert hatten, um leichter ihren richtigen Platz wiederzufinden.

Darüber kam dann eine Schicht rote Erde, die mit der flachen Hand befeuchtet und geglättet wurde, und darüber wiederum noch eine Schicht Zement, auf die wir die Steinplatten legten. Zum Schluß verfugten wir sie mit Gips. Diese Rolle fiel unserer Künstlerin Soukaïna zu, die die Platten dann so mit Erde kaschierte, daß jegliche Spur unserer Arbeit verwischt war.

Im Morgengrauen wäre niemand mehr auf die Idee gekommen, daß in diesem kleinen Verschlag ein Tunnel in den Boden gegraben war. Es blieben mir dann noch zwei Stunden bis zum Eintreffen unserer Wächter, um die Zelle sauberzumachen und die Erde und den Staub verschwinden zu lassen. Manchmal hatte ich noch nicht einmal die Zeit gehabt, meine Sachen überzustreifen, wenn sie bereits Mamas Tür öffneten. Sie hielt sie so lange wie möglich auf, stellte ihnen unsinnige Fragen und bat sie um Schläuche, damit sie Schuhsohlen für uns anfertigen konnte, oder sonst irgend etwas.

Wir hatten furchtbare Angst. Einmal passierte es uns, daß wir morgens die letzte Gipsschicht trockneten, um festzustellen, daß die Erde darunter noch feucht war und sich ein gelblicher Rand auf den Steinplatten bildete. Wir behoben den Schaden schnell und leiteten die Botschaft an Mama weiter, damit sie die Wachen zurückhielt. Sie merkten nichts.

Ein andermal hörte ich, während wir ganz vorsichtig gruben, einen Aufseher so dicht in meiner Nähe niesen, daß ich seinen Atem wahrnehmen konnte. Ich erstarrte und kletterte in aller Eile wieder hoch. Als ich aus dem Schacht stieg, sah ich in die ängstlich über mich gebeugten Gesichter meiner Schwestern. Tiefe Stille breitete sich in der Zelle aus. Wir rechneten damit, daß jeden Moment die Wachen auftauchten, aber die Tür öffnete sich nicht.

Und ich kroch wieder in mein Loch.

Während der Durchsuchungen blieben wir regungslos in unseren Betten und stellten uns krank. Die Wachen durchsuchten alles gründlich, sogar den kleinen Raum, in dem sich der Tunnel befand. Sie leuchteten mit ihren Taschenlampen in die Ecken, sahen sich überall um, schauten unter die Betten, an die Decke, in sämtliche Vertiefungen. Sie trampelten mit ihren Stiefeln auf dem Boden herum, um zu hören, ob er sich unterschiedlich anhörte oder auch nur der geringste Widerhall zu vernehmen war.

Mama und Raouf saßen wie auf glühenden Kohlen, wenn sie ihre schweren Schritte und ihr Klopfen an den Wänden vernahmen. Aber in unsere Panik mischte sich auch Trunkenheit. Wir spielten unter Einsatz unseres Lebens, und dieses Gefühl war berauschend. Wir streiften endlich unsere Lethargie ab. Ich vergaß meine Leiden, meinen Hunger, meine lädierten Hände. Ich spürte mein kaputtes Brustbein nicht mehr, das mir beim Atmen oder Bücken die schlimmsten Schmerzen verursachte.

Niemals trat eine der Wachen auf unsere Bodenplatten. Sie gingen um sie herum, blieben kurz vor ihnen stehen, das war alles. Wir waren davon überzeugt, unter dem Schutz der Heiligen Jungfrau zu stehen: Das erstemal, als wir die Erde geöffnet hatten, hatten die Unebenheiten des Bodens entlang der Platten so etwas wie ein Kreuz gebildet. Wir fertigten ein weiteres aus Karton an und legten dieses auf die letzte Steinschicht, bevor wir wieder zumachten. Der unterirdische Gang erhielt von uns den Namen »Marientunnel«.

Wir glaubten so fest daran, daß wir jeden Abend beim Öffnen und jeden Morgen beim Verschließen des Schachtes auf Knien beteten. In Ablehnung des Islam, der uns nichts Gutes gebracht hatte, hatten wir uns dem Katholizismus zugewandt. Mama, die ihre Kindheit bei den Nonnen verbracht hatte, kannte sämtliche Gebete auswendig und hatte sie uns, allerdings mit großer Zurückhaltung, beigebracht. Sie war eine gute Muslimin geblieben.

Maria, deren wirklicher Name Mouna-Inan war, taufte sich zu Ehren der Jungfrau um. Abdellatif und Soukaïna folgten ihrem Beispiel. Alle drei hatten ihre Vornamen von König Hassan II. erhalten. Sie wollten ihm nichts zu verdanken haben. Soukaïna beschloß, sich von nun an Yasmina zu nennen, und Abdellatif Abdallah. Von den dreien war Maria die einzige, die ihr Versprechen wahr machte. Sie reagiert auf keinen anderen Namen mehr. Die beiden anderen gaben ihr Vorhaben ziemlich schnell auf, es war ihnen viel zu kompliziert, eine doppelte Identität zu haben.

Tagsüber fuhr ich fort, die Geschichte zu erzählen. Wir waren wie unter Drogeneinfluß. Wir aßen fast nichts mehr, schliefen kaum noch, nur noch die Anspannung hielt uns wach. Wir kommunizierten mit Raouf anhand der »Anlage«, hielten ihn auf dem laufenden über unsere Fortschritte. Aber er war so wütend, sich nicht an unserer Arbeit beteiligen zu können, daß er auch auf seiner Seite grub.

Eines Abends überraschte er uns zu unserer großen Freude mit einem Besuch, den er jedoch nicht wiederholte. Es war zu risikoreich, und außerdem litt er wie ich aufgrund der Entbehrungen an Hungerödemen. Wir waren beide unglaublich aufgequollen. Er hatte wahnsinnige Mühe, seine ein Meter fünfundachtzig zu bewegen und durch das Loch zu schieben.

Aber er spielte aus der Ferne den Ingenieur. Er wollte unbedingt, daß wir den Tunnel abstützten, um uns eine höhere Sicherheit zu garantieren. Als wir mit dem Graben fertig waren, bat er mich, an meine Holzreserve zu gehen, die langen Stücke, die wir bei unserer Ankunft gesammelt hatten. Ich hatte sie in einem kleinen Kabuff oberhalb unserer Toilette eingelagert, lange bevor sie dieses zumauerten.

Dieser Verschlag befand sich etwa drei Meter über dem Boden. Um ihn zu erreichen, mußte man ernsthafte akrobatische Anstrengungen unternehmen und einer auf die Schultern des anderen klettern, was wir eines Abends unter brüllendem Gelächter taten. Wir hatten dies bitter nötig.

Mit ihren dreißig Kilo kletterte Maria wie ein Äffchen. Nach unzähligen Stürzen gelang es ihr, an den Verschlag heranzukommen und die Holzstücke herauszuziehen. Schwieriger war es, alles wieder zuzumachen. In dieser Höhe war das nicht möglich. Wir schafften es dennoch. Wir schlossen das Loch mit Abdellatifs Erzeugnis, das trotz all unserer Bemühungen nicht trocknete.

Am nächsten Tag kam ich den Fragen der Wachen zuvor. Ich verkündete, in der Mauer sei eine undichte Stelle, durch die das Wasser dringe und die man reparieren müsse. Ich konnte ganz beruhigt sein: Sobald wir sie um etwas baten, hatten wir die Gewißheit, daß nichts passierte.

Am 18. April hatte ich die vorgesehenen fünf Meter erreicht und hörte auf zu graben. Ich hatte die Arbeit ohne Pause und klaglos verrichtet, trotz meiner angeborenen Klaustrophobie. Ich war in die Haut einer Schabe oder eines Reptils geschlüpft. Mehrfach war ich dem Wahnsinn ganz nah.

Es kam vor, daß ich unvermittelt beim Putzen abbrach. Ich schlug mir auf den Kopf und stopfte mir die Ohren zu, weil ich Schlüsselgeklirr oder ihre Schritte zu hören vermeinte. Ich ließ dann fallen, was ich in der Hand hielt, und warf mich zu Boden, um zu sehen, wer da kam. Mein Herz zerbarst vor Angst, aber niemand trat ein.

Diese Geräusche verließen mich nicht. Ich fragte unablässig die Mädchen, ob alles normal sei. Ich lebte mit der Furcht, mit einem Schlag dem Wahnsinn zu verfallen.

Wir waren alle übereingekommen, uns im Dezember davonzumachen. Wir wollten in einer mondlosen Winternacht ausbrechen, einer Nacht, in der die Wächter, kälteempfindlich wie alle Marokkaner, sich in ihre Wachhäuschen verkrochen haben würden, die Kapuzen ihrer Djellabas tief ins Gesicht gezogen. In einer Nacht, in der wir unbemerkt an ihnen vorbeikämen. Wir machten also den Tunnel dicht und kaschierten die losen Platten. Vierzehn Tage vor unserer Flucht würden wir damit beginnen, den Ausgang des Tunnels zu graben. Vorher wäre es zu riskant.

Wir hatten mehrfach Familienrat abgehalten, um zu entscheiden, wer von uns gehen würde und was wir täten, wenn wir erst einmal draußen wären. Wir hatten kein Geld mehr, aber es blieb uns noch die Namensplakette des Gliederarmbands aus Massivgold, die Mama all die Jahre bei den Durchsuchungen hatte verstecken können. Wir hatten den Namen sorgfältig weggefeilt.

Aus Pappe, Hartgummi und Mehl als Klebstoff hatte Abdellatif einen unglaublich echt wirkenden Revolver gebastelt. Raouf, der in jungen Jahren ein Waffennarr gewesen war, hatte ihm die entsprechenden Anweisungen gegeben. Das Spielzeug war dafür gedacht, uns aus heiklen Situationen zu retten.

Erstes Ziel war es, genau herauszufinden, wo wir waren. Durch das Lauschen auf die Langstreckenflugzeuge über unseren Köpfen war Mama zu dem Schluß gekommen, daß wir uns zwischen Casablanca und Marrakesch befinden mußten, allerdings näher an der ersten Stadt als an der zweiten.

Als zweites galt es, darüber nachzudenken, wie wir so schnell wie möglich aus der Reichweite der Wachen gelangen konnten. Wir malten uns mehrere Szenarien aus, die einen eher unwahrscheinlich, die anderen völlig verrückt.

Wenn wir einmal auf der Straße wären, würden wir warten, bis ein Taxi vorbeikäme. Um die Aufmerksamkeit des Fahrers auf mich zu lenken und sein Mißtrauen einzudämmen, hatte ich zur großen Entrüstung von Mama und Raouf beschlossen, mich als Hure auszugeben. Nachdem ich den Chauffeur becirct hätte, würde ich den Revolver ziehen, die anderen rufen und mit ihnen den Wagen besteigen.

»Und wenn er nicht allein ist?« warf jemand ein.

Nichts einfacher als das ... Dann würden wir seinem Komplizen eins mit dem Fenstergitterstab, den Abdellatif hatte herausbrechen können, über den Kopf hauen.

Wir hatten einen alternativen Handlungsablauf in petto für den Fall, daß sich der Fahrer entgegenkommend zeigen würde: Wir waren in Belgien lebende Emigranten, nach Marokko zurückgekehrt, um unsere Familie zu besuchen. Unser Auto, ein Volvo, hatte eine Panne, und wir mußten nun um jeden Preis zu einem Mechaniker gebracht werden.

Unser Ziel war es, die französische Botschaft zu erreichen und dort um politisches Asyl zu bitten. Um überhaupt eine Chance zu haben, benötigten wir ein wenig Zeit. Am Morgen unserer Flucht müßte Mama die Wachen so lange wie möglich aufhalten, um sie daran zu hindern, sofort Alarm zu schlagen.

Wir hatten an alles gedacht, minutiös die kleinsten Details erkundet. Wir hatten einen Pfeffervorrat angelegt, um damit die streunenden Hunde abzulenken. Mama hatte unsere Fluchtbekleidung genäht: Schwarze Overalls mit Gesichtsmasken, in die Schlitze für die Augen, den Mund und die Nase geschnitten waren. Sie hatte uns Schuhe aus unseren Vuitton-Koffern gebastelt. Mit ihrer Schlauchsohle sahen sie komisch aus und glichen mehr Kothurnen als modischen Pumps.

Wir zogen auch das Schlimmste in Betracht. Wenn man uns aufgriffe, würden wir uns töten. Wir wollten nicht weiterleben, wenn wir verhaftet würden. Mama hatte für den Fall eine Explosion mit dem kleinen Butankocher vorgesehen. Perfektionistisch, wie er war, feilte Raouf alles bis ins letzte aus und versuchte jede kleinste Eventualität in Betracht zu ziehen.

Das war nicht mein Stil. Ich brannte darauf, mich in das Abenteuer zu stürzen. Unterwegs würden wir dann improvisieren.

Auf winzigen Blättchen, die als Verpackung für Safran dienten und die von uns sorgfältig gesammelt worden waren, hatte Raouf ein Dutzend Pamphlete verfaßt, die wir in der Französischen Botschaft abgeben wollten. Sie waren an verschiedene Persönlichkeiten aus Kunst und Politik adressiert. Jeder von uns setzte noch ein paar herzzerreißende Zeilen hinzu.

Die schwierigste Frage war noch nicht entschieden. Wer

würde bei der Flucht dabeisein? Raouf wollte allein fliehen, so groß war seine Angst um uns alle. Aber es war klar, daß ich ihn begleiten würde. Maria hatte ganz deutlich erklärt, daß sie sich umbringen würde, wenn wir sie nicht mitnähmen. Ich kannte meine Schwester. Sie war in der Lage, ihre Drohung wahr zu machen.

Abdellatif würde ebenfalls mit uns kommen. Er, der als einziger von uns niemals das Leben draußen kennengelernt hatte, der ohne Vergangenheit und irgendwelche Fixpunkte war, mußte an diesem Abenteuer teilnehmen. Mama, die sich mit uns davonmachen wollte, stellte fest, dazu nicht in der Lage zu sein. Sie hatte wie wir alle einen aufgedunsenen Körper und kam nicht einmal durch das Loch zwischen ihrer Zelle und der unseren, durch das allein Abdellatif sich wie ein Aal schlängeln konnte. Wir konnten es auch nicht vergrößern, wenn wir nicht die Schieferplatten kaputtmachen wollten, die die Mauer verstärkten.

Soukaïna akzeptierte es, daß sie dableiben sollte, und zeigte auf diese Weise ihre Seelengröße und ihren Mut. Wir brauchten sie, um den Tunnel wieder zu schließen. Wir würden dadurch weitere wertvolle Zeit gewinnen.

Und Mimi war zu schwach, um mit uns mitzukommen.

Der Ausbruch

Am Sonntag, dem 19. April 1987, dem Tag, nachdem wir den Tunnel erst einmal wieder zugemacht hatten, saß ich in der Zelle am Boden, das Gesicht der Frühlingssonne entgegengestreckt. Man hörte die Vögel zwitschern. Die Natur erwachte wie wir aus einem langen Schlaf. Wir fühlten uns seltsam gut, trotz der Aussicht auf eine mehrmonatige Wartezeit. Wir hatten einen Ausweg aus dem Grab gefunden. Endlich hatten wir einen Grund zur Hoffnung.

Mimi lag in ihrem Bett, die zwei Mädchen waren an mich geschmiegt. Wir unterhielten uns unbekümmert.

Da vernahm ich unseren Alarmcode aus Mamas Zelle.

»Hör zu, Kika«, flüsterte sie, »ich habe sie gehört. Sie haben die Anweisung erhalten, einen Wachturm und ein Wachhäuschen auf dem Dach der Tunnelzelle zu errichten. Das Häuschen wird sich exakt in der Sichtlinie des Ausgangs befinden. Es werden dort Scheinwerfer sein.«

»Was machen wir?«

»Wir haben keine Wahl«, entschied sie. »Sie werden in achtundvierzig Stunden damit fertig sein. Und dann, adieu Flucht. Ihr müßt den Tunnel sofort zu Ende graben und euch heute nacht davonmachen.«

Ich hatte tausenderlei Einwände vorzubringen. Wie sollten wir drei Meter Ausgang in ein paar Stunden ausschachten? Das war unmöglich. Wir hatten eine Woche Arbeit dafür eingeplant.

Aber sie hörte mir nicht zu.

»Jetzt oder gar nicht«, wiederholte sie. »Wenn ihr nicht heute nacht flieht, kommt ihr hier nie mehr raus. Setz Raouf in Alarmbereitschaft!«

Raouf war sich mit Mama einig, wir hatten keine Wahl.

Ich fing gegen Mittag an zu graben. Um achtzehn Uhr hatte ich den Tunnelausgang fertig. Wir mußten nur noch die Erde beiseite schaffen. Ich füllte den Ölkanister, zog an der Schnur, die Mädchen zogen ihn zu sich hoch, schütteten den Inhalt auf den Boden und schickten ihn mir wieder zurück.

Ich war wütend. Der Löffel reichte mir nicht mehr. Wenn ich die Erde mit meinen Zähnen hätte herausbeißen können, hätte ich es getan. Ich grub, höhlte aus, dachte nicht mehr, existierte nicht mehr, war eine Maschine geworden. Graben, Erde wegschaffen, graben, Erde wegschaffen …

Irgendwann stieß ich auf tief verwurzelten Efeu. Ich zog mit aller Kraft an ihm. Stundenlang kämpfte ich gegen die Wurzeln und mühte mich ab, sie auszureißen. Diese Aufgabe war eigentlich unmöglich, aber ich steckte meine ganze Energie und noch mehr in sie hinein.

Ich mußte es schaffen.

Und plötzlich war ein blauer Fleck in meinem Gesichtsfeld. Es war ein Stück abendlicher Frühlingshimmel, über den eine lauwarme Brise hinwegstrich, die sanft meine Wange streichelte.

Ich stand einen Moment lang unbewegt und an den Efeu geklammert da, um mit einem Auge nach draußen zu schauen. Ich war aufgeregt und glücklich.

Mein Gott, welches Wunder, das Leben war da, ganz nah.

Ich fuhr, so gut ich konnte, damit fort, alles herauszureißen. Und dann schob ich weinend meinen Kopf durch die Öffnung. Es war zu schön. Ich hatte Angst vor dem, was ich sah, diese zum Greifen nahe Freiheit schreckte mich.

Ich ging in die Zelle zurück und verkündete triumphierend meinen Sieg.

»Die Biber sind mit der Lanze in Sydney gelandet.«

Der Ausgang war fertig. Soukaïna und Maria versuchten ebenfalls erfolgreich, durch ihn hindurchzukommen. Wir schickten Abdellatif als Kundschafter los, um herauszufinden, wo wir herauskommen würden. Wir wollten wissen, ob es rechts von der Mauer noch Wachen gab.

Er kam mit klopfendem Herzen wieder. Als er den Kopf herausstreckte, hatten ihn zwei Augen angesehen. Er hatte die Lider geschlossen. Es war alles im Eimer. So kurz vor dem Ziel zu scheitern. Er hätte weinen können …

Als er nach ewigen Minuten endlich gewagt hatte, die Augen wieder zu öffnen, hätte er fast laut herausgelacht. Es war nur eine Katze gewesen, die ihn da angesehen und ihm dann, wahrscheinlich gelangweilt durch den uninteressanten Anblick, den er bot, den Rücken zugedreht hatte und wieder gegangen war. Abdellatif war sehr stolz auf seine Heldentat.

Mama überreichte uns die Overalls und die Gesichtsmasken, den Proviant, die Sandwiches, den Pfeffer und die Eisenstange. Ich bestand darauf, die Hefte mit der Geschichte in meinen Beutel zu packen. Mama war dagegen. Sie hatte Angst, daß sie vernichtet werden könnten. Ihre Intuition war richtig.

Raouf tauchte wenig später in unserer Zelle auf.

Als die Nacht hereinbrach, kam der Moment des Abschieds. Ich legte mich bäuchlings auf die Erde, und Mama machte es auf ihrer Seite ebenso.

Sie hatte Angst, quälte sich mit Selbstzweifeln, ob sie uns gehen lassen konnte. Es war das einzige Mal, daß ich sie schwach und zögerlich erlebte.

Unsere Hände drückten einander, und wir übermittelten uns all unsere Liebe. Ihre Stimme zitterte ein wenig.

»Ich vertraue dir mein Fleisch und Blut an«, sagte sie mir, »und ich weiß, daß du eine zweite Mutter für sie bist. Versprich mir, daß du sie lebend zurückbringst.«

Soukaïna zitterte, ihre Zähne klapperten, und ihre Augen waren feucht. Aber sie vergoß keine einzige Träne. Ihre Verantwortung war enorm. Sie mußte alles hinter uns so verschleiern, daß die Wachen erst so spät wie möglich begriffen, daß wir entkommen waren.

Mimi drückte sich zärtlich an mich und flüsterte mir ins Ohr:

»Ich bin ganz sicher, daß ihr es schafft.«

Halima und Achoura waren hysterischer in ihren Angstbekundungen und verliehen ihrer Furcht und ihrem Kummer, uns gehen zu lassen, lautstark Ausdruck. Wir waren in einem unglaublichen Zustand der Erregung, der mir unvergeßlich bleiben wird. Ich weiß nicht, ob man das Mut nennen kann. Es war vielmehr ein Überlebenswille, der unsere Kräfte über sich hinauswachsen ließ.

Wir zogen uns schweigend an, griffen unsere Bündel und

schoben uns einer nach dem anderen durch den Tunnel. Maria und Abdellatif verließen ihn ohne Schwierigkeiten. Sie waren so mager, so leicht ... Bei Raouf erbebte die Erde. Wir hielten den Atem an, aber es gelang ihm dann doch, ohne Schaden herauszukriechen.

Als ich an der Reihe war, kam ich bis zu den Hüften durch. Dann jedoch war es mir unmöglich, mich noch weiter vorzuschieben. Ich steckte fest. Mein von Hungerödemen aufgeblähter Körper war zu dick für den engen Durchgang.

Raouf flüsterte mir leise aufmunternde Worte zu, um mich zu beruhigen, aber es gelang mir nicht. Ich plagte mich ab, weinte, war schweißgebadet.

Dann spürte ich Soukaïna hinter mir.

»Kika, komm zurück«, sagte sie. »Was soll's, dann gehst du eben nicht. Du machst zuviel Lärm. Am Ende hören sie dich noch.«

Wenn ich es mit Gewalt versuchte, riskierte ich, daß wir alle entdeckt wurden. Aber es kam nicht in Frage, daß ich zurückblieb. Einmal mehr setzte ich meine ganze Willenskraft in die Anstrengung. Es war wie eine Entbindung, eine zweite Geburt. Malika kam auf die Welt.

Endlich gab mich der Tunnel frei. Beim Durchquetschen hatte ich mir die gesamte Haut von den Oberschenkeln gerissen. Aber darauf achtete ich in diesem Augenblick gar nicht.

Wir waren hinter der zweiten Mauer herausgekommen. Raoufs Berechnungen waren richtig gewesen ...

Wir gingen die Mauer entlang. Vor uns befand sich ein etwa vier Meter hoher und mit Efeu bedeckter Gitterzaun. Maria stützte sich auf Raouf und kletterte hoch. Er hielt sie und gab ihr dann einen Schubs. Sie kam unten auf dem Feld auf.

Wir warteten ein wenig, und als sich nichts regte, sprang ich als nächste. Abdellatif und Raouf folgten mir. Wir kauerten uns dicht aneinandergepreßt zusammen und hielten uns an unseren zittrigen Händen fest.

Wir wollten uns nicht mehr trennen und holten reglos Luft. Diese Minuten erschienen endlos.

Aber sie waren unerläßlich, um uns zu vergewissern, daß alles gut lief.

Und um uns vor unserem großen Abenteuer noch einmal Atem schöpfen zu lassen.

Auf der Flucht
(19.–24. April 1987)

Der Irrmarsch

Seit wir im Düsteren lebten, hatten unsere Augen sich an die Dunkelheit gewöhnt. Reglos aneinandergeklammert, erforschten wir mit den Blicken die Nacht, ohne jegliches Angstgefühl. Wir waren im Gegenteil aufgeregt, berauscht und voller Überzeugung, daß Gott, der uns bis hierhin begleitet hatte, seine wohlgefällige Hand noch in breiterem Maße über uns ausstrecken würde.

Von seiten der Wachen war alles ruhig. Wir begannen über das feuchte Feld zu robben.

Das Bellen der umherstreunenden Hunde wurde laut. Sie kamen geradewegs auf uns zugelaufen, aggressiv, ausgehungert und bissiger als deutsche Schäferhunde. Es waren ungefähr zehn, die da hinter ihrem Rudelführer herrannten. Sie kamen immer näher. Wir konnten schon ihren keuchenden Atem spüren. Wir drängten uns erneut eng aneinander, um uns gegenseitig zu schützen.

Ihr Leithund sprang mit gefletschten Zähnen vor, knurrte und ging in Angriffsposition. Zu Statuen erstarrt, hielten wir den Atem an und warteten auf ein unwahrscheinliches Wunder, das dann tatsächlich eintrat. Der Hund stieß einen unverständlichen Klagelaut aus und machte, gefolgt von den anderen, kehrt.

Aber wir konnten nur kurz durchatmen. Alarmiert von der Meute, richteten die Wachen ihre Taschenlampen und Scheinwerfer auf das Gelände. Wir erstarrten und beteten, daß man uns für Schatten hielt. Überzeugt, daß man uns diesmal entdeckt hatte, warteten wir darauf, daß ihre Gewehre losgingen. Die Wachen riefen sich von Turm zu Turm ein paar Worte zu. Dann erloschen ihre Lampen.

Wir blieben zwei oder drei uns endlos erscheinende Minuten reglos liegen, dann krochen wir weiter. Wir wollten aus der Sichtlinie des Lagers heraus.

Aber wir waren plötzlich auf einem Bohnenacker, der bereits wieder näher an der Kaserne lag. Wir benötigten eine kurze Verschnaufpause, weshalb wir uns auf den Rücken legten und uns zum ersten Mal das gegenüberliegende Lager ansahen. Der Vollmond beleuchtete deutlich den hohen Gitterzaun, die Wachtürme und Befestigungsmauern. Der Rest wurde vom Nebel in weißliches Licht getaucht. Ein furchtbarer Anblick.

Dort also hatten wir elf Jahre unseres Lebens verbracht, unsere schönsten Jahre gelassen, unsere Hoffnungen, Träume, unsere Gesundheit und Jugend. In diesem Todescamp – es gab keinen anderen Ausdruck, um unser Gefängnis zu beschreiben – waren wir von der Welt verlassene Parias gewesen und hatten auf unser Ende gewartet, das sich nicht einstellen wollte. Dort drinnen hatten wir uns bemüht zu vergessen, wo wir waren, aber hier, auf dem Acker, gegenüber unserem Golgatha, holte uns die Wirklichkeit schlagartig ein. Sie war erschütternd.

Ich mußte einfach schluchzen angesichts dieser schrecklichen Vergangenheit, und als ich an die Zurückgelassenen dachte, weinte ich noch mehr. Ich hatte schreckliche Angst um sie. Mein Herz verkrampfte sich, und ich zitterte. Ich hörte, wie auch die anderen leise weinten. Sie empfanden dieselbe Furcht.

Wir blieben einen Moment lang so liegen, dann faßten wir uns wieder. Der Acker war voller Bohnen, die wir roh, wie sie waren, zerbissen. Frisch, süß und köstlich, hatten sie den Geschmack von Freiheit. Wir robbten weiter, und als wir glaubten, weit genug von der Kaserne weg zu sein, standen wir auf und gingen schweigend weiter. Die Felder waren so naß, daß wir vom Kopf bis zu den Zehen durchweicht waren.

Wir mußten schnell feststellen, daß wir uns in diesem tiefen Dunkel ohne Orientierungspunkte oder Markierungen im Kreis bewegten. Der Eindruck war so beängstigend, als hätten wir uns im Meer verloren oder in der Wüste verirrt.

Es gab nichts, was uns den Weg gewiesen hätte, und keiner von uns hatte einen Orientierungssinn. Mama hatte mir beigebracht, in den Sternen zu lesen, aber ich war offenbar eine höchst schlechte Schülerin gewesen, denn weder der Große Bär noch die Kassiopeia, noch der Abendstern sagten mir etwas.

Wir irrten weiter umher.

Ein Husten ließ uns das Blut in den Adern gefrieren. Es kam von etwas weiter oben. Als wir den Kopf hoben, nahmen wir ein Wachhäuschen wahr: Wir waren wieder zum Lager zurückgekehrt.

Wir machten uns eilig aus dem Staub. Verzweiflung überfiel uns. Müde und mit Angst im Bauch blieben wir stehen und zündeten uns eine Zigarette an, die wir sorgfältig für diesen Moment aufgespart hatten. Wir rauchten wortlos und mit beklommenem Herzen und dachten die ganze Zeit an Mama und die anderen.

Wir saßen in der Klemme und wußten nicht, wohin.

Ich bat daraufhin Abdellatif, uns zu führen.

»Wir sind Erwachsene«, sagte ich ihm. »Wir haben vielleicht Sünden begangen, aber du, du bist so rein … Wenn es Gott gibt, wird er Mitleid mit dir haben. Du wirst uns in die Freiheit führen.«

Wir folgten ihm ohne ein Wort. Unsere Körper schmerzten, unsere Kleider waren durchnäßt, aber wir mußten vorwärts kommen.

»Kika, komm mal her und sieh dir das an, das ist so hart. Ich weiß nicht, was es ist.«

Abdellatif war noch nie auf Asphalt gegangen. Wir wälzten uns darauf und küßten den Boden. Wir fühlten uns wie Astronauten, die ihre ersten Schritte auf dem Mond gemacht hatten.

Wir zogen uns erneut in ein Feld zurück, um uns auszuziehen und in unsere »Zivilkleidung« zu schlüpfen. Ich zog ein langes Kleid an, das Mama in den sechziger Jahren getragen hatte, bedruckter Kaschmir in Herbstfarben. Die anderen zogen einfache und altmodische Hosen und Pullis an, die ihnen dennoch ein »normales« Äußeres verliehen. Wir streiften die Vuitton-Kothurnen über und ließen unsere Kampfkleidung auf dem Feld liegen.

Dann nahmen wir unseren Weg wieder auf. Als Chefin der Truppe beschleunigte ich meinen Schritt und drängte sie, mir zu folgen. Sie schlichen hinter mir her, waren furchtbar müde. Raouf machte sich über meine energische Gangart lustig. Mit deutschem Akzent trieb er mich mit einem »allez Jeanne, allez« an, eine feine Anspielung auf meine elsässische Gouvernante.

Wir kamen schließlich an einem großen Gebäude an, einer Milchgenossenschaft. Wir berieten uns und kamen überein, den ersten Plan zur Anwendung zu bringen. Maria und der Kleine versteckten sich. Mit Unterstützung von Raouf stieß ich charakteristische marokkanische Schreie aus und rief Allah und die Propheten an.

Ein mit einem Stock bewaffneter Wächter kam heraus. Er hatte eine Djellaba mit Kapuze an. Ohne ihn nach seiner Meinung zu fragen, brach ich in seinen Armen zusammen. Er war gezwungen, mich aufzufangen.

Mißtrauisch sah er Raouf an und fragte ihn, was hier vorging.

»Meine Frau hatte letzte Woche eine Fehlgeburt. Sie hat sich davon noch nicht wieder erholt.«

Das Mißtrauen des Mannes wuchs.

»Ich habe nichts gehört. Ich frage mich, woher Sie mitten in der Nacht kommen.«

Ohne ihm die Zeit zu lassen, sich noch weitere Fragen zu stellen, fiel ich erneut zu Boden und tat so, als würde ich mich vor Schmerzen krümmen. Mit einer Menge höflicher Floskeln bat Raouf ihn um ein Glas Wasser und erklärte ihm, daß wir aus Belgien kämen und Marokko fünfzehn Jahre lang nicht mehr gesehen hätten.

»Wir haben eine Autopanne«, fügte er hinzu.

Der Wächter war argwöhnisch wie alle Marokkaner, die es gelernt haben, in einem Terrorregime zu überleben. Er schenkte Raouf keinen Glauben und versuchte ihn mit Fragen in die Enge zu treiben. Aber er willigte immerhin ein, mir Wasser zu bringen.

Es gelang mir, in die Konversation einfließen zu lassen, daß wir aus der Familie des marokkanischen Innenministers Driss Basri[29] stammten, was den gewünschten Angsteffekt zur Folge hatte: Der Mann nahm sich ein wenig zurück. Wir versuchten nun unsererseits, ihn zum Reden zu bringen, wir wollten wissen, wo wir waren. Er schlug uns vor, auf den Lastwagen der Milchgenossenschaft zu warten, der nach Bir-Jdid fahren würde, dem nächstgelegenen Ort. Endlich hatten wir die ersehnte Auskunft.

Wir warteten eine Dreiviertelstunde auf den Lastwagen, voller Angst, der Mann könne Alarm schlagen, aber er hatte kein Telefon in seinem Wachhäuschen. Die Türen der Molkerei öffneten sich, und der Laster wurde sichtbar ... Er fuhr geradeaus, ohne anzuhalten, um uns aufsteigen zu lassen.

Wir waren in Panik. Es war bereits vier Uhr morgens, wir drehten uns bereits seit elf Uhr abends im Kreis und hatten soeben noch wertvolle Zeit beim Warten auf den Lastwagen verloren.

Das einzig Positive war, daß wir nun wußten, wohin wir gingen.

---

[29] Seit 1975 Innenminister Marokkos und zweiter Mann im Staat

Ein wenig deprimiert kehrten wir auf die Straße zurück. Wir gaben sicher einen seltsamen Zug ab in der allmählich verblassenden Nacht: zwei junge Männer und zwei junge Frauen, die wie Automaten dahinwanderten, mit starrem Blick und ruckartigen Schritten. Aber wir hatten nicht die Zeit, über unsere Bewegungen nachzudenken, wir mußten vorwärts kommen.

Nach ein paar Kilometern sahen wir einen Sammelbus ankommen, der in jedem Nest anhielt. Die Bauern, die sich an der Haltestelle drängten, waren mit voluminösen Säcken beladen, Hühnern oder Schafen, die um sich traten. Wir stellten uns mit unbehaglichem Gefühl zu ihnen, davon überzeugt, daß alle Blicke auf uns gerichtet waren. Bis dahin hatte die Dunkelheit uns geschützt, aber es wurde hell, und das Licht der Morgendämmerung stellte uns bloß.

Raouf bot dem Fahrer die goldene Namensplakette als Zahlungsmittel an. Die anderen Passagiere regelten die Bezahlung unter größtmöglichem Gefeilsche mit Eiern oder Hühnern. Mißtrauisch lehnte der Fahrer ab. Er wollte Dirhams, sonst nichts. Wir ließen die Idee mit dem Bus fallen und setzten uns wieder in Bewegung.

Ein Lastwagen kam vorbei. Ich hob den Daumen. Der Fahrer, ein sympathischer Freak, ließ uns alle vier einsteigen, ohne uns Fragen zu stellen. Er teilte uns nur mit, daß am Stadtrand die Gefahr von Polizeisperren bestünde, weshalb er einen Schleichweg nahm, auf dem er uns dann auch absetzte.

Zum Glück war seine Auskunft unrichtig, und wir erreichten Bir-Jdid, ohne auf die geringste Absperrung zu treffen.

Es war ein winziges und extrem armes Örtchen. Beidseitig der Straße gab es ein paar verfallene Häuser, ein paar Kneipen, Fleischereien, das war alles. Es war halb sieben. In den Cafés, die ihre Pforten öffneten, verbreiteten Radios eine ohrenbetäubende Musik. Kellner eilten geschäftig hin und her, die Gäste bestellten Milchkaffee oder Pfefferminztee. Das Leben existierte unverändert, es nahm seinen Lauf wie an jedem der Morgen, die wir von ihm abgeschnitten gewesen waren.

Das Spektakel befremdete mich plötzlich. Ich brauchte ein paar Minuten, um zu verstehen, warum. Ich war den Lärm nicht mehr gewöhnt. Das Geschrei, die Stimmen, das Gehupe, die orientalischen Lieder, die quietschenden Autoreifen auf der Chaussee ... All diese Geräusche schmerzten in meinen Ohren. Raouf und den anderen ging es genauso wie mir. Das Licht tat uns in den Augen weh, und wir hatten Kopfschmerzen.

Erschrocken über so viel Betriebsamkeit, blickten wir hektisch um uns, und auch wir wurden betrachtet. Aber wir armen Teufel fielen nicht aus dem Rahmen. Vor allem Raouf nicht, dessen Mund aufgrund der Abzesse und der Schläge so zahnlos war wie der dieser Bauern.

Am Ende des Dorfes befand sich ein Stand mit Sammeltaxis, an dem sich eine dichte Menschenmenge drängte. Raouf spielte den Kundschafter und kam mit der Botschaft zurück, die Taxis würden nach Casablanca fahren. Er ging erneut dorthin, um mit einem Fahrer zu palavern, und ihre Diskussion dauerte gute zwanzig Minuten. Mir war unbehaglich zumute, und ich war mir sicher, daß sein Plan niemals funktionieren würde; als ich ihn wild gestikulieren sah, kapierte ich nicht gleich, daß wir zu ihm kommen sollten. Aber ein weiteres Wunder war geschehen: Der Fahrer hatte eingewilligt, uns im Austausch für die Plakette mitzunehmen.

Zwei Männer saßen vorne neben dem Chauffeur. Wir stiegen alle vier nach hinten, und das Taxi brauste los. Wir waren still und verloren in unseren Gedanken. Ich dachte voller Wehmut an Mama und meine Schwestern.

Meine Blicke wanderten zu Abdellatif. Erstmals seit langer Zeit wurde mir wieder die katastrophale Situation bewußt, in der er sich befand. Er war eingesperrt gewesen, seit er zweieinhalb Jahre alt gewesen war, und verließ das Gefängnis zum ersten Mal mit über achtzehn. Mein kleiner Bruder sah mit offenem Mund und gläsernem Blick die Straße vorüberziehen, wie ein Zombie, der seinem Grab entsteigt.

Er war ganz benommen von so vielen Neuentdeckungen. Er hatte erst zwei- oder dreimal in einem Auto gesessen, um zwischen zwei Gefängnissen hin und her gerüttelt zu werden.

Meine Schwester Maria wog kaum dreißig Kilo. Ihre großen dunklen Augen beherrschten ihr kleines mageres Gesicht. Raouf war ebenso mager wie sie, aber durch die Ödeme angeschwollen. Er war blaß, fiebrig und zahnlos.

Fünfzehn Jahre lagen hinter uns, fünfzehn Jahre Folter, die ihre furchtbaren Spuren hinterlassen hatten. Aber wenn ich sie jetzt alle drei so aufmerksam ansah, dann fand ich in einem Ausdruck, einem Lächeln, einer Geste die Kinder wieder, die sie gewesen waren.

Ich fühlte mich verantwortlich für ihren Zustand und fluchte auf das, was das Gefängnis aus ihnen gemacht hatte, aus jedem von uns.

Casablanca

Ich werde nie den Schock vergessen, den mir unsere Einfahrt nach Casablanca durch das Arbeiterviertel versetzte. Ich hatte völlig vergessen, wie es in der Stadt war. Die Menge rannte dahin, drängelte, bevölkerte die Gehsteige, überquerte die Straße, ohne daß die Menschen voneinander Notiz nahmen. Mich machte das alles ganz benommen: die bremsenden Autos, das Geschrei der kleinen Straßenhändler, eine von einem Pferd gezogene Kalesche, zwei streitende Frauen, ein wegen zu hoher Geschwindigkeit pfeifender Polizist. Ich roch den Benzingeruch, die Speisedüfte, die den Restaurants und Verkaufsbuden entströmten.

Es war das erste Mal seit fünfzehn Jahren, daß ich so viele

Menschen auf einen Schlag sah, so viele Geräusche hörte, daß meine Sinne völlig überreizt waren. Es kam mir vor, als habe sich die Bevölkerung von Marokko verdreifacht. Alles war größer, neuer, moderner. Die Frauen waren zahlreicher, in europäischem Stil gekleidet, geschminkt, gepflegt.

Diese endlose Schlange von Menschen, die mit gesenktem Kopf dahinmarschierten, ohne zu wissen, wohin, erinnerte mich an Chaplins Film *Moderne Zeiten*. Sie erweckten in mir ein seltsames Gefühl von Mitleid. Im Grunde genommen waren sie mehr zu bemitleiden als ich.

Ich fragte mich perplex: »Ist das etwa das Leben, die Freiheit? Die Menschen hier sind doch genauso Gefangene, wie ich es war ...«

Tausend Details, die ich in meinem früheren Leben nie bemerkt hatte, sprangen mir jetzt ins Auge: die Wohnsilos, die leeren Blicke, die Armut, die Müdigkeit, die sinnlose Geschäftigkeit.

Meinen Geschwistern gingen sicherlich nicht dieselben Gedanken im Kopf herum, jedenfalls nicht in dieser Form. Abdellatif war vor Verblüffung der Kiefer heruntergeklappt, Raouf und Maria schwiegen. Das Taxi fuhr zu schnell. Ich hatte bei jedem heftigen Bremsen Angst. Nach all den Anstrengungen, die wir auf uns genommen hatten, wäre das jetzt nicht der Moment, um bei einem Autounfall zu sterben.

Der Fahrer fing an zu schimpfen. Er mißtraute uns, wollte die Polizei rufen.

»Ich bin nicht befugt, euch ins Stadtzentrum zu bringen ...«

Raouf gelang es, ihn mit Hilfe einer ordentlichen Portion Diplomatie zu überreden. Schließlich hatte er von uns ein kleines Stück massives Gold im Wert von zweitausendfünfhundert Dirham zu einem Kurs von kaum fünfzig Dirham bekommen.

Raouf hatte ihm die Adresse des Hauses von Jamila, seiner Jugendliebe, angegeben, das im vornehmen Viertel Anfa lag. Während der Fahrer die Straße suchte, sah ich mich um, ohne irgend etwas zu erkennen. Ich hatte das Gefühl, auf einem anderen Planeten gelandet zu sein. Wir waren, wie in dem Roman von Swift, Liliputaner, die ins Land der Riesen geraten waren.

Anfa hat immer wie eine Miniaturausgabe von Beverly Hills ausgesehen. Die riesigen Villen standen in einer wohlgeordneten Reihe. Manche sahen aus wie Paläste. Alle hatten ihr eigenes Schwimmbad, ihren Tennis- und Golfplatz, ihren schnurgerade geschnittenen Rasen und ihre leuchtenden Blumenbeete. In den Garagen wartete ein Dutzend funkelnder Autos. Heerscharen von Chauffeuren, Gärtnern, Butlern und Kammermädchen wachten über das Wohlergehen ihrer Herrschaften.

Aber fünfzehn Jahre später erschienen mir die Häuser noch luxuriöser, die Gärten noch imposanter, der zur Schau gestellte Reichtum noch schamloser. Das war sicher auch so. Und genauso gab es keinerlei gemeinsamen Maßstab für diesen Glanz und das schmutzige Gefängnis, dem wir entkommen waren.

Das Taxi setzte uns ab und fuhr unverzüglich weiter. Jamila wohnte nicht mehr dort. Wir fühlten uns verlassen, aber ich wollte jetzt nicht Trübsal blasen. Ich sagte den anderen, sie sollten abseits bleiben, und ging auf eine Villa zu. Ein Gärtner mit weißer Schürze sprengte den Rasen.

Ich grüßte ihn von oben herab und bat ihn, die Dame des Hauses zu rufen, mit der ich verabredet sei. Er sah mich von oben bis unten an, dann schwenkte er drohend seinen Gartenschlauch und sagte mir, ich solle mich verziehen.

»Ein bißchen schnell, oder ich hol' die Polizei. So was wie du hat hier nichts zu suchen.«

Ich machte mich aus dem Staub und kehrte zu den anderen zurück. Ich fühlte mich gedemütigt und gekränkt. Als es die alte Malika noch gab, hätte dieser Mann mich nicht anzusprechen gewagt. Und jetzt verscheuchte er mich wie eine Bettlerin …

Wir marschierten weiter, ohne recht zu wissen, was wir tun sollten. Ich wählte aufs Geratewohl eine Villa mit hübsch gearbeitetem schmiedeeisernen Tor und klingelte an der Sprechanlage. Eine weibliche Stimme antwortete. Ich bat sie um einen Schluck Wasser. Nach marokkanischer Sitte darf man einem Bettler diese Bitte nicht abschlagen.

Eine entzückende Hausangestellte in rosafarbener Schürze und kokett auf dem wohlfrisierten Haar plazierten Häubchen kam aus dem Haus. Ich musterte sie, neidisch auf ihr Aussehen, bevor ich mit ihr zu reden begann. Mein irrer Blick erschreckte sie offenbar, denn sie machte Anstalten zurückzuweichen.

Ich gab darauf die alte Leier mit Belgien, den fünfzehn Jahren Abwesenheit und der Fehlgeburt von mir und fragte sie, ob ich telefonieren könne. Der Funke sprang allmählich zwischen uns über, aber sie antwortete, daß sie zuerst ihren Herrn fragen müsse.

Sie schloß die Tür. Ich machte den anderen ein Zeichen, daß sie hinter den Bougainvilleasträuchern versteckt bleiben sollten.

Ein paar Minuten später öffnete sich erneut die Tür vor einem großen, gutaussehenden, etwa fünfzigjährigen Mann mit graumeliertem Haar, der mit einem Frotteebademantel bekleidet war. Ich störte ihn offenbar bei seiner Morgentoilette, denn er trug einen elektrischen Rasierapparat in der Hand. Er roch gut und war sehr gepflegt und befand sich Lichtjahre von der armen Frau entfernt, die ich war und deren Anblick ihn zurückzucken ließ.

Die Art und Weise, in der ich mich ausdrückte, rettete die Situation, denn ich wandte mich sogleich in meinem perfektesten Französisch und in den gewähltesten Sätzen an ihn. Meine Redeweise beruhigte ihn offensichtlich, und er fing an, mich mit »chère Madame« zu titulieren.

»Mein Zimmermädchen sagte mir, Sie hätten eine Fehlgeburt erlitten, ich hoffe, Sie haben keine Blutungen. Ich bin Arzt und kann Sie ins Krankenhaus fahren.«

Ich stammelte ein paar Erklärungen, fing wieder mit meinem Schmus über Belgien an und fragte ihn, ohne ihm die Zeit zum Nachdenken zu lassen, ob ich telefonieren könne. Er sagte ja und bat mich herein.

Sein Haus schien mir wie ein Palast, dabei hatte es nichts Luxuriöses an sich. Aber es strahlte mit seinen weißen Mauern, seinen Terrakottafliesen am Boden und den vor den Fenstern blühenden Blumen Ordnung, Sauberkeit und bürgerlichen Komfort aus. Das Telefon stand auf einem hübschen Tischchen neben den Telefonbüchern.

Ich hatte nicht vergessen, wie man telefonierte, aber mein Herz fing heftig zu schlagen an, als ich den Hörer abnahm. Ich fühlte mich wie in *Onkel Paul, die große Pflaume*, diesem Film mit Louis de Funès, in dem der Held fünfundsechzig Jahre in grönländischem Eis eingefroren ist und bei seiner Wiederkehr aufpassen muß, daß er sich nicht verrät. Ich war dieser Onkel Paul und machte unwissentlich einen Fehler nach dem anderen.

Bei meinem Großvater schien ständig besetzt zu sein. Doktor Arfi – so hatte er sich vorgestellt – machte mich darauf aufmerksam, daß man sechs Zahlen vorwählen müsse, während ich hartnäckig fünf wählte, wie zu meiner Zeit.

»Ja«, sagte ich in gleichgültigem Tonfall, »ich weiß. Aber es ist immer so, sogar wenn man sie von Brüssel aus anruft, sie reden derartig gern ...« Dabei zersprang mir fast das Herz, so sehr klopfte es, weil ich mich beinahe verraten hatte.

Er bot mir einen Kaffee an, worauf ich ihm sagte, daß ich in Begleitung meines Mannes, meiner Schwester und meines Schwagers sei. Das schien für ihn kein Problem zu sein, weshalb ich den anderen ein Zeichen gab, während er sich anziehen ging.

Das Zimmermädchen kam und brachte ein Tablett voll köstlicher Dinge: exquisit duftenden Kaffee, Kuchen, Brot, Konfitüre. Wir sahen uns schweigend an. Wir hatten derartig Hunger, daß wir nichts anrühren konnten. Ansonsten hätten wir innerhalb weniger Minuten alles verschlungen: das Essen, den Teppich, die Möbel und selbst den Hund. Letzterer faszinierte Abdellatif, der noch nie einen gesehen hatte. Es war ein verspielter Cockerspaniel, der ihn abschleckte und vor Freude Männchen machte. Mein Bruder war hin- und hergerissen zwischen Furcht und Entzücken.

Wir setzten uns alle in den Salon, steif wie ein Stock und sorgsam darauf bedacht, nicht den weißen Teppich mit unseren jämmerlichen Schuhen zu beschmutzen. Nach endlos langer Zeit stieß der Doktor wieder zu uns. Er trug einen Anzug, ein sauberes Hemd und eine Krawatte, für uns der Gipfel an Eleganz.

Er bot uns Kaffee an und fing an, sich mit uns in fast mondäner Art und Weise zu unterhalten. Ich eröffnete ihm, daß wir in Casablanca Freunde hätten, ich erwähnte die B... J... und die B..., zwei großbürgerliche Familien. Seine Miene erhellte sich. Er war auf bekanntem Terrain.

»Unglaublich«, sagte er, »das sind auch Freunde von mir.«

Die gemeinsamen Bekanntschaften flößten ihm Vertrauen ein, und er schlug vor, uns mit dem Auto bei den B... J... abzusetzen.

Letztere gehörten zu einer Bankiersfamilie aus Casablanca. Einer der Söhne – er war ein wenig älter als ich – galt als der schönste junge Mann seiner Generation. Sein jüngerer Bruder, Laarbi, war einer meiner engsten Freunde gewesen. Während meiner letzten Ferien in Kabila, unmittelbar vor dem Putschversuch, hatte ich zu Hause sein Geburtstagsfest ausgerichtet. Ich sah sie täglich und mochte sie sehr.

Als der Arzt uns vor ihrem Haus absetzte, sagte ich den Geschwistern, sie sollten sich erneut verstecken, und trat, ohne zu klingeln, ein, indem ich einfach die Tür aufstieß. Plötzlich war es, als sei die Zeit vor fünfzehn Jahren stehengeblieben. Ich erkannte alles wieder, die Möbel, die Bilder, die vertrauten Gerüche. Mir drehte sich alles im Kopf.

Das Haus schien leer zu sein. Ich streichelte den Hund, der

mich freudig begrüßte, dann ging ich zur Küche. Ich entdeckte ein Telefon. Ohne nachzudenken, wählte ich mehrmals eine Nummer, die meines Großvaters. Jedesmal nahm jemand ab und meldete sich mit einem unfreundlichen »Hallo«. Verängstigt versuchte ich es jedoch hartnäckig wieder.

Schließlich begriff ich, daß es sich um eine interne Leitung handelte, und dann erkannte ich auch die Stimme. Es war die von Laarbi. Ich bat ihn herunterzukommen, ohne ihm zu sagen, wer ich war. Fluchend kam er meiner Aufforderung nach.

Als er ins Zimmer trat, war ich völlig verblüfft über sein Äußeres und brauchte einige Zeit, bis ich ihn wiedererkannte. Damals war er ein junger, schlanker Mann von fünfundzwanzig Jahren gewesen, und jetzt hatte ich einen leicht ergrauten Vierzigjährigen mit einer gewissen Körperfülle vor mir.

Wir begrüßten uns. Er schien nicht zu wissen, wer ich war.

»Ich bin Malika«, sagte ich.

»Malika wer?«

»Die Tochter von Haja[30].«

Ich bekam meinen Familiennamen nicht über die Lippen. Ich hatte Angst, meine Identität preiszugeben, eine Angst, die mich noch jahrelang verfolgte.

»Das sagt mir nichts.«

Mühsam stieß ich hervor:

»Oufkir, Malika Oufkir.«

Er war wie versteinert.

»Was willst du von mir?« fragte er mit einer gleichermaßen barschen und hochmütigen Stimme.

Ich erzählte ihm, daß man uns freigelassen habe und daß ich zusammen mit Raouf, Maria und Abdellatif hier sei. Ich zitterte vor Angst, aber vor allem wußte ich nicht mehr, woran ich war. Während all der Jahre im Gefängnis hatten wir uns als Unschuldige gefühlt, sicher, das Recht auf unserer Seite zu

[30] Mit El Haj beziehungsweise Haja bezeichnet man einen Mann respektive eine Frau, die die Pilgerfahrt nach Mekka gemacht hat.

haben. Wir waren Opfer und keine Schuldigen, wie Laarbis Empfang mir weismachen wollte. Niemals wäre ich auf die Idee gekommen, daß unsere eigenen Freunde einen solchen Gedächtnisschwund an den Tag legen könnten.

Laarbi hatte mir den ersten Schlag ins Gesicht versetzt.

Ich schluckte meinen Stolz hinunter, zwang mich dazu, an die anderen zu denken, die auf mich warteten, und an all das, was noch vor uns lag.

»Ich brauche Geld«, sagte ich kühl. »Und außerdem hätte ich gern, daß du uns zum Bahnhof fährst.«

Ich hatte von der Existenz der Eisenbahnlinie durch den Taxifahrer erfahren. Zu meiner Zeit verkehrte noch kein Zug zwischen Casablanca und Rabat.

Wortlos verließ er die Küche und kehrte wenige Sekunden später mit dreihundert Dirham zurück, die er mir reichte, das sind ungefähr 180 Franc (60 DM). Die Summe kam mir ausreichend, ja sogar königlich vor. Ich wußte nicht, daß der Dirham von 1987 nicht mehr dieselbe Kaufkraft besaß wie der von einst.

Laarbi hielt mir eine kleine Moralpredigt und verbot mir, in die Nähe seines älteren Bruders zu kommen, der seit dem Tod ihres Onkels unter Depressionen litt. Kamil, da war ich mir sicher, hätte uns nicht so behandelt, wie Laarbi es tat. Er war immer gut, menschenfreundlich und mitfühlend gewesen. Und treu. Aber ich hatte nicht die Zeit, mich zu vergewissern.

Laarbi holte das Auto aus der Garage. Er betrachtete meine Geschwister gleichermaßen verächtlich wie ängstlich, ohne jegliches Mitleid für ihren erbarmungswürdigen Zustand, dann bedeutete er uns, wir sollten einsteigen, und setzte uns vor dem Bahnhof wie einen Sack dreckiger Wäsche ab.

Dieses Zusammentreffen hatte mich schwer erschüttert, aber ich wollte jetzt nicht meinem Schmerz nachhängen. Ich fühlte mich reich mit den Dirham in meiner Tasche, und meine erste Ausgabe bestand darin, für Abdellatif *L'Équipe* zu kaufen. Er hatte durch das Radio den Fußball entdeckt und kannte die Aufstellungen der französischen und marokkanischen Mannschaften sowie den Verlauf der Meisterschaften auswendig.

Wir versorgten uns mit Zigaretten und dachten an Soukaïna. Sie war eine so leidenschaftliche Raucherin, daß sie in Bir-Jdid Gras und von Halima zusammengesammelte Blätter im Hof trocknen ließ, die sie dann in »Karton«- oder »Safran«-Papier rollte.

Der Kauf der Fahrscheine nötigte uns mehr Willenskraft ab. Wir hatten Angst vor der Menschenmenge, vor allem aber vor den Kontrolleuren mit ihren Uniformen. Das riesige Porträt des Königs, das an einer Wand hing, löste einen weiteren Panikanfall bei uns aus, der uns keuchend und zitternd nach draußen rennen ließ, als sei uns Big Brother in Person auf den Fersen.

Das war mit Sicherheit dumm, aber außerhalb unserer Kontrolle.

Endlich stiegen wir in den Zug. Wir waren uns unseres seltsamen Aussehens bewußt und spürten alle Augen auf uns. Wir setzten uns in das Abteil, bestellten einen Kaffee und zündeten unsere Zigaretten an. Seit Stunden das erste Mal empfanden wir ein Gefühl von Freiheit. Aber als der Kontrolleur kam, um die Fahrscheine abzuknipsen, zitterten wir erneut von Kopf bis Fuß.

Neben uns unterhielt sich ein französisches Paar über die Korruption des Regimes, den Prunk des Thronfestes, die riesigen Kosten und darüber, daß man die Touristen trotz ihrer Reservierung aus dem La Mamounia verdrängt hatte, weil die Regierung die Zimmer für sich beanspruchte. Ihre Unterhaltung bestätigte uns in dem Gefühl, daß wir nicht als einzige die Staatsgewalt in Frage stellten.

Gelegentlich warfen uns die Franzosen neugierige Blicke zu. Wir hatten wahnsinnige Lust, mit ihnen zu reden, sie über unser Schicksal zu unterrichten. Sie machten einen sympathischen, offenen Eindruck, aber würden sie uns nicht womöglich trotz ihrer schönen Worte doch verraten?

Wir waren zu mißtrauisch geworden und schluckten unsere Hilferufe hinunter.

Der Schockzustand von Abdellatif wurde immer schlimmer, je mehr er entdeckte. Er hatte in seinem ganzen Leben noch nie eine Zeitschrift gesehen und starrte mit offenem Mund die Fotos der Spieler mit ihrem Fußball an. Er kannte nur den von uns im Gefängnis gebastelten.

Seine Bestürzung wuchs, als der Zug anfuhr und immer schneller wurde. Mit hängender Lippe starrte er in die Landschaft. Raouf versuchte ihn aufzuheitern, aber es war vergebliche Liebesmühe. Zu unserer großen Betrübnis war Abdellatif ein scheues Kind, das von dieser Lawine aus neuen Erkenntnissen und Erfahrungen völlig zu Boden geworfen wurde.

Während unserer fünftägigen Flucht hatte er unablässig das Gefühl, sich in einem fahrenden Zug zu befinden. In Tanger, in der Bar des Hotel Ahlan, in dem wir unser Quartier aufgeschlagen hatten, fragte er mich, ob der Zug bald anhalten würde.

Rabat

Mit Angst im Bauch bewegten wir uns durch den Hauptbahnhof von Rabat. Hatte man bereits Alarm geschlagen? Würde man uns am Bahnsteig in Empfang nehmen? Oder draußen? Aber nein, alles schien normal, kein Polizist war zu sehen. Zögernd bewegten wir uns auf den Taxistand zu. Dieser Bahnhof war viel zu groß, viel zu neu, viel zu belebt. Die Menge schubste uns durch die Gegend, die Leute schienen es sehr eilig zu haben, wußten, wohin sie gingen. Auf uns wartete niemand.

Raouf und Maria stiegen in das erste Taxi, und ich bestieg

ein zweites mit meinem kleinen Bruder. Es war neun Uhr morgens. Wir wollten uns an der Französischen Botschaft wieder treffen.

Ein marokkanischer Polizist bewachte die Pforte. Ich zögerte einen Moment lang, dann ging ich auf ihn zu.

»Ich möchte bitte hinein«, sagte ich.

»Die Botschaft ist geschlossen«, sagte er, als sei dies ganz selbstverständlich.

Ich brauchte ein paar Minuten, um zu verstehen. Es war der 20. April, anders gesagt, Ostermontag. Trotz unserer gründlichen Planung hatten wir dieses wichtige Detail nicht bedacht. Aber wer weiß, was passiert wäre, wenn wir erst einen Tag später geflohen wären?

Raouf näherte sich und versuchte, mit ihm zu diskutieren, aber der Polizist sah uns mißtrauisch an. Er hatte schnell bemerkt, daß wir nicht sauber aussahen. Er bombardierte uns mit Fragen, fragte uns sogar, ob jemand hinter uns her sei. Er ließ seinen Blick verächtlich von unserem lichten Haupthaar bis zu unseren verdreckten Schuhen hinunterschweifen.

Ohne ihm die Zeit zu lassen, uns noch weitere Fragen zu stellen, stiegen wir wieder in unsere Taxis. Der Fahrer sah mich ebenfalls argwöhnisch an, als ich ihn bat, uns vor der Botschaft der Vereinigten Staaten abzusetzen.

Das war unser einziger Ersatzplan für den Fall, daß es uns nicht gelingen würde, auf der Französischen Botschaft um Asyl zu bitten.

»Warum guckst du so verängstigt?« fragte er mich. »Woher kommst du? Irgend etwas stimmt nicht mit dir. Du siehst aus wie eine Europäerin, aber nein, du bist wirklich merkwürdig…«

Wir antworteten nichts, und seine Fragen ernteten von unserer Seite nur Schweigen. Dann waren wir an der Botschaft der Vereinigten Staaten angelangt. Ich entschied, mein Glück alleine zu versuchen. Ein marokkanischer Polizist hielt mich an der Pforte an und bat mich, mein Bündel zu deponieren. Ich hatte darin den Revolver verstaut, den Abdellatif gebastelt hatte und der einem echten täuschend ähnlich sah, und fürchtete daher, für eine Terroristin gehalten zu werden.

Ich stammelte deshalb, daß sich darin die Spielsachen meines Bruders befänden. Aber der Mann nahm den Sack nur in die Hand, warf ihn in eine Ecke seines Wachhäuschens und sagte mir, ich sollte ihn beim Rausgehen wieder mitnehmen.

Ich fühlte mich nicht wohl in meiner Haut. Wir waren uns so sicher gewesen, bei der Französischen Botschaft Erfolg zu haben, daß wir nicht daran gedacht hatten, im Falle eines Scheiterns improvisieren zu müssen. Wir hatten dazu auch nicht mehr die seelische Kraft. In unserem heruntergekommenen, verängstigten Zustand war es gerade noch möglich, ein Szenario abzuspulen, das wir auswendig gelernt und bis ins letzte ausgefeilt hatten. Mit Unvorhergesehenem konfrontiert zu werden erforderte von uns eine Anstrengung, der wir nur schwer gewachsen waren.

Ich war verunsichert.

Zitternd folgte ich dem abschüssigen Weg, der zu den Büros der Botschaft führte. Rechts beherbergte ein verglastes Wachhäuschen zwei uniformierte GIs, die auf ihren Kontrollschirmen das Kommen und Gehen überwachten. Ihnen gegenüber war ein Marokkaner in Anzug und Krawatte vor einer Kette als Wache postiert, die den Eingang der Büros sicherte.

Ich fragte den Marokkaner nach Einwanderungsformularen und danach, wie man sie ausfüllte. Während er mir antwortete, überlegte ich fieberhaft. Ich bräuchte nur die Kette beiseite zu reißen, um mich auf amerikanischem Territorium zu befinden. Auf der anderen Seite eilten geschäftig Beamte hin und her. Ich versuchte, mit flehendem Blick ihre Aufmerksamkeit auf mich zu lenken, aber vergeblich.

Ein Mann näherte sich dem marokkanischen Wachposten. Er zeigte ihm seine Plakette und bekam die Kette hochgehoben. Ich zögerte noch einmal, welche Vorgehensweise ich einschlagen sollte. Sollte ich ihm hinterherstürzen, über die Kette springen und um politisches Asyl bitten? Aber wenn sie es mir gewährten, was würde dann aus den anderen? Würden sie abgewiesen, denunziert, verhaftet?

Wäre der Marokkaner ein Amerikaner gewesen, hätte ich die Kette ohne weiteres Zögern übersprungen. Es hätte für mich Befreiung bedeutet, Amerika, Menschenrechte. Aber konnte ich einem Landsmann trauen? Und was, wenn er mir den Weg versperrte?

Als ich mich endlich zum Handeln entschloß, war es zu spät. Die GIs in ihrem verglasten Wachhäuschen waren mißtrauisch geworden. Sie unterhielten sich auf englisch und deuteten mit dem Finger auf mich, dann brüllten sie dem Marokkaner über ihren Lautsprecher zu, daß ich einen seltsamen Eindruck erweckte. Einer von ihnen kam aus dem Kabuff heraus auf mich zugelaufen.

In heller Panik raffte ich die Formulare zusammen, nahm mein Bündel und rannte davon. Mein Herz schlug zum Zerspringen. Ich kehrte zu unserer kleinen Gruppe bei den Taxis zurück. Es war ein Debakel. Uns blieben nur noch die britische und die spanische Botschaft. Aber auch diese waren geschlossen.

Wir wußten nicht mehr, was tun.

Jemand anderes konnte uns vielleicht helfen, ein Freund meines Großvaters, Berber wie er. Eine seiner Töchter war mit mir im Palast zur Schule gegangen. Wir baten die Taxifahrer, uns nach Agdal zu fahren, dem Viertel, in dem er mit seiner Familie wohnte, seiner Frau Lalla Mina und seinen Töchtern Latifa und Malika. Zu meiner Zeit war Agdal mit lauter kleinen entzückenden Villen bebaut gewesen. Aber alle Häuser waren dem Erdboden gleichgemacht und durch große Gebäude ersetzt worden.

Wir erkannten nichts mehr wieder. Die Taxis fuhren im Kreis herum, und wir verfuhren uns immer mehr. Dann erinnerte ich mich, daß ihr Haus sich neben der Post befunden hatte. Zufälligerweise war es das einzige, das nicht zerstört worden war.

Der Wachmann fragte mich, wen er melden dürfe. Ich sagte ihm, daß Malika, die Tochter von Haja Fatima, gerne mit Lalla Mina sprechen würde.

Er kam zurück und sagte mir mit argwöhnischer Miene:

»Sie kennt niemanden dieses Namens. Wenn du nicht unverzüglich abhaust, rufe ich die Polizei.«

Ich blieb hartnäckig:

»Sag ihr, daß ich Malika bin, die Tochter von Oufkir.«

Er hielt abrupt, überrascht, ja fast erschreckt inne.

»Insistiere nicht«, sagte er mir schließlich, »es ist nicht der Mühe wert. Sie will nichts von dir wissen.«

Aber dann schloß er ganz leise die Verbindungstür zwischen Flur und Salon und musterte mich fragend. Ich wollte von ihm wissen, wo Latifa wohne.

»In Agadir.«

Malika, ihre Schwester, wohnte auf der anderen Seite der Straße. Ich hatte sie gut gekannt, sie war in jungen Jahren Lehrerin gewesen. Zu der Zeit, als mein Vater noch Chef der Nationalen Sicherheit war, kam sie ins Haus, um den Kindern Nachhilfeunterricht zu geben. Jetzt war sie mit einem Unternehmer verheiratet und Hausfrau und Mutter.

Ohne viel Hoffnung beschloß ich, mein Glück zu versuchen. Wir stellten uns vor das Haus und warteten darauf, daß sie nach Hause kam. Gegen halb eins sahen wir ein Auto einparken. Ihm entstieg eine Matrone, im Gänsemarsch gefolgt von ihren vier Kindern, wie ein Huhn, das seine Küken hinter sich herzieht. Malika dürfte bei jeder Schwangerschaft zehn Kilo zugelegt haben.

Ich ging auf sie zu. Sie starrte mich an, und ihre Züge erstarrten. Je näher ich kam, desto mehr erblaßte sie.

Schließlich wich sie mit verzerrtem Gesicht zurück und fing an zu weinen.

»Warum ich?« heulte sie. »Warum tust du mir das an? Du

hast kein Recht dazu... Los, Kinder, geht schnell rein ins Haus«, fuhr sie, am Rande der Hysterie, fort.

Sie wich weiter zurück und verscheuchte mich mit den Armen, als sei ich eine Aussätzige.

Wir kehrten ins Stadtzentrum zurück, um unsere Briefe auf der Hauptpost aufzugeben. Wir hatten sie an ungefähr zwanzig Künstler und Politiker adressiert, darunter Alain Delon, Simone Signoret, Simone Veil, Robert Badinter, José Artur... Außerdem wollten wir telefonieren. Wir schlossen uns in eine Kabine ein, wußten aber nicht, wie man den Apparat bedient.

Jedesmal wenn sich jemand näherte, rannten wir aus der Kabine, als wäre jemand hinter uns her. Trotz unserer Angst mußten wir mächtig lachen, was uns für ein paar Minuten vergessen ließ, daß wir auf der Flucht waren. Aber es gelang uns nicht, auch nur eine Nummer zu wählen.

Die Zeit verstrich. Wir mußten uns irgendwo verstecken. Es blieben nur die Freunde aus Kindertagen übrig, um uns zu helfen, insbesondere Reda, Raoufs Busenfreund. Er wohnte damals in unmittelbarer Nachbarschaft von uns in der Allée des Princesses. Um zu Reda zu gelangen, mußten wir an unserem alten Haus vorbei. Ich hatte dem Kleinen immer versprochen, es ihm eines Tages zu zeigen. Er erinnerte sich nicht mehr daran, lauschte uns aber immer gern, wenn wir voller Heimweh davon erzählten.

Die Gelegenheit bot sich jetzt oder nie.

Ich verabredete mich mit den beiden anderen vor Redas Haus und blieb mit Abdellatif zurück, um erst noch bei unserem früheren Domizil vorbeizufahren.

Ich hatte Angst vor dem, was ich vorfinden würde, vor den Veränderungen, die die neuen Bewohner womöglich vorgenommen hatten. Hatten sie die Räumlichkeiten belassen, wie sie waren? Befand sich mein Zimmer noch immer zwischen dem Schwimmbad und der Sauna? Und der Garten? Gäbe es dort noch immer die von mir so vielgeliebten Blumen?

Als wir an der Einfahrt anlangten, glaubte ich mich in der Adresse geirrt zu haben. An Stelle der majestätischen, von einer stets grünen Rasenfläche umgebenen, in rötlichem Ocker gehaltenen Villa war nur noch ein unbebautes Gelände zu sehen. Nachdem wir weg waren, war das Haus geplündert worden. Die uns früher hofiert hatten, hatten sich ordentlich bedient, der eine bei den Möbeln, der andere bei den Bildern, Teppichen, Mamas Schmuck, den Fotoalben, Nippfiguren, Kleidern, Erinnerungsstücken ...

Dann hatte Hassan II. das Haus niederreißen lassen. Es existierte nicht mehr, wie auch wir nicht mehr existierten. Mit diesem brutalen Akt hatte er uns ins Nichts geworfen.

Dieser Schlag traf mich tief und ich verurteile diese niederträchtige Geste. Dieses Haus hatte für mich eine erhebliche Bedeutung. Im Palast war es für mich das Zentrum meiner Gedanken gewesen, das Symbol für ein normales und glückliches Zuhause, der Hafen des Friedens, nach dem ich mich sehnte.

In all den Jahren im Gefängnis hatte ich mich daran geklammert, es stets deutlich vor mir gesehen. Nachts spazierte ich vor dem Einschlafen in Gedanken durch sämtliche Zimmer, betrachtete alles ganz genau. Es war meine Nabelschnur, das letzte, was mich noch mit meinem Vater und den Tagen des verflogenen Glücks verband.

Jetzt, da es verschwunden war, hatte ich schlagartig nichts mehr, woran ich mich festhalten konnte. Ich fühlte mich befleckt, vergewaltigt, verwundet. Einmal mehr allein auf der Welt. Nichts hatte mehr Sinn. Um Abdellatif nicht zu beunruhigen, gab ich vor, mich verlaufen zu haben, nicht mehr zu wissen, wo das Haus stehe. Er akzeptierte die Lüge klaglos.

Das Taxi fuhr weiter zu Redas Haus. Vor dem Tor stand ein Gärtner.

»Reda?« sagte er mir, als rede er mit einer geistig Beschränkten. »Reda ist verheiratet. Er wohnt nicht mehr hier ... Seine Eltern? Aber seine Eltern sind in Frankreich ...«

Nach heftigem Insistieren teilte er mir widerwillig mit, daß

Reda jetzt in einer Wohnresidenz mit Namen Zawha wohne. Wir stiegen wieder in die Taxis, geschlagener denn je. In der Einfahrt der Residenz hielt uns ein mißtrauischer, inquisitorischer Wachmann an, wahrscheinlich ein Polizeispitzel, wie die meisten marokkanischen Pförtner.

Ich setzte eine gleichmütige Miene auf, um ihn danach zu fragen, wo sich Redas Haus befand. Ich näherte mich ihm vorsichtig, als befände ich mich im Krieg. Ich hatte das Gefühl, eine gefährliche Grenze zu überschreiten, wo jeden Moment eine Kugel meinen Lauf aufhalten konnte.

Ich klingelte an der Tür. Ein Dienstmädchen öffnete uns. Reda war ausgegangen, und sie wollte uns nicht sagen, wo er zu Mittag aß. Ich bat sie um ein Glas Wasser und darum, daß sie mich telefonieren ließ.

Ich wollte José Artur bei France Inter anrufen. Seine Sendung hatte uns so viele Male während unserer Gefangenschaft begleitet, daß er sicher imstande war, uns zu helfen ... Aber sie bedeutete mir, daß ich gehen sollte, ohne auf meine Bitte einzugehen.

Ich versuchte gerade, auf sie einzureden, als ich am Himmel das charakteristische Geräusch eines Hubschraubers vernahm. Ich nahm den Kleinen an der Hand und stürzte die Treppen hinunter. Maria und Raouf, die am Eingang der Wohnresidenz auf mich warteten, fingen ebenfalls an zu rennen.

Der Helikopter flog so tief, daß man ganz deutlich die Soldaten in seinem Inneren sitzen sehen konnte; sie hatten Maschinengewehre auf den Knien. Wir rannten weiter und versteckten uns alle vier eng aneinandergedrängt und zitternd hinter den Zypressen. Wir wußten nicht, daß unser Großvater ebenfalls in dieser Wohnanlage wohnte und die Polizisten daher ihre Suche dort begonnen hatten.

Raouf hatte schon wieder eine neue Idee, aber an dem Punkt, an dem wir angelangt waren, konnten wir nicht wählerisch sein. Neben der Wohnanlage lag das Haus weiterer Freunde aus Kindheitstagen, Patrick und Philippe Barère, in Marokko ansässige Franzosen. Wir hatten uns immer gut mit ihnen verstanden und mochten auch ihre Eltern sehr gern, vor allem ihre Mutter, eine wahrhafte Glucke, die immer um ihre Brut besorgt war.

Nachdem wir ein paar Minuten gelaufen waren, fanden wir das charmante, von Bäumen und Rasen umgebene Häuschen.

Wieder öffnete uns ein Dienstmädchen.

»Wir sind Malika und Raouf Oufkir und möchten gern zu Madame Barère.«

Sie warf die Tür zu. Wir waren auf alles gefaßt. Wie Diebe verjagt, beschimpft, verachtet, denunziert zu werden. Wir waren erschöpft, verhungert, paralysiert und verzweifelt. Und unfähig, noch einen weiteren Schritt zu tun.

Dann hörten wir jemanden durch den Flur laufen, und die Tür wurde aufgerissen: Tränenüberströmt stand Michèle Barère vor uns.

Sie brachte vor lauter Weinen kein Wort heraus.

Sie breitete weit ihre Arme aus, drückte uns heftig an sich und murmelte:

»Meine Kinder, meine geliebten Kinder. Was für ein Glück!«

Sie bat uns herein. Zum ersten Mal seit unserer Flucht fühlten wir uns in Sicherheit.

Sie war dabei, mit ihrem Mann Kaffee zu trinken, und lud uns alle vier ein, ihr dabei Gesellschaft zu leisten. Luc Barère war Besitzer einer Holzfabrik. Damals, als wir uns kennenlernten, war er im Palast gut angesehen. Er stand auf und umarmte uns. Er schien sehr überrascht, uns zu sehen. Ich sagte ihm, daß man uns freigelassen habe.

»Aber wie das? Niemand hat etwas im Radio oder Fernsehen gemeldet...«

»Du weißt doch, wie das ist. Als wir verschwanden, hat auch niemand Erklärungen abgegeben ...«

Meine Antwort war plausibel. Wie viele, die verschwunden waren, tauchten eines Tages wieder auf, ohne daß man wußte, wie oder warum. Schwungvoll fuhr ich fort, daß Mama und die anderen in einem zweiten Transport auch bald herauskämen. Man habe uns ein wenig Geld für die Reise gegeben.

Ich fühlte mich nicht sehr wohl bei meinen Lügen und spürte deutlich seine Skepsis. Es fiel mir schrecklich schwer, dieses Spiel mit der Freilassung zu spielen, so zu tun, als sei alles normal, nicht all das ausdrücken zu können, was in mir gärte. Ich hätte so gerne laut herausgebrüllt in ihrem aufgeräumten Salon, inmitten der Nippfigürchen, die mit Liebe auf jedem der ordentlich polierten Möbelstücke plaziert waren, daß wir gesucht und von der gesamten marokkanischen Polizei gehetzt wurden; daß wir fünfzehn Jahre für ein Verbrechen bezahlt hatten, das von uns nicht begangen worden war; daß Mama, Soukaïna und Myriam noch immer eingesperrt waren und zum jetzigen Zeitpunkt womöglich gefoltert wurden, damit sie verrieten, wo wir uns befanden …

Ich wurde von Angst, Beklemmung, Empörung, Schuldgefühlen und Zorn gebeutelt. Das Leben war ohne uns weitergegangen … Unser Wiederauftauchen störte den reibungslosen Lauf der Welt und machte selbst denen Angst, die uns geliebt hatten. Fünfzehn Jahre lang waren wir Geister gewesen, deren Namen man aus Furcht vor Repressalien gar nicht oder im Höchstfall ganz leise aussprach.

Aber auch ich konnte nichts sagen, mußte mich mit Lächeln begnügen, mich verstellen, konventionelle Worte daherplappern, deren Banalität das Drama verschleierte, das wir durchmachten.

Luc Barère verkündete, daß er jetzt zur Arbeit müsse, was uns erleichterte. Wir mußten dann weniger heucheln. Seine Frau glaubte uns aufs Wort und eilte geschäftig in der Küche umher, holte etwas zu essen und Getränke und wiederholte ständig:

»Meine armen Kleinen, was bin ich glücklich …«

Wir verbrachten einige Stunden damit, uns satt zu essen und zu trinken, waren aber in innerlicher Alarmbereitschaft. Das

Intermezzo war uns dennoch sehr willkommen. Michèle Barère erzählte uns Neuigkeiten von unseren früheren Freunden. Sie schilderte, wie unser Haus niedergerissen worden war und wer sich um dessen Plünderung geprügelt hatte. Ich mußte mich zusammenreißen, um nicht zu weinen.

Sie berichtete mir auch vom zehn Jahre zurückliegenden Tod meiner tapferen Großmutter Khadija, die mit ihrem Moped Kurier gespielt hatte, um den Polizisten von Tamattaght die Briefe und Päckchen zu übergeben. Mein Großvater hatte sich wenig später mit einer sehr jungen Frau verheiratet.

Sie sagte uns außerdem, daß einer ihrer Söhne, Philippe, der nunmehr in Frankreich lebe, zur Zeit mit seiner Frau, einer früheren Klassenkameradin aus dem Gymnasium, in Marokko sei und sich sehr über ein Wiedersehen mit uns freuen würde.

Ich hatte wahnsinnige Angst, daß sich einer von uns verriet, und war wie versteinert, als sie den Fernsehapparat einschaltete. Wir hatten außer im Kino noch nie farbige Bilder gesehen. Abdellatif setzte sich vor den Zeichentrickfilm, der über den riesigen Bildschirm flimmerte. Er hörte und sah nichts mehr von uns, fasziniert von dem Spektakel. Er war wieder ein dreijähriges Kind, das über jeden Blödsinn lachte. Ich war beunruhigt. Er nahm zu rasch zu viele neue Eindrücke auf. Und ich befürchtete, daß Michèle unsere Haftbedingungen erahnen könnte. Ich wollte sowenig Details wie möglich preisgeben.

Ende des Nachmittags kehrte Luc Barère zurück. Er ließ nicht locker, glaubte uns kein Wort von unserer kleinen Geschichte und stellte uns hundertmal dieselben Fragen, ohne sich mit unseren Antworten zufriedenzugeben. Seine Frau versuchte ihn zur Vernunft zu bringen und sagte ihm wiederholt, er solle uns in Ruhe lassen.

»Du siehst doch, daß diese Kinder einen Alptraum hinter sich haben ... Wenn ich an all die Leute denke, die ihnen gegenüber so gleichgültig waren ...«

Wir versuchten, die Konversation in andere Bahnen zu lenken, uns nach dem einen oder anderen zu erkundigen, aber er kehrte unablässig auf seinen Verdachtsmoment zurück. Schließlich erklärte er, daß unsere Freiheit gefeiert werden müsse. Er schlug vor, unseren Großvater anzurufen, der diese Freude verdient habe. Wie sollten wir ihm das auszureden versuchen, ohne seine Zweifel noch zu bestärken?

»Er ist alt«, sagte ich. »Er wird schockiert sein, wenn er uns in diesem erbarmungswürdigen Zustand sieht. Wir würden gerne erst ein wenig auf die Beine kommen, bevor wir ihn anrufen. Er ist die einzige Verwandtschaft, die wir noch haben. Wir wollen ihn nicht umbringen.«

Die Wahrheit sah natürlich völlig anders aus. Mit Sicherheit überwachte die Polizei sein Haus und sein Telefon, und wir würden sofort verhaftet werden.

Michèle Barère kam uns zu Hilfe.

»Laß ihnen erst einmal Zeit, sich auszuruhen«, sagte sie ihm. »Sie können ihn dann morgen besuchen gehen. Wir bereiten ihn dann darauf vor«, fügte sie hinzu, um uns zu beruhigen. »Ich werde selbst mit ihm telefonieren.«

Wir gingen gerade zu Tisch, als die Eingangstür aufflog und man das Schluchzen eines Mannes im Flur vernahm. Philippe Barère hatte die Neuigkeit von unserer Rückkehr erfahren und war mit seiner Frau und seinem Sohn gekommen, um uns zu sehen. Weinend schloß er uns in seine Arme.

Er wiederholte ständig dieselben Sätze:

»Das ist nicht wahr, was für ein Alptraum, warum hat man euch das angetan?«

Dann beruhigte er sich, sah uns an und sagte, daß das Wiedersehen mit uns das Schönste sei, was das Leben ihm hätte bieten können.

Dieses Abendessen war eines der seltsamsten und auch der schwierigsten meines Lebens. Philippe lachte gelegentlich oder starrte uns mit einem glücklichen Lächeln an. Dann wieder schluchzte er. Wir versuchten, den Anschein von Normalität aufrechtzuerhalten, aber wir waren schrecklich mitgenommen und in jedem Fall vollkommen erschöpft.

Nach dem Essen zeigte Michèle Barère uns unsere Zimmer in der oberen Etage. Ich lehnte höflich das mir zugewiesene ab, indem ich vorgab, alleine schlafen zu wollen. Sie akzeptierte ohne mit der Wimper zu zucken, daß ich mir ein Zimmer aussuchte, und ich wollte eins mit Telefon. Luc Barère kam ebenfalls hoch und reichte mir ein Schlafmittel, damit wir eine gute Nacht hätten. Ich nahm die Tabletten dankend entgegen und warf sie, kaum daß er mir den Rücken zugewandt hatte, eilig ins Klo.

Meine Paranoia wurde von Stunde zu Stunde schlimmer.

Wir wuschen uns der Reihe nach. Abdellatif sah die erste Badewanne seines Lebens. Ich ging als letzte ins Bad.

Als ich mein Kleid ausziehen wollte, stellte ich fest, daß es an mir festhing. Ich war gezwungen, brutal daran zu ziehen, was gleichzeitig die Haut von meinen Beinen riß, die das Blut an den Stoff geklebt hatte.

Ich hatte mich, ohne daß ich das sofort bemerkt hatte, ernsthaft verletzt, als ich mich aus dem Tunnel quälte. Der Schmerz war jetzt schon furchtbar, aber das Schlimmste kam noch. Meine Schuhe klebten mir an den Füßen, und ich bekam sie einfach nicht herunter.

Ich schloß die Augen, zählte bis drei und zog ganz fest. Ich mußte mir auf die Lippen beißen, um nicht zu schreien. Ich riß mir sämtliche Fußnägel heraus, was eine starke Blutung hervorrief. Das Blut breitete sich auf dem Teppichboden aus.

Panisch suchte ich um mich herum nach irgend etwas, womit ich es wegwischen konnte, als die Tür aufging. Ich sprang in die Wanne. Michèle Barère sah das Blut auf dem Boden.

»Was ist denn mit dir passiert?«

»Nichts. Ich habe mir nur den Zehennagel in der Tür eingeklemmt.«

Sie begann die Nerven zu verlieren. Die Situation geriet außer Kontrolle. Sie ging wieder hinaus, und ich wusch mich mehr schlecht als recht und trocknete mich ab, dann beseitigte ich das Chaos. Sie hatte mir zum Schlafen eine *gandoura*[31] geliehen, aber meine Füße waren derartig blutig, daß ich die ganze Nacht sitzen blieb, um nicht die Kleidung oder die Laken zu beschmutzen.

Ich verbrachte die Nacht mit Schreiben. Ein Brief an Jean Daniel, Gedichte, SOS-Rufe. Gegen vier Uhr früh griff ich nach dem Hörer und hob vorsichtig ab.

Am anderen Ende der Leitung fragte mich Luc, ob ich irgend etwas bräuchte.

»Nein, ich habe es klingeln hören.«

»Du hast geträumt ...«

Gegen sechs Uhr dreißig an diesem Dienstagmorgen stand ich auf, zog mich an und ging zu den anderen. Sie waren alle wach. Ich bat sie, sich eilig anzuziehen, und ging hinunter in die Küche.

Michèle Barère sang, während sie das Frühstück zubereitete. Der Tisch war gedeckt, und im Zimmer roch es wunderbar nach Toastbrot und Kaffee. Alles schien so normal. Und wir waren so weit entfernt von dieser Normalität.

Ich umarmte sie. Sie fragte mich liebevoll, ob ich gut geschlafen hätte. Ich unterdrückte meine Tränen, entwaffnet von ihrer kindlichen Freundlichkeit mir gegenüber. Dann fragte ich verwundert, wo Luc sei.

»Er war nicht davon abzuhalten ... du weißt, wie er ist ... Er hat das Auto genommen, um deinen Großvater zu benachrichtigen.«

Ich ging nach oben, um Raouf die Katastrophe mitzuteilen. Dann kam Philippe, um mit uns zu frühstücken. Raouf nahm ihn beiseite und fragte ihn, ob er uns im Auto mitnehmen könne.

»Ohne Probleme. Wohin wollt ihr?«

»Das sagen wir dir dann.«

---

[31] Leichtes langes Baumwollhemd mit kurzen Ärmeln

Ich informierte Michèle Barère, daß Raouf und ich kurz mit Philippe wegfahren würden.

Wir hatten herausgefunden, daß sich die Schwedische Botschaft unweit des Hauses seiner Eltern befand. Das war unsere letzte Chance, um politisches Asyl zu erbitten, aber wir glaubten schon nicht mehr daran. Wir sagten Philippe, in welche Richtung wir wollten, und machten ihm dann ein Zeichen, daß er anhalten solle.

Er sah uns lange an, ohne ein Wort zu sagen. Unsere Gesichter und unser Schweigen sprachen eine deutliche Sprache. Wir erklärten ihm unsere Situation. Er schlug mit dem Kopf gegen das Steuer und gab laute Schmerzensschreie von sich.

»Warum nur, warum hat dieser Alptraum kein Ende?«

Er war nicht zu beruhigen. Wir redeten weiter so ruhig wie nur irgend möglich auf ihn ein, wie auf ein Kind, das es zu trösten galt.

»Hör zu«, sagte Raouf zu ihm. »Wir gehen jetzt in die Botschaft und bitten um politisches Asyl. Wenn wir in einer Viertelstunde noch immer dort sind, hat unser Plan funktioniert. Wenn wir wieder rauskommen, wollen wir von dir nur, daß du uns am Bahnhof absetzt.«

Er nickte, noch immer weinend. Er hätte zu allem ja gesagt.

Um in die Botschaft zu gelangen, mußte man sich in eine Schlange einreihen, und wir kamen und kamen nicht an die Reihe. Nach zehn Minuten wurde Raouf unruhig. Er nahm ein Blatt Papier und schrieb darauf in großen Buchstaben:

»Die Kinder von General Oufkir bitten den schwedischen Staat um politisches Asyl.«

Wir schoben das Blatt unter einer verglasten Tür durch, hinter der eine riesige Blondine saß. Sie nahm das Blatt, las es und stand auf. Dann warf sie uns einen vernichtenden Blick zu und erklärte in abgehackten Worten:

»GO OUT.«

Völlig verängstigt rannten wir nach draußen. Schweden, das Land der Menschenrechte ...

Philippe wartete im Auto auf uns. Wir mußten wieder zu ihm nach Hause, um dort Abdellatif und Maria einzusammeln. Seine Mutter öffnete uns die Tür. Sie verstand nicht, warum er so schluchzte. Wahrscheinlich wollte sie es nicht verstehen.

Dann plötzlich kam Luc Barère herein, gefolgt von meinem jungen Onkel Wahid, dessen Gesicht ganz verschwollen war. Er hatte Tränen in den Augen. Barère war zu meinem Großvater gefahren, hatte dort Wahid vorgefunden und ihm erzählt, daß man uns freigelassen habe. Mein Onkel war in seinen Armen zusammengebrochen.

»Sie sind ausgebrochen.«

Er hatte die Neuigkeit durch die DST, die *Direction de la surveillance du territoire*, erfahren, also den Geheimdienst. Die Polizei hatte ihn am Vorabend abgeholt und die ganze Nacht mit Schlägen auf die Fußsohlen traktiert, um aus ihm herauszubringen, wo wir waren.

Eine halbe Stunde vor Barères Erscheinen hatten sie ihn wieder zu Hause abgesetzt. Wahid hatte uns nicht mehr gesehen, seit wir nach Assa gebracht worden waren. Seit Tamattaght hatte er nichts mehr von uns gehört, nur gelegentlich war ihm der Tod des einen oder anderen von uns mitgeteilt worden.

Man hatte ihn glauben lassen, daß erst Myriam, dann Raouf und ich gestorben seien. Ich mußte ihm schwören, daß Mama und die anderen noch am Leben waren. Er weinte, schrie und gestikulierte und umarmte und küßte uns der Reihe nach.

Ich war sehr gerührt, ihn wiederzusehen, liebte ich ihn doch wie einen Bruder. Dennoch bemühte ich mich, gefaßt zu bleiben. Jetzt war nicht der Moment, die Nerven zu verlieren. Ich war nicht in dem Zustand, mir seine Verzweiflung anzuhören. Ich wollte ihn auf den Boden der Tatsachen zurückholen, ihn wachrütteln, ihm zu verstehen geben, daß wir unser Leben aufs Spiel setzten. Vor allem aber zitterte ich vor Furcht, daß man ihm gefolgt war.

»Jetzt weinst du, aber fünfzehn Jahre lang habt ihr uns alle im Stich gelassen«, sagte ich kühl. »Wenn du das wiedergutmachen willst, brauchst du nur eines zu tun: Erzähl die ganze Geschichte der internationalen Presse, denn sie kriegen uns nicht lebend. Und sieh zu, was du machen kannst, wir brauchen nämlich Geld.«

Luc Barère fing an zu schreien:

»Warum habt ihr mir das angetan? Ich habe euch vertraut. Ich habe euch die Türen meines Hauses geöffnet! Ich werde in diesem Land nicht länger arbeiten können! Man wird mich ausweisen …«

»Ich hatte nicht die Absicht, dich anzulügen oder dich zu mißbrauchen«, antwortete ich ihm. »Wir sind ganz allein auf der Welt, wir wußten nicht, wohin, und wenn wir dir nichts gesagt haben, dann, um dich zu schützen. Du sagst den Behörden, daß du nicht informiert gewesen bist und daß wir euch alle zum Narren gehalten haben.«

Seine Frau versuchte ihn zu beruhigen. Philippe hingegen regte sich auf und warf ihm vor, niemals versucht habe, etwas für uns zu tun.

»Wir sind alle schuldig, haben alle Anteil an dieser Schandtat«, wiederholte er.

Wahid hatte kein Geld dabei. Er bat Barère, ihm etwas zu leihen, und dieser händigte uns dreitausend Dirham aus. Ich gab das Manuskript meiner Geschichte Philippe und ließ ihn schwören, es irgendwo zu vergraben und es mir irgendwann einmal zurückzugeben. Er versprach es. Aber er hatte derartige Angst, daß er, kaum daß wir aus der Tür waren, eilends alles vernichtete.

Michèle Barère gab uns saubere Kleider. Ich bekam eine Art lavendelblaue Gandoura und Netz-Sandalen mit hohen Absätzen, mit denen ich doch recht seltsam aussah. Die Kleinen und Raouf waren korrekt gekleidet.

Wir nahmen ein Taxi und ließen uns am Bahnhof von Agdal absetzen. Vom Hauptbahnhof loszufahren erschien uns zu riskant. Wir wollten nach Tanger.

Tanger

Warum Tanger? Zunächst, weil wir nicht mehr wußten, wohin, und weil uns die Stadt das Ende unseres Abenteuers zu markieren schien. Uns fehlte Schlaf, wir waren müde, deprimiert und verzweifelt angesichts der Schläge und Enttäuschungen, die wir seit zwei Tagen hatten einstecken müssen. Der andere, ein wenig konkretere Grund war der: Barère hatte mir gesagt, daß Salah Balafrèj, ein früherer Verehrer von mir, Besitzer eines Hotels in Tanger sei. Vielleicht konnte er uns helfen.

In jedem Fall waren Casablanca und Rabat für uns zu gefährlich geworden, und wir brauchten ein Ziel. Also, warum nicht Tanger?

Während wir auf den Zug warteten, suchten wir Schutz auf einem Parkplatz und krochen, um nicht gesehen zu werden, unter die Autos. Wir mußten zweieinhalb Stunden totschlagen. Raouf ging die Fahrkarten kaufen, dann versteckte er sich ebenfalls mit uns. Wir fingen an herumzuphantasieren, indem wir uns tausend Fluchtmöglichkeiten überlegten, von denen eine versponnener war als die andere.

Das Lachen gewann die Oberhand, es war die einzige, die beste Medizin gegen die Verzweiflung, die uns überfiel und die wir mit kindischstem Herumalbern überdeckten.

Wir dachten daran, Marokko schwimmend über die Meerenge von Gibraltar zu verlassen. Aber Maria hatte Angst vor den Haien.

»Ach was, Negus, kein Hai ist auf deine Knochen scharf«, erwiderte Raouf heiter, indem er auf ihre extreme Magerkeit anspielte.

Abdellatif, der alles wörtlich nahm, brach in Panik aus, weil er nicht schwimmen konnte. Raouf fand, wir sollten uns in Tanger unsinkbare Schwimmanzüge kaufen, die eines Jacques Cousteau würdig seien. Wir würden uns die Haut mit Seehundsfett einschmieren, um die Kälte zu ertragen. Wir würden uns auch mit Anti-Hai-Pastillen ausstatten, um Maria zu beruhigen, und mit Leuchtfeuern, um den Schiffen unsere Position anzugeben.

Diese Albernheiten hielten uns aufrecht. Die Meerenge von Gibraltar schwimmend zu durchqueren war sicherlich ein idiotisches Vorhaben, aber verglichen mit diesem Tunnel, den wir mit unseren eigenen Händen gegraben hatten, und dieser abenteuerlichen Flucht schien es uns realisierbar.

Dann dachten wir uns eine unserer unzähligen verrückten Stories aus. In Tanger würden wir eine Bleibe benötigen, wo wir bei unserer Ankunft erst einmal schlafen konnten, bevor wir Balafrèj kontaktierten. In ein Hotel zu gehen war zu riskant, man würde unsere Papiere sehen wollen, und außerdem wollten wir nicht unser Geld ausgeben. An irgendwelche Türen klopfen? Wir kannten nicht viele Leute in Tanger, und nach dem Empfang, den man uns in Rabat bereitet hatte, fürchteten wir uns vor weiteren Enttäuschungen.

Außerdem suchte uns die Polizei seit zwei Tagen und war mit Sicherheit bereits in Tanger, und längst war unsere Personenbeschreibung durchgegeben und wurden unsere Freunde überwacht. Wir mußten vorsichtig sein.

Wir mußten im Zug neue Bekanntschaften schließen. Raouf und ich würden versuchen, sie zu becircen. Wir hatten die passenden Leute auch schon genau im Kopf: ein Mann und eine Frau aus dem Volk, die naiv genug wären, uns unsere Lügen abzunehmen. Auf diese Weise wüßten wir, wo wir schlafen würden ...

Wir nahmen die Abteile unter die Lupe und fanden tatsächlich unsere raren Vögel. Die Frau saß links vom Fenster und der Mann auf der anderen Seite. Er war um die Dreißig, sah eher nett aus und wirkte bescheiden, aber ich hielt mich nicht damit auf, ihn zu beäugen.

Ihn zu becircen war sicher keine Vergnügungspartie, aber ein Mittel, um unser Überleben zu garantieren. Ich setzte mich ihm gegenüber, während Raouf gegenüber der Frau Platz nahm, einer etwa fünfzigjährigen Marokkanerin, zum Platzen dick, die von Kopf bis Fuß Rosa trug, in kunstvollen Schattierungen, und bemalt war wie ein gestohlenes Auto.

Ich sah Raouf an und prustete ihm lachend ins Ohr:

»Armer Kerl, hast du gesehen, was dich da erwartet?«

Mir war kalt, ich war müde und zitterte in meiner leichten Gandoura. Der Mann bot mir seinen Pullover an. Ich dankte ihm in leicht italienisch eingefärbtem Französisch. Diesmal kamen wir nicht mehr aus Belgien, sondern aus Italien, und wir hatten uns sogar einen Decknamen gegeben: die Albertinis. Das war weise gewesen, denn der Mann kam aus Belgien. Er war Koch und wollte seine Familie in Tanger besuchen.

Die Matrone mischte sich in unsere Unterhaltung ein. Sie wollte wissen, woher wir kamen, und ich servierte ihr die Geschichte mit Italien. »Aus dem Süden«, präzisierte ich, als sie bemerkte, ich hätte eine dunkle Haut wie die Marokkaner.

Ich wechselte den Platz, um mich neben den Koch zu setzen. Nach einer Weile tat ich so, als sei ich müde, und ließ meinen Kopf auf seine Schulter sinken. Ich wich Raoufs Blick aus. Ich spürte die Wut meines Bruders, daß er zusehen mußte, wie ich einen Mann umgarnte, nur um ein Dach über dem Kopf zu ergattern. Ich selbst fühlte mich auch nicht wohl in meiner Haut. Aber hatte ich die Wahl?

Die Eisenbahn fuhr an weißen Sandstränden vorbei. Abdellatif sah die Küste vorüberziehen und nahm wieder den Ausdruck des verschüchterten Kindes an. Er hatte noch nie das Meer gesehen, oder zumindest erinnerte er sich nicht mehr daran. Die Matrone fragte ihn leicht erstaunt, ob es das erstemal sei, daß er es zu Gesicht bekomme.

Wir wechselten das Thema, wollten wir doch nicht zu viele Details über unser mutmaßliches Leben in Italien angeben. Die Frau war ein wenig zu argwöhnisch. Der Koch hingegen schwebte in den Wolken. Er war davon überzeugt, daß er mich bald »im Kochtopf haben würde«, und bei dem Gedanken lief ihm bereits das Wasser im Munde zusammen.

Die vier Stunden Fahrt waren eine wahre Qual. Die Angst saß uns in den Eingeweiden. Die Albertinis zu spielen lenkte uns allerdings ab und ließ uns den Rest ein wenig vergessen.

Endlich war der Zug in Tanger. Wir sahen uns alle an, bevor wir in Aktion traten, verstanden uns, ohne daß wir etwas zu sagen brauchten. Ich ging eng umschlungen mit dem Koch; Raouf heftete sich an die Matrone. Maria und Abdellatif blieben zusammen. Auf dem Bahnsteig beobachteten Polizisten die aussteigenden Fahrgäste, allerdings ohne allzu großen Eifer. Das Land war in Alarmzustand, man suchte nach uns an allen öffentlichen Plätzen, aber die Regierung war in Verlegenheit. Man wollte vermeiden, daß sich die Öffentlichkeit, die empört war über das Schicksal, das uns fünfzehn Jahre lang auferlegt worden war, gegen ihre Machthaber wandte, so erfuhren wir später.

Die Leute stiegen aus dem Zug, drängelten und bildeten bald eine dichte Menge, in die wir uns mischten. Einmal mehr gelang es uns, den Bahnhof ungehindert zu verlassen. Der Grund war einfach. Die Polizisten suchten vier an den Mauern entlangschleichende Flüchtlinge und keine verliebte junge Frau, die sich zärtlich an ihren Verlobten schmiegte, sowenig wie einen großen, allzu mageren jungen Mann, flankiert von seiner höchst rundlichen Liebsten. Nicht einmal das nette Pärchen, das Arm in Arm dahinschritt.

Vor allem wußten sie nicht, wie wir aussahen, hatten keinerlei neueres Foto von uns, wie wir später vom Leiter des Geheimdienstes erfahren sollten. Seit 1972 hatten wir ordentlich Zeit gehabt zu wachsen und uns zu verändern ...

Der Koch verstand nicht, warum ich plötzlich blaß und nervös war. Er gab den Polizisten daran die Schuld.

»Tja«, sagte er, »so ist das, tut mir leid. In meinem Land gibt es überall Bullen.«

Die dicke Frau hatte uns verlassen. Im Weggehen hatte sie mir ihre Adresse gegeben; sie war Sekretärin in Rabat. Ich hatte mich bei dem Koch untergehakt. Leicht enerviert fragte er mich, warum ich mir die anderen nicht vom Hals schaffen würde.

»Ich kann meine Familie nicht hängenlassen. Das würden sie nicht verstehen ...«

Ich versuchte herauszubekommen, wo er wohnte, aber er antwortete nicht.

Dieser Gang durch Tanger, das sich mit der hereinbrechenden Nacht zusehends in Lichterglanz hüllte, hatte etwas Irreales. Die Meeresbrise, die über unsere Gesichter strich, der Jodgeruch, der unsere Nasen erfüllte, die Sirenen der Ozeandampfer vermittelten uns einen Eindruck von Weite und offenen Grenzen. Da war die Freiheit, zum Greifen nah, es bedurfte so weniger Dinge, daß wir sie wieder genießen konnten. Der dem benachbarten Spanien abgeschaute Rhythmus des nächtlichen Lebens berauschte uns.

Aber das Tanger der Nachtschwärmer hatte auch eine andere Seite: Als Zentrum des Fundamentalismus, Drehscheibe für Drogenhandel und Schmuggelei war die Stadt vollgestopft mit Ordnungskräften, die häufig Identitätskontrollen vornahmen, was wir zu diesem Zeitpunkt noch nicht wußten.

Wir kreuzten zwei Soldaten mit Gewehren über den Schultern, die auf uns zukamen und uns nach unseren Papieren fragten. Verlegen stotterte ich herum, als uns der Koch zu Hilfe kam, der auf arabisch protestierte.

»Wie? Ihr wollt doch angeblich Touristen nach Marokko holen, und dann tut ihr alles, um ihnen unser Land zu verleiden! Sie sind eben erst mit dem Zug aus Rabat angekommen und leben in Rom. Was sollen diese Identitätskontrollen?«

Die zwei Männer ließen uns nicht aus den Augen, aber der Zorn des Kochs hatte Eindruck auf sie gemacht. Sie ließen uns passieren, widerwillig, wie mir schien. Ein weiteres Wunder.

Wir taten so, als hätten wir nicht verstanden, was da vor sich gegangen war.

»Marokko ist nicht Europa«, erklärte der Koch. »Dieses Land ist ein regelrechter Polizeistaat.«

Wir gaben höfliches Erstaunen kund. In Italien herrsche eine völlig andere Politik ... Dann nahm mich der Koch an der Hand, und ich fing an, panisch zu werden. Solange es sich um einen reinen Plan gehandelt hatte, war alles wunderbar gewesen. Aber die Wirklichkeit war sehr viel weniger amüsant.

Um Zeit zu gewinnen, hielten wir an einem Lebensmittelladen an, um irgend etwas zu knabbern zu kaufen. Wir hatten unseren Hunger vergessen. Abdellatif sah die Auslagen völlig konsterniert an, er kannte nahezu keine der dort liegenden Früchte. Ich schüttelte ihn und fragte ihn, was er wolle. Er entschied sich für Orangen, weil er diese auch schon einmal im Gefängnis gegessen hatte. Der Rest machte ihm angst. Beim Rausgehen vergaß er sie.

Der Koch verlor die Geduld. Er nahm mich beiseite und sagte mir, er suche jetzt Freunde auf, um die Zimmerfrage zu klären. Auf die Art würde ich meine Familie unterbringen können.

Er wollte, daß ich mit ihm komme. Ich lehnte ab und bat ihn, mir die Adresse von irgendeinem Ort zu geben, an dem ich mich mit ihm treffen konnte. Er nannte mir ein Café, und wir verabschiedeten uns voneinander. Ich war furchtbar erleichtert, die Galgenfrist verlängert zu haben.

In den sechziger Jahren hatte Mama Teile des Solazur, eines Hotels in Tanger, gekauft, zusammen mit Mamma Guessous, dieser Freundin, die in die Geschichte mit der Uniform meines Vaters verwickelt gewesen war.

Ich rief sie von dem Lebensmittelgeschäft aus zu Hause an.

»Mamma, hier Malika. Ich bin in Tanger und brauche Geld und ein sicheres Versteck ... Ist es möglich ...?«

»Ach so, verstehe ... Nein, nein, mein Mann ist noch nicht

zu Hause. Das ist unmöglich, ich muß morgen nach Casablanca zurück …«

Ich verstand nicht sofort, warum sie so herumdruckste und mir so ausweichend antwortete. Ich dachte, neuerlich von unseren Freunden verraten zu werden. Ein weiteres Mal enttäuscht, gab ich auf.

Sie war umringt von Polizisten. Als wir uns später wiedersahen, erzählte sie mir, daß einer von ihnen in dem Moment, als ich aufgelegt hatte, gerade nach dem Hörer greifen wollte. Sie waren sich sicher, daß ich am anderen Ende der Leitung war.

Wir gingen trotzdem bei Solazur vorbei, das ganz in der Nähe war. Wir benötigten die Adresse vom Hotel Ahlan, das meinem Freund Salah Balafrèj gehörte. Bevor wir nach Tanger gefahren waren, hatte ich Wahid gebeten, ihm unsere Ankunft anzukündigen.

Wir wußten nicht mehr, wohin. Wir sahen uns gezwungen, uns mit dem Koch an dem angegebenen Ort zu treffen, der sich in einer der finstersten Ecken von Tanger befand. Wir stiegen Treppen hinunter, die uns in die unterirdischen Gefilde der Stadt führten.

Das Café befand sich in einem Keller mit so niedriger Decke, daß Raouf seine ein Meter fünfundachtzig zusammenfalten mußte, um sich in ihm vorwärts zu bewegen. Ich hatte noch nie eine solche Ansammlung von Galgenvögeln gesehen. Seemänner mit Schmissen im Gesicht, Drogensüchtige mit glasigem Blick, Schwarzhändler, die gesamte Unterwelt saß um die Resopaltische. Unter ihnen war keine Frau, im übrigen auch kein Koch. Wir warteten etwa zehn Minuten auf ihn, dann hatten wir uns wieder in der Gewalt. Selbst in unserem Zustand war dies kein Ort für uns. Wir rannten die Treppen hoch und atmeten kräftig durch in der frischen Luft.

Uns blieb nur noch die Lösung mit Balafrèj. Wir waren viel zu erschöpft, um zu Fuß weiterzugehen, und winkten uns ein

Taxi heran, dessen Fahrer ein kleiner alter und ziemlich mürrischer Fundamentalist war. Raouf setzte sich nach vorn, und wir drei anderen auf den Rücksitz.

Das Hotel Ahlan lag dreißig Kilometer außerhalb der Stadt. Das Taxi fuhr an den Vororten vorbei und bog in eine ruhige Straße ein. Nachdem wir eine Weile unterwegs waren, staute sich plötzlich der Verkehr. Es war irgendwie komisch, daß wir so mitten auf dem freien Feld anhielten. Das verhieß uns nichts Gutes. Als wir näher kamen, sahen wir eine riesige Straßensperre. Sie hatten ihre gesammelten Kräfte eingesetzt: die Armee, die Polizei, die Hilfstruppen, die Gendarmerie, der Geheimdienst, die ganze Welt suchte nach uns.

Der Fahrer, der nicht vorankam, fing an zu schimpfen. Raouf wagte nicht, sich umzudrehen, aber wir benötigten keine Worte, um das Entsetzen auszudrücken, das uns überfiel. Maria, Abdellatif und ich drückten uns so fest die Hände, daß unsere Fingernägel sich ins Fleisch gruben. Die Stille war bedrückend.

Als wir an die Reihe kamen, fuhr der Wagen langsam vor, um auf der Höhe der Absperrung zu halten. Ein Polizist kam auf uns zu, eine Taschenlampe in der Hand. Er leuchtete uns damit an. Ich versuchte ein Lächeln zustande zu bringen, das mehr einer Grimasse ähnelte. Er machte die Lampe aus, um sich mit einem Kollegen zu unterreden. Sie kamen gemeinsam zurück und schalteten erneut ihre Lampen an.

Wir waren wie versteinert. Ich hatte das Gefühl, die Herzen der drei anderen so laut schlagen zu hören wie das meine, und fragte mich, wie es möglich war, daß die Polizisten dieses ohrenbetäubende Geräusch nicht vernahmen.

»Wenn sie noch eine Minute länger bleiben«, dachte ich, am Rande der Ohnmacht, »sterbe ich an Herzinfarkt.«

Sie suchten vier junge Flüchtige, aber sie kamen nicht einmal auf die Idee, daß wir das sein könnten …

Das kam daher, daß wir nicht die gleiche Logik hatten. Ihrer Ansicht nach hatten wir dreißig Kilometer von der Stadt entfernt nichts zu suchen. Wenn wir in Tanger wären, würden wir eher zum Hafen oder zu den Stränden gehen, irgendwohin, wo man aus dem Land herauskäme. Die Polizisten zogen die Taschenlampen zurück und winkten uns durch.

Erst ein paar Kilometer später wagten wir wieder zu atmen.

Das Hotel Ahlan

Im Hotel Ahlan, was auf arabisch »willkommen« bedeutet, ging ich zur Rezeption und sagte in sehr selbstsicherem Ton, ich wolle mit Monsieur Balafrèj sprechen.

»Mein Name ist Madame Albertini«, präzisierte ich.

Der Mann an der Rezeption schien merkwürdig berührt, daß eine so seltsam aussehende Frau nach dem Direktor fragte. Der auch noch nach Rabat gefahren war. Ich runzelte die Augenbrauen, erhob meine Stimme:

»Wie? Aber das ist ein Skandal, wo ist meine Suite? Sie war auf den Namen Albertini reserviert.«

Ich wollte Zeit gewinnen, vermeiden, daß man uns nach unseren Pässen fragte. Ich verlangte, daß man mit Balafrèj telefonierte, um ihm mitzuteilen, daß Madame Albertini auf ihn warte. Der Empfangschef kam ein paar Minuten später wieder.

»Monsieur Balafrèj hat uns aufgetragen, Ihnen ein Zimmer zu geben.«

Aber ich wußte, was dann kam. Der Mann fragte nach unseren Pässen, und ich tat, als würde ich mich furchtbar aufregen.

»Mir, einer Freundin des Eigentümers, solch eine Beleidigung zuzufügen ...«

Ich machte geräuschvoll kehrt, gefolgt von den anderen. Wir setzten uns in eine kleine Bar in der Nähe der Rezeption, und ein paar Tassen Kaffee munterten uns wieder auf. Der Empfangschef ging immer wieder mit gezwungenem Lächeln vorbei. Schließlich trat er näher und fragte mich, ob ich zu Abend speisen wolle.

»Machen Sie sich wegen uns keine Umstände. Wir werden das Hotel verlassen.«

Die Angestellten sahen uns neugierig an, befremdet von unserem Äußeren, das so im Widerspruch stand zu unserer vornehmen Art. Ein paar von ihnen schwirrten um die Bar herum.

Es war fast dreiundzwanzig Uhr. Wir hatten beschlossen, uns in der Nähe des Schwimmbads zu verstecken und die Nacht dann im Nightclub des Hotels zu verbringen. Auf dem Rasen waren kreisförmig ein paar Liegestühle aufgestellt. Ich ließ mich auf einen davon sinken. Das Segeltuch war naß, und meine ohnehin nicht sehr dicke Gandoura wurde feucht.

Versteckt unter den Bäumen warteten wir aneinandergedrängt und vor Kälte schlotternd darauf, daß das Nachtlokal öffnete.

Fünfzehn Jahre lang hatten wir ein verklärtes Bild von unserer Rückkehr ins Leben gehabt. Ich, die als Jugendliche nur fürs Tanzen gelebt hatte, wartete nur darauf, meiner nächtlichen Leidenschaft wieder frönen zu können. Aber entweder hatte sich alles um uns herum verändert, oder wir waren einfach nicht mehr wie die anderen. Jedenfalls war die Musik in der Disko viel zu laut, und die psychedelischen Klänge gellten uns im Kopf. Für unsere armen schmerzenden Schädel war dieser Lärm schlimmer als die furchtbarste Folter. Wir flohen im Laufschritt nach draußen.

Dieser Vorfall verstärkte unser Gefühl, »Flüchtige« zu sein. Einmal mehr waren wir außen vor, und diese Erkenntnis tat weh. Aber Raoufs Humor rettete die Situation. Er brachte uns mit seinen sarkastischen Kommentaren zu den Besuchern der Diskothek zum Lachen.

Wir gingen zu der Bar zurück und warteten, bis diese schloß.

Ich hatte in dem Hotel ausfindig gemacht, wo sich die Toiletten befanden. Wir verbrachten dort den Rest der Nacht, Raouf und Abdellatif bei den Männern, Maria bei den Frauen. Versteckt hinter einem Möbelstück auf dem Flur, wachte ich über ihren Schlaf und wartete darauf, daß es Tag wurde.

Morgens machten wir uns ein klein wenig frisch und gingen dann in die Empfangshalle, so als hätten wir woanders geschlafen. Wir hatten Schwierigkeiten zu gehen, der Lärm dröhnte in unseren Ohren, das Licht schmerzte in unseren Augen, und wir litten unter tausenderlei Wehwehchen ...

Und dennoch mußten wir diese Flucht irgendwie durchstehen, auch wenn wir wußten, daß deren Ausgang ungewiß war, vor den anderen eine Rolle spielen, während wir eigentlich das Bedürfnis hatten, umhätschelt, getröstet, bedauert und geliebt zu werden. Das war fürchterlich schwierig, auch fürchterlich ungerecht, aber wir hatten keine Wahl.

Die Touristen kamen und gingen, sie stiegen aus Bussen, die vor dem Hotel hielten, schrien in sämtlichen Sprachen durcheinander. Sie waren braungebrannt, fröhlich und freundlich, gelegentlich auch brummig: dann hatten sie Verdauungsprobleme, oder es waren die Exkursionen nicht im Pauschalpreis inbegriffen. Da war das Leben, bewegt, heiter und derart simpel in den Details, und wir waren davon ausgeschlossen. Wir wurden immer wieder in das Reich der Toten zurückgestoßen, und dabei sehnten wir uns doch so sehr danach, zu den Lebenden zu gehören.

Wir verließen die Hotelhalle und fanden uns im Garten zusammen, der von wundervollen Bäumen gesäumt wurde. Wir setzten uns auf kleine Treppenstufen und unterhielten uns lange. Jetzt war Mittwoch, der 22. April, wir waren seit fast drei Tagen flüchtig, und man hatte uns noch immer nicht aufgegriffen. Nach den Ereignissen waren wir verängstigt, panisch, hin- und hergerissen. Aber frei. Wir hatten sie zum Narren gehalten. Von dieser Warte her war unsere Flucht ein Erfolg.

Aber Mama und die anderen fehlten uns. Lachend und weinend sprachen wir über sie. Wann war unser Entkommen bemerkt worden? Wie behandelte man sie? Wann würden wir sie wiedersehen? Manche Fragen ließen wir offen, manche Antworten ebenfalls, so groß war unsere Angst.

Unsere Probleme waren jedoch noch immer nicht gelöst. Wo sollten wir hin? Mit wem uns in Verbindung setzen? Wir hatten beschlossen, Radio France Internationale anzurufen. Leider hatten wir nicht die Nummer, und wenn man vom Hotel aus anrufen wollte, mußte dies über eine Telefonistin erfolgen. An der Rezeption fingen sie an, uns zu mißtrauen.

Die einzige Lösung war, uns Verbündete für unsere weiteren Schritte zu schaffen. Schon morgens war uns eine äußerst adrette alte französische Dame aufgefallen, die von ihrem Sohn, einem großen fünfzigjährigen Dummkopf begleitet wurde, Mathematiklehrer von Beruf, den sie an der Nasenspitze herumführte. Wir wollten ihr Vertrauen gewinnen, damit sie bei der Telefonistin an unserer Stelle nach der Nummer von RFI fragen würde. Zu diesem Zwecke hatten wir uns eine dicke Lüge ausgedacht, die wir ihr bei passender Gelegenheit auftischen würden.

Die alte Dame allein genügte uns nicht. Wir brauchten weitere Freunde in Reserve, die uns gegebenenfalls zum Abendessen einladen oder uns in ihren Zimmern beherbergen konnten. Wir warfen unser Augenmerk daher auf den Reitlehrer des Hotels, für den Maria etwas übrig hatte, einen Empfangsangestellten, der mir schöne Augen machte, und ein junges, fröhliches und sympathisches Paar aus Spanien, das Shorts trug und sehr unkonventionell war.

Maria machte sich daran, mit dem Reitlehrer zu flirten, was eine Heldentat für sie war. Er drückte ihr einen leichten Kuß auf den Mund, und sie schwebte im siebten Himmel. War sie auf dem Papier auch fünfundzwanzig, so war sie in Wirklichkeit doch erst zehn ...

Ich nahm mit dem Empfangsangestellten Kontakt auf, der

mich für etwa fünfzehn Uhr in sein Zimmer einlud. Ich willigte ein. Wenn der Zeitpunkt da wäre, würde ich schon irgendwie improvisieren.

Während ich auf mein Stelldichein wartete, machte ich mich auf die Suche nach der alten Dame, um herauszufinden, in welchem Teil des Hotels sie wohnte. Nachdem ich sie gefunden hatte, folgte ich ihr so diskret wie möglich. Vor dem Aufzug fing sie an, auf die Spanier und ihre Verspätungen zu schimpfen, und ich nickte lächelnd zu allem, was sie sagte.

Die wackere Frau war glücklich, jemanden getroffen zu haben, der sie verstehen konnte. Wir tauschten ein paar Banalitäten aus und trennten uns dann mit einem fröhlichen »Bis nachher«.

Wieder in der Halle, lief ich meinem Empfangsangestellten über den Weg. Er schien gleichermaßen erschöpft und entnervt.

»Lassen wir unsere Verabredung sausen, ich habe keine Zeit«, sagte er. »Sämtliche Gäste sind in heller Panik und wollen nach Hause abreisen. Die Polizei spielt verrückt.«

»Aber weshalb?«

»Sie suchen vier Kriminelle, vier gefährliche Ausbrecher.«

Er ließ mich stehen und ging zu seinen Touristen zurück.

Ich berichtete die Neuigkeit meinen Geschwistern, die sich ebenso aufregten wie ich. Wir sollten Kriminelle sein? Wir gefährlich? Wir liefen also Gefahr, ohne Vorwarnung erschossen zu werden? Dieses Vergnügen würden wir ihnen nicht lassen, auf gar keinen Fall, lieber würden wir uns vorher umbringen. Abdellatif fing fieberhaft an, nach elektrischen Steckdosen zu suchen, damit wir uns im Bedarfsfall einen elektrischen Schlag zufügen konnten. Wahnsinn packte uns und Verzweiflung. Maria und ich schluchzten.

Wir saßen in der Bar. Da kam die alte französische Dame mit ihrem Sohn herein. Sie begrüßte uns, und als sie sah, in welch elendem Zustand wir waren, kam sie zu uns und fragte uns, warum wir weinten. Wir packten die Gelegenheit beim Schopfe und tischten ihr die Lüge auf, die wir uns für sie ausgedacht hatten.

Unsere Schwester, Journalistin bei France Inter, müsse ins Krankenhaus in Villejuif, um sich wegen Brustkrebs behandeln zu lassen. Unsere Eltern wüßten nicht, wie der Stand der Dinge sei, und wir hätten keine Ahnung, wie wir sie im Sender erreichen sollten.

»Aber, meine armen Kleinen, warum ruft ihr nicht Radio Medi 1 an? Die geben euch die Nummer von RFI in Paris. Auf diese Weise könnt ihr mit eurer Schwester Kontakt aufnehmen ...«

Wir konnten ihr nicht sagen, daß die Telefonistinnen uns nicht über den Weg trauten. Wir weinten daraufhin weiter, während wir sie aus dem Augenwinkel heraus beobachteten.

»Wir bringen das nicht fertig«, sagte ich schluckend, »wir bekommen kein Wort heraus, ohne zu heulen.«

Offenbar wirkten wir überzeugend. Von unseren Tränen gerührt, schlug sie uns vor, sie könne die Nummer für uns ermitteln.

Sie ging weg und kam mit einem Stück Papier wieder, das sie uns lächelnd hinhielt. Wir bedankten uns bei ihr, machten mit den Jungs einen Treffpunkt aus und verschwanden.

Ich ließ Maria mit der Vermittlungsstelle verhandeln und machte ihr deutlich, daß sie nach Alain de Chalvron fragen sollte. Er war eine der Stimmen von RFI, die wir am besten kannten.

Ich wartete auf meine Schwester in der Halle. Sie kam mit Siegermiene zurück. Mit diplomatischem Geschick hatte sie die Telefonistin die gewünschte Nummer wählen lassen, und jetzt warteten wir geduldig, bis man uns einen Gesprächspartner durchstellte.

Durch einen glücklichen Umstand war Alain de Chalvron am Platz.

»Wir sind die Kinder von General Oufkir«, sagte Maria.

»Uns ist nach fünfzehnjähriger Inhaftierung die Flucht gelungen. Wir haben uns in unserem Gefängnis einen Tunnel gegraben und sind jetzt in Tanger. Wir brauchen Hilfe. Wir möchten gern mit Robert Badinter sprechen und ihn bitten, unser Anwalt zu sein.«

Anfangs glaubte uns der Journalist nicht. Er sagte immer wieder:

»Aber das ist zu heftig, aber das ist ja ungeheuerlich ...«

Dann wollte er einen Beweis von uns haben. Er bat uns, die Ruhe zu bewahren und ihm einen Ort zu nennen, an dem er uns zurückrufen konnte. Wir gaben ihm die Nummer vom Hotel und nannten ihm unseren Decknamen, die Albertinis.

Wir legten auf und warteten zitternd. Zehn Minuten später rief er zurück.

»Das ist eine unglaubliche Meldung, seid ihr euch darüber im klaren? Wißt ihr, daß François Mitterrand in wenigen Minuten in Marokko zu einem offiziellen Staatsbesuch landen wird?«

Alain de Chalvron hatte im Außenministerium am Quai d'Orsay angerufen, das die Nachricht an den Präsidenten in seiner Concorde weitergeleitet hatte. Badinter konnte uns nicht verteidigen, weil er Vorsitzender des Verfassungsrates war. Der Journalist riet uns, Maître Kiejman um Hilfe zu bitten. Er bot sich an, ihn anzurufen. Er versprach, sich wieder bei uns zu melden, und legte auf.

Ich ließ Maria als Wachtposten zurück und lief zu dem Parkplatz, um meine Brüder zu benachrichtigen. Schluchzend fiel ich Raouf in die Arme und erzählte ihm von unserem Gespräch. Abdellatif sah mich verständnislos an. Mitterrand, Quai d'Orsay, Concorde, Badinter waren alles Namen und Bezeichnungen, die ihm überhaupt nichts sagten.

Wir gingen zu Maria zurück. Alain de Chalvron war wieder am Telefon, und sie wartete auf uns, um mit ihm zu reden. Wir diktierten ihm telefonisch unseren Appell an den König. Diese Erklärung besagte im wesentlichen, daß wir nur Kinder waren und es ungerecht sei, uns dafür zu bestrafen, den gleichen Namen wie unser Vater zu tragen.

Dann informierte uns der Journalist, daß sich noch am selben Abend ein Abgesandter des Außenministeriums mit uns treffen wolle. Wir verabredeten uns mit ihm am Parkplatz.

Wir warteten darauf, daß es Abend wurde, hin und her gerissen zwischen der Freude, daß man uns Gehör geschenkt hatte, und Argwohn. Würde diese Reise Mitterrands gut für uns sein? Ich war mir überhaupt keiner Sache mehr sicher. Aber ich war dennoch gespannt auf die Begegnung mit diesem Abgesandten, hinter dem sich Hervé Kerrien, RFI-Korrespondent in Tanger, verbarg. Zunächst enthüllte er uns jedoch nicht seine Identität.

Seine Frostigkeit überraschte uns. War er nicht unser Retter? Wir erwarteten, daß jemand herzlich mit uns redete, uns beglückwünschte, etwas Mitgefühl für uns hatte ... Aber nein, er blieb auf Abstand, was uns verunsicherte.

Er blickte nach rechts und nach links, um sich zu vergewissern, daß uns niemand gefolgt war, und fragte uns dann, noch immer so kühl, ob wir wirklich die Kinder von General Oufkir seien.

»Jeder kann das behaupten«, fügte er hinzu. »Gebt mir Beweise.«

Ich fing an, über die politischen Aktionen meines Vaters zu reden, aber er unterbrach mich.

»Erzählt mir lieber etwas Privates von ihm.«

Ich antwortete ihm, daß ich ihn nicht sehr gut gekannt habe, nannte ihm aber dennoch ein Detail, von dem nur die engsten Vertrauten wußten. Mein Vater hatte eine kleine Narbe am linken Oberarm, die von einem Granatsplitter herrührte.

Diese präzise Angabe schien ihn zufriedenzustellen, und er stellte uns eine Menge weiterer Fragen. Bevor wir auseinandergingen, sagte er uns, daß wir im Laufe des nächsten Tages Besuch von unserem Anwalt, Maître Dartevelle, erhalten würden, dem Sozius von Maître Kiejman. Er käme extra aus Paris, um uns zu treffen.

Da wir nicht wußten, was wir tun sollten, gingen wir in die Bar zurück, die sich mit einem seltsamen Völkchen füllte: auffällig gekleideten Männern und übermäßig geschminkten Mädchen, die Whiskey tranken, Zigaretten rauchten und offenkundig auf Männerfang waren. Raouf entging ihren aufreizenden Blicken nicht …

Mein Freund von der Rezeption setzte sich neben mich.

»Ich versteh euch nicht. Warum nehmt ihr euch hier keine Zimmer?«

»Weil wir in Tanger ein besseres Hotel haben.«

Er bot uns einen Kaffee an, den wir ohne Argwohn tranken. Aber er war mit Drogen versetzt. Das Personal wollte wissen, wer wir waren. Sie hatten keinen Verdacht hinsichtlich unserer wirklichen Identität, vermuteten aber, daß Maria und ich Nutten waren und Raouf unser Zuhälter. Oder vielleicht auch italienische oder spanische Drogendealer, die im Hotel auf eine dubiose Zusammenkunft warteten. Jedenfalls waren wir in ihren Augen nicht recht sauber.

Unter dem Einfluß der Drogen fingen wir an, irgendwelchen Blödsinn daherzureden. Der Empfangsangestellte schlug mir vor, wir könnten im marokkanischen Salon übernachten.

»Ihr redet zuviel irres Zeug, geht dahin, da ist niemand, da seid ihr in Sicherheit.«

Unsere Bereitwilligkeit, ihm zu folgen, war die erwartete Antwort für ihn. Sie war der Beweis dafür, daß wir uns in einer mißlichen Lage befanden, ohne daß er genau wußte, in welcher.

Raouf und Abdellatif schliefen sofort ein. Maria und ich blieben die ganze Nacht wach, zu aufgedreht, um ein Auge zuzumachen. Beim Aufwachen redeten sie noch ärgeres Zeug daher, und wir ebenso.

Wir gingen in Richtung Parkplatz. Es gelang uns nicht, das Lachen einzustellen, aber wir versuchten, uns zu beruhigen, um vor unserem Anwalt einen ordentlichen Eindruck zu machen.

Wir kamen überein, uns in dem kleinen Videoraum des Hotels wiederzutreffen. Nachdem wir ihn entdeckt hatten, hatten wir ihn zu unserem Unterschlupf gemacht. Er war ein gutes Versteck. Wir sahen uns die farbigen Filme im Fernsehen an, was uns nach wie vor wahnsinnig faszinierte. Über solche Feinheiten wie Satelliten wußten wir nichts. Wir verstanden nicht, wie die spanischen Sender in Marokko ausgestrahlt werden konnten.

Maître Bernard Dartevelle kam am späten Vormittag dieses 23. April, in Begleitung von Hervé Kerrien, der einen Fotoapparat dabeihatte. Am Flughafen hatte niemand einen Verdacht bezüglich des Zwecks seines Besuches gehegt, und man hatte ihn unbehindert passieren lassen. Anders als beim Rückflug, als er zweimal von der Polizei verhört wurde, bevor man ihn gehen ließ.

Maître Dartevelle überbrachte uns die Botschaft des empörten Frankreich, des Frankreich der Menschenrechte. Er schwor uns, daß die ökonomischen Interessen seines Landes nicht über die unseren gingen. Dann überbrachte er uns die Worte von Präsident Mitterrand:

»Ihr dürft sehr stolz sein auf euch, denn unter den Millionen Kindern auf der Welt, die verfolgt, massakriert und in Gefängnissen gehalten werden, seid ihr die einzigen, die nicht aufgegeben, sondern bis zum Schluß gekämpft haben.«

Er ließ uns ein Papier unterzeichnen, mit dem wir die Kanzlei Kiejman ermächtigten, unsere Verteidigung zu übernehmen. Dann sagte er uns, daß er ein Foto von uns machen müsse. In dem Moment, als Kerrien auf den Auslöser drückte, ging die Tür auf, und der Empfangsangestellte kam herein, der uns lange ansah, bevor er den Raum wieder verließ.

Maître Dartevelle machte mit uns einen zweiten Termin für den Abend aus. Als er weg war, erfaßte uns endlich die Euphorie. Der Himalaja war bezwungen. Es war uns gelungen, die Presse und die öffentliche Meinung in Kenntnis zu setzen. Man hatte uns zugehört, uns ernst genommen. Den ganzen Tag über munterte uns dieser Gedanke auf; wir redeten über nichts anderes als unseren Sieg. Bald würden wir frei sein, bald wären wir alle wieder vereint.

Als er abends wiederkam, diesmal ohne Kerrien, teilte uns Maître Dartevelle mit, daß alles für unsere Abreise organisiert sei, die man für den nächsten Tag um zehn Uhr dreißig festgelegt habe. Wir müßten irgendwie nach Tanger gelangen, und wenn wir einmal im französischen Konsulat seien, würde uns ein Flugzeug nach Frankreich bringen.

Ich gab ihm mit einer gewissen Ängstlichkeit zu verstehen, daß bereits Alarm geschlagen worden sei, daß der Mann von der Rezeption uns im Fernsehraum überrascht habe und daß man uns im Hotel mehr und mehr mißtraue. Es wäre sicher sehr riskant, noch länger zu warten. Er konnte nicht mehr tun, riet uns aber, uns möglichst unsichtbar zu machen.

Nachdem er gegangen war, fühlten wir uns ganz unwohl in unserer Haut.

Als es Nacht war, gingen wir in den Trakt mit den Zimmern. Wir hatten Hunger. Seit drei Tagen ernährten wir uns nur von Kaffee und Zigaretten. Vor den Türen standen Tabletts mit Essensresten. Wir zankten uns um ein Stück Brot, um einen Rest Käse. Wir waren in der Nähe des Zimmers, in dem sich das junge spanische Pärchen eingemietet hatte, und klopften an ihrer Türe.

Der Mann machte auf. Er war in Unterhosen und sah mich, zunächst erstaunt, an.

»Hast 'n Joint?« fragte ich ihn mit meinem charmantesten Lächeln und auf französisch.

Eine Frage, die einem bei allen Freaks dieser Welt die Tür öffnet.

Er lächelte ebenfalls und bat uns herein. Seine Frau lag nackt im Bett und sah uns einen nach dem anderen an ihr vorbeigehen. Sie war ein wenig verwirrt, aber er beruhigte sie mit einem Kuß und bedeutete uns, wir sollten uns auf dem Diwan niederlassen. Nachdem wir dieses Pärchen drei Tage lang studiert hatten, wußten wir, daß sie von der Sorte waren »wir teilen alles«: peace, love und Stoff.

Er drehte sich einen Joint, zog ein paarmal daran, reichte ihn an seine Frau weiter und hielt ihn schließlich uns hin. Wir taten nur so, als rauchten wir: der mit Drogen versetzte Kaffee war uns eine Lehre gewesen. Raouf machte Louis de Funès in *Der Gendarm von Saint-Tropez* nach. Er reichte mir den Glimmstengel und sagte mit überzeugter Miene:

»Liebe, Liebe ...«

Wir bogen uns vor Lachen, und das Paar tat es uns nach. Sie führten unsere Heiterkeit auf das Gras zurück.

Benommen schliefen sie endlich ein. Wir machten dasselbe auf dem Diwan.

Im Morgengrauen weckten uns die Vögel mit ihrem unerträglichen Gezwitscher. Die beiden Spanier blickten uns eigenartig an. Sie schienen überrascht, uns dort vorzufinden. Dann erinnerten sie sich wieder an den Haschisch-Abend. Die junge Frau schlug mir freundlich vor, ihr Badezimmer zu benutzen.

Wir wuschen uns alle gründlich, das erstemal seit vier Tagen. Gewöhnlich mied ich Spiegel, ich ertrug mein verwüstetes Gesicht nicht. Um es zu vertuschen, schminkte ich mich auffällig mit Hilfe der Schönheitsprodukte, die ich auf der Ablage fand. Maria machte es mir nach.

Wir bedankten uns bei ihnen und verließen sie. Dann gingen wir direkt zur Bar, um dort auf Maître Dartevelle zu warten, als wir einen Aufruf hörten:

»Mademoiselle Oufkir wird zur Rezeption gebeten ...«

Ich tat so, als ginge mich das nichts an. Hieß ich nicht Albertini?

Um ehrlich zu sein, ich glaubte nicht, daß wir es schaffen würden, selbst jetzt, da wir so kurz vor dem Ziel waren. Mein

Instinkt sagte mir, daß wir aufgegriffen werden würden; selbst in den Momenten höchster Euphorie hatte ich meinen Feind niemals unterschätzt. Aber das war mir egal. Wir hatten uns an die Spielregeln gehalten und das Maximum von dem erreicht, was möglich gewesen war.

Ich war so stolz auf uns, wie mein Vater es auch gewesen wäre.

»Mademoiselle Oufkir wird zur Rezeption gebeten ...«

Es war Freitag, der 24. April 1987, zehn Uhr dreißig. Ich ging in Richtung Hotelhalle. Anstelle des Taxis von Maître Dartevelle sah ich einen Polizeibus vor der Glastür halten.

Zehn Polizisten mit Kalaschnikows in der Hand stiegen aus. Dann hielt ein zweiter, ein dritter, schließlich ein Dutzend Polizeiwagen.

Unablässig stiegen Trauben von Polizisten aus.

Ich stieß Raouf mit dem Ellenbogen an und sagte ganz leise zu ihm:

»Die Bullen sind da. Sie haben uns verpfiffen.«

Im Laufschritt stellten sie sich auf beiden Seiten in Reih und Glied. Das spanische Paar, das zu uns gestoßen war, sah sie, machte kehrt und rannte davon.

Was hatten die sich denn, abgesehen von dem Haschisch, vorzuwerfen?

Die Verhaftung

Ein halbes Dutzend Polizeibeamte stürzte auf uns los. Einer von ihnen wollte unsere Namen wissen.

»Sie sind Malika Oufkir?«

»Absolut nicht«, antwortete ich von oben herab, »mein Name ist Albertini.«

Es war mir wichtig, mich ehrenvoll aus der Affäre zu ziehen.

Raouf gab die gleiche Lüge von sich. Der Mann, der der Chef zu sein schien, drehte sich um und gab den bewaffneten Polizisten, die uns jetzt umringten, ein Zeichen. Sie kamen auf uns zu, aber er stoppte sie mit einer Geste. Unsere Verhaftung mußte unauffällig vonstatten gehen. Sie ließen uns daher den Flur überqueren, wobei sie uns unter den entsetzten Blicken der Touristen gewaltsam an den Köpfen vorwärts stießen und uns damit zwangen, diese zu beugen. Für einen kurzen Augenblick sahen wir die alte Dame und ihren Sohn sowie das spanische Paar, das wieder zurückgekommen war.

Man ließ uns in einen Polizeiwagen steigen und fuhr uns ins Kommissariat nach Tanger. Am Eingang bildeten die Polizisten eine Art Spalier, als wollten sie uns salutieren. Sie sahen uns bewundernd an, einer weinte sogar heiße Tränen. Wir wären nicht erstaunt gewesen, wenn sie uns applaudiert hätten.

Aus Rabat kamen offizielle Regierungsabgesandte. Man zog alle Register für uns, behandelte uns wie Helden, was unseren Stolz noch größer machte. Überall spürten wir Achtung in den Blicken.

Man maß uns, nahm unsere Fingerabdrücke und brachte uns dann in einen abgetrennten Raum. Unser Stolz verdoppelte sich noch, als der Generalstaatsanwalt vor unseren Augen mit Driss Basri, dem Innenminister, telefonierte.

»Aber Exzellenz, ich schwöre Ihnen, ich habe sie verhaftet. Ich schwöre es beim Leben meiner Kinder, Exzellenz, sie stehen mir hier gegenüber, sie sind zu viert, Malika, Raouf, Maria, Abdellatif. Ja, Exzellenz, ich habe sie persönlich aufgegriffen. Ohne Aufsehen zu erregen, Exzellenz, absolut.«

Wenn er Mesrine oder die Baader-Meinhof-Bande geschnappt hätte, wäre sein Glück nicht größer gewesen. Raouf und ich sahen uns mit einem unauffälligen Lächeln an. Meine Knie wankten, meine Beine zitterten, die Gefühle überwältigten mich. Aber ich hatte nicht die Zeit, mich gehenzulassen.

Die »hohen Tiere« unterhielten sich in einer Ecke. Sie gaben kurze Befehle, woraufhin man Abdellatif mitnahm. Es bestürzte mich zutiefst, daß man ihn wegbrachte. Ich hatte Angst, daß sie sich seiner bedienen würden, um auf uns Druck auszuüben. Wie um meine Ängste zu bestätigen, sahen sie Raouf und mich streng an, damit die Botschaft auch gut ankam.

Die kleinen Polizeibeamten sahen meine Panik, worauf sie mir ins Ohr flüsterten, wir hätten nichts zu befürchten. Die anderen versuchten uns Angst einzujagen, aber wir hatten gewonnen. Wir hatten den Machthabern getrotzt, Kontakt zum Ausland aufgenommen ... Sie hatten uns gegenüber nicht freie Hand.

Die Wachen faßten sich nach und nach ein Herz. Statt uns Zeichen zu machen, kamen sie, um direkt mit uns zu sprechen.

Manche weinten. Andere hatten uns als Kinder gekannt, hatten zu der Eskorte meines Vaters gehört, als wir noch in der Allée des Princesses gewohnt hatten. Andere waren in Tamattaght dabei und Mitglieder des Versorgungsnetzes gewesen.

»Ihr könnt stolz auf euch sein«, sagten sie, »ihr habt den Schild der Berber hochgehalten und euren Vater wieder zum Leben erweckt.«

Die Offiziellen kamen auf uns zu, mit zu honigsüßer und salbungsvoller Miene, als daß man ihnen hätte vertrauen können. Der Staatsanwalt ergriff das Wort:

»Haben Sie keine Angst. Ihr Bruder wird gut behandelt werden. Er ist so alt wie mein Sohn, ich war bei seiner Taufe dabei ...«

Dann ließen sie uns aus dem Zimmer bringen. Als wir die Treppen hochstiegen, fragte ich erneut einen Polizisten, ob Abdellatif wirklich nichts passierte.

»Was meinst du ... Niemand wird es wagen, euch auch nur ein Haar zu krümmen. Seit vier Tagen leben sie alle in höchster Anspannung, essen nichts, trinken nichts. Der Boß (er wollte damit sagen: der König) überwacht die Angelegenheit höchstselbst, und solange ihr noch nicht festgenommen wart, hielten sie ihren Kopf dafür hin.«

Es ging das Gerücht, daß der König während der Tage, an denen wir flüchtig waren, seinen Kindern verboten hatte, den Palast in Marrakesch zu verlassen, aus Furcht vor unserer Rache.

Man führte uns in einen riesigen Raum. Zu meiner großen Erleichterung wartete dort der Kleine auf uns. Die Regierungsbeauftragten standen am Fenster. Ich ging auf sie zu. Plötzlich versagten meine Beine, das Zimmer fing sich an zu drehen, und ich fühlte ein feines Stechen am Herzen. Sie stürzten herbei, um mich aufzufangen. Die aufgestauten Emotionen und die Angst um Abdellatif hatten mich aus der Balance gebracht.

Jemand ging mir ein Glas Orangensaft holen. Man öffnete das Fenster und sagte mir, ich solle tief durchatmen. Das Kommissariat lag zu einer Kirche hin, und ich blickte geistesabwesend nach draußen.

In diesem Moment sah ich sie. Maria. Die Heilige Jungfrau. In einem Alkoven stehend, trug sie das Jesuskind im Arm und sah mich mit ihrem gütigen, wohlwollenden Blick an. Um ein Haar wäre ich jetzt wirklich umgefallen, aber diesmal vor Glück. Sie war also immer noch da, wenn wir sie brauchten, und wachte über uns, beschützte uns. Ich winkte die anderen unauffällig herbei, damit sie es auch sähen. Die Botschaft war klar, sie bedeutete, daß wir durchhalten sollten, genau wie beim Graben des Tunnels. Ich fing mich rasch wieder.

Sie ließen nicht locker. Wir hätten nicht alleine entkommen können. Das sei unmöglich. Wir hätten Komplizen aus Algerien gehabt. Sie verhörten Raouf und mich nacheinander und gossen dabei den gleichen Sirup über uns aus. Sie hätten meinen Vater gekannt, würden meinen Onkel kennen, meinen Großvater ... Wir seien eine ehrenwerte Familie und sollten mit ihnen kooperieren.

Sie bombardierten uns mit Fragen:

»Warum haben Sie mit einem französischen Rechtsanwalt Kontakt aufgenommen? Warum vertrauen Sie nicht auf marokkanische Institutionen? Warum haben Sie nicht am Grab Mohammeds V. um königliche Gnade gebeten?

Sie sind im Palast groß geworden, Sie kennen die Gepflogenheiten ... Seine Majestät hätte Ihnen niemals die Gnade verweigern können, und alles wäre gut gewesen.

Und jetzt seien Sie ehrlich, sagen Sie uns, wer Ihre Komplizen sind. Ihre Geschichte mit dem Tunnel können Sie jemand anderem weismachen ... Sie hatten gar nichts zum Graben ... Alles war derartig überwacht.

Man entkommt nicht aus Bir-Jdid ...«

Ich war es bald müde zu antworten und ließ mein Gegenüber reden, General Guessous, einen entfernten Verwandten von Mamma Guessous. Ich fragte mich, worauf er hinauswollte, denn er hatte sichtlich einen Gedanken im Hinterkopf.

Über seinem Schreibtisch hing eine große Uhr. Er warf häufig mit ängstlicher Miene einen Blick darauf. Schließlich verstand ich, was los war. Bald war Nachrichtenzeit. Er schaltete das Radio ein. Nach dem musikalischen Vorspann verkündete der Sprecher die Schlagzeilen:

»Spektakuläre Flucht der Oufkir-Kinder...«

Zornig schaltete Guessous das Radio aus. Ich hatte ihm nichts mehr zu sagen und er mir auch nicht.

Man führte mich aus dem Zimmer. Wieder zurück bei Raouf, erzählte ich ihm, was ich gehört hatte, aber er wollte mir nicht glauben.

»Kika, du träumst. Du nimmst deine Wünsche schon für bare Münze.«

»Raouf, ich bin nicht verrückt. Ich kann dir Wort für Wort wiederholen, was der Journalist gesagt hat ...«

Es gelang mir dann doch, ihn zu überzeugen ...

Mich befiel ein innerer Frieden, ein Wohlgefühl, wie ich es schon seit Jahren nicht mehr verspürt hatte. Diese Mitteilung war der Beweis für unseren Sieg. Die ganze Welt wußte endlich Bescheid.

Eine halbe Stunde später kam Guessous wieder zu uns. Ich

konnte seinem Gesicht ablesen, daß sich unsere Situation geändert hatte.

Sie hatten sicher versucht, die Franzosen zu überreden, die Meldung über unsere Flucht nicht zu verbreiten. Vielleicht hatten sie sogar versucht, sie zu überzeugen, daß die Affäre Oufkir trotz der bedauerlichen Verletzung der Menschenrechte eine innermarokkanische Angelegenheit war. Zu ihrem Leidwesen war die Nachricht publik geworden. Man mußte uns jetzt mit anderen Augen betrachten.

Man führte uns in ein neues Zimmer, das leer war. Sie ließen neue Matratzen bringen, die die Polizisten am Boden auslegten, dann brachte man uns Tabletts mit Essen. Wir aßen mit Genuß; es gab Brötchen, Butter, Tee.

Für uns war das Polizeikommissariat ein Fünf-Sterne-Hotel. Wir stritten uns um die Schlafplätze. Wir waren erschöpft, aber glücklich. Beim Einschlafen dachten wir an die in Bir-Jdid Zurückgelassenen. Mama konnte stolz auf uns sein. Vier Tage lang hatten wir mit unseren bescheidenen Mitteln das ganze Land in helle Aufregung versetzt.

Man behandelte uns jetzt anders. Wir waren wieder menschliche Wesen geworden, und das tat uns wohl. Am nächsten Morgen erlaubte uns der Generalstaatsanwalt, sein persönliches Badezimmer zu benutzen, das sich in den Räumlichkeiten des Kommissariats befand. Wir hatten selten ein so großes gesehen. Mehr als hundert verschiedene Fläschchen standen auf seinem Frisiertisch, Eau de Cologne, Parfum, Rasierschaumdosen, Shampooflaschen und Haarkuren.

Wir, die wir elf Jahre mit einer halben Packung Waschpulver als Seifenersatz gelebt hatten, mußten angesichts dieser plötzlichen Opulenz Tränen lachen. Wir hatten die Konsumgesellschaft vergessen. Wie konnte man sich mit so viel unnützem Kram belasten?

Wir wogen die Flaschen in der Hand, besprühten uns mit Eau de toilette und Rasierwasser. Wir waren vier Kinder, die man in einem Erlebnispark losgelassen hatte. Die Spiegel gefielen uns weniger, wir vermieden es, uns in ihrer Nähe aufzuhalten. Vor allem unser Blick machte uns angst. Unsere Augen standen hervor wie die der unterernährten Kinder in der Dritten Welt.

Wir schlossen uns ein, um uns zu waschen. Als wir die Hähne zu weit aufdrehten, verursachten wir eine Überschwemmung. Wir wischten unverzüglich den Teppich mit Handtüchern und Bademänteln trocken. Wir hatten Angst, daß es Ränder geben würde. Noch immer der alte Tunnelreflex ...

Dann verließen wir alle vier lachend das Bad. Wir stanken regelrecht nach Parfum. Raouf mußte dringend von einem Zahnarzt untersucht werden. Seine Abszesse in der Mundhöhle waren vor Eiter geschwollen, aber der Arzt, zu dem man ihn brachte, weigerte sich, ihn anzurühren. Die Infektion war so schwer, daß mein Bruder Gefahr lief, einen Herzstillstand zu erleiden. Er mußte später operiert werden.

Guessous versuchte uns neutral zu behandeln, so wie es als Beamter seine Pflicht war; aber unter seinem trockenen Ton kam gleichermaßen Bewunderung angesichts unserer Taten wie auch Mitleid angesichts unseres Zustands zutage. Wir mußten wirklich erbarmungswürdig aussehen, daß er uns von sich aus vorschlug, uns neu einzukleiden ...

Man fuhr uns im Auto in die Stadt. Erinnerungen stiegen hoch. Ich dachte an die elf Jahre im Palast, während derer ich wie jetzt das Leben habe hinter der Fensterscheibe vorbeiziehen sehen. Mein ganzes Leben war die Welt draußen für mich unerreichbar gewesen. Ich fragte mich, wie lange es noch dauern würde, bis ich wirklich die Freiheit genießen konnte. Die Tür aufzumachen wäre so einfach gewesen, aber ich hatte keine Kraft mehr.

In den Geschäften, in die man uns führte, waren die Verkäuferinnen ganz zu Diensten der Polizei. Deren Kanäle, deren Spitzel und das engmaschige Überwachungsnetz sorgten dafür, daß das ganze Land sich ans Gehorchen gewöhnte. Man wandte sich an uns mit Ehrerbietung, wollte uns auch noch den kleinsten Wunsch erfüllen, aber ich hatte keinerlei Bedürfnisse, vor allem aber paßte mir nichts. Maria war zu mager. Die Kleider schlabberten an ihr. Und ich war zu aufgedunsen. Ich wählte dann aber doch einen Rock und eine lange Tunika. In einem Schuhgeschäft entschied ich mich für Clogs, wegen der Bequemlichkeit. Meine Füße waren noch immer blutig, aber ich spürte mittlerweile nicht einmal mehr den Schmerz.

Man überstellte uns nach Casablanca, in das Kommissariat Ben Chérif, das bei den politischen Gefangenen eine traurige Berühmtheit genoß und von Yousfi geleitet wurde, dem städtischen Polizeichef. Er hatte Mama wenige Tage nach dem Tod meines Vaters verhört und war dann nach Tamattaght geschickt worden, als unser Versorgungsnetz aufgeflogen war.

Wir gingen Treppen hinauf und hinunter und durchquerten einen langen Flur, an dessen Ende Yousfi, Allabouch, der Chef des Geheimdiensts, und drei weitere Kommissare auf uns warteten.

Wenn man diesen Moment hätte filmen müssen, hätte der Regisseur sicher eine Stimme aus dem Off hinzugefügt, um die Gemütsbewegung zu unterstreichen. Oder er hätte als Ton das Gejohle hergenommen, das sich in den Zellen der Gefangenen zur Feier unseres Sieges erhoben hätte. Aber nichts dergleichen geschah. Unsere Ankunft fand in Stille statt.

Einer derart bedrückenden Stille, daß die Aufregung, die sie bewirkte, nicht weniger intensiv war. Wir erlebten einen überraschenden Augenblick. Diese fünf Männer, eifrige Diener des Regimes, beglückwünschten uns.

»Bravo«, sagte Yousfi. »Das war wirklich die große Flucht, eure Geschichte da.«

Er fuhr fort, uns zu unserem Mut zu beglückwünschen. Während er sprach, hatte ich die Augen starr auf den Boden gerichtet.

»Nein«, sagte er, »du bist noch keine zwei Minuten da und

du taxierst schon wieder die Bodenfliesen, um abhauen zu können. Einmal genügt, glaubst du nicht?«

Wir erkundigten uns sofort nach unseren Angehörigen. Man beruhigte uns, es ginge ihnen gut. Im übrigen würden wir sie gleich sehen. Yousfi rief einen alten Mann herbei, der in seinen Pantoffeln herumschlurfte und die Aufgabe hatte, den Gefangenen die Augen zu verbinden. Er öffnete eine Tür und ließ uns in eine Zelle treten.

Eine alte gebeugte Frau aß eine Suppe.

Es war Mama.

Der Hungerstreik, der Selbstmordversuch, die Angst aufgrund unserer Flucht hatten sie vorzeitig altern lassen. Vor mir saß eine kleine, magere, schrumpelige, zusammengekauerte Frau. Sie führte den Löffel langsam, mit den bedächtigen Bewegungen einer Greisin, zum Mund und erhob ihre großen schwarzen Augen zu mir. Sie hatten den Ausdruck von unendlicher Traurigkeit. Ihr Blick war leer. Sie erkannte mich nicht.

Wir drängelten uns darum, uns vor ihr niederzuwerfen und sie zu umarmen. Ihre Hand fing zu zittern an. Sie legte ihren Löffel auf den Tisch und murmelte so leise, daß wir es kaum hörten:

»Meine Kinder ... ihr seid ... meine Kinder.«

Wir hatten uns so verändert, daß sie uns nicht sofort erkannt hatte. Das lag nicht nur an den neuen Kleidern. Die vier Tage Freiheit hatten in unseren Blicken diese kleine Lebensflamme hinterlassen, die wir für immer erloschen wähnten. Wir waren schon auf der anderen Seite, außerhalb der Mauer, während sie sich noch in ihrem verinnerlichten Gefängnis verzehrte.

Mama trug ein Tuch um den Kopf. Am Abend unserer Flucht hatten Soukaïna und sie geschworen, sich den Schädel kahlzurasieren, wenn wir nicht in den folgenden zwölf Stunden gefaßt werden würden. Sie hatten Wort gehalten. Die beiden verstanden sich bestens, wenn es um Verrücktheiten ging.

Mimi war kreideweiß, und Achoura und Hakima sahen ganz verstört aus.

Als der erste Moment der Überraschung vorbei war, umarmten wir uns alle lange. Wir lachten, wälzten uns auf dem Boden und schrien:

»Wir haben gewonnen, der Alptraum ist zu Ende, wir sind nicht mehr in Bir-Jdid.«

Mama und die Mädchen waren seit Dienstag, dem 21. April, im Ben Chérif. Sie waren drei Tage nach unserer Flucht dorthin gekommen. Anfangs waren die Haftbedingungen entsetzlich gewesen.

Man hatte sie, bekleidet mit Militärdjellabas, in einer Reihe an eine Wand gestellt, die Kapuze über ihren verbundenen Augen. Sie hatten stundenlang unbewegt dort stehenbleiben müssen und sich die Schmerzensschreie von Borro anhören, den man im Nachbarraum folterte und der schrie, daß er nichts mit der Sache zu tun habe. Sie hatten lange nichts mehr gegessen, und Soukaïna, die zu schwach war, um sich auf den Beinen zu halten, war ohnmächtig geworden. Als einzige Nahrung hatte man ihnen Hundefutter vorgesetzt, irgendeine scheußliche schleimige Soße, auf der Reisstärke schwamm.

Während der Verhöre, denen Mama unterzogen wurde, hatte man ihr mit Fragen zugesetzt, um aus ihr herauszubekommen, wohin wir zu gehen beabsichtigten. Sie wußte nicht, daß der Plan mit der Botschaft gescheitert war. In der Meinung, sie damit auf eine falsche Fährte zu setzen, hatte sie ihnen geantwortet, wir gingen nach Tanger.

Das war in ihren Augen unmöglich. Für sie hatten wir noch nicht die Umgegend von Bir-Jdid verlassen. Im besten Fall waren wir auf der anderen Seite in Richtung der Grenze zur Westsahara gegangen. Aber die dicke Malika, die Tochter des Freundes meines Großvaters, hatte uns in Rabat denunziert.

Sie hatten sich daraufhin den Tatsachen gebeugt. Wir konnten uns überall in Marokko befinden. Sie durchkämmten Rabat und dann Tanger, wobei sie sich, wie erwartet, auf die

Punkte konzentrierten, von denen aus wir das Land verlassen konnten.

Zwei Stunden vor unserer Ankunft im Kommissariat Ben Chérif hatte die unwürdige Behandlung der Gefangenen ein Ende gehabt. Man hatte ihnen endlich ordentliches Essen gebracht – panierte Schnitzel und grüne Bohnen –, das ihnen auch nicht mehr in Blechnäpfen, sondern auf Tellern serviert wurde. Mama war daraufhin klargewesen, daß man uns aufgegriffen hatte. Die Nachricht wurde ihr wenig später von Allabouch, dem Chef des Geheimdiensts, bestätigt.

Wir erzählten detailliert von unserer Flucht. Sie sahen uns mit ungläubigen Augen an, und wir spürten genau, wie stolz sie auf uns waren. Während unserer Erzählungen stand Mama mehrfach auf, berührte und umarmte uns und wiederholte ständig dieselben Sätze:

»Meine Kinder, meine kleinen Lieblinge. Es ist unglaublich, wie ihr euch verändert habt ...«

Das stimmte. Das Schlimmste für uns war die Feststellung, daß wir nicht mehr wirklich Teil einer Einheit waren. Wir fühlten uns ein wenig schuldig.

Deshalb hörten wir uns den Bericht von Mama und Soukaïna mit großer Aufmerksamkeit an, als müßten wir dieses Mehr an Freiheit, das wir ohne sie genossen hatten, wieder ausgleichen.

Nach der Flucht

Um acht Uhr dreißig kamen an besagtem Montagmorgen die Wachen wie üblich in Mamas Zelle, brachten ihr den von Achoura zubereiteten Kaffee und begannen mit der Durchsuchung.

Mama war ganz ruhig. Die fünf Frauen hatten die ganze

Nacht um uns gezittert, vor allem als sie die Meute wilder Hunde hatten heulen hören. Nachdem sie uns nicht zurückkommen sahen, hatten sie sich ein wenig beruhigt.

Die Wachen durchwühlten die Zelle, sahen in jede Ecke. Die Tür zum WC war nur angelehnt.

»Mein Sohn ist krank«, sagte sie ihnen. »Er hat die ganze Nacht auf der Toilette verbracht. Wollen Sie nachsehen?«

Trotz ihrer nachdrücklichen Aufforderung lehnten sie ab. Sie gingen wieder hinaus, verschlossen Mamas Zelle und kamen in unsere. Soukaïna hatte die Zeit gehabt, die Bodenplatten wieder in einen unauffälligen Zustand zu versetzen. Die Wachen waren ein wenig erstaunt, von ihr empfangen zu werden. Normalerweise kam ich, um mit ihnen zu reden.

Meine kleine Schwester war ebenfalls ganz ruhig. Sie hatte aus unserem Erfolg die Kraft gezogen, ihnen zu trotzen.

»Malika und Maria haben ihre Regel«, sagte Soukaïna.

Man mußte nur diesen einen Satz sagen, damit die Kerkermeister nicht näher kamen. Soukaïna hatte unsere Betten in einer Weise vorbereitet, daß man glauben konnte, wir schliefen noch. Wir gewöhnlich blieb Mimi unter ihrer Decke versteckt liegen und hob nicht den Kopf. Aber in dem Moment, als sie das Zimmer verließen, stieß sie zur Beruhigung der Wachen einen großen Seufzer aus.

All diese Einzelheiten waren Teil einer minutiös ausgearbeiteten Strategie. Die Wachen prüften das Tunnelzimmer, kratzten und klopften an den Wänden herum und suchten sie ab. Aber nicht einmal traten ihre Stiefel auf die unterhöhlten Bodenplatten.

Dann statteten sie Achoura und Halima einen kurzen Routinebesuch ab. Ihretwegen machten sie sich keine Sorgen. Mama und Soukaïna hatten aus ihren Zellen heraus ein wachsames Ohr auf das, was die Wächter taten. Sie vernahmen das stapfende Geräusch ihrer Stiefel, dann das Klimpern der Schlüssel.

Mama war hin und her gerissen zwischen Wut und Sorge

beim Gedanken an diese armen Kerle, die seit elf Jahren unseren Tagesrhythmus bestimmten und die unsere Flucht in Gefahr bringen würde.

Unmittelbar bevor sie bei Raoufs Zelle ankamen, trommelte Mama wild an ihre Tür. Sie kehrten um und fragten sie, was sie wolle.

»Ich habe vergessen, euch etwas ganz Wichtiges zu sagen. Kommt noch mal her.«

Sie gehorchten und öffneten erneut ihre Zelle.

»Also, es ist folgendes«, sagte sie, »Malika, Maria, Raouf und Abdellatif sind ausgebrochen.«

Sie reagierten nicht. Mama schüttelte sie einen nach dem anderen.

»Geht in die Toilette, dann werdet ihr es sehen. Abdellatif ist nicht da. Geht zu den Mädchen, zu Raouf, hebt die Laken hoch, schaut euch überall um, seht unter die Betten ... sie sind auf und davon, ich sage es euch.«

Es brauchte nicht weniger als zehn Minuten, bis diese Neuigkeit in ihr vernebeltes Gehirn gesickert war. Während Mama sich ereiferte, sahen diese sie nur mitleidig an, als sei sie plötzlich übergeschnappt.

»Fassen Sie sich wieder, Madame Oufkir, hören Sie, Sie sind doch sonst eine vernünftige Frau ...«

Aber Mama ließ nicht locker. Sie wirbelte in der Zelle umher, hob die Matratze hoch, ging in die Toilette.

»Aber in welcher Sprache soll ich es euch wiederholen? Vier meiner Kinder haben die Flucht ergriffen ...« Sie folgten ihr und durchwühlten alles. Dann sahen sie sich an. Der Kleine war nirgends. Es herrschte panische Stille. Sie schlossen erneut unsere Zelle auf. Sie wußten, daß wir zu den schlimmsten Dingen in der Lage waren. Und wenn es Abdellatif nur gelungen war, zu uns hinüberzuschlüpfen, um ihnen angst zu machen? Soukaïna empfing sie lächelnd.

»Sie sind da, sie haben ihre Regel und schlafen«, sagten sie. »Du hast es uns gesagt, wir sehen es ja ...«

»Nein«, sagte Soukaïna, »sie sind nicht da. Seht her!«

Sie hoben unsere Decken hoch. An unserer Stelle hatte Soukaïna zwei Kleiderhaufen hingelegt. Sie schauten unter die Betten, durchwühlten alles, so gut sie irgend konnten, und gingen dann zu Raouf hinüber, wo sie, ebenfalls ohne Erfolg, alles durchsuchten.

Daraufhin waren sie einen kurzen Moment lang wie weggetreten. Unsere Flucht bedeutete den sicheren Tod für sie. Sie kamen mit Spitzhacken in unsere Zelle und brachen in unserem Zimmer die Platten aus dem Boden. Von dort aus gingen sie ins Tunnelzimmer, hackten auch dort die Bodenplatten auf, ohne allerdings dabei den Durchbruch zu finden. Sie verstanden gar nichts, verloren völlig die Nerven, schrien und liefen durcheinander.

Dann gingen sie in die Zelle von Achoura und Halima und verpaßten diesen heftige Prügel, um sie zu einem Geständnis zu bewegen. Sie wagten es nicht, Mama oder meine Schwestern anzufassen. Mama schritt ein und hämmerte an ihre Tür, um mit ihnen zu reden. Sie waren so sehr in Panik, daß sie sie nicht hörten. Sie mußte brüllen, um sich Gehör zu verschaffen.

»Beruhigt euch«, sagte sie ihnen völlig beherrscht. »Und hört auf, alles kaputtzumachen. Ihr wißt, wie Rabat ist. Wenn sie hierherkommen, werden sie sagen, ihr hättet mit uns unter einer Decke gesteckt.«

Die armen Kerle waren kurz davor, vor Angst und Schrecken zusammenzubrechen.

»Sie haben recht, wir machen alles wieder so, wie es war.«

»Nein«, sagte Mama, »dazu ist es zu spät. Schlagt lieber Alarm!«

Die Wachen waren in einer peinlichen Situation. Borro war nicht da. Er nutzte es aus, daß er am Sonntag keinen Dienst hatte, um seine Kinder zu besuchen, und kam anderntags erst spät zurück. Sie waren es nicht gewöhnt, Verantwortung zu übernehmen, und waren völlig verloren. Daher befolgten sie

Mamas Rat. Die Nachricht unserer Flucht gelangte direkt in den Führungsstab und ins Innenministerium.

Kaum eine Stunde später tauchte der schändliche Borro auf. Er, der zwei Monate zuvor Mama mit einem Weinstock bedroht hatte, er, der uns mit seiner Gorillastatur und seinen blutunterlaufenen Augen provozierte, er, der sich damit brüstete, uns matt gesetzt zu haben, stand jetzt mit wächsernem Gesicht und gesenkten Augen vor ihr. Er wich ihrem Blick aus.

Sie jubelte innerlich, bemühte sich aber, ihm dies nicht zu zeigen.

Seiner Meinung nach war es nicht möglich, daß wir geflohen waren. Wir versteckten uns irgendwo. Er befahl, auf den Dächern nachzusehen. Natürlich brachte das Suchen nichts.

Er blickte zu Mama und sagte mit zitternder Stimme:

»Sie sind weg.«

Er war in weniger als einer Stunde um zwanzig Jahre gealtert. Aus war es mit der Arroganz, der Bosheit und der Verachtung. Er ging schleppenden Schrittes und ließ sich von Mama und Soukaïna stützen. Er ähnelte einem Verurteilten, den man zum Galgen führte.

Die Wachen schlossen Mama und meine Schwestern in unserer Zelle ein. Sie verbrachten dort eine ganze Weile wartend. Ein wenig später vernahmen sie ein Vibrieren am Himmel, der plötzlich schwarz war von einer ganzen Armee von Hubschraubern, die auf den Feldern landeten. Offiziere in Paradeuniform stürmten die Kaserne.

Die Gefängnistüren öffneten sich. Polizisten kamen herein, mit bissigen Schäferhunden an den Leinen. Sie gaben ihnen unsere Lumpen zu schnuppern und ließen sie dann draußen frei. Die Mouhazzins wurden durch Gendarmen mit noch rüderen Methoden ersetzt.

Sie verbanden Mama die Augen, führten sie aus der Kaserne hinaus und nötigten sie dann brutal zum Hinsetzen. Das waren nicht mehr die Wachen, die man manipulieren konnte, noch Borro, den wir allmählich kannten. Die Offiziere sprachen eine harte, unmenschliche Sprache. Sie würden ihr unseren Wagemut schon heimzahlen.

Mama zitterte vor Angst, ließ sich aber nicht verunsichern. Bereits bei der ersten Frage unterbrach sie denjenigen, der sie ins Verhör nahm.

»General Ben Slimane«, sagte sie, »Sie brauchen sich nicht zu verstellen, ich habe Ihre Stimme erkannt.«

Der Mann erhob sich unverzüglich und wurde durch jemand anderen ersetzt. Mit verbundenen Augen nahm Mama ihr Unbehagen wahr. Sie waren alles enge Vertraute meines Vaters gewesen, sie hatte sie Hunderte von Malen bei sich zu Hause empfangen. Der zweite Offizier bekam die gleichen Bemerkungen zu hören wie Ben Slimane.

»Du hast nicht einmal den Mut, mir ins Gesicht zu sehen«, sagte sie verächtlich. »Dabei bist du doch ein Soldat. Du mußt mir also die Augen verbinden, um mich zu verhören? Was immer ihr auch tut, und sei es am Ende der Welt, ich erkenne euch alle«, fügte sie hinzu.

Sie wollte ihnen nichts sagen, und trotz ihrer Angst bewahrte sie ihre Würde und Unerschrockenheit.

»Madame Oufkir, seien Sie vernünftig. Wenn Sie uns nicht sagen, wo sie sind, kann das für sie gefährlich sein. Sie laufen Gefahr, von den Wölfen gefressen zu werden, von denen es hier in der Gegend wimmelt.«

»Mir ist es lieber, sie werden von den Wölfen gefressen als von Ihnen ...«

Sie begleiteten sie in ihre Zelle zurück. Jetzt mußte Soukaïna an Mamas Stelle die Verhöre über sich ergehen lassen, auch sie mit verbundenen Augen. Dabei war sie bei ihrer Inhaftierung neun Jahre alt gewesen und konnte niemanden erkennen. Aber nach jeder Befragung beschrieb sie Mama die Stimmen der Offiziere, und diese identifizierte sie.

Sie wollten wissen, wo wir waren, setzten jedes Mittel dazu ein, versuchten zu drohen, einzuschüchtern, zu flehen, auf die

Tränendrüse zu drücken, aber Soukaïna bot ihnen trotz ihrer Angst und Furcht unerschütterlich die Stirn.

Beim ersten Mal, als sie das Gefängnis betraten und sie zu ihrer Zelle zurückbrachten, hörte sie die Generäle zu Borro sagen:

»Das wird dich deinen Hals kosten. Wie hast du die Kinder unter derartigen Bedingungen leben lassen können?«

Wir nahmen es schon gar nicht mehr wahr, aber der Ort war in einem beeindruckend verdreckten und gesundheitsgefährdenden Zustand. Da wir mit Holzkohle kochten, waren Wände und Gitter schwarz vor Ruß. Alles sah heruntergekommen aus, gräulich, düster und triefend vor Feuchtigkeit. Der Komfort war mehr als dürftig: Matratzen, ein paar Kartons, die als Möbel dienten, Lehm. Tiere im Käfig hätte man besser behandelt.

Die Generäle wußten, daß der König Rache an uns übte, aber niemals hätten sie sich vorstellen können, daß wir unter derartigen Bedingungen lebten. Ihrer Ansicht nach erhielten wir Bücher und Post, waren relativ umsorgt. Sie befragten Soukaïna danach, was wir zu essen bekämen. Sie sagte ihnen, daß wir schon gar nicht mehr wüßten, wie bestimmte Dinge wie Milch, Butter, Obst schmeckten. Sie beschrieb unsere Mahlzeiten, erklärte, wie wir uns mit gekochten Kräutern belegte Brote machten. Die Generäle waren um so entsetzter, als die Lebensmittel ganz ordnungsgemäß in die Kaserne gelangten: Die Soldaten mußten nichts entbehren.

Sie hatten noch immer nicht das Loch im Drahtgitter entdeckt. Nach vierundzwanzig Stunden wußten sie nach wie vor nicht, wie wir entkommen waren. Ein Tunnel war nicht machbar. Dazu brauchte man Werkzeug und kräftige Hände. Mama, Soukaïna und Mimi waren in einem jämmerlichen körperlichen Zustand.

Woher hätten sie die Kraft nehmen sollen zu graben?

»Wir brauchten keine muskulösen Arme«, sagte Soukaïna schließlich, nachdem sie mehrfach verhört und mit den immer gleichen Fragen bombardiert worden war. »Für unsere Flucht reichten fünfzehn Jahre Gefängnis, fünfzehn Jahre unmenschliches Leiden, fünfzehn Jahre Hunger, Angst, Entbehrungen. Aber unsere Intelligenz hat über all diese Zeit Früchte getragen.«

Ihre Nerven drehten durch. Sie wollten alles wissen, alles begreifen, notfalls mit Gewalt.

Aber Soukaïna war ganz ungehemmt. Sie erzählte freimütig und empfand ein diebisches Vergnügen dabei, unser Vokabular zu benutzen: Lampions, Elefanten ... Sie sahen sie verdutzt an, zwischen Unverständnis und Wut hin und her gerissen. Machte sie sich über sie lustig? Sie könnten sehr ungemütlich werden ... Trotz der Furcht, die ihr die Kehle zuschnürte, blieb meine Schwester sehr höflich. Die Verhöre waren sehr hart, und Soukaïna bekam es trotz ihres Mutes mit der Angst zu tun. Aber sie war sich der Rolle bewußt, die sie spielen mußte.

Sie schlug sich wirklich großartig. Das war das erste Mal, daß diese junge, vierundzwanzigjährige Frau, die seit ihrem zehnten Lebensjahr in Gefangenschaft war, ganz vorne auf der Bühne stand. Sie war wie ein Stummer, der plötzlich das Sprechen erlernt. Sie entdeckte, daß sie witzig war, intelligent, gerissen, ironisch und frech. Sie hielt ihr Publikum in Atem, selbst wenn besagtes Publikum wütend war angesichts solcher Kühnheit.

Trotz des drohenden Untertons in ihrer Stimme waren sie gebannt und aufmerksam und lachten sogar gelegentlich.

»Aber ihr hattet keine Uhren, wie wußtet ihr dann, um welche Uhrzeit ihr den Tunnel schließen mußtet.«

»Durch Cornelius.«

»Wer ist dieser Cornelius? Ein Komplize? Mach dich nicht über uns lustig, sonst ...«

»Aber sag mal, habt ihr euch für Galileo Galilei gehalten?«

Soukaïna gab die Geschichte mit Feuereifer zum besten. Sie waren wirklich fertig.

»Aber das ist die Flucht des Jahrhunderts. Das ist unglaublich …«

Von Zeit zu Zeit unterbrachen sie sie:

»Euer Vater kann stolz sein auf euch.«

Sie wollten wissen, wer sie im Gefängnis unterrichtet hatte.

»Malika«, antwortete sie. »Sie hat uns lesen und schreiben beigebracht, richtig zu reden und uns ordentlich bei Tisch zu verhalten. Sie hat uns Wissen vermittelt und uns den Rücken gestärkt. Sie war uns Mutter, Vater und Lehrer zugleich. Wir verdanken ihr alles, was wir sind.«

Die Männer rauchten vor ihr. Als sie weg waren, sammelte Soukaïna die Kippen auf. Ein Offizier, der sie dabei beobachtete, sagte ihr: »Ich hätte das niemals überlebt, was ihr mitgemacht habt« und bot ihr richtige Zigaretten an.

Soukaïna gab so viele genaue und nachprüfbare Details an, daß sie ihr schließlich glaubten. Aber sie wollte ihnen nicht die Stelle nennen, an der wir gegraben hatten. Wir hatten vor unserer Flucht entschieden, daß sie das schon selbst herausfinden mußten. Soukaïna spielte mit ihnen, wie beim Topfschlagen: warm, kalt, ganz heiß.

Schließlich befand sie, daß das Spielchen lange genug gedauert hatte. Die Offiziere wurden wütend und schroff, drohten ihr immer heftiger, worauf sie sie zu der Zelle führte.

»Hier ist der Tunnel!«

Sie nahmen ihr die Augenbinde ab, und sie konnte feststellen, daß alle Generäle in Paradeuniform waren. Sie suchten mit ihren Taschenlampen die Steinplatten ab und baten meine Schwester, mit dem Öffnen auf den Kameramann zu warten. Ich denke, sie wollten sie beim Freilegen des Tunnels filmen und fotografieren, um dem König die Beweise für unsere Flucht zu schicken.

Soukaïna hob die Platten an, entfernte die Zementschicht und zog ganz allein vor ihren fassungslosen Augen die Elefanten und Lampions heraus.

Sie riefen die Gendarmen herbei, damit diese sich vergewisserten, daß es dort einen Durchgang gab. Dann schickten sie den Kameramann los, den Weg zu filmen sowie unsere mageren Werkzeuge: den Löffel, den Messergriff, den Sardinendosendeckel.

Die Hunde apportierten die Sachen, die wir auf der Flucht verloren hatten: den Pfeffer, die Eisenstange, die Lumpen. Die Hubschrauber durchkämmten vergeblich die ganze Gegend, wir waren unauffindbar.

Sie schafften daraufhin Mama und die anderen ins Kommissariat von Casablanca. Sie waren ganz starr vor Angst und Furcht, weit mehr jedoch um uns besorgt als um ihr eigenes Schicksal, da sie von uns keine Nachricht hatten.

Im Ben Chérif bemühte sich Mama dennoch, einen klaren Kopf zu bewahren. Der Haltung der Gefängniswärter nach hatte man uns noch nicht gefunden, und das war das einzige, was für sie zählte.

Halima wurde mehrfach geohrfeigt und geschlagen. Sie ließ es sich nicht entgehen, den Polizisten Moralpredigten zu halten, was diese auf die Palme brachte. Das war doch eine äußerst anmaßende Frau, die sich ihrer Treue zu uns rühmte und ihrer Liebe, die sie für uns empfand.

»Ich bin mit ihnen ins Gefängnis gegangen, weil ich das so wollte«, beteuerte sie, »und wenn ich mich noch einmal entscheiden müßte, würde ich es wieder tun. Rechnet nicht darauf, daß ich sie verrate.«

Ihre schlechte Behandlung endete kurz vor unserer Ankunft im Ben Chérif, als klar war, daß die ganze Welt über unsere Flucht Bescheid wußte. Sie konnten es sich jetzt nicht mehr erlauben, uns zu malträtieren. Wir verbrachten die gemeinsame Nacht damit zu reden, zu lachen, uns zu umarmen und zu beglückwünschen.

Wir hatten unseren Vater gerächt.

Wir feierten von nun an den 19. April, das Datum unserer Flucht, als den Tag, der uns unsere Würde zurückgegeben hatte.

Der Aufenthalt im Ben Chérif dauerte zweieinhalb Monate, während derer wir nicht aufhörten zu essen. In den ersten Tagen folgte ein Tablett auf das andere. Grüne Bohnen, panierte Schnitzel, Reis, Nachspeisen, das Menü war nicht sehr variationsreich, aber für uns war es das Schlaraffenland.

Um unserem Gefängnisbrauch treu zu bleiben, hatten wir Raouf den Spitznamen »Bou-Ssena« verliehen, was soviel wie »Einzelzahn« bedeutete, denn der Arme hatte nur noch drei Zähne im Mund. Mein Bruder hatte sich selbst karikiert, lang und mager und mit hervorstehenden Wangenknochen, Korkenzieherhals und einem Kiefer, den nur noch ein Zahn schmückte – aber in dem ein Diamant funkelte.

Man hatte uns einen Fernsehapparat gegeben. Wir, die wir nur Schwarzweiß gekannt hatten, entdeckten nun die Welt in Farbe. Marokko zog vor unseren Augen vorbei, und wir erkannten nichts. Ich mußte gezwungenermaßen zugeben, daß das Land sich dem modernen Leben angepaßt hatte und daß man dem König dafür Anerkennung zollen mußte. Ich wußte nicht, ob ich stolz auf mein Volk sein sollte oder wütend auf diesen Herrscher, der mit so unwürdigen Mitteln so großen Erfolg hatte.

Seine Tochter, Prinzessin Myriam, heiratete, und es gab eine Reportage über die königliche Familie nach der anderen. Ich sah nicht mehr den Henker, sondern den Mann, der über meine Kindheit gewacht hatte. Ich konnte die Tränen nicht zurückhalten, die mir die Wangen entlangkullerten. Diese Haltung erstaunte die anderen, die das Festhalten an der Vergangenheit nicht verstehen konnten. Aber es war einfach so. Ich schwankte ständig zwischen wehmütiger Erinnerung und Haß, zwischen Rührung und Angst.

Zu dem Fernseher bekamen wir auch einen Videorecorder. Allabouch besaß eine große Videothek mit beschlagnahmten Filmen, und er lieh sie uns nach Belieben aus. Die Polizisten redeten viel von *Rocky*, also entschieden wir uns für Stallone. Aber es war ein Pornofilm: Der große Sylvester hatte seine Karriere so begonnen. Nachdem der erste Moment der Verblüffung vorbei war, brüllten wir vor Lachen. Am nächsten Tag bedankte sich Mama bei Allabouch für den Sexualkundeunterricht, den er ihren Kindern erteilt hatte. Höchst verlegen entschuldigte sich der Chef des Geheimdiensts tausendmal.

Die Verhöre wurden wieder aufgenommen. Sie wußten jetzt alles über die Flucht, wollten aber auch etwas über unsere Absichten hören. Sie warfen uns vor, anstelle marokkanischer Anwälte französische Advokaten gewählt zu haben. Als hätten wir die Wahl gehabt...

Meistens versuchten sie uns in die dümmsten Fallen tappen zu lassen. Aber fünfzehn Jahre Kerker hatten uns trickreich gemacht, und sie bemühten sich umsonst. Das brachte uns aber kaum voran: Wir hatten nichts mehr von Dartevelle gehört und wußten noch immer nicht, wie unser Schicksal ausgehen würde.

Nachdem sich der Familienrat zusammengesetzt hatte, beschlossen wir, dem König zu schreiben. Wir wollten ihn um die Erlaubnis bitten, nach Kanada auszuwandern. Allabouch war besorgt: Er hatte Angst, wir könnten uns dazu hinreißen lassen, Seine Majestät zu beschimpfen, was nicht unsere Absicht war. Die Lektüre unseres Briefes ließ ihn entrüstet hochspringen:

»Sagt dies nicht, sagt das nicht...«

Wir waren kategorisch, es kam nicht in Frage, auch nur den kleinsten Satz zu verändern. Wir wollten nicht in Marokko bleiben. Kanada war eine gute Wahl, denn der König hätte uns niemals nach Frankreich gehen lassen. Wir brachten ihn in Verlegenheit: Er konnte uns nicht wieder verschwinden lassen, wo jetzt die internationale Öffentlichkeit über unsere Geschichte Bescheid wußte. Aber was sollte er mit uns tun?

Während wir auf seine Antwort warteten, verhielten wir uns wie Bilderbuchgefangene in diesem Kommissariat, das uns gemessen an dem, was wir erlebt hatten, wie der Gipfel des Luxus erschien. Wir protestierten niemals, nicht einmal wenn man uns auf dem Weg zum Bad oder zur Toilette die Augen verband. Vielmehr waren das die Momente, in denen uns die Überwachung Spaß machte, denn sie erhob uns in den Rang der Helden, die wir verehrten.

Wir konnten uns gar nicht genug an der Wertschätzung und Bewunderung weiden, die uns die Polizisten entgegenbrachten und die wir in ihren Augen ablesen konnten. Wir genossen unseren Sieg und das Ausmaß unserer Rache gegenüber dem König jeden Tag ein wenig mehr.

»Ihr habt ihn in die Knie gezwungen«, sagten sie und erhoben die Finger zum Victory-Zeichen.

Eines Tages, als wir im Flur auf und ab gingen, standen wir durch Zufall plötzlich palästinensischen Gefangenen gegenüber. Die Polizisten sahen sie und stürzten herbei, um sie wegzuführen. Aber diese hatten noch die Zeit, auf arabisch zu brüllen, daß wir gewonnen hätten, daß der Sieg unser sei.

Am Ende des Flurs, hinter den Toiletten und Duschen war ein Gitter, das permanent von einem bewaffneten Polizisten im Drillichanzug bewacht wurde. Diese Dauerüberwachung machte uns stutzig. Nachdem wir sie mit entsprechenden Fragen bedrängt hatten, antworteten uns die Polizisten schließlich, daß es sich um die Verhörzelle der Gefangenen handle.

Ich bat den Polizisten, der mich begleitete, mich dorthin zu führen. Er zuckte die Schultern.

»Wie du willst, aber ich habe dich gewarnt. Das wird dich fertigmachen.«

Er öffnete eine Luke. Die Zelle war so winzig, daß man nur mit Mühe dort stehen konnte, so niedrig war die Decke. Selbst um sich auszustrecken war sie zu klein. Direkt auf einer Betonplatte lag ein Mann. Kraftlos und ohne jede Reaktion. Er starrte mich im Halbdunkel an, ohne mich wahrzunehmen.

Auch ich sah ihn an, die Augen voller Tränen, und murmelte ihm zu:

»Kopf hoch, nur Mut!«

Ich nahm mir meine Worte sofort übel. Das war, als hätte ich einem Verdurstenden in der Wüste zwei Tröpfchen Wasser gereicht.

Der Polizist schloß die Tür, aber ich konnte noch das Gesicht des Inhaftierten sehen, das angefangen hatte zu zittern.

Ich schluchzte.

»Ich habe dir gesagt, daß du das nicht sehen sollst«, sagte der Polizist zu mir.

Dieser Mann war ein politischer Gefangener. Einer unter so vielen.

Wir warteten auf die Antwort des Königs, ohne uns allzu viele Illusionen zu machen. Nach zwei Monaten zitierte uns Allabouch zu sich und verkündete, daß Seine Majestät uns übergangsweise ein möbliertes und mit jeglichem Komfort ausgestattetes Haus in Marrakesch zur Verfügung stelle. Dort würde umfassend für uns gesorgt werden: für Essen, Kleidung und sonstige Belange.

Für uns, die wir aus der Hölle kamen, war dies ein unerwartet gutes Angebot. Wir würden dort wohnen und die Entscheidung des Königs hinsichtlich des Auswanderungsgesuches, das wir an ihn gestellt hatten, abwarten.

Die Nachricht fand unsere Zustimmung. In unserer freudigen Aufregung wichen wir den wahren Fragen aus. Würden wir eines Tages wirklich frei sein? Und wann?

Aber wir hatten noch nicht die Kraft, sie uns zu stellen. Wir waren so erschöpft, daß wir uns nur nach Essen und Schlaf sehnten.

Marrakesch
(1. Juli 1987 – 19. Februar 1991)

Sechs Monate Euphorie

Das Haus, das der König uns großzügig zugewiesen hatte, liegt in Targa, wenige Kilometer von Marrakesch entfernt, dem Lieblingsort des wohlhabenden Bürgertums von Casablanca für die Ferien und freien Tage. Als mein Vater noch lebte, stellte uns das Innenministerium dort einen Bauernhof zur Verfügung, auf dem wir gern unsere Winterferien verbrachten oder wohin wir am Wochenende zum Reiten fuhren. Wir hatten daran beste Erinnerungen.

Von allen Villen der ganzen Umgebung ist unsere die abgelegenste. Eine hohe Mauer umgibt sie, so daß nur die Wipfel der Bäume draußen sichtbar sind. Ein brachliegender Garten zieht sich um das Haus, das wohl aus der Kolonialzeit stammt, riesig ist und, wenn auch nicht hübsch, so doch zumindest komfortabel aussieht.

Nach Bir-Jdid kam es uns vor wie ein Palast. Es begeistert uns wegen der Länge der Flure und der vielen hellen Räume. Die meisten Schlafzimmer sind im ersten Stock. Ich teile das meinige mit Maria. Soukaïna, Mimi, Abdellatif und Mama schlafen jeweils allein. Raouf, der das Bedürfnis hat, den Frauengemächern aus dem Weg zu gehen, hat sich das Schlafzimmer unten ausgesucht. Achoura und Halima haben sich in der Nähe der Küche eingerichtet.

Das Haus verfügt über zwei Salons, wie in den schönen Bürgerhäusern üblich. Der kleine ist im westlichen Stil eingerichtet, mit einem Sofa und flauschigen Sesseln, die um einen imposanten Kamin herum gruppiert sind. Der zweite hat ein marokkanisches Dekor, mit Matratzen auf dem Boden und einem niedrigen Tisch. Wir sind ganz aus dem Häuschen angesichts der weißen Mauern, der zahlreichen Fenster und der Lichtschalter, hat uns doch die Helligkeit so sehr gefehlt. Wir haben Hähne für lauwarmes, kaltes und heißes Wasser, richtige sanitäre Einrichtungen und Badewannen ...

Es ist sicher nicht das Paradies, aber für die Parias von Bir-Jdid ist es nahe daran.

Völlig aufgelöst rennen meine Geschwister überall herum, lachen, schreien und zanken sich um die Aufteilung der Zimmer. Meine Stimmung ist nicht so heiter. Wieder Mauern, wieder Türen, wieder Polizisten, wieder das Verbot auszugehen, Spaziergänge zu machen, zu leben ...

Wieder ein Gefängnis, wenn es auch einem vornehmen Haus ähnelt. Wo ist die Freiheit, von der wir so sehr geträumt haben? Aber um ihr Glück nicht zu trüben, schraube ich meine Erwartungen herunter, verdränge die Zweifel und schließe mich der Allgemeinheit an, indem ich Begeisterung vorgebe:

»Ja, es ist prima hier, ja, wir werden alle glücklich sein. Und ist es nicht außerdem nur vorübergehend?«

Zum Teufel mit dem Argwohn, wir werden ja sehen.

Man gibt uns freie Hand, was das Mobiliar unserer Zimmer, unsere Kleider und unseren täglichen Bedarf betrifft. Wir brauchen nur unsere Wünsche zu äußern, und schon bekommen wir, was wir wollen: Bücher, CDs, Videokassetten, Papier, Hefte, Stifte, Frauenmagazine und marokkanische Zeitungen. Die internationale Presse, *Le Monde, Libération*? Man muß die Kirche im Dorf lassen ... Wir haben auch eine Stereoanlage, einen Fernseher, ein Videogerät und Radioapparate bekommen. Aber wenn wir nicht lieb sind, zensiert man uns die Fernsehsendungen.

Der Caid von Marrakesch und sein Stellvertreter sind damit beauftragt, sich um den täglichen Einkauf zu kümmern. Am ersten Tag sagen sie uns, wir sollen eine Besorgungsliste aufstellen. Wir können alles haben, was uns Freude macht oder auf das wir Lust haben.

Ich verstehe nicht sofort, was sie mit »alles« meinen. Ein Kilo Fleisch pro Woche scheint mir für neun Personen ausreichend. Das Wort »Butter« zu schreiben oder auch nur daran zu denken ist außerhalb jeder Vorstellungswelt. Sie begreifen nicht, warum ich zögere. Ich fahre hartnäckig fort zu fragen:

»Können wir auch Obst haben? Frische Milch? Schokolade? Bonbons? Diese Dinge sind uns also nicht mehr verboten?«

Sie lügen nicht. Wir sagen, was wir wollen, und sie bringen es uns. Nach und nach werden unsere Bestellungen mutiger. Essen wird eine fixe Idee für uns, unser einziger Daseinsgrund. Allabendlich machen wir uns ernsthafte Gedanken über den Speiseplan des kommenden Tages und tüfteln ihn zusammen mit dem Koch von der Polizei aus, den man uns zur Verfügung gestellt hat. Als er zu uns kommt, kann der gute Mann gar nicht kochen. Als er uns vier Jahre später verläßt, ist aus ihm ein wahrer Meisterkoch geworden.

Der Grund dafür ist, daß wir anspruchsvoll geworden sind, was die Qualität unserer Gerichte angeht. Wir wollen Crêpes und Galettes und auch Tajines und Couscous, Cremes und Kompotte. Und dann täglich einen dicken, mit Sahnecreme gefüllten Geburtstagskuchen ... Mit den Nahrungsmitteln finden wir auch den Geschmack am Leben wieder.

Oft wache ich mitten in der Nacht schweißgebadet auf, von Alpträumen oder furchtbaren Erinnerungen heimgesucht. Ich weiß nicht mehr, wo ich bin. Bir-Jdid? Borro? Benaïch? Diese Geister verfolgen mich. Ich ziehe mich in aller Eile an und gehe ganz leise in Richtung Küche, um dort einem weiteren Familienmitglied zu begegnen, das von der gleichen Schlaflosigkeit befallen ist und sich gerade mit einem Teller voller Speisen auf den Rückweg macht.

»Bist du das, Raouf? Was ißt du da, Abdellatif?«

Wir müssen wahnsinnig lachen, gehen zusammen zum Kühlschrank und vergleichen unsere Wahl. Wir schlagen uns gemeinsam den Bauch voll. Daß wir diesen nächtlichen Hunger stillen können ist für uns der Beweis, daß wir nicht mehr in dem Höllenkerker sind.

Unseren Körpern fehlte es an allem, unsere Krankheiten lassen sich gar nicht zählen. Mimis Hämorrhoiden bescheren ihr einen einmonatigen Krankenhausaufenthalt. Wir haben unerklärliche Fieberattacken, Abszesse und Bindegewebsentzündungen. Die Haare fallen uns aus, wir haben keine Muskeln mehr, kein Fleisch, keine Zähne, sind nur noch Haut und Knochen, und außerdem, in welchem Zustand sind die ... Aber wir können pausenlos essen, uns mit Vitaminen und Medikamenten vollstopfen. Unsere Mangelerscheinungen sind von einer Art, daß es uns vorkommt, als würden wir jedesmal Wasser in ein Sieb gießen.

Um wieder zu Kräften zu kommen, schinde ich mich jeden Morgen mit Sport: Jogging, Gymnastik und Fußball mit meinen Brüdern. Ich habe mir Literatur zur Ernährung von Sportlern bringen lassen und bin jetzt ein wandelndes Lexikon zu diesem Thema. Über zwei Jahre esse ich kräftigende und gehaltvolle Nahrungsmittel, aber mein Körper bleibt lange in diesem jämmerlichen Zustand. Ich zwinge mich dennoch zu diesen Anstrengungen, ein bißchen wie jemand, der nach einem Unfall neu zu gehen beginnt.

Den restlichen Tag über höre ich Musik und lese. Ich bin genauso süchtig nach Büchern wie nach Essen: Romane, Essays, Geschichtsbücher über den Zweiten Weltkrieg und über Rußland, ich finde alles spannend. In der ersten Zeit begnüge ich mich nicht nur mit dem Lesen. Ich fühle mich derartig ungebildet, daß ich einzelne Zeilen und Gedichte auswendig lerne. Ich konsultiere Wörterbücher, lese Baudelaire und Chateaubriand, wiederhole die Sätze wie ein Kind in der Grundschule.

Man hat mir eine kleine Schreibmaschine hereingeschmuggelt, die meinem Großvater gehört, und, auf allgemeinen Druck hin, beginne ich damit, die berühmte Geschichte noch einmal zu Papier zu bringen. Ich habe mit Notizen für ein Drehbuch begonnen. Ich führe auch Tagebuch.

Ich sehe mir auch jede Menge Filme und Fernsehserien an, wobei die meisten mich befremden. *E.T.* scheint mir ein undechiffrierbares Rätsel. Ich kann mit den fliegenden Untertassen, den Spezialeffekten und der Philosophie des Films nichts anfangen. Fünfzehn Jahre Verspätung auf das heute Moderne scheinen schwer aufholbar.

Ich habe das Gefühl, selbst ein UFO zu sein.

Soukaïna malt und hört die Chansons von Patricia Kaas, die sie lange Zeit heftig verehrt hat. Abdellatif spielt Fußball; Raouf hat mit einem Jurafernstudium begonnen; Mama hört die ihr so teuren Nachrichten und sieht die Zeitungen durch, die man ihr zubilligt. Wir bilden uns alle weiter, jeder auf seine Art.

Abends werfen wir uns alle in Schale und feiern. Von sieben Uhr abends an ist das Haus von fröhlicher Betriebsamkeit erfüllt. Man bügelt Kleider, heftet Säume, kämmt sich die Haare mit Pomade, frisiert und schminkt sich, manikürt sich Hände und Füße. Und trifft sich dann im Salon vor einem prachtvollen Büfett.

Mit dem neubegonnenen Leben lernen wir auch wieder die lange unterdrückten Gefühle. Wir lassen unsere Kampfanzüge im Schrank, sind wieder menschlicher geworden. Unsere Körper haben wieder angefangen zu leben.

Ich bin häufig ganz aufgewühlt, so wie in der Jugend, wenn einem ein leidenschaftlicher Slowfox Herzklopfen verursacht. Denn trotz meiner vierunddreißig Jahre bin ich noch immer ein ganz junges, von einem verzweifelten Bedürfnis nach Liebe gequältes Mädchen, das stundenlang allein in seinem Zimmer vor sich hin schluchzt.

Wir haben ein Lieblingslied, an dem wir uns nicht satt hören können. Es ist die Eingangsfilmmusik zu *La lumière des justes*, interpretiert von Charles Aznavour, und trägt den Titel *Être*.

Einer von uns macht die Stereoanlage an, und wir schmiegen uns eng aneinander und singen im Chor den Refrain:

»*Être, mourir, pour mieux renaître ...*« (»Leben, sterben, um in einem besseren Leben zu erwachen«).

Ist es die ergreifende Stimme Aznavours, die uns schluchzen läßt? Oder sind es die Worte, die speziell für uns geschrieben scheinen?

Jeden Morgen kommt Kommissar El Haj in der Villa vorbei, um sich nach unserem Befinden zu erkundigen und sich zu vergewissern, daß wir zufrieden sind. In Wahrheit soll er unsere Entschlossenheit ausloten, nach Kanada auszuwandern. Wir lassen uns nicht täuschen.

Wir kennen die Vorgehensweisen des Regimes genau. Man schmiert einem Honig ums Maul, schläfert das Mißtrauen durch Komplimente ein, zeigt sich von einer falschen Kumpelhaftigkeit, und dann wird in dem Moment, in dem man am wenigsten damit rechnet, die Fangfrage gestellt. Zu unserem großen Glück sind wir Experten geworden in diesem Katz-und-Maus-Spiel und versuchen ebenfalls mit nichtssagender Miene, soviel Informationen, wie wir nur können, aus den anderen herauszuziehen.

Wir warten. Unsere französischen Anwälte, Maître Dartevelle und Maître Kiejman, haben kein Lebenszeichen mehr von sich gegeben. Dieses Schweigen beunruhigt uns. Wir werden gut behandelt, sicher, aber wenn unsere Grenzen auch verschoben worden sind und wir jetzt innerhalb des Gartens umhergehen, laufen, atmen dürfen, so bleiben wir doch noch immer Gefangene.

Am 3. Juli kündigt man uns endlich den Besuch von Georges Kiejman an. Es ist unsere erste Begegnung. Sichtlich gerührt, uns zu sehen, und uns mit großem Respekt entgegentretend, hält er uns eine kleine, wohlformulierte Rede. Da er während des Krieges Familienmitglieder im Konzentrationslager verloren habe, wisse er, was wir wahrscheinlich empfinden, und fühle sich verpflichtet, unsere Sache bis zum Schluß zu vertreten. Er setze sich dafür ein, daß wir unsere Freiheit vollständig wiedererlangten.

Seine Worte erscheinen mir passend, voll von echtem Mitgefühl für die Verfolgten, die wir waren. Endlich rehabilitiert uns jemand, erkennt unseren Opferstatus an. Endlich versteht man uns, und uns wird ganz warm ums Herz.

Er erzählt uns von seiner Unterredung mit dem König, die wenige Tage zuvor stattgefunden hat. Dieser habe von uns mit Wärme und Zuneigung gesprochen. Er betrachte mich als seine Tochter und habe dem Anwalt erzählt, mich selbst großgezogen, mir meine erste Tracht Prügel versetzt und über meine ersten Streiche gelacht zu haben.

In dieser unglücklichen Affäre sei ich Hassans Behauptung nach sein einziger neuralgischer Punkt, zusammen mit dem kleinen Abdellatif, dessen Schicksal ihm ebenfalls keine Ruhe lasse.

Maître Kiejman scheint sehr berührt von meinen töchterlichen Banden zu dem Herrscher. Diesen Teil meiner Geschichte kannte er nicht.

»Wissen Sie, Malika, während der drei Stunden, in denen wir uns unterhalten haben, ist Ihr Name unablässig gefallen. Seine Majestät empfindet sehr viel für Sie.«

Wir dagegen sind alle sehr viel skeptischer, was das vorgebliche Mitgefühl des Königs uns gegenüber angeht, behalten unsere Gedanken aber für uns.

Der Anwalt bittet den König, uns freizulassen. Letzterer hat nichts dagegen, weigert sich aber, uns nach Frankreich gehen zu lassen. Seine Argumente kommen uns sehr vordergründig vor. Seine Majestät befürchtet nämlich, daß ein Mitglied der marokkanischen Gemeinde einen Anschlag auf uns verüben könne. Maître Kiejman berichtet uns von den Befürchtungen des Königs mit einer gewissen Ironie.

Seine Entgegnung lautete:

»Eure Majestät, die Oufkirs wollen nach Kanada emigrieren.«

Der König habe erstaunt dreingeblickt. Er habe nachgedacht und dann vorgeschlagen, uns nach Israel reisen zu lassen. Seine Logik scheint überzeugend. Die Erinnerung an meinen Vater wird dort in Ehren gehalten, weil er Tausende von marokkanischen Juden hat emigrieren lassen[32].

Seine Majestät vergißt leider hinzuzufügen, daß er uns in ein im Kriegszustand befindliches Land schickt, wo wir der möglichen Willkür irgendeines Fundamentalisten ausgesetzt sind, dem man beste Argumente einimpfen kann, uns aus dem Weg zu schaffen.

Maître Kiejman roch die Falle und führte eine Menge Argumente gegen den Vorschlag an.

Am Ende der Unterredung erhielt er von Seiner Majestät die Versicherung, daß wir Pässe und Visa für Kanada erhalten würden. Der König wolle nichts mehr von uns hören, aber im Gegenzug sollten wir über unsere Erlebnisse schweigen.

Unser Anwalt hat mir noch eine andere Botschaft zu überbringen. Alain Delon habe ihn angerufen und ihm seine Freundschaft uns gegenüber versichert. Er sei bereit, uns finanziell zu helfen und, falls nötig, anfallende Gerichtskosten zu übernehmen. Maître Kiejman fügt allerdings hinzu, daß der Schauspieler keine politische Stellung beziehen werde. Er habe noch Interessen in Marokko.

Diese kleine Nachricht tut mir dennoch gut. Alain hat mich also nicht vergessen. Sicher hat er eines der kleinen Pamphlete erhalten, die wir im Gefängnis geschrieben und während unserer Flucht in Rabat an Persönlichkeiten aus der

---

[32] Nach dem Sechs-Tage-Krieg 1968 sind die marokkanischen Juden in Massen nach Israel, Frankreich und Kanada emigriert. General Oufkir, der viele Mitglieder der jüdischen Gemeinde zu seinen Freunden zählte, hatte für Ausreiseerleichterungen gesorgt.

Politik und ein paar Bekannte von früher geschickt haben. Von all diesen ist er der einzige, der von sich hat hören lassen, und das berührt mich unendlich. Ich lehne das Angebot jedoch ab, bitte aber Maître Kiejman, ihm in meinem Namen zu danken.

Der Sommer ist brütend heiß, aber das macht uns nur wenig aus. Unsere Abreise nach Kanada ist für Ende Oktober festgesetzt, wir können daher die Unannehmlichkeiten der Hitze gut ertragen. Wir sind glücklich, euphorisch und siegessicher. Bald werden wir ein neues Leben beginnen.

Das Unbekannte fasziniert uns. Wir denken uns die unsinnigsten Projekte aus, wollen alle zusammen auf einer Farm leben, die aus sieben Häusern besteht, die durch unterirdische, zu einer Spielhalle führende Gänge verbunden sind. Heiraten werden wir nicht, aber zahlreiche Liebschaften haben. Wir werden uns niemals verlassen. Die Jüngeren werden studieren, und die Älteren arbeiten.

Wir spinnen wieder wie gewohnt herum.

Von Zeit zu Zeit durchzuckt mich der Gedanke, daß man uns loswerden will, aber ich versuche ihn zu verscheuchen, genauso wie ich die Vorstellung beiseite schiebe, daß dies alles unmöglich ist, zu schön, um wahr zu sein, und daß wir niemals frei sein werden.

Man hat meinem Großvater endlich erlaubt, uns besuchen zu kommen. Wie immer werden wir erst in letzter Minute in Kenntnis gesetzt. Er kommt am 10. Oktober. Mit seinen über zweiundsiebzig Jahren ist er noch immer der gutaussehende Mann von einst, groß, würdevoll, das Gesicht kaum faltig. Allein sein von Tränen verschleierter Blick deutet darauf hin, daß er von Kummer verzehrt ist. Als er uns alle vereint sieht, bricht er in lautes Schluchzen aus und kann sich erst nach einer ganzen Weile wieder beruhigen.

Er schließt Mama fest in seine Arme, küßt uns der Reihe nach und betrachtet uns mit großer Zärtlichkeit, in die sich unendliche Traurigkeit mischt. Er wirkt niedergeschmettert. Bestimmt hat er Mitleid mit uns, mit unserem noch immer elenden Aussehen, unseren Gesichtern ehemaliger Kinder, die das Leben zu schnell hat hart werden lassen. Wir haben uns so sehr verändert. An seinen Augen können wir ablesen, daß wir Geister sind. Unsere Rückkehr ist ein Wunder. Und uns wird klar, als wir ihn sehen, wieviel uns noch von der Welt der Lebenden trennt.

Meine Kehle ist wie zugeschnürt, aber ich kann nicht weinen, nicht einmal seinen Namen aussprechen. Als Kind habe ich ihn Baba El Haj genannt, und dieser Name ist ihm geblieben. Aber seit dem Tod meines Vaters schaffe ich es nicht mehr, *baba* zu sagen, was soviel wie Papa bedeutet. Eine Blockade, die mich dazu zwingt, Abstand zu dem alten Mann zu wahren.

Der Moment ist dennoch für alle sehr bewegend. Es ist lange her, daß ich Mama so glücklich gesehen habe. Sie hängt sehr an ihrem Vater. Er hat sich all die Jahre bemüht, uns unserem traurigen Schicksal zu entreißen, hat mit Amnesty International Kontakt aufgenommen, der Liga für Menschenrechte und noch einer Reihe weiterer Organisationen. Er hat an sämtliche Politiker geschrieben und sich mit Prinz Moulay Abdallah getroffen, der ihm erlaubte, uns Bücher zu schicken.

Seit Tamattaght hat er nichts mehr von uns gehört. Mehrfach hat er gedacht, wir seien tot, von Kugeln durchsiebt. Man hat ihm erzählt, daß Mimi während eines epileptischen Anfalls gestorben sei und daß man Raouf und mich bei einem Fluchtversuch erschossen habe. Ein Freund von ihm hat ihm sogar versichert, mit eigenen Augen den Leichnam meiner Mutter im Avicenne-Hospital gesehen zu haben.

Schließlich hat er sich damit abgefunden und Trauerkleidung für uns angelegt. Er hat meinem Onkel Wahid nicht glauben wollen, als dieser ihm schwor, uns vier bei den Barères gesehen zu haben. Er erzählt uns von Mamma Khadijas Tod und seiner Wiederverheiratung. All das wissen wir schon von den

Barères. Aber wir haben noch nicht gehört, daß er einen weiteren Sohn hat, den er Raouf genannt hat.

Die Familie hatte diese Namenwahl mißbilligt. Man nennt nicht ein Neugeborenes nach einem lebenden Verwandten.

»Aber«, sagt er weinend, »ich war so sicher, daß ihr tot wart ...«

Diese Art und Weise, die Erinnerung aufrechtzuerhalten, rührt uns.

Unsere Angehörigen hatten seit unserer Inhaftierung unzählige Schikanen über sich ergehen lassen müssen. Sie konnten sich im Alltag den Überwachungen, Abhöraktionen, Verhören und Unannehmlichkeiten jeglicher Art nicht entziehen. Die marokkanische Gesellschaft schlug vor ihnen die Türen zu. Die Familie meines Vaters mußte da unten in der Wüste noch Schlimmeres hinnehmen: Man hat sie verbannt und all ihrer Besitztümer beraubt. Man pflegte mit den Verwandten Oufkirs keinen Umgang.

Er erzählt uns all dies mit einem bemühten Lächeln, trotz seiner Tränen, und unterstreicht fast jeden seiner Sätze mit einem »Gott ist groß«.

In Vorbereitung unserer Abreise am 27. Oktober erhält der Caid den Auftrag, uns Koffer und Kleidung zu kaufen. Er versorgt uns auch mit Mänteln, Anoraks und warmen Schuhen. Es macht uns wahnsinnig Spaß, Listen aufzustellen. Wir wählen sorgfältig die Form aus, stimmen die Farben ab. Wir sind wie Kinder unter einem Weihnachtsbaum.

Man gibt uns Personalausweise und Pässe, die man uns dann aber am Tag vor unserer Abreise wieder abnimmt. Dieses Detail mißfällt mir. Es verstärkt das Mißtrauen, das ich empfinde, ohne es benennen zu können. Ich zwinge mich zur Vernunft, finde weder in unseren Vorbereitungen noch in dem Verhalten der Polizisten uns gegenüber die gesuchten Beweise, aber ich glaube weniger und weniger daran, daß man uns gehen lassen wird. Es gelingt mir nicht mehr, mich der allgemeinen Überspanntheit anzuschließen, auf die Fönfrisur der einen zu achten, auf die Kleidung der anderen. In der Nacht wecke ich Mama und teile ihr meine Zweifel mit. Sie will mir nicht glauben, wirft mir vor, verworrene Gedankengänge zu haben. Da sie naiver ist als ich, weigert sie sich häufig, die schlechte Seite der Dinge zu sehen. Das Leben im Palast hat mich Mißtrauen gelehrt; ich weiß, daß man die Angebote des Königs nicht für bare Münze nehmen darf.

Niedergeschlagen gehe ich aus ihrem Zimmer, den Tränen nahe. Nur Raouf kann mich verstehen. Ich schlüpfe in sein Zimmer; er hört mich aufmerksam an, zunächst skeptisch, dann bringen ihn meine Argumente ins Wanken.

Er schläft die ganze Nacht nicht, und ich ebensowenig.

Am 27. Oktober sind wir morgens um sieben alle startklar, angezogen und gekämmt und nach Parfum duftend. Koffer und Rucksäcke sind gepackt. In Wahrheit haben wir uns nur als Reisende verkleidet, einer lächerlicher als der andere. Wir haben vergessen, was es heißt, in ein Flugzeug zu steigen und wegzufliegen. Die Worte haben ihren Sinn verloren, also halten wir uns an ihren äußeren Schein. Wir schlüpfen in die Rollen, die man uns zugeteilt hat.

Nervös warten wir im Salon, Raouf und ich ein wenig ängstlicher als die anderen, die noch keinerlei Zweifel hegen. In ihren Augen werden wir in wenigen Stunden weit weg sein. In unseren ...

Ich werfe ihm einen Blick zu, und er lächelt mich nervös an. Mama bekommt unsere Mimik mit. Sie klammert sich mit beiden Händen an ihrem Kosmetikköfferchen fest und ist blasser, als ich gedacht hätte. Haben meine Befürchtungen sie verunsichert?

Allabouch, Kommissar El Haj, Othman Bouabid, der Kabinettsdirektor von Innenminister Driss Basri, und der Caid treffen zur gleichen Zeit ein. Sie weichen unseren Blicken aus, wirken betreten.

Wieder blicke ich Raouf an. Wie wollen sie es uns wohl mitteilen, daß unsere Abreise nur Theater ist? Dazu werden sie ein wenig Phantasie benötigen.

Aber diese haben sie gar nicht einmal nötig. Die Worte sprudeln nur so aus ihnen heraus, klebriger noch als sonst. Ein ganzes Meer an Honig.

»Seine Majestät bittet Sie, noch ein wenig zu warten ... Der König ist noch nicht ganz von der Idee überzeugt, daß Sie abreisen. Haja«, fügen sie an Mama gerichtet hinzu, »Seine Majestät wünscht Euch noch vor Eurer Abreise zu sehen.«

Einmal mehr zerschlägt sich unser Traum, und vor uns liegen vier weitere lange Jahre Haft.

Ein goldener Käfig

»Aber, Madame Oufkir, Sie können nicht abreisen, bevor Sie nicht Seine Majestät getroffen haben, schließlich haben Sie selbst darum gebeten, ihn zu sehen ...«

Die Situation hatte sich gegen uns gekehrt. Mama hatte sich an die Spielregeln gehalten und dem König einen Brief geschrieben, in dem sie ihn um eine Audienz ersuchte, da dies angeblich dessen Wunsch war, aber das Ergebnis war ein völlig anderes ...

Zweifellos gab es weitere Gründe für die uns verweigerte Abreise. Mama hatte sich trotz der Zusage Kiejmans gegenüber dem König geweigert, das schriftliche Versprechen zu unterschreiben, keinen Strafantrag gegen den marokkanischen Staat zu stellen.

Hassan hatte vielleicht unsere gesundheitlichen Probleme nicht richtig eingeschätzt, noch das Ausmaß des Schadens berücksichtigt. Sechs Monate nach Bir-Jdid waren wir noch immer in einem katastrophalen Zustand. Vier von uns hatten Probleme mit der Lunge, die sich zu verschlimmern drohten.

Sollte man das Risiko eingehen, uns der Welt vorzuführen, und auf diese Weise den Beweis für die offenkundige Verletzung der Menschenrechte liefern? Die kanadischen Einwanderungsbehörden würden unseren Zustand registrieren, und die Presse würde darüber reden. Der König wollte mit Sicherheit keine so schlechte Publicity. Man mußte uns erst aufpäppeln, bevor man uns nach draußen ließ.

Aber selbst heute noch, selbst nach jeder auf der Erde erdenklichen Pflege, sind unsere Körper von diesen furchtbaren Jahren gezeichnet. Mimi hat gehäuft epileptische Anfälle, Maria hatte Blasenkrebs, und bei Raouf folgt eine Lungenentzündung auf die andere. Soukaïna und ich haben eine sehr wechselhafte Gesundheit.

Was Abdellatif angeht, so hat vor allem seine Seele Schaden genommen.

Unser Anwalt hatte dennoch bis zur letzten Minute an die Versprechungen geglaubt. Er wartete in Casablanca auf uns, von wo aus wir das Flugzeug nehmen sollten. Unsere Ausreise sollte unter Wahrung größtmöglicher Diskretion erfolgen, aber es gab undichte Stellen, und Abgesandte der jüdischen Gemeinde warteten auf dem Flughafen von Montreal mit Begrüßungstransparenten auf uns. Das Finanzministerium hatte eine Summe von vier Millionen Dirham für uns freigegeben und auf einem kanadischen Konto deponiert, und für Maître Kiejman war dieses Geld ein zusätzlicher Beweis für den guten Willen der Staatsgewalt.

Ich neige eher zu der Ansicht, daß unsere Beinahe-Ausreise eine wohlinszenierte Komödie war. Der König war noch nicht quitt mit uns; wir mußten erst noch mehr bezahlen.

Wir sahen Maître Kiejman erst einige Monate später wieder, Anfang 1988. Er war wahnsinnig wütend. Er erklärte uns, daß er Marokko vor den internationalen Gerichtshöfen verfolgen wolle und deutete mit dem Finger auf Allabouch:

»Das geht auf Ihr Konto und auf das der Leute, die hinter

Ihnen die Fäden ziehen. Ich bin es nicht gewohnt, mit Leuten zu tun zu haben, die nicht Wort halten ...«

Soukaïna nahm ihn beiseite und fragte ihn, ob es unserer Befreiung dienlich wäre, wenn sie Selbstmord beginge. Seit dem 27. Oktober verfolgte sie diese Idee. Maître Kiejman seufzte und fuhr mit seiner Schmährede auf ein Regime fort, das unschuldige Kinder zerbreche.

Er wetterte eine ganze Weile, aber sein Zorn führte zu nichts, sowenig wie der Hungerstreik, den wir im April 1988, wenige Wochen nach seinem Besuch, begannen. Er dauerte zwanzig Tage. Wir benötigten Infusionen, waren sehr schwach, gaben den Kampf jedoch nur unter dem Druck der Realität auf.

Wieder war alles hoffnungslos.

Die fehlgeschlagene Abreise wirft uns in dunkle Zeiten zurück. Wir werden wieder zu den gleichermaßen resignierten wie aufsässigen, passiven wie rebellischen Gefangenen der letzten fünfzehn Jahre. Wenn ich mich trösten will, sage ich mir gelegentlich, daß sich mein Schicksal verbessert hat und daß ich das nur meinen Bemühungen verdanke. Gelegentlich habe ich aber auch hellsichtige Momente: Der König ist so mächtig, und wir sind so schwach ... Wenigstens haben wir die Genugtuung, ihn zum Nachgeben gebracht zu haben.

Jeder von uns kehrt wieder zu seiner Routine zurück. Wir hoffen nicht mehr auf viel. Wir lesen, machen ein wenig Sport, sehen fern. Abdellatif spielt mit seinem gleichaltrigen Cousin Hamza Fußball. Dieser ist zu uns gezogen, kaum daß er uns hatte besuchen dürfen.

Unsere Familie darf am Wochenende zu uns kommen, muß dafür aber tausenderlei Unannehmlichkeiten auf sich nehmen. Sie werden systematisch durchsucht. Aber außer an Weihnachten und an den Geburtstagen organisieren wir keine improvisierten Feste mehr. Vorbei ist es mit den nachmittäglichen Kaffeerunden, zu denen wir uns freudig zusammengefunden hatten, Schluß mit den gemeinschaftlichen Abendessen. Jeder ißt jetzt allein, auf seinem Zimmer.

Wir leben im Schlafanzug, immer demselben, der schon ganz ausgewaschen ist. Wir gehen barfuß und achten nicht mehr auf unser Äußeres. Wenn wir uns im Haus treffen, wiederholen wir immer wieder dieselben Fragen:

»Wann wird unsere Geschichte ein Ende haben? Wann wird man uns befreien?«

Marrakesch unterscheidet sich von Bir-Jdid durch das Licht. Wir versäumen nie den Sonnenaufgang, das ist wie ein Moment der Wiedergeburt, ein außergewöhnliches Erlebnis. Den ganzen Tag bleiben wir draußen, um das Licht auszunutzen, und wenn die Nacht hereinbricht, werden wir es nicht müde, auf die Lichtschalter zu drücken.

Ich bekomme Post von meinen früheren Freunden, aber ich ertrage ihre Entschuldigungen nicht, ihre Schuldgefühle. Ihre Briefe sind nichts als lange Litaneien, in denen sie sich für fünfzehn Jahre Schweigen und Gleichgültigkeit zu rechtfertigen suchen. Ich möchte nicht an meine Vergangenheit anknüpfen, und ich habe ihnen nichts als Antwort zu geben. Sie würden mich auch nicht verstehen.

Wir erfahren vom Tod meines Onkels väterlicherseits, Moulay Hachem, dem Bruder meines Vaters. Man erlaubt uns nicht, das Haus zu verlassen, nicht einmal unter strenger Bewachung, um an der Beerdigung teilzunehmen. Nnaa, unsere Großmutter, ist kurz vor unserer Flucht gestorben. Sie hat auf uns gewartet, so lange sie konnte. Die Freude, uns wiederzusehen, blieb ihr versagt.

Wir ziehen ein Dutzend Tiere auf, streunende Katzen und Hunde, die bei uns wohnen, essen und schlafen. Noch immer vom Tod unserer Tauben traumatisiert, lassen wir sie nicht aus unseren Zimmern. Bald haben wir zehn Katzen und drei Hunde, auf die sich unser immenses Liebesbedürfnis richtet. Denn wir sind ausgehungert nach Liebe und Sex.

Im Gefängnis hatten wir uns angewöhnt, auch noch den geringsten Trieb zu unterdrücken. Während der ersten sechs Monate in Marrakesch haben wir die Tür zu unseren Gefühlen ein wenig geöffnet und unsere Abwehr vernachlässigt.

Nach unserer mißglückten Abreise haben wir versucht, wieder abzustumpfen, wie zu Zeiten unserer erzwungenen Isolierung. Wir führen ein Ersatzleben. Wir fühlen es um uns herum vibrieren, es bräuchte so wenig, damit wir es genießen könnten. Aber dieses Wenige ist unerreichbar. Wir sagen uns oft, daß wir unter diesen Umständen nicht fünfzehn Jahre überlebt hätten. Aus der Ferne betrachtet, ist uns das Nichts lieber als das Beinahe, ziehen wir den Kampf der Resignation vor.

Nachdem die Freiheit schon zum Greifen nah gewesen war, stehen wir jetzt wieder auf dem Startfeld, mit dem schrecklichen Gefühl, daß wir sie nie erreichen werden. Ich erlebe in Gedanken immer wieder unsere Flucht. Ich bin von ihr besessen. Nachts habe ich entsprechende Alpträume.

Wir werden härter behandelt. Die Polizisten haben im Kamin unten im Wohnzimmer Mikrofone angebracht, die Raouf entdeckt und abgerissen hat. Als Vergeltungsmaßnahme dafür stört man uns die Sendungen von TV5. Man überwacht uns strenger. Man verbietet mir bestimmte Bücher, um die ich gebeten habe und die sich mit der russischen Revolution und mit dem Deutschland der Nazis befassen. Warum? Keiner weiß es …

Wir haben noch ein Fünkchen Humor behalten und *Die große Flucht* auf Video bestellt. Selbstverständlich hat man sie uns verweigert.

Wir denken darüber nach, wieder einen Tunnel zu graben, um ein weiteres Mal zu entfliehen. Die Erde im Garten ist beweglich, aber das würde von uns eine Energie erfordern, die uns fehlt. Wir denken sogar an ein kleines Flugzeug, das auf dem Feld hinter der Mauer landen könnte. Wir schicken eine unserer Tanten los, um Erkundigungen einzuziehen.

Der Gedanke an Flucht hilft uns durchzuhalten, er beweist

uns, daß wir noch nicht ganz tot oder bereits lebendig begraben sind.

Wir sind noch immer in Marrakesch, als der Golfkrieg ausbricht, der dem König sehr gelegen kommt. Er erlaubt es ihm, als Mittler der arabischen Welt aufzutreten und damit die politischen Gefangenen, die unzähligen Verschwundenen, die Straflager, die Verhöhnung der Menschenrechte versuchsweise vergessen zu lassen, die andere Wirklichkeit eines unerbittlichen Herrschers.

In nahezu zwanzig Jahren Haft haben wir es uns zur Gewohnheit gemacht, die Ereignisse draußen in ihrem Bezug zu unserem Fall zu analysieren. Ist dieser Krieg für uns von Vorteil oder nicht? Aber er ändert unser Schicksal nicht um ein Jota.

Ein Jahr später, 1991, erscheint in Frankreich das Buch von Gilles Perrault: *Notre ami le roi* (*Unser Freund, der König von Marokko*). Wir erfahren davon durch das marokkanische Fernsehen, und wenn man von dem Gezeter ausgeht, das sich überall im Land erhebt, bereitet dieses Buch Seiner Majestät keine Freude. Die Regierung und die Bevölkerung unterstützen Hassan II.

Man ersucht uns, unseren Beitrag zu der großen nationalen Angelegenheit zu leisten. Wir müssen einen Brief schreiben, um Perrault zu denunzieren und lautstark zu bekräftigen, in welchem Maße Seine Majestät ein großer König und eine außergewöhnliche Persönlichkeit ist.

Dieses Buch, versichern Allabouch und Bouabi, ist ferngesteuert von den Feinden des Königreichs entstanden, an deren Spitze Danielle Mitterrand und Georges Kiejman stehen. Wir müssen uns öffentlich von unserem Anwalt lossagen, der es gewagt hat, die Person des Königs anzugreifen. Der Brief wird in *Le Figaro* publiziert.

Obwohl wir tausenderlei Listen anwenden, um die Abfassung dieses Briefes zu verhindern, sind wir dann doch genötigt, ihnen zu gehorchen. Er wird jedoch erst wesentlich später veröffentlicht. Ist die Stunde der Befreiung nahe?

Sie geben uns das Werk Perraults, obwohl in Marokko verboten, zu lesen, damit wir uns ein eigenes Bild machen können.

In seiner Heftigkeit, mit der es gegen den König angeht, wirkt das Buch auf mich wie ein dritter Putschversuch. Jemand von außen, darüber hinaus auch noch ein Franzose, hatte es also, ohne zu zittern oder sich zu beugen, gewagt, die Person des Königs anzugreifen, ihn anzuklagen und anzuprangern.

Das Buch ist allerdings gespickt mit Unrichtigkeiten und gibt sich bereitwillig die Blöße, irgendwelche Gerüchte wiederzugeben. So erwähnt es unsere Gefangennahme sowie unsere Flucht im Kapitel ›Die eisernen Masken‹. Aber über die nur ungefähren Annäherungen an die Wahrheit, die Unwahrscheinlichkeiten, die Auslassungen und die erfundenen Details hinaus unterstellt Perrault wie schon so viele vor ihm, daß wir nicht alleine hätten entkommen können. Seiner Ansicht nach hätte uns wahrscheinlich ein korrupter Wächter geholfen, vielleicht auch mehrere. Für uns, deren einziger Stolz diese mit bloßen Händen zustande gebrachte Flucht war, hatten diese Sätze die Wirkung eines Faustschlags. Er modifiziert seine Ansicht allerdings dahingehend, daß man uns in diesem Fall wohl nicht ohne Geld unserem Schicksal überlassen hätte ...

Noch verletzender sind die persönlichen Attacken. Wenn man ihm glaubt, dann zeigte meine Mutter während der Zeit ihrer Ehe mit meinem Vater »eine Vorliebe für junge Offiziere«. Dafür weiß er nichts über die Umstände ihrer Scheidung, verwechselt Daten, Ursachen, Ereignisse und schreibt Mama eine Liaison, eine mehr, mit Hassan II. zu. Ohne Beweise fügt er, allein den Gerüchten vertrauend, hinzu: »Ganz Rabat murmelte, daß [Soukaïna] das Kind des Königs war.« Eine »Enthüllung«, die meine kleine Schwester lange Zeit schwer durcheinandergebracht hat.

Auch ich entgehe nicht dem Gerede. Seiner Ansicht nach trat

ich in die Fußstapfen meiner Mutter. Mein Vater habe die Augen zugemacht: »Er hatte Übung darin.« Die Seiten sind übersät mit derartigen Anspielungen.

Da ich im Inneren des Palasts und später mitten unter den Konkubinen gelebt hatte, bin ich an Gerüchte gewöhnt. Wenn sie von Marokkanern verbreitet werden, treffen sie mich nicht. Was mich aber irritiert, und was auch meine Mutter und meine Geschwister bekümmert, ist, daß ein Mann wie Gilles Perrault zu solchen Dingen imstande war. Er hat die Gelegenheit verpaßt, ein seriös belegtes Buch zu schreiben, und das stört mich mehr als diese Desinformation. Es gibt so viel zu enthüllen, daß er sich nicht damit hätte begnügen dürfen, irgendwelche Gerüchte wiederzugeben. Die Wahrheit hätte leicht ausgereicht, um den Despoten zu lädieren.

Aber er hat es immerhin gewagt.

Und außerdem verteidigt er uns trotz seiner boshaften Anspielungen: »... im Namen welcher sonderbaren Moral [sollte man] unschuldigen Kindern fünfzehn Jahre des Grauens zufügen? Gibt es in der Welt ein einziges Strafgesetzbuch, das Abstammung als Verbrechen bestraft?«

Das Ende des Tunnels

Allabouch, Bouabid und der *walli* (Gouverneur) von Marrakesch suchen uns Mitte Februar 1991 auf. Die Unterhaltungen mit ihnen ähneln stets einer Schachpartie. Ein jeder bewegt seine Figur entsprechend der Äußerungen des Gegners, und über jedes gesagte Wort wird nachgedacht, bevor die Antwort fällt. Ohne daß wir es richtig mitbekommen und in kleinen Dosen servieren sie uns die Wahrheit, das Urteil.

Als wir gerade frisch angekommen waren in Marrakesch, sagten sie uns mit einer gewissen Bitterkeit, ja auch einem gewissen Zorn, wir könnten stolz auf uns sein. Unsere Flucht hätte wesentlich größere politische Auswirkungen, als wir uns ausmalen würden.

»Dank des großen Aufsehens, das eure Flucht auf der ganzen Welt erregt hat, wird sich die internationale Presse mehr und mehr für das Schicksal der politischen Gefangenen in Marokko interessieren«, hatte Bouabid damals festgestellt.[33]

An diesem Tag nun setzen sich unsere »Schutzengel« auf das Sofa und fangen an, über alles und nichts daherzuplaudern, wobei sie endlos an einzelnen Details klebenbleiben.

Der *walli* lästert über die Frauenbewegung, um mich in Rage zu bringen. Er liebt es, mich zu provozieren. Das ist alles harmlos, aber wir verstehen nicht, worauf sie hinauswollen. Seit drei Stunden reden wir, ohne wirklich etwas zu sagen.

Bouabid sieht mich plötzlich an und sagt mir im munteren Konversationston ins Gesicht hinein:

»IHR SEID FREI.«

Die Bombe explodiert vor uns.

Aber wir reagieren nicht.

Wir verstehen nicht oder wollen nicht verstehen und fahren fort zu reden, als hätten wir nichts gehört.

Allabouch, Bouabid und der *walli* sehen sich verwirrt an. Wir können ihnen nicht folgen und sind meilenweit davon entfernt, den Sinn ihrer Worte zu erahnen. Ein wenig seltsam

---

[33] Am 29. Oktober 1987 fordert das Europäische Parlament Marokko auf, die 400 Verschwundenen und die anderen politischen Gefangenen freizulassen. 1991 begrüßt Amnesty International die Freilassung von 270 zum Teil seit neunzehn Jahren Vermißten. Serfaty wird nach Frankreich ausgewiesen und erhält für Marokko ein Aufenthaltsverbot. Die Brüder Bourequat, die man der Spionage anklagt, kommen 1992 nach Paris. Aber Amnesty International versichert, daß noch Hunderte von Gefangenen übrig sind, vor allem unter den Sahouris, von denen viele in Tazmamart, einem 1991 evakuierten und abgerissenen Straflager im Hohen Atlas, umgekommen sind. Marokko hat 1998 über das Komitee für Menschenrechte den Tod von 56 politischen Gefangenen in den Gefängnissen des Königreichs während der Jahre 1960–1980 zugegeben, konfrontiert mit einer Liste mit 112 Verschollenen.

fühlen wir uns allerdings in unserer Haut, spüren wir doch, daß hier irgend etwas Eigenartiges vor sich geht.

»Himmel noch mal«, brüllt Allabouch, »seit neunzehneinhalb Jahren wartet ihr auf diesen Moment, und mehr beeindruckt euch das nicht? Ihr seid frei, sage ich euch! Frei ...!«

Frei? Was bedeutet dieses Wort? Gerade eben noch waren wir Gefangene, und jetzt sagt man uns, daß unser Martyrium seinem Ende entgegengeht? Innerhalb von einer Sekunde gesteht man uns unsere Freiheit zu, wie man sie uns zwanzig Jahre zuvor genommen hat. Das gute Recht des Monarchen ...

Sagen sie die Wahrheit? Oder bindet man uns erneut einen Bären auf? Bevor wir den Satz richtig verarbeiten, tauchen diese drei kleinen Worte »ihr seid frei« uns wieder in den alten Zustand verängstigter Gefangener. Wir zeigen keinerlei Reaktion, wagen nicht mehr zu sprechen oder uns anzublicken.

Es dauert eine ganze Weile, bis wir den Gedanken zulassen, daß der König uns begnadigt hat. Die öffentliche Meinung hat Druck ausgeübt, die Amerikaner und die Franzosen haben sich eingeschaltet.

Als ich wieder Worte finde, frage ich sie, warum sie so lange gebraucht hätten, um uns die Neuigkeit mitzuteilen.

»Wir haben schon seit geraumer Zeit eine Beratung nach der anderen abgehalten auf der Suche nach dem besten Weg, es euch mitzuteilen. Wir konnten es euch doch nicht einfach so ohne Umschweife ins Gesicht schleudern, das war unmöglich, wir wollten euch doch nicht umbringen.«

Frei ... Wir sind also frei ... Aber wohin sollen wir gehen? Wir haben kein Haus und fast keine Freunde mehr. Was wollen sie mit uns machen, wenn wir erst einmal in Rabat sind? Wollen sie uns wie eine lästig gewordene Fracht einfach abwerfen?

»Übt euch noch ein wenig in Geduld und gewöhnt euch an den Gedanken der Freiheit, die ihr der Gnade Seiner Majestät verdankt. Wir holen euch in einer Woche ab.«

Erst nachdem sie gegangen sind, umarmen wir uns und verleihen unserer stürmischen und gleichzeitig seltsam wirklichkeitsfremden Freude Ausdruck. Nach außen hin sind wir wahnsinnig glücklich, im Inneren leer. Frei …

Eine Woche ist nicht viel, um uns an den Gedanken zu gewöhnen. Der Tagesablauf ist schon nicht mehr derselbe. Die Sonne scheint anders, geht nicht mehr wie früher unter und erhebt sich am anderen Morgen nicht mehr über einem noch trostloseren Tag.

Der Himmel ist blauer, die Natur nimmt wieder Farben an, wir finden unseren Appetit wieder. Unsere Empfindungen sind intensiver. Ich sehe das Leben von nun an auf der großen Leinwand und nicht mehr auf einem winzigen Bildschirm.

Wir sind wie Blinde, die plötzlich das Augenlicht wiederfinden, mit dem entsprechenden Anteil an Angst und Furcht, der damit verbunden ist.

»Ich«, sagt Raouf, »ich werde die verlorene Zeit mit Frauen nachholen …«

»Musik lernen«, träumt Soukaïna, »Patricia Kaas treffen.«

»Profifußballer werden«, schreit Abdellatif.

»Heiraten und Kinder kriegen«, murmelt Mimi errötend.

Und ich, ich … Ich will lieben, reisen, spazierengehen, essen, reden, lachen, singen, Filmschauspielerin sein, studieren, mich auf die Terrasse eines Cafés setzen, in der Werbung tätig sein … All das nacheinander oder in beliebiger Reihenfolge.

Und weshalb nicht gleichzeitig?

Sofort bekommen wir Angst. Sind wir überhaupt zu alldem fähig? Ist es nicht schon zu spät? Je mehr Tage vergehen, desto mehr fürchten wir uns. Und desto mehr fürchten wir uns davor, uns zu fürchten.

Um uns zu beruhigen, konzentrieren wir uns auf die Koffer und Pakete.

Wie üblich kommt uns unsere Familie am Wochenende besuchen. Wir haben ihnen noch nichts von unserer baldigen Freilassung erzählt.

Meine Tante Mawakit, die ein Medium ist, liest uns regelmäßig aus den Karten. Sie hatte in ihnen schon immer gesehen, daß wir bald freikämen, konnte das Datum aber nicht präzisieren. An diesem Samstag nun nimmt sie die Karten und bittet mich, mit der linken Hand abzuheben. Ohne Umschweife verkündet sie, daß unsere Befreiung unmittelbar bevorstehe.

»Du bist vielleicht ein Medium!« sage ich und zucke die Schultern. »Wir werden jetzt hier seit viereinhalb Jahren als Gefangene gehalten, ich sehe nicht, wie sich das ändern sollte.«

Je mehr sie darauf beharrt, desto mehr leugne ich es. Sie versichert, daß sich ihre Karten niemals irren, bittet mich inständig, ihr die Wahrheit zu sagen, fleht Mama und die anderen an. Wir bleiben alle völlig ungerührt.

Dieses Spiel dauert fast zwei Stunden.

Danach gestehe ich ihr endlich, was ich bis dahin nicht herausbrachte:

»Wir sind frei, Mawakit. Frei.«

Epilog: Eine seltsame Freiheit

Die ersten Schritte

Jetzt ist es soweit, wir sind frei.

Nachdem wir das Wort so lange in unseren Köpfen hin und her gewendet und zwanzig Jahre Tag und Nacht davon geträumt haben, sind wir uns nicht mehr sicher, was es bedeutet.

Frei sein heißt: auf die Straße gehen, ohne die Polizei auf den Fersen zu haben.

Fünf Jahre lang wird man uns noch verfolgen, überwachen, abhören, bedrängen.

Frei sein bedeutet: ein Recht auf Arbeit zu haben.

Ich bin die einzige, die in Marokko eine richtige Anstellung findet, weil ein mutiger Arbeitgeber sich über die Verbote hinwegsetzt.

Frei sein bedeutet: Umgang zu haben, mit wem man will, lieben, wen man will, gehen, wohin man will.

Unsere Freunde werden alle von der Geheimpolizei verhört; unsere ausländischen Liebschaften sind nicht erlaubt.

Man gibt uns unsere Pässe nicht zurück.

Aber wir sind dennoch frei.

Wir treten am 26. Februar 1991 hinaus in die Welt.

Für diesen Tag der Wiedergeburt wählte ich sorgfältig meine Kleidung aus. Jeans, ein Herrenhemd, eine Krawatte und einen marineblauen Seidenblazer. Ich möchte der Freiheit gefallen, sie umgarnen und verführen. Die Koffer sind fertig, die Tiere warten, ohne aufzumucken, geduldig in ihren Käfigen. Sie fühlen, daß dies ein wichtiger Augenblick ist. Ein historischer Moment.

Dieses eine Mal warten wir mit Ungeduld auf die Geheimpolizei. Ein Konvoi aus Autos und Transportfahrzeugen macht an diesem 26. Februar 1991 vor unserem Haus halt. Leute sind da, es herrscht Lärm, ein ständiges Hin und Her, hektische Betriebsamkeit. Wahrscheinlich bedeutet das, frei zu sein: mehr Menschen in einer Stunde zu sehen, als wir die letzten zwanzig Jahre zu Gesicht bekommen haben. Die Gartentüren gehen auf, und mein Herz mit ihnen.

Ein unvergeßliches Gefühl.

Sie werden sich nie wieder vor uns schließen.

Wir verteilen uns auf die Autos, und der Konvoi fährt los. In meinem Kopf vermischt sich alles: die Geräusche, Gerüche, die Farben und die Aufregung des Augenblicks. Endlich kann ich ohne Traurigkeit oder Furcht nach draußen blicken. Mich faszinieren im Gegenteil die kleinsten Details, die ich auf der Straße erblicke: zwei Liebende, die Hand in Hand gehen, eine Mutter mit ihrer Tochter, ein umhertollender Hund, ein Vogel auf einem Ast.

All dies wird bald mir gehören.

Man läßt uns in einer kleinen Stadt anhalten und schlägt uns vor, die Autos zu verlassen, um uns ein wenig die Beine zu vertreten. Voller Mißtrauen rühren wir uns nicht vom Fleck: Welch üblen Streich will man uns jetzt wieder spielen? Es bedarf eines großen Palavers, damit wir auf ihren Vorschlag eingehen.

Beim Betreten eines Cafés wird mir schwindlig, ich bleibe mit den Füßen an einer Treppenstufe hängen und stolpere. Ich weiß nicht mehr, wie ich mich fortbewegen soll. Ich weiß überhaupt nichts mehr. Sagt mir, wie läuft man? Wie setzt man einen Fuß vor den anderen? Wie stellt man sich vor einen Tresen, bestellt sich mit unbekümmerter Miene eine Cola, gießt sie in sein Glas und trinkt sie mit befriedigtem Gemurmel?

Sagt mir, wie lebt man?

In dieser Bar, in der wir wie fügsame Gefangene in einer Reihe stehen, kommt uns das Licht zu hell, die Musik zu aggressiv vor. Wir fühlen uns in die Enge getrieben und wollen lieber wieder in die Autos steigen.

Die Fahrt von Marrakesch nach Rabat dauert drei Stunden, in denen ich gierig nach draußen schaue. Ich habe schon während meiner Flucht den Wandel in Marokko gesehen und dann auch durch Filme und Fernsehsendungen festgestellt, aber jetzt verfolge ich die Veränderungen mit begeistertem Blick. Ich wundere mich fast über diese Liebe, von der ich ergriffen bin. Ich kann es kaum erwarten, bis wir ankommen, und dränge den Chauffeur, schneller zu fahren.

Der Konvoi macht endlich in Rabat halt, vor dem Haus meines Onkels Wahid. Die ganze Familie steht vor der Tür, in festlichen marokkanischen Gewändern. Sie haben Milch und Datteln in der Hand, ganz wie es der Tradition nach üblich ist, wenn man jemanden willkommen heißt. Eigentlich müßte dies ein freudiger Moment sein, aber in ihren Blicken wie den unseren steht eine unermeßliche Traurigkeit geschrieben. Man kann nicht zwanzig Jahre in einer Minute wegwischen.

Man wird sie niemals wegwischen können.

Beim Aussteigen halten mich meine Beine nicht mehr. Ich weiß später nicht mehr, was passiert ist. Ich bekomme mit, daß man mich küßt und umarmt, ich wandere von Arm zu Arm. Sicherlich bin ich gerührt, aber auch seltsam passiv. Ich bin zu keiner Gefühlsäußerung in der Lage.

In den darauffolgenden Tagen leert sich das Haus nie. Man drängt sich, um uns zu sehen. Wie auf dem Markt oder in einer Ausstellung sind wir der Menge derer, die uns lieben und nicht vergessen haben, preisgegeben. Und dabei haben sie zwei oder drei Tage auf eine Erlaubnis aus dem Palast gewartet, bevor sie bei uns vorstellig werden dürfen.

Meine Freundin Houria kommt als eine der ersten. Als Treueste unter den Getreuen hatte sie uns ins Exil begleiten wollen. Kaum sieht sie mich oben auf der Treppe, stürzt sie bereits auf mich zu, während ich leicht zurückzucke. Ich möchte davonlaufen, habe Angst, an meine Jugend anzuknüpfen. Später gesteht sie mir, daß sie mein Blick erschreckt hat. In zwanzig Jahren bin ich eine Fremde geworden. So wie alle Menschen jetzt fremd für mich sind.

Auf einem Stuhl sitzend, sehe ich sie an mir vorbeidefilieren, und ich verstehe nicht, warum fast alle bei unserem Anblick zu weinen beginnen. Haben wir uns so sehr verändert? Sind wir so sehr gealtert? Sehen wir so übel zugerichtet aus? Ich habe den Eindruck, unter Drogen zu stehen. Ich möchte allein sein, eingeschlossen in ein dunkles Zimmer. Das ist unmöglich. Die Wohnung meines Onkels ist ganz klein. Wir müssen uns zum Schlafen unten im Salon drängen. Die ersten Nächte bekomme ich kein Auge zu.

Wahid liegt mir in den Ohren, ich solle ausgehen. Ausgehen? Die Journalisten lauern vor dem Haus, wollen Interviews, aber wir weigern uns zu reden. Wie soll ich dieser Menschenmenge gegenübertreten? Ich brauche drei Tage, bis ich den Mut habe, mich der Tür zu nähern. Ich bitte meinen Onkel, sie für mich zu öffnen.

»Kika, warum machst du das nicht selbst? Du bist doch jetzt frei ...«

Ich öffne sie ganz vorsichtig einen Spalt und riskiere ein Auge. Alles ist verschwommen draußen: die Gehwege, die Autos, die Passanten, ein graues Durcheinander, in dem ich nichts erkennen kann und das mich noch mehr erschreckt als das Gefängnis. Mein Kopf dreht sich, fast verliere ich das Bewußtsein. Ich muß noch ein wenig warten, um der Außenwelt gewachsen zu sein. Meine Brüder haben das Haus sofort verlassen.

Allabouch und Bouabid, unsere »Schutzengel«, klingeln täglich zum Ende des Nachmittags hin. Sie setzen sich wie alte Bekannte in den Salon und bitten Wahid, ihnen einen Aperitif zu bringen. Sie bemühen sich, uns aus unserem Schockzustand zu holen, indem sie über alles und nichts reden, Scherze machen, versuchen, uns zum Lachen zu bringen.

Wie ist es möglich, daß sich unsere früheren Folterer so verändert haben? Sind sie unsere Peiniger oder unsere Wohltäter? Ich bin hin- und hergerissen. Sie scheinen die Lösung für alle unsere Probleme zu haben, den Schlüssel für unser Leben in ihren Händen zu halten. Sie wollen die Antworten an unserer Stelle geben. Sie erteilen uns bis ins kleinste Detail Ratschläge. Sie sind sehr nervös bei dem Gedanken, daß die Presse uns verfolgt, und wollen auch nicht, daß wir Interviews geben. Seine Majestät würde das nicht dulden.

Wir gehorchen, aber zu Unrecht. Wir sollten besser mit den Journalisten reden und uns der Medien als Druckmittel bedienen. Aber man legt nicht sofort die Reflexe eines Häftlings ab. Wir haben Angst. Wir empfinden diese irrationale, unkontrollierbare Furcht, gepaart mit Scham, die ganze Zeit über, die wir noch in Marokko bleiben.

Die Polizisten leisten uns Tag und Nacht Gesellschaft. Wir werden beschützt oder überwacht, je nachdem, welche Rolle man diesen persönlichen Bewachern zuspricht, die uns niemals alleine lassen. Man hat uns einen Chauffeur zur Verfügung gestellt – um besser zu wissen, wohin wir gehen. Man folgt uns auf unseren kleinsten Schritten, hört unsere Telefongespräche ab, verhört all diejenigen, die in unsere Nähe kommen. Frei, wir?

Maître Kiejman telefoniert gleich in den ersten Tagen mit uns. Hat man ihm abgeraten, uns aufzusuchen? Er meldet sich nicht mehr. Unmittelbar nach seinem Anruf verkündet man uns, daß Seine Majestät befohlen habe, uns unser Hab und Gut wiederzugeben, und daß man uns zwei marokkanische Staranwälte zur Verfügung gestellt habe: Maître Naciri und Maître El Andalouss.

Die beiden kommen uns getrennt besuchen. Ihren Worten zufolge wird alles sehr schnell geregelt sein, es genüge, ein Inventar zu erstellen, und wir bekämen alles zurück. Wir haben dieses Inventar gemacht, erst mit dem einen, dann mit dem anderen, und haben abgewartet, wie sie es uns nahegelegt haben. Aber wir warten heute noch auf eine Entschädigung.

Meine Tante bietet uns ihre Wohnung an. Ich ziehe mit meiner Schwester Maria und unseren sämtlichen Tieren dorthin. Wir verlassen das Haus nur selten, drücken uns an der Mauer entlang, aus Angst, in der Mitte des Gehwegs zu gehen. Das Licht, der Lärm, die Autos erschrecken uns. Wir taumeln bei jedem Schritt. Wir sind davon überzeugt, daß ein jeder uns mustert, was am Ende tatsächlich der Fall ist, so seltsam wie wir auftreten. Aber wir setzen unsere Ehre darein, uns ordentlich anzuziehen und zu schminken, selbst wenn wir nur die Straße überqueren. Das ist unsere Art, die Freiheit zu feiern.

Später, als ich es schaffe, mich über den engen Umkreis hinaus zu bewegen, um andere Stadtviertel aufzusuchen, allein mit dem Zug oder dem Taxi zu fahren, an unbekannte Orte zu gehen, verläßt mich dennoch lange Zeit nicht diese Furcht, es bricht mir noch immer plötzlich mitten auf dem Weg der Schweiß aus, und ich habe Schwierigkeiten, mich zurechtzufinden.

Selbst in Paris, acht Jahre nachdem ich das Gefängnis verlassen habe, bekomme ich manchmal Panik in einer Menschenmenge oder verlaufe mich auf einem Weg, den ich eigentlich auswendig kenne. Ich habe dann keinerlei Orientierungspunkte mehr im Raum.

Ich muß alles neu erlernen: zu gehen, zu schlafen, zu essen, zu sprechen. Jahrelang war ich ein Bestandteil der Zeit, hatte mich so in sie eingefügt, daß ich jetzt nicht mehr weiß, wie ich sie strukturieren soll. Ich kenne keinen Morgen, keinen Nachmittag, keine Zeitpunkte. Eine Stunde kann Tage oder Minuten dauern. Ich habe Schwierigkeiten, mit der Zeit anderer zurechtzukommen, ihrer Schnelligkeit oder Langsamkeit und ihren zeitlichen Zwängen. Das geht mir bis heute so.

Es ist ein seltsames Gefühl, wiedergeboren zu werden. Zu Beginn habe ich immer wieder Anwandlungen von Übersättigung. Der Himmel, die Sonne, das Licht, der Lärm, die Bewegung, all das begeistert und ermüdet mich. Ich kann mich keinen ganzen Tag lang draußen aufhalten, ohne daß ich von Schwindel erfaßt werde. Dann werde ich mutiger. In einem Café haltzumachen, mir etwas zu trinken servieren zu lassen, ins Restaurant, ein Geschäft oder auf den Markt gehen sind Dinge, die mich Überwindung kosten, mir aber immenses Vergnügen bereiten. Ich koste noch den kleinsten Moment der Freiheit aus.

Jeder Tag ist ein Wunder, das mich ganz berauscht. Mich gelüstet nach mehr. Das morgendliche Erwachen ist täglich ein neues Vergnügen. Gleichwohl gehe ich sparsam mit allen Oberflächlichkeiten des Lebens um. Sich festlich zu kleiden, sich zu schminken, zu lachen und sich zu amüsieren – bedeutet das nicht, eine Rolle zu spielen? Habe ich nicht, belastet mit diesen zwanzig Jahren, in denen ich »nicht gelebt« habe, eine tiefere Intensität als diejenigen, die sich all die Zeit über grundlos abgestrampelt haben?

Ich vergleiche mich oft mit jemandem, der sein ganzes Leben lang den Lärm eines Jahrmarkts gehört hat, ohne jemals an diesem teilnehmen zu können. Ich war nicht in Aktion, das stimmt, aber bedeutet das deswegen, daß sich in meinem Leben all diese Jahre hindurch nichts ereignet hat? Im Gefängnis war mein inneres Leben tausendmal reicher als das der anderen, meine Gedanken waren tausendmal intensiver. Ich wußte sehr viel besser Bescheid als die Menschen, die frei waren. Ich mußte über den Sinn des Lebens und den Tod nachdenken.

Heute erscheint mir alles gekünstelt. Ich kann nichts mehr ernst nehmen.

Abdellatif hat seinen geliebten Cousin Hamza wiedergefunden, den Sohn von Fawzia. Er hat sein Studium in Kanada unterbrochen, um in seiner Nähe zu sein. Sie toben sich zusammen aus. Mein kleiner Bruder lernt zu leben: nächtliches Ausgehen, Frauen, Musik, Tanz, Cafés ... Er scheint glücklich. Hamza ist sein bester Freund.

Soukaïna malt und schreibt. Mimi achtet penibel auf ihre Gesundheit, und Raouf versucht bei den Frauen nachzuholen, was er verpaßt hat. Wir sind in diesem Punkt unterschiedlicher Meinung. In meinen Augen ist dieser leidenschaftliche Jagdtrieb vor allem eine Flucht. Ich glaube nur an die große Liebe, und ich warte auf sie.

Mama zählt ihre alten Freunde. Es ist eine überschaubare Menge. In der feinen Gesellschaft meidet man uns, unser Name schreckt ab. Zwanzig Jahre lang war es bei Androhung furchtbarster Repressalien verboten gewesen, unseren Namen auszusprechen, und die Menschen haben ihn so tief begraben, daß wir für sie tot sind. Unsere Auferstehung schuf nur Unordnung.

Die meisten von ihnen haben sich das, was mit uns passiert ist, schöngeredet. Zwanzig Jahre »Hausarrest« in einem »Schloß«, das ist doch nicht so schlimm ... Schließlich seien wir noch am Leben und körperlich einigermaßen unversehrt.

Unser Vater, der Henker, Verräter und Königsmörder, habe nur bekommen, was er verdiente. Und dann: seien wir nicht seine Erben? Man sagt es uns nicht direkt ins Gesicht, aber man läßt es uns spüren und gibt es unserer engen Umgebung zu verstehen: Wir sind Angeklagte, Schuldige, Feinde der Monarchie. Wir stören.

Zu meinem achtunddreißigsten Geburtstag, den ich am 2. April feiere, anderthalb Monate nachdem ich Marrakesch verlassen habe, erhalte ich vierhundert Karten aus der ganzen Welt. Die Menschen haben von unserer Freilassung durch Amnesty International erfahren und drücken mir auf diese Weise ihre Solidarität aus.

Ich bin berührt und wütend zugleich. Im Gefängnis hätten

wir diese Freundschaftsbekundungen gebraucht. Jetzt, in der Freiheit, brauchen wir nichts, schon gar keine Wünsche für ein rosiges Leben. Das alles kommt zu spät.

Zu spät, dieses Gefühl haben wir mehr und mehr. Zu spät für die Liebe, für die Freundschaft, für die Familie. Zu spät für das Leben. Auf unsere erste Begeisterung folgen große Momente der Niedergeschlagenheit. Wäre es nicht besser gewesen, wir wären gestorben?

Ein paar Wochen nachdem wir freigekommen sind, führt man Raouf und mich in die neue In-Disco von Rabat: Amnésia. An diesem Abend sitzen Kronprinz Sidi Mohammed, der älteste Sohn Hassans II., und seine Schwestern zusammen mit ein paar Mitgliedern des Hofes in einer separaten Nische. Als er uns sieht, bittet er uns zu sich.

Ich kenne den Prinzen von Geburt an. Er war neun Jahre alt, als wir inhaftiert wurden. Ich bin ihm dankbar, daß er mir die Demütigung erspart, mich niederbeugen zu müssen, um ihm die Hand zu küssen. Auch wenn er sich verändert hat und mittlerweile ein Erwachsener ist, sehe ich in ihm doch das Kind, das ich gekannt habe, und erkenne auch den König wieder, dem er sehr ähnelt.

Wir sind beide sehr gerührt. Er findet aufrichtige Worte für uns, die uns berühren. Er sagt uns, sein Haus sei immer offen für uns und er immer da, um uns zu helfen. Wir könnten jederzeit an seine Tür klopfen.

Dann ruft er seinen Kabinettsdirektor herbei und wiederholt seine Worte vor ihm.

»Und Vergangenheit ist Vergangenheit«, fügt er hinzu. »Ihr müßt nach vorne schauen und euch nicht nach dem umdrehen, was ihr erlebt habt.«

Seinen Vater erwähnt er mit keinem Wort. Prinzessin Lalla Myriam steht hinter ihm, so blaß und verstört wie wir, aber sie äußert sich nicht.

Unser Zusammentreffen macht in Rabat die Runde.

Wenig später erscheint zu diesem Thema ein Artikel in *Le Monde*. Der Autor erklärt darin mit sicherer Feder die neue Strategie des Königs in der Affäre Oufkir. Nach Meinung des Journalisten schickt der Herrscher seine Kinder als Kundschafter vor, um eine Aussöhnung zu versuchen. Die Reaktion von Sidi Mohammed und den anderen läßt nicht auf sich warten. Von nun an gehen sie uns aus dem Weg, wenn wir uns zufällig sehen.

Meine Begegnung mit Lalla Mina findet ein wenig später statt. Sie lädt mich zum Mittagessen ein – eine Einladung, die ich gerne annehme. Ich empfinde ihr gegenüber keinerlei Feindseligkeit. Sie wiederzusehen bedeutet, meine Kindheit wiederzufinden, Gefühle wiederzuerwecken, die ich ganz tief in mir vergraben habe, die aber noch nicht abgestorben sind. Außerdem möchte ich dem König vor Augen führen, daß ich in der Lage bin, einen Unterschied zu machen zwischen ihm, der mein Feind bleibt, und den Mitgliedern seiner Familie.

Lalla Mina wohnt noch immer in der Villa Yasmina. Sie hat sie nie verlassen. Aber sie hat sich auf ein riesiges Stück Land in der Umgebung von Rabat, unweit des Palastes von Dar-es-Salem, Pferdeställe hinbauen lassen. Reiten ist noch immer ihre große Leidenschaft. Sie hat für einen Pferderennboom in Marokko gesorgt und Reitzentren eingerichtet.

Um zu ihr zu gelangen, muß ich die Hälfte des Geländes zu Fuß überqueren. Ich erkenne eine Menge vertrauter Gesichter wieder, die stehenbleiben, als ich vorübergehe, und mich grüßen. Ich bin angenehm überrascht: Man hat mich also nicht völlig vergessen.

Ich sehe sie zunächst durch eine Glastür hindurch. Sie hat sich sehr verändert, aber ich erkenne in dieser dicken, mit einer Reithose bekleideten Frau sofort das kleine Mädchen von früher wieder. Sie hat dasselbe Lächeln, dieselbe Mimik, denselben schelmischen Blick, was mich sehr aufwühlt.

Als die Prinzessin mich sieht, verläßt sie ihr Büro, bleibt ein paar Sekunden lang sprachlos stehen und kommt dann langsam auf mich zu ... Dann beschleunigt sie ihren Gang, fängt an zu laufen und wirft sich in meine Arme. Sie drückt mich fest an sich, sagt einige Minuten lang nichts, bevor sie die Worte herausbringt:

»Kika, geht's dir gut?«

Ich folge ihr in ihr Büro, gerührter, als ich es mir eingestehen will. Diese Stimme, diese Art zu gehen ... In Wellen kehrt die Vergangenheit zu mir zurück: unser Gelächter, unsere Spiele, Zazate, die Feste, Mamaya und selbst die schreckliche Mademoiselle Rieffel ...

Sie ordnet an, daß uns keiner stört, und schließt die Tür. Wir bleiben von Angesicht zu Angesicht stehen, ohne irgend etwas sagen zu können. Sie sieht mich lange an, und ich halte ihrem Blick stand. Ich habe Tränen in den Augen. Sie nimmt sich zusammen, um nicht zu weinen, aber ich sehe deutlich, daß ihre Lippe zittert.

Dann dreht sie sich um, haut mit der Faust auf den Tisch und sagt:

»Das ist eine Schande für unsere Familie.«

Sie stellt mir genaue Fragen, möchte alles wissen. Trotz meiner Zuneigung ihr gegenüber, die, wie ich jetzt weiß, ungebrochen ist, bleibe ich auf der Hut.

Ich kenne ihre Umgebung zu gut, um nicht zu wissen, daß jede noch so geringe Bemerkung von mir weitergegeben, kommentiert und auseinandergenommen wird.

»Antworte mir«, sagt sie, »stimmt es, daß man eure Tauben getötet hat? Ist es richtig, daß sie jeden Tag zwei oder drei davon umgebracht haben?«

Sie weiß also alles über unser Leben, über jeden einzelnen Tag ...

Wir reden lange miteinander. Sie erzählt mir, was aus dem einen oder anderen geworden ist. Jahrelang, sagt sie, habe Latifa, die Frau des Königs, sich für uns eingesetzt, was mich bei dieser mutigen Frau nicht erstaunt. Bei jedem religiösen Fest habe sie ein gutes Wort für uns eingelegt. Sie habe es so eingerichtet, daß sie dafür seine Besuche bei der Enkeltochter abwartete, die er Soukaïna genannt habe.

Der König liebe das Kind in einer Weise, daß es genüge, dessen Namen vor ihm auszusprechen, um seine Gnade zu erlangen. Bei diesen Gelegenheiten habe Latifa mit ihm vor allem über meinen Bruder Abdellatif gesprochen, in der Hoffnung, dabei eine sensible Ader bei ihm zu berühren, aber er habe ihr kein Gehör geschenkt.

Ich bin glücklich, meine Freundin aus Kindertagen wiedergesehen zu haben, fühle mich aber unwohl in meiner Haut, als ich gehe. Habe ich nicht, mitgerissen von der Wiedersehensfreude, zuviel gesagt? Habe ich nicht meine Vorsicht vergessen?

Lalla Mina lädt mich häufig ein. Sie möchte mich wieder in ihr Milieu ziehen, das nicht mehr das meine ist, weshalb ich aus eigenen Stücken die Abstände zwischen meinen Besuchen vergrößere und am Ende dann gar nicht mehr komme.

Das Leben hat uns auseinandergebracht, aber ich hege ihr gegenüber noch immer zärtliche Zuneigung. Ich sehe in ihr noch immer das Kind und die Jugendliche von einst, meine Fast-Schwester, meine Gefährtin in der Einsamkeit. Ich empfinde ihr und den anderen gegenüber, die ich einst im Palast gern gemocht habe, keine Bitterkeit mehr.

Eric

Marokko will uns ganz entschieden nicht haben.

Arbeiten ist uns unmöglich. Ich verdanke es allein der Unnachgiebigkeit und Unerschrockenheit von Nourredine Ayouche, dem Chef der Werbeagentur Shem's, daß ich eine ernsthafte Anstellung erhalten habe. Er fürchtet weder Druck noch Unannehmlichkeiten, noch Polizei. Bei ihm lerne ich innerhalb von drei Jahren den Beruf der Produktionsleiterin. Mein erstes Gehalt bekommt Mama.

Mimi erfüllt sich ihren Traum. Sie heiratet einen Kameramann. Ihre Tochter Nawel wird im November 1994 geboren. Auch Raouf wird Vater: Tania erblickt im September 1993 das Licht der Welt. Das Kind wird in Genf geboren, aber mein Bruder erhält keine Erlaubnis, in die Schweiz zu reisen, um sein erstes Lächeln zu sehen.

Nicht ohne Mühe gelingt es Maria, einen reizenden kleinen Jungen namens Michael zu adoptieren, der von da an den Namen Oufkir trägt. Achoura wohnt bei ihr und hilft ihr bei der Kindererziehung. Halima ist zu ihrer Familie zurückgekehrt, beschwert sich aber, daß man sie dort nicht verstehe. Sie ist von Krebs zerfressen. Von uns allen ist sie am meisten gesundheitlich beeinträchtigt. Sie kehrt zurück, um bei Mama zu wohnen.

Soukaïna komponiert Chansons, schreibt und malt. Ihre Talente entfalten sich immer mehr. Sie beantragt einen Paß, den man ihr jedoch verwehrt.

Ein paar Freunde helfen uns dabei, die Ächtung, die Einsamkeit und den Mangel an Freiheit zu meistern. Soundous, Neila, Nawel und Sabah, die ich endlich wiedergefunden habe, umgeben uns mit ihrer Zuneigung, ohne sich um die Beschattungen und Verhöre oder gar die allgemeine Mißbilligung zu scheren.

Eine einzige Gewißheit hält mich aufrecht: Mein Leben wird sich nicht in Marokko abspielen.

Im Frühjahr 1995 bin ich auf die Hochzeit meiner Freundin Mia eingeladen. Sie heiratet Kamil, den wir wiedergetroffen haben und der noch ganz so war, wie ich ihn in Erinnerung hatte: eine gute und treue Seele. Sie bittet mich darum, mich um die Ausgestaltung zu kümmern, und ich sage zu, ohne recht zu wissen, warum. Gewöhnlich meide ich diese Art von Gesellschaftsempfängen. Ich fühle mich dort unwohl. Ich hasse diese heuchlerischen, aufgedonnerten Frauen, diese scheinheiligen Blicke, diese Werte, die nicht die meinen sind: Geld, Macht, Erfolg, Verachtung für das niedere Volk.

Drei junge Männer, Freunde der Braut, sind aus Paris hierhergekommen und werden auf dem marokkanischen Fest am Abend erwartet. Die ledigen Damen unter den Eingeladenen sind sehr aufgeregt. Man munkelt, daß die Männer schön und intelligent sind ... und ungebunden. Sie kommen die künftige Braut am Nachmittag besuchen.

Während die jungen Frauen sich an Liebenswürdigkeiten ihnen gegenüber zu überbieten suchen, kümmere ich mich um meine Arbeit, diskutiere mit dem Fotografen, dem Dekorateur, lasse noch eine Farbschicht auftragen, kümmere mich um die Tischdecken, die Blumen, den Faltenwurf ... Ich stehe nicht still, was mich aber nicht daran hindert, mir die Neuankömmlinge verstohlen anzusehen.

Einer davon erregt meine besondere Aufmerksamkeit. Er ist groß und fröhlich, und kleine Brillengläser umranden seine verschmitzten und zärtlichen Augen. Aber ich darf nicht träumen. Dieser Mann ist nichts für mich und wird es auch niemals sein. Ich möchte keine Liaison mit einem Franzosen, solange ich nicht das Recht habe, die Grenze zu überqueren. Außerdem hat ihn sich eine der Geladenen bereits »geschnappt«. Ich habe keine Chance.

Gegen acht Uhr kehre ich nach Hause zurück, um meinen Festkaftan anzuziehen. Das Telefon klingelt. Am anderen Ende der Leitung ist eine Freundin von mir, die bisweilen hellsieht. Sie scheint mir nicht in einem normalen Zustand zu sein. Ich finde sie seltsam überschwenglich.

»Kika, du hat ihn getroffen. Du hast ihn getroffen ...«

»Wen denn?«

»Du weißt genau, von wem ich spreche ... ich habe ihn hundertmal in meinen Karten gesehen ... Den Mann, der über den Atlantik kommt. Der Mann deines Lebens. Er ist da, und du hast ihn nicht einmal bemerkt. Du wirst ihn heute abend wiedersehen.«

Ich kann mich zur Vernunft rufen, soviel ich will, mir sagen, daß dies alles nur albernes Gerede ist, aber ich komme an dem Abend in einem seltsamen Zustand auf das Fest. Mein Herz klopft, bereit, ihr zu glauben. Für diese Hochzeit gehe ich zum erstenmal wieder richtig hinaus in die Welt. Neben all diesen prunkvoll gekleideten und reichgeschmückten jungen Frauen bin ich einfach gekleidet und zurechtgemacht. Aber das ist mir egal. Ich habe mich schon seit langem für das Schlichte entschieden.

Meine Freundinnen sitzen bereits an dem Tisch der Pariser und winken mir heftig zu, ich möge mich doch zu ihnen gesellen. Es ist laut, Musik und Gelächter sind zu hören, die Blicke sind auf mich gerichtet. Ich fühle mich gar nicht wohl und bedauere es bereits, die Einladung angenommen zu haben. Ich werde ein Glas trinken oder zwei und dann wieder nach Hause zurückkehren. Ich sehne mich plötzlich nach der Ruhe in meinem kleinen Zimmer. Ich bin noch immer nicht an viele Menschen gewöhnt.

Der Mann, der mir am Nachmittag aufgefallen ist, steht auf, kaum daß er mich sieht. Schon im nächsten Moment sitzt er neben mir. Er erzählt mir, daß er als Architekt arbeitet und im Libanon groß geworden ist. Er spricht fließend arabisch, versteht unsere »unübersetzbaren« Scherze. Das ist ein Plus.

Er nimmt ganz natürlich meine Hand. An meiner Haut, an dem Druck meiner Finger, an meiner Stimme und der Art, in der ich mit ihm rede und ihn ansehe, spürt er sofort, daß ich nichts als ein verängstigtes Kind bin, das sich nur als Frau verkleidet hat.

Ich kann nicht verhindern, daß sich meine Gedanken überschlagen, daß ich mich frage, wohin das alles führen soll. Eine leise Stimme, die ich nicht unter Kontrolle habe, flüstert mir jedoch zu, mir nicht allzu viele Fragen zu stellen. Er ist gut aussehend, jung und voller Leben. Und außerdem so sanft und natürlich, daß ich mich plötzlich nicht mehr ängstige.

Auch später habe ich mit ihm niemals Angst. Ich habe den

Eindruck, ihn schon seit Jahrhunderten zu kennen. Es ist das erstemal, daß mir ein Mann solch ein Gefühl von Stärke und Sicherheit verleiht. Ich ahne bereits, daß er jemand ist, der sich unter Druck niemals beugt, sich niemals beeinflussen läßt.

Ich weiß, daß er mich lieben wird, wie ich bin, ohne Fragen zu stellen.

Meine Einschätzung war nicht falsch. Eric hat mich noch nie enttäuscht. In sämtlichen kritischen Momenten war er da, hat mir seine Kraft eingeflößt, seinen Mut, sein Vertrauen und seine Lebensfreude. Er hat mich vor dem Tod gerettet, hat die Dunkelheit um mich in Helligkeit verwandelt.

Er hat mich umgänglicher gemacht.

Ich bin nicht leicht zu lieben. Niemand kann verstehen, selbst er nicht, was uns miteinander verbindet. Er steht zu meinem alptraumhaften Leben und ist bereit, ein Stück von meinem Wahnsinn mit mir zu teilen; er gesteht mir zu, daß ich manchmal in mein Refugium abtauche, meine Zelle. Er erkennt den Unterschied zwischen uns an: Ich werde niemals sein wie die anderen.

Alles, was mir verloren schien, ist es mit ihm nicht mehr. Er hat mich aus der Hölle befreit.

Mein Leben wird sich nicht in Marokko abspielen.

Dennoch liebe ich mein Land, seine Geschichte, seine Sprache, seine Sitten aus tiefstem Herzen. Ich liebe das einfache, arme, unterdrückte, aber gleichzeitig stolze, witzige und großherzige Volk. Zwischen uns gibt es keine Barrieren. Die Leute sagen mir häufig, ich sei eine *chahbia*, eine aus dem Volk. Das ist das schönste Kompliment, das man mir machen kann.

Im Gefängnis hat mir der Haß geholfen zu überleben, wobei sich der, den ich gegenüber dem Herrscher empfand, mit dem mischte, den ich auf mein Land zu haben glaubte. Als ich das Gefängnis verließ, habe ich mich davon verabschiedet.

Heute schwanke ich zwischen tiefstem Groll und dem aufrichtigen Wunsch, keinen Haß mehr zu verspüren. Der Haß frißt uns auf, paralysiert uns und hindert uns am Leben. Der Haß bringt uns auch nicht die verlorenen Jahre zurück. Weder mir, noch meiner Mutter, noch meinen Geschwistern. Aber ich habe noch ein gutes Stück des Weges vor mir.

Ich habe meine innere Ruhe und meine Liebe zu Marokko in der Wüste wiedergefunden. Ich habe sie lang und breit durchstreift, mit einer besonderen Schwäche für das Tafifalet, die Wiege meiner väterlichen Vorfahren. Die Wüste hat mich besänftigt. Sie hat mich mit meiner Vergangenheit versöhnt, mir zu verstehen gegeben, daß ich nur auf der Durchreise war. Dort unten, wo es keinerlei künstliche Bedürfnisse gibt, bin ich ganz ich. Nichts ist von Bedeutung außer der Unendlichkeit.

Ich fühle, daß ich aus dieser Erde stamme, gehöre mit Leib und Seele dorthin. In diesen ockerfarbenen Dünen, in diesen unermeßlichen Bergen aus rotbraunem Sand, in diesen von »blauen Männern« bevölkerten Palmenhainen habe ich begriffen, wo meine Wurzeln sind. Ich bin bis in die Knochen, von meinem tiefsten Wesen her Marokkanerin.

Aber ich fühle mich von der Kultur, der Sprache, der Mentalität und dem Intellekt her auch sehr französisch.

Das ist heute nicht mehr unvereinbar.

In mir leben Orient und Okzident endlich friedlich zusammen.

Ein Jahr lang fliegt Eric Bordreuil in regelmäßigen Abständen von Paris nach Casablanca, um sich mit Malika Oufkir zu treffen, der Frau, die er liebt.

Am 25. Juni 1996 flieht Maria Oufkir, Malikas jüngere Schwester, zusammen mit ihrem Adoptivsohn Michael und ihrer Cousine Achoura Chenna auf einem Boot aus Marokko. Über Spanien gelangen sie schließlich nach Frankreich.

Diese Flucht bildet den Endpunkt des Alptraums, den die Familie Oufkir durchlebt hat. Unter internationalem Druck bekommen sie ihre Pässe und Visa ausgehändigt.

Am 16. Juli 1996 landet Malika Oufkir zusammen mit ihrem Bruder Raouf und ihrer Schwester Soukaïna in Paris. Sie ist dreiundvierzig Jahre alt.

Zwanzig Jahre ihres Lebens hat sie in marokkanischen Gefängnissen verbracht und fünf weitere in Marokko unter Überwachung.

Am 10. Oktober 1998 heiraten Eric Bordreuil und Malika Oufkir im Rathaus des XIII. Arrondissement von Paris.

Danksagung

Wir danken all denen aus tiefstem Herzen, die uns dabei behilflich waren, dieses Abenteuer bis zum Ende durchzustehen.

Dank an Jean-Claude und Nicky Fasquelle.

Dank an Manuel Carcassonne (und seine Babuschen).

Dank an Susan Chirazi (ohne die ...) und Soraya Khatami.

Dank an Isabelle Josse, Aurélie Filipetti, Martine Dib, Stephen Smith, Paulo Perrier, Marion Bordreuil, Françoise und Pierre Bordreuil; Hugo sei auch für seine Kekse gedankt, Lea für ihr Lächeln und Nanou für ihre Küßchen; Dank an Roger Dahan, Sabah Ziadi und Soundous Elkassri.

Gedankt sei schließlich Eric Bordreuil und Guy Princ für ihre uneingeschränkte Unterstützung von der allerersten Minute an und ihre unendliche Geduld.

Inhalt

TEIL 2: ZWANZIG JAHRE GEFÄNGNIS